데이터 과학
트레이닝 북

TOKYO DAIGAKU NO DATA SCIENTIST IKUSEI KOZA:
Python DE TE WO UGOKASHITE MANABU DATA BUNSEKI
written by Kunitaka Tsukamoto, Norikazu Yamada, Fumitaka Osawa,
supervised by Kotaro Nakayama, in collaboration with Yutaka Matsuo

Original Japanese edition published by Mynavi Publishing Corporation

This Korean edition is published by arrangement with Mynavi Publishing Corporation, Tokyo
in care of Tuttle-Mori Agency, Inc., Tokyo through Botong Agency, Seoul.

데이터 과학 트레이닝 북: 넘파이, 사이파이, 판다스, 매트플롯립을 활용하여 직접 실습해 보는

초판 1쇄 발행 2020년 12월 24일 지은이 츠카모토 쿠니타카, 야마다 노리카즈, 오오사와 후미타카 옮긴이 최재원 펴낸이 한기성 펴낸곳 인사이트 편집 정수진 제작·관리 신승준, 박미경 용지 월드페이퍼 출력·인쇄 현문인쇄 후가공 이레금박 제본 자현제책 등록번호 제2002-000049호 등록일자 2002년 2월 19일 주소 서울시 마포구 연남로5길 19-5 전화 02-322-5143 팩스 02-3143-5579 블로그 http://blog.insightbook.co.kr 이메일 insight@insightbook.co.kr ISBN 978-89-6626-289-2 책값은 뒤표지에 있습니다. 잘못 만들어진 책은 바꾸어 드립니다. 이 책의 정오표는 http://blog.insightbook.co.kr에서 확인하실 수 있습니다. 이 도서의 국립중앙도서관 출판예정도서목록(CIP)은 서지정보유통지원시스템 홈페이지(http://seoji.nl.go.kr)와 국가자료종합목록 구축시스템(http://kolis-net.nl.go.kr)에서 이용하실 수 있습니다.(CIP제어번호: CIP2020044887)

프로그래밍 인사이트

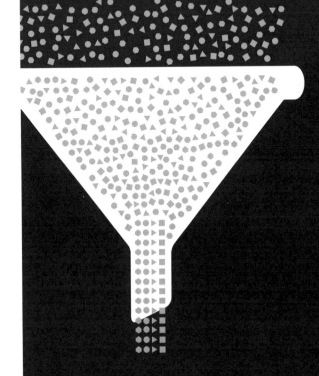

넘파이, 사이파이, 판다스, 매트플롯립을 활용하여 직접 실습해 보는

데이터 과학 트레이닝 북

츠카모토 쿠니타카 · 야마다 노리카즈 · 오오사와 후미타카 지음 | 최재원 옮김

인사이트

차례

옮긴이의 글

데이터 과학이 주제인 몇 권의 책을 번역해 오면서 저자의 직업에 따라 책의 서술 방향이나 내용이 조금씩 다르다는 느낌을 받습니다. 이 책의 저자는 현업에서 활동하는 분석가이면서 동시에 도쿄 대학에서 데이터 과학 강의를 진행했습니다. 저자의 이런 경험은 책의 내용에도 고스란히 녹아있는데, 역자 또한 5년간 대학에서 데이터 과학을 강의한 경험이 있기 때문에 번역하면서 저자의 집필 방향과 내용에 고개가 끄덕여질 때가 많았습니다.

오랜 실무 경험은 실제 현장에서 어떤 내용이 더 중요하고 덜 중요한지 구별해 책의 내용을 균형감 있게 구성하는 데 중요한 역할을 할 수 있습니다. 그런데 교육 현장에서 강의해 보면 강의할 내용의 중요성과는 별개로 학생들이 어떤 부분을 어려워하고 어느 지점이 학생의 발목을 잡는지 느낄 수 있습니다. 그래서 저자도 책의 목표 대상자에게 필요한 내용을 적절한 수준으로 전달하는 방법을 많이 고민했을 것으로 짐작됩니다.

이 책의 주요한 특징은 다루는 범위가 전반적으로 넓고 풍부한 예제와 실습 문제를 포함한다는 점입니다. 범위가 넓긴 하지만 집중해서 학습할 부분과 추가적으로 스스로 학습할 내용을 구분해 놓아 혼자서 학습하기에 적절한 구성입니다. 학생들을 가르치다 보면 이것저것 더 가르쳐 주고는 싶은데, 시간 문제로 한정된 범위만 다룰 수밖에 없는 한계가 있습니다. 저자도 이런 교육자 마인드가 있어서 그런지 핵심적인 내용을 설명한 후 관련된 내용에 대한 추가 정보를 많이 제공하고 있어 심화 학습을 위한 좋은 가이드가 됩니다.

또한 파이썬으로 데이터를 분석하는 예제를 상당히 많이 담고 있다는 점도 장점입니다. 이 분야의 특성상 실습이 병행되지 않으면 반쪽짜리 공부가 될 수밖에 없습니다. 본문에 담긴 예제도 상당히 많지만 매 장의 마지막 부분에 제시되는 연습문제와 종합문제도 좋은 예제 코드들이 많습니다.

파이썬을 이용해 데이터 분석을 시작하려는 분들이라면 다양한 통계 이론에 대한 배경 지식을 쌓을 수 있고 동시에 파이썬 자체에도 익숙해질 수 있는 참고서 같은 느낌의 책입니다. 실습을 병행하면서 책을 꼼꼼하게 읽어나간다면 데이터 과학자로서의 기본기를 다지는 데 충분히 도움이 될 것으로 기대합니다.

최재원

책의 코드 출력 결과는 다음과 같은 버전 기준으로 실행되었습니다. 사용자의 PC 환경이나 주요 모듈의 버전에 따라 실행 결과가 책의 내용과 다소 상이할 수 있으나, 본질적인 내용은 같습니다.

[파이썬과 주요 모듈 버전]

- 파이썬 3.8.3
- 매트플롯립 3.2.2
- 판다스 1.0.5
- 넘파이 1.18.5
- 사이파이 1.5.0
- 사이킷런 0.23.1

이 책에서 사용하는 소스코드는 다음 주소에서 다운 받을 수 있습니다.

- *https://bit.ly/36nVW4X*

들어가며

출간에 부쳐

이 책은 2017년과 2018년 도쿄대학에서 운영된 "글로벌 소비 인텔리전스 기부 강좌(Chair for Global Consumer Intelligence)"의 학생 대상 오프라인 강의와 일반인 대상 온라인 강의에서 사용되었던 교재를 기반으로 구성되었습니다. 2년 동안 총 1,800명 이상의 학생과 일반인이 이 강의에 응모하였고 그중 약 400명이 수강하였습니다. 수강생에는 문과나 이과 가리지 않고 대학교 신입생부터 박사과정 학생뿐만 아니라 다양한 산업계 출신의 일반인들도 포함되어 있었습니다.

이 책은 데이터 과학자를 양성하기 위한 기초 강좌입니다. 최근 데이터 과학에 관한 다양한 분야(데이터 분석, 머신러닝, 딥러닝, 인공지능 등)의 책이 다수 출간되고 있습니다. 책을 처음 쓰기 시작했던 몇 년 전만 해도 데이터 과학에 관한 책이 드물었지만 요즘은 데이터 과학이나 머신러닝에 관한 좋은 책이 많이 출간되고 있습니다. 이런 상황에서 데이터 과학 강의를 진행하거나 강의 내용을 책으로 출간하는 것이 의미가 있을까요. 이 책의 제목이나 목차를 보고 "또 데이터 과학 책이야?", "이제서야 데이터 과학 책을 출간하는 거야?"라고 생각하는 사람들도 있을 것입니다. 저 자신도 책을 쓰는 도중에 그런 생각을 했습니다.

이 책의 특징은 실제 데이터를 이용해 직접 실습하면서 데이터 과학을 학습할 수 있다는 점입니다. 되도록이면 현장에서 사용할 수 있는 실용적인 내용(데이터 전처리 등)을 담았고, 단순히 이론이나 프로그래밍 코드를 설명하는 것으로 그치지 않습니다. 또한 연습문제와 종합문제 등 스스로 생각해야 할 내용도 많은데 이런 점도 다른 책에서는 볼 수 없는 특징입니다. 책을 끝까지 학습하고 실습한다면 실제 현장에서도 데이터를 분석할 수 있게 될 것으로 기대합니다.

도쿄대학이 운영한 강의에서는 인터넷을 통해 로그인만 하면 사용할 수 있는 시스템(iLect)을 갖추고 있지만, 책에는 부록에 로컬 컴퓨팅 환경 설정에 대한 안내를 추가했으니 참고하기 바랍니다. 책의 프로그래밍 코드는 주피터노트북(JupyterNotebook) 형식이며 도쿄대학의 마츠오 연구실(*https://weblab.t.u-tokyo.ac.jp/gci_contents*)에서 무료로 공개하고 있습니다. 최근에는 구글 콜랩(Google Colaboratory)이라는 클라우드 기반 주피터 환경도 무료로 이용할 수 있습니다. 구글 콜랩과 다운 받은 코드로 직접 실습하면서 데이터 과학을 학습할 수 있습니다. 한편 이런 사실을 알고 있는 사람이라면 인터넷에 접속만 하면 무료로 데이터 과학을 배울 수 있는데 군이 책으로 출간할 이유가 없다고 생각할 수도 있습니다.

강의 내용을 책으로 출간하는 이유는 세 가지입니다. 첫 번째 이유는 웹에서뿐만 아니라 폭넓은 대상에게 데이터 과학의 실체를 소개하고 많은 사람이 기술을 습득하길 원했기 때문입니다. 데이터를 분석할 수 있는 사람이 많이 필요하지만 그런 인재가 부족한 것이 현실입니다. 물론 모두가 데이터를 분석할 필요는 없지만 데이터를 분석하려면 무엇이 필요하고 어떠한 접근방식이 있으며 어떤 것이 가능한지 만이라도 알아 두면 여러 업무를 개선할 수 있을 것입니다. 적어도 데이터 과학이 중요한 이유도 이해할 수 있고 데이터 과학이나 인공지능을 통해 무엇이든 해결할 수 있다는 기대도 품지 않게 될 것입니다.

데이터 분석 전문가나 분석팀에 의지하지 않더라도 파이썬(Python)을 이용해 간단한 데이터 집계나 시각화 등을 할 수 있다면 본인의 업무 효율성도 높일 수 있습니다. 또한 직접 세운 가설을 데이터 분석을 통해 검증하거나 지금까지 힘들게 해왔던 수작업을 자동화하는 것도 즐거운 일이라고 생각합니다. 이 책을 접하게 된 분들이 책을 철저하게 활용해 데이터 분석에 필요한 기초적인 지식을 이해하고 습득하기 바랍니다.

두 번째 이유는 항상 온라인으로만 공부할 수 없으며 전철 안이나 기다리는 시간 동안 내용을 빨리 살펴보고 싶을 때는 책이 편리하기 때문입니다. 컴퓨터와 스마트폰을 사유롭게 사용할 수 있는 시대지만 무인도에는 와이파이(WiFi)도 전기도 없습니다. 그런 장소라면 이 책을 갖고 있지도 않겠지만 언제라도 공부할 수 있다는 것이 책의 장점입니다.

세 번째 이유는 징보를 획득하는 속도에서 책이 압도적으로 빠르고 학습 효과도 높기 때문입니다. 저도 한 달에 몇 권씩 책을 사는데 책으로 공부하는 편이 학습 효과가 높다고 느낍니다. 여러 가지 아이디어를 메모해 두거나 전체 내용을 다시 복습할 때도 책이 편합니다. 내용 중에 깊이 생각해야 할 문제가 있을 때는 메모를 해 두기 바랍니다. 배운 것을 체득하기 위해서는 수동적인 자세를 벗어나 주체적으로 공부하고, 의문을 가지며, 깊이 생각하는 것이 중요합니다. 물론 책만으로 모든 것을 배울 수는 없으므로 실습 환경을 갖추고 직접 손을 움직여가며 공부하면서 책을 적절하게 이용하기 바랍니다.

이 책은 온라인으로 공개된 교재와는 달리 디자인과 레이아웃이 깔끔하고 핵심 내용이 잘 정리되어 있어 이해하기 쉽습니다. 모두 마이나비 출판사의 이사(伊佐) 님을 비롯해 많은 관계자 분이 훌륭하게 편집해 준 덕분입니다. 진심으로 감사의 말씀을 드립니다.

책 소개

이 책은 데이터 과학에 필요한 지식을 폭넓게 다루고 있습니다. 그래서 세부 분야로 너무 깊이 들어가지는 않고 꼭 필요한 최소한의 기초적인 내용만 다룹니다. 한 권의 책으로 데이터 과학을 다 배운다는 것은 무리이므로 학습 방향성을 제시하는 책으로 생각하기 바랍니다. 데이터 과학자로 성장하는 길에 필요한 지도와 나침반 같은 역할을 할 수 있도록 중요한 키워드나 더 읽어야 할 참고문헌 등의 정보를 많이 소개하고 있습니다. 그런 자료들도 같이 활용하기 바랍니다.

이 책은 파이썬 프로그래밍 언어를 이용해 기본적인 문법, 데이터 수집, 데이터 읽기, 데이터 조작부터 시작해 다양한 파이썬 라이브러리 사용법, 확률 통계, 머신 러닝(지도학습, 비지도학습 그리고 튜닝), 파이썬 실행 속도를 높이기 위한 방법에 대해서도 소개합니다. 또한 마케팅 데이터나 로그 데이터, 금융 시계열 데이터 등 다양한 데이터를 활용하고 모델링하기 전의 전처리 방법에 대해서도 소개하고 있습니다. 데이터 과학자가 되기 위해서는 모두 필요한 기술입니다.

이 책의 내용을 파이썬이나 확률통계, 머신러닝, 최적화 등을 다루는 전문 서적과 비교할 수는 없겠지만 데이터 과학을 비즈니스에 활용하려면 폭넓게 지식을 쌓고 기본적인 사용법을 몸에 익혀두는 것이 중요합니다. 기본적인 원리와 관련 지식을 습득한 후에는 잘 모르는 문제를 만나더라도 관련 정보를 찾아가며 공부할 수 있기 때문에, 이 책은 그러한 마인드와 자세를 기르는 것도 목표의 하나로 삼고 있습니다.

또한 이 책은 실제 현장에서 사용되는 데이터를 어떻게 가공하고 분석하면 좋을 지, 마케팅이나 금융 분야에 구체적으로 어떻게 활용할 수 있을지, 어떤 방법으로 코딩할지, 이런 모든 것을 합치는 기술과 과정을 포함합니다. 이론적인 내용뿐만 아니라 실무적인 사용 방법도 소개하기 때문에 현장에서 바로 써먹을 수 있습니다. 일반적인 마케팅 책은 마케팅 방법을 중심적으로 다루지만 구체적인 실행 방법이 없고, 머신러닝 책은 이론과 실제적인 구현 방법은 다루지만 그것들을 실무적으로 마케팅에 적용하는 내용은 다루지 않는 등 대부분 내용이 전문적이고 해당 분야에 특화되어 있습니다. 이 책은 데이터 과학에 꼭 필요한 기술들을 전체적으로 소개하고 실제로 구현해 볼 수 있도록 구성되어 있습니다. 이 과정을 통해 구체적이고 실무적인 데이터 분석에 대해 이해할 수 있을 것입니다.

물론, 수식 계산이나 수학 정리를 증명하는 이론적인 책이 필요 없다는 의미는 아닙니다. 연구자로 활약하고 싶거나 상대적으로 시간이 여유로운 대학생이라면 이론적인 내용을 제대로 배워 두기 바랍니다. 이 책에서 다루는 이론은 부족할 수 있기 때문에 관련 전문 서적이나 참고문헌 등을 함께 이용하면서 공부하는 게 좋습니다. 제가 학생이던 시절에는 데이터 과학이라는 말이 그다지 유행하지는 않았지만 다행히 미적분과 선형대수, 집합위상수학, 확률통계, 다변량해석, 최적화 계산이나 정보이론 등을 제대로 배워 두었기 때문에 비교적 큰 어려움 없이 이 분야에 진입했을지도 모르겠습니다.

앞에서 말한 것처럼 직접 구현해보는 연습문제도 다른 책에는 별로 없는 특징입니다. 사람은 실제로 문제를 앞에 놓고 생각하면서 실습해 보지 않으면 기술을 습득할 수 없습니다. 이 책을 통해 다양한 무기(기술)를 이해하고 손을 움직여가며 실습하기 바랍니다. 한편 이 책에서는 훌륭한 저서로 인정받는 여러 참고문헌을 소개합니다. 책을 읽은 후에는 그러한 자료를 활용해 스스로 생각하면서 실제로 연습해보고 웹에서 정보를 얻거나 참고 도서를 활용하면서 본인의 실력을 한층 더 향상시켜가기 바랍니다.

이 책의 대상 독자

이 책은 프로그래밍 경험이 있고 이공계열 대학 1~2학년 수준의 수학(선형대수, 미적분, 확률통계 기초 등)을 배운 사람들을 대상으로 합니다. 더 구체적으로는 공부에 열의가 있는 이공계열 대학 3~4년생이나 대학원생, 일반인 중 데이터 과학 공부에 의욕적인 사람들이 대상입니다. 데이터 과학 입문 수준부터 중급 이전 사이의 사람들에게 가장 적당하고, 이 책의 목표도 데이터 과학 입문 수준을 마치도록 하는 것입니다.

이미 실무에서 파이썬과 머신러닝을 활발하게 사용하는 사람들에게는 내용이 쉽기 때문에 중급 수준 이상의 사람들은 이 책의 대상 독자가 아닙니다. 그래도 데이터 분석에 필요한 지식을 한번 복습하는 용도로는 활용할 수 있습니다. 최근 주목받고 있는 딥러닝은 자세하게 다루지 않지만 딥러닝을 학습하기 전에 필요한 기초적인 기술을 배울 수 있습니다. 딥러닝 기초를 공부하려고 했지만 코드의 의미 등을 몰라 좌절한 사람도 이 책을 통해 딥러닝 학습에 필요한 전단계 기술을 습득할 수 있습니다. 딥러닝을 본격적으로 배우고 싶다면 최근 다양한 책이 출간되고 있고 여러 곳에서 딥러닝 강좌가 운영되고 있으므로 활용하기 바랍니다.

프로그래밍 미경험자나 선형대수, 미적분 등을 전혀 배우지 않은 사람은 이 책만으로 이해하기 쉽지 않습니다. 참고문헌을 같이 활용하면 시간이 걸려도 학습을 진행할 수는 있을 것입니다. 실제로 강의를 수료한 사람들 중에는 대학 1, 2년생이나 문과 계열 일반인도 있었습니다.

이 책의 목적

'데이터 과학'이란 무엇이고 어떤 내용을 다루는가, 라는 데 대해서는 다양한 견해가 존재할 뿐 모두가 한결같이 동의하는 정의는 없습니다. 다만 명칭에서 나타나듯 과학이라는 것과 깊은 관계가 있습니다. 과학이란 세상의 혼란스러운 현상에서 본질을 찾아내고 다양한 문제를 해결해 나가는 것입니다. 매일 방대하게 쌓여가는 각양각색의 데이터를 뒤적이며 과학의 힘을 빌려 여러 문제를 해결해 나가는 것이 데이터 과학이라고 생각합니다. 원래 과학적 접근 방식이란 데이터에 기반한 실증적 추론 과정인데, 최근처럼 각종 다양한 데이터를 수집할 수 있고 대량의 데이터를 빠르게 계산을 할 수 있는 시대를 맞아, 또한 IoT(Internet of Things) 등이 주목 받는 이런 와중에 데이터 분석의 중요성은 더욱 커졌습니다.

저는 데이터 과학을 활용해 세상을 조금이라도 개선시킬 수 있다고 믿고 이 분야에서 일하고 있습니다. 세상에는 여러 가지 다양한 문제가 있습니다. 비효율적인 업무 처리로 인한 낭비도 많습니다. 인공지능이 주목받고 있지만 한편으로 이러저러한 오해를 불러 일으키거나 과도한 기대를 받고 있기도 합니다. 이 책을 접한 분들은 이러한 상황에서 데이터 과학이나 인공 지능을 활용해 현실적으로 무엇이 가능하고 가능하지 않은지 확인해보기 바랍니다.

데이터 과학은 수학(확률 통계, 머신러닝 등)뿐만 아니라 IT와 다양한 분야의 힘을 빌려 세상의 어려운 문제나 숨겨진 문제에 도전하는 종합적인 분야라고 생각합니다. 물론 그런 힘이 절대적이지도 않고 무엇이든 해결할 수 있는 것도 아니며 갑자기 기적이 일어나지도 않습니다. 오히려 어떻게 할 수 없는 상황에서 애매하고 복잡한 조건들을 확인해가며 문제를 발견하는 것부터 시작하거나 데이터를 꼼꼼히 파악하고 변형하는 일을 더 자주 할지도 모릅니다. 실제로 저는 현장에서 분석 업무를 진행하면서 그런 자주 경험을 합니다. 그러나 비즈니스의 목적에 맞는 데이터 분석을 통해 조금씩 문제를 개선할 수도 있고 새로운 사실을 발견할 때도 있습니다. 데이터 과학이나 인공지능은 사람의 일을 모두 빼앗는 것이 아니라 이 세상을 조금 더 발전시키는 하나의 도구입니다.

이 책의 독자들과 수강생 중에서 데이터 과학의 힘을 활용해 현 세상의 낭비나 비효율을 조금이라도 줄이고 새로운 가치를 창출해 세계를 개선시키는 분들이 늘어난다면 저자로서 만족할 겁니다. 물론 저도 그러한 일원으로 매일 노력하며 분투 중입니다.

감사의 말

이 교재의 개발 과정에서 여러 책과 사이트 그리고 많은 분의 도움을 받았습니다. 참고한 도서나 웹사이트는 참고문헌에 소개하고 있습니다. 제가 한 것은 수학, 컴퓨터 과학, 마케팅 분석 등 여러 분야의 전문가들이 연구해 온 내용을 빌려 왔을 뿐입니다. 거인의 어깨에 올라 타지 않았다면 이렇게 교재를 개발할 수 없었을 것입니다.

이 교재를 개발할 수 있도록 기회를 주신 도쿄대학의 마츠오 연구실 분들께 감사드립니다. 이 분들의 지원과 조언, 피드백이 없었다면 이런 교재를 개발할 수 없었을 것입니다. 저 자신도 이 교재를 만들어 가는 과정에서 공부가 많이 되었습니다. 이런 기회를 주서서 정말 감사합니다.

우선 강의와 교재 작성에 대해 전체적으로 기획하고 조정해 주신 마츠오 연구실의 나카야마 코타로(中山浩太郎) 선생님과 초기에 내용을 개발할 때 지원하고 정리해주신 시노하시 토오루(椎橋徹) 씨에게 감사드립니다. 그리고 이 책의 공동 저자인 데이터 과학자 야마다 노이치씨(山田典一)와 파이썬 전문가인 오오사와 후미타카(大澤文孝) 씨에게도 감사드립니다. 두 분의 도움이 없었다면 출간까지 이르지 못했을 것입니다.

또한 책의 내용에 관해서 구스타보 베젤라 씨와 아조노 마사시(味曽野雅史) 씨에게 전체적인 리뷰를 부탁드렸습니다. 비록 두 분이 지적한 부분을 모두 반영하지는 못했지만 두 분 덕분에 보다 나은 내용을 만들 수 있었습니다.

그 밖에도, 미야자키 쿠니히로(宮崎邦洋), 타무라 코이치로(田村浩一郎), 미우라 쇼미네(三浦笑峰), 히구치 잇토(檜口一登) 씨가 전체적으로 내용을 검토해 주셨습니다. 특히 미야자키 씨와 미우라 씨는 대학 강의와 일반인 대상 강의를 운영하기 위한 모임을 매주 도와주셨습니다. 강의에서 사용한 iLect은 마이클과 알프레드가 준비해 주었습니다.

교재를 읽고 의견을 주신 분들에게도 감사드립니다. 대학 시절부터 도움을 받았던 이시바시 요시히사(石橋佳久) 씨, 이마무라 유리(今村悠里) 씨, 이전 직장에서 도움을 받았던 시마다 유키(嶌田有希) 씨, 나카무라 겐타(中村健太) 씨, 야마다 노리카즈(山田典一), 미야자와 미츠야스(宮澤光康), 켄진(乾仁) 씨, 카와타 요시토시(川田佳寿) 씨도 내용을 검토하고 수정, 추가할 부분을 지적해 주셨습니다.

특히 통계 검정 1급 보유자인 이시바시(石橋) 씨는 확률통계 부분에서 수정, 추가할 부분을 검토해주었고 이외에도 전체적으로 문제가 있는 부분을 지적해주었습니다. 야마다(山田)나 시마타(嶌田) 씨는 머신러닝에 대해 의견을 주셨고 매우 도움되었습니다. 다양한 부분에서 도움을 주신 많은 분들께 감사드립니다.

처음에 말한 것처럼 이 교재는 도쿄대학 강의에서도 사용되고 있으며 대학생 수강생과 대학원생, 강의를 잘 진행하는 조교 분들(히구치 카즈노(檜口一登)씨, 오카모토 히로노(岡本弘野)씨, 쿠보 시즈마사(久保静真)씨, 하시모토 카오리(橋立佳央理)씨, 샤쿄진(蕭喬仁)씨, 쿠마타 슈우(熊田周)씨, 아이다 타쿠야(合田拓矢)씨, 이치마루 토모미(一丸友美))로부터도 피드백을 받았습니다. 또한 일반인 대상 제1, 2회 온라인 강의에 참여하신 분들의 피드백도 참고했습니다.

또한 본업이 있음에도 강의나 집필 활동 같은 일을 겸할 수 있도록 허가하고 응원해 준 회사 관계자 분들에게도 감사드립니다.

그리고 이 책을 출간할 수 있도록 도와주신 마이나비 출판사의 이사 토모코(伊佐知子) 씨, 카도타케 테루키(角竹輝紀) 씨를 비롯한 관계자 분들에게도 대단히 감사합니다. 다양한 피드백과 교재의 편집, 디자인 품질을 높여 주셔서 감사드립니다.

모두 바쁘실 텐데 정말 감사드립니다. 아울러 본 교재의 오탈자 등은 모두 저의

(츠카모토) 책임이며 혹시 그런 오류를 발견하거나 개선할 점 등이 있다면 꼭 연락 주기 바랍니다. 향후에도 계속 이 교재를 개선해 나갈 수 있기를 (혹은 새로운 전문가가 개선해 주시길) 기원합니다.

츠카모토 쿠니타카
메일 주소: kunitaka0605@gmail.com

저자 소개

츠카모토 쿠니타카(塚本邦尊)

현재 모 금융기관의 연구개발 부서에서 분석 환경 구축부터 데이터 전처리 자동화, 분석, 알고리즘 개발과 구현, 현물거래와 검증, 보고서 작성 등을 담당. 그 밖에도 '글로벌 소비 인텔리전스 기부 강좌'를 진행하고 다양한 기업의 분석 업무를 지원·자문하기도 하며 모 컴퓨터 계열 연구소의 기술 선임 연구원을 겸직하고 있습니다. 대학 전공은 수학, 비주얼 스튜디오(VisualStudio), 알 스튜디오(RStudio), 주피터 노트북(JupyterNotebook) 등의 개발 도구를 다루며 C#, SQL, VBA, R, Python, shell, SAS 등으로 작업해 왔습니다. 요즘은 FPGA 관련 프로젝트에 많이 참여하고 하드웨어(FPGA, Verilog, Vivado 등)와 네트워크(WireShark 등)를 조금씩 배우고 있으며 AWS 같은 클라우드 환경도 매일 다루고 있습니다. 요즘은 시간이 있을 때 라즈베리 파이를 이용해 로봇 공학을 공부하거나 다양한 책을 읽고 있습니다.

야마다 노리카즈(山田 典一)

주식회사 크리에이티브 인텔리전스 대표이사

야후 재팬, 브레인 패드, GREE, 외국 자본계 미디어 에이전시 등에서 데이터 마이닝, 머신러닝을 활용하는 분석 업무에 종사하며 정보의 가치적 관점에서 인텔리전스 관리 방식, 인텔리전스 프로세스와 머신러닝의 융합 가능성을 연구하고 있습니다. 2015년에는 일본 competitive intelligence 학회에서 최우수 논문상을 수상했습니다. 현재는 머신러닝, 결정이론, 시뮬레이션 과학을 활용해 고도의 의사 결정을 지원하는 기술 연구 개발, 머신러닝 도입 컨설팅, 데이터 활용 자문을 하고 있습니다.

오오사와 후미타카(大澤 文孝)

기술 작가(Technical Writer), 프로그래머

정보처리 기술자(정보보안 전문가, 네트워크 전문가)

잡지나 책을 통해 개발자 대상 글(주로 서버나 네트워크, 웹 프로그래밍, 보안에 관한)을 쓰고 있습니다. 최근에는 웹 시스템 설계·개발에 종사하고 있습니다. 주요 저서로는 《Angular Web 앱 개발 스타트북》(소텍사) 《AWS Lambda 실천 가이드》, 《Amazon Web Services 완전 솔루션 가이드》, 《Amazon Web Services 클라우드

디자인 패턴 구현 가이드》(닛케이 BP), 《UI까지 손이 가지 않는 프로그래머를 위한 Bootstrap 3 실용 가이드》《prototype.js와 script.aculo.us를 활용한 리치 웹 애플리케이션 개발》(쇼에이사), 《Amazon Web Services로 시작하는 웹 서버》, 《파이썬 10줄 프로그래밍》(공학사) 등이 있습니다.

감수, 협력 소개

나카야마 코우타로(中山 浩太郎)

2000년 10월 (주)간사이 종합정보연구소 대표이사

2002년 4월 도시샤 여자대학 강사

2007년 3월 오사카대학 대학원 정보과학 연구과 박사

2007년 4월 오사카대학 대학원 정보과학 연구과 특임 연구원

2008년 4월 도쿄대학 지식 구조화 센터 특임 조교

2012년 4월 도쿄대학 지식 구조화 센터 특임 강사

2014년 12월 도쿄대학 공학계 연구과 기술경영전략 전공 특임 강사

마츠오 유타카(松尾 豊)

1997년 도쿄대학 공학부 전자정보공학과 졸업

2002년 도쿄대학 대학원 박사 과정 수료. 박사(공학). 산업기술 종합연구소 연구원

2005년 10월부터 스탠포드대학 객원 연구원

2007년 10월부터 도쿄대학 대학원 공학계 연구과 종합연구기구/지식 구조화 센터/기술 경영 전략 전공 조교수

2014년부터 도쿄대학 대학원 공학계 연구과 기술경영전략 전공 글로벌 소비 인텔리전스 기부 강좌 공동 대표·특임 조교수

2002년 인공지능학회 논문상, 2007년 정보처리 학회 나가오 마코토(長尾真)기념 특별상 수상

2012년~14년, 인공지능학회 편집 위원장 역임. 현재는 윤리 위원

인공지능, 웹 마이닝, 빅데이터 분석, 딥러닝 전문

01

책의 개요와
파이썬 기초

이 책은 데이터 과학(데이터 분석)을 다룹니다. 1장에서는 데이터 과학자가 구체적
으로 어떤 일을 하는지, 업무를 위해 필요한 지식이 무엇인지 살펴봅니다. 각 장에서
다룰 내용과 책을 읽는 방법 등을 소개하니 1장에서 책의 전체적인 상을 잡아보세
요. 후반부에서는 주피터 노트북 환경에서 파이썬 기초를 배웁니다.

목표
이 책의 목표를 이해한다. 데이터 분석 과정을 이해하고 필요한 지식이 무엇인지 파
악한다. 주피터 노트북을 이용해 기초적인 파이썬 프로그래밍이 가능하도록 한다.

1.1 데이터 과학자의 업무

keyword 데이터 과학, 통계학, 엔지니어링, 컨설팅, PDCA, 데이터 분석, 파이썬, 선형대수, 미적분, 확률, 통계, 머신러닝

이 책은 데이터 과학(데이터 분석)을 배우기 위한 기초적인 지식 습득을 목표로 합니다. 먼저 데이터 과학이 무엇인지, 데이터 과학에 필요한 지식은 무엇인지 등 전체적인 개요를 살펴보겠습니다.

1.1.1 데이터 과학자의 업무

앞에서 말한 것처럼 이 책 전체를 통해 데이터 과학에 대해 배웁니다. 우선 데이터 분석 전문가인 '데이터 과학자'에 대해 알아 봅시다. 이 용어는 책이나 인터넷에서 다양하게 정의하고 있지만 아직 명확한 정의는 없습니다. 이 책에서는 통계나 머신러닝(수학), 프로그래밍(IT) 기술을 통해 비즈니스 문제를 해결하는 사람이라고 정의합니다.

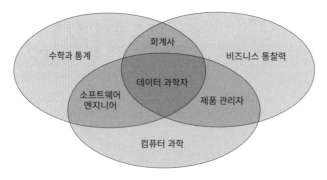

그림 1-1-1 데이터 과학자에게는 통합적인 능력이 요구된다. *http://www.zsassociates.com/solutions/services/ technology/technology-services/big-data-and-datascientist-services.aspx*를 참고해 편집

데이터 과학자는 수학과 통계 전문가여야 한다는 의견도 있지만 그렇지 않습니다. 확실히 수학과 통계 지식은 필요합니다. 그러나 그런 지식뿐만 아니라 그것들을 실제로 구현할 수 있는 엔지니어링 능력도 요구됩니다. 예컨대 이 책에서 배우는 파이썬으로 구현하는 능력입니다. 또한 그러한 지식을 사용해 비즈니스 문제에 대해 컨설팅할 수 있어야 합니다. 이런 능력 중에서 어느 한 가지라도 빠지면 데이터 과학자가 아닙니다. 그렇다고 모든 분야에서 전문가 수준의 능력을 갖춰야만 하는 것은 아닙니다. 더 필요한 것은 통합적인 능력입니다. 모든 분야에서 전문가인 사람은 드물기 때문에 각 분야에 강점을 지닌 사람들이 모여 데이터 과학 팀을 결성하기도 합니다.

데이터 과학자가 실제로 어떻게 데이터 분석 과제를 해결해 가는지, 자세한 내용은 참고문헌 A-1에서 소개하는 각종 데이터 분석 관련 책을 읽어 보기 바랍니다.

1.1.2 데이터 분석 프로세스

그렇다면 데이터 과학자는 데이터를 어떤 단계로 분석해야 할까요? 데이터 분석의 흐름이나 프로세스를 이해하고 그 과정을 구축하는 것이 중요합니다. 예를 들어 비즈니스 데이터 분석에서는 일반적으로 해당 비즈니스에 대한 이해, 데이터 파악, 데이터 전처리, 모델링, 검증, 운영이라는 흐름으로 진행합니다. 이 과정에서 비즈니스를 이해하는 것이 특히 중요합니다. 비즈니스를 이해하지 못하면 데이터를 분석하는 의미가 없습니다. 데이터를 분석할 때는 목적이 있습니다. 분석이 먼저일 수는 없습니다. 그러나 고객이나 관계자가 분명한 목적을 갖고 있지 않을 때도 많습니다. 그런 경우 뭘 분석하려는지부터 확정하며 시작합니다. 대화를 통해 데이터 과학자 쪽에서 먼저 문제를 발견하고 제안하기도 합니다. 이 과정에서는 프로젝트 구성원(컨설턴트, 영업 등)이 서로 협력해야 하고 고객이나 관계자와도 커뮤니케이션해야 합니다.

이런 프로세스를 계속 잘 꾸려나가는 것 역시 중요합니다. 어느 한 단계 완료로 끝나는 것이 아니라 이 사이클을 계속 순환시키는, 즉 PDCA(Plan-Do-Check-Act, 데이터 분석 프로세스) 사이클 형태를 구축해야 합니다. 데이터 분석 모델링에만 관심 있는 사람들은 비즈니스 관점의 이야기가 재미없을지 모르지만 이것이 현실입니다. 데이터 과학자의 업무에는 현실적으로 이러한 측면이 있으므로, 그것들에 어떻게 접근하고 구체화(구현)할지 학습하는 것이 이 책에서 다루는 내용입니다.

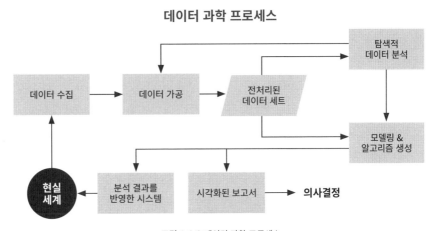

그림 1-1-2 데이터 과학 프로세스
*https://www.kdnuggets.com/2016/03/data-science-process.html*의 내용을 편집

데이터 분석 과정을 이해하고 실무에서 분석 결과를 시스템화하고 운영할 때 도움되는 내용을 참고문헌 A-2, A-3에서 소개하고 있습니다.

1.1.3 이 책의 구성

이 책을 통해 데이터 과학자가 되기 위해 필요한 것들을 체험하고 배우도록 합시다. 이미 언급한 것처럼 데이터 과학자는 수학과 통계 지식뿐만 아니라 엔지니어링(프로그래밍)과 컨설팅 능력 역시 필요합니다. 그래서 이 책도 다방면에 걸친 내용을 다룹니다.

1장에서 4장까지는 데이터 분석을 위한 기초 지식입니다. 1장 후반에서는 데이터 분석에서 많이 사용되는 프로그래밍 언어인 파이썬과 코드를 실행하기 위한 주피터 노트북을 소개합니다. 2장에서는 데이터 분석에서 사용되는 파이썬의 과학계산과 통계 관련 라이브러리들인 넘파이(NumPy), 사이파이(SciPy), 판다스(pandas), 매트플롯립(Matplotlib)에 대해 소개합니다. 3장과 4장에서는 기초적인 수학을 다룹니다. 3장은 통계학 기초와 회귀분석, 4장은 확률과 통계 기초를 살펴봅니다. 4장에서는 이론적인 내용과 수식이 많이 등장하니 조금씩 익숙해지기 바랍니다.

5장에서 7장까지는 파이썬으로 데이터를 처리하고 시각화하는 방법을 다룹니다. 5장은 과학계산을 위한 넘파이와 사이파이, 6장은 데이터 처리를 위한 판다스 사용 방법, 7장에서는 데이터 시각화(매트플롯립)와 분석 결과를 전달하는 방법을 소개합니다. 7장까지 파이썬을 이용한 데이터 전처리 기초를 습득하고 종합문제를 풀어봅시다. 금융 시계열 데이터와 마케팅 데이터를 이용해 실무에서 활용할 수 있는 기초적인 방법을 설명합니다.

8장부터는 머신러닝을 살펴봅니다. 모델을 만들어 학습시키는 내용입니다. 8장에서는 미리 정답을 알고 있는 데이터를 활용하는 지도 학습(Supervised Learning)을 다룹니다. 9장에서는 정답을 모르는 분석 방법, 즉 비지도 학습(Unsupervised Learning)을 살펴봅니다. 10장에서는 머신러닝으로 학습한 모델을 검증하고 튜닝(파라미터를 변경해 모델의 성능을 향상시킴)하는 등의 방법을 살펴봅니다. 모델은 만들고 끝나는 것이 아니라 철저하게 검증해야 합니다. 학습 데이터에 모델이 과적합(overfitting)되는 문제 등을 살펴봅니다.

11장은 지금까지 배운 지식을 시험하고 정리하기 위한 종합문제입니다.

책의 전반적인 내용을 모두 학습하면 데이터 분석에 필요한 최소한의 지식과 요즘 주목받는 머신러닝을 배우기 위한 사전 지식을 습득할 수 있습니다. 데이터 분석 기술을 제대로 배워 둔다면 자신의 시장 가치를 높이고 이직할 때 선택의 폭도 넓어질 수 있습니다.

1.1.4 이 책을 읽는 데 필요한 기초 지식과 유익한 참고문헌

이 책은 데이터 분석 입문서이지만 모든 분야를 기초부터 설명할 수는 없습니다. 따라서 어쩔 수 없이 어느 정도의 기초 지식이 필요합니다.

사전 지식으로는 대학에서 배우는 미적분과 선형대수 기초, 간단한 프로그래밍 경험(가능하면 파이썬)이 필요합니다. 또한 데이터 분석은 확률, 통계와 깊은 관계가 있으므로 이 책과는 별도로 확률과 통계 기초를 체계적으로 학습할 것을 권장합니다.

이 책에서는 엄밀한 수식에 기반한 내용(집합, 위상 및 측도론(measure theory)에 기반한 확률 통계)보다는 데이터 분석 현장에서 꼭 필요한 기술을 습득한다는 관점에서 설명합니다. 수식이 이해되지 않을 수도 있지만 한번에 모두 이해하지 못해도 학습을 이어나갈 수는 있습니다. 이해되지 않거나 신경 쓰이는 부분이 있다면 참고문헌 A-4, A-5, 참고 URL B-1 등을 필요할 때마다 들여다보기 바랍니다.

책의 전체 내용이 연결되어 있기 때문에 뒷부분을 읽을 즈음에 가서야 이해되는 부분도 있을 수 있습니다. 따라서 조금 이해하기 어려운 부분이 있더라도 우선은 멈추지 말고 계속 읽어나가기 바랍니다.

일부 내용은 선형대수나 미적분 기초 지식이 있다는 걸 전제로 설명하기 때문에 불안한 분들은 참고문헌 A-6 등으로 모자란 부분을 보완하며 책을 읽기 바랍니다. 고윳값 같은 수학 용어가 나오므로 우선은 가볍게 읽어 둡시다. 물론 모든 내용을 사전에 알아야 할 필요는 없습니다. 핵심적인 내용을 실습해보고 필요한 부분만 골라 전문 용어를 인터넷에서 찾아보면서 학습하기 바랍니다. 전체 내용을 대략 검토한 뒤 본인에게 맞는 책 한두 권을 선정해 공부하면 됩니다.

선형대수, 미적분뿐만 아니라 대학 수학은 추상성이 높아 어렵다고 생각하는 사람이 많습니다. 연습문제를 풀어보면 기억에 남기기 쉬우니 참고문헌 A-6에서 소개하는 책의 예제와 연습문제가 이해를 높이는 데 도움이 될 겁니다.

참고문헌 A-7에서 소개하는 책은 조금 어렵지만 대학 1~2학년 수준의 수학 실력으로는 불안하거나 수학적 엄밀성이 필요한 사람들에게 추천합니다. 해석학, 선형대수, 통계학 기초를 전반적으로 학습할 수 있습니다.

1.1.5 직접 해보며 연습합시다

비즈니스를 이해한다고 해도 실제로 분석할 수 없다면 데이터 과학자가 아닙니다. 그래서 이 책에서는 다양한 데이터를 이용해 분석 과정을 코드로 구현하는 것을 목표로 합니다. 학습이 끝난 후에 정말 중요한 것은 '스스로 생각하고 손을 움직여 가며 배운 내용을 몸에 익히는 것'입니다.

"들어가며"에서도 언급했듯이 이 책의 특징은 '실제로 손을 움직여 가며 데이터 분석 방법을 공부할 수 있는 내용으로 구성'되었다는 점입니다. 주피터 노트북 환경에서 파이썬으로 데이터 분석 코드를 작성하고 바로 실행해 볼 수 있는 예제 코드를 제공합니다. 주피터 노트북은 부록을 참고해 자신의 컴퓨팅 환경에서 미리 설치해 놓기 바랍니다. 또한 이 책의 예제 코드는 구글의 코랩(Colab)[1]으로도 실행할 수 있습니다. 단, 실행 환경이 다르기 때문에 일부는 똑같이 실행되지 않을 수도 있으니 양해 부탁합니다.

책의 예제 코드에서 변수 입력 값을 변경하고 코드를 실행해 결과를 확인해 보기 바랍니다. 기본적으로 처음부터 순서대로 실행해보는 것이 좋습니다. 코드를 눈으로 보기만 하면 분석과 코딩 기술을 습득할 수 없습니다. 직접 해보며 시행착오를 경험하는 것 말고는 코딩 실력을 키울 수 있는 방법이 없기 때문입니다. 책에서 '~를 해봅시다' 또는 '생각해 보세요'라는 문구가 보이거나 [Let's try]라는 박스가 보이면 다음으로 진행하기 전에 일단 멈추고 깊이 생각해본 후 코드를 작성하기 바랍니다.

또한 연습문제와 상관없이 스스로 '이 부분의 숫자를 바꾸거나 데이터 조작 방식을 변경하면 어떻게 될까' 등등 가설이나 아이디어가 떠오른다면 반드시 시도해 보기 바랍니다.

물론 이런 방식으로 하면 시간이 걸리고 해결 방법이 떠오르지 않거나 에러 메시지가 나타나는 등, 막히는 부분이 있을지도 모릅니다. 그러나 에러 메시지를 확인하고 스스로 찾아보는 것이 중요합니다. 아울러 코드가 길어 책의 설명만으로 이해되지 않는 부분이 있을 수 있습니다. 그럴 때는 한 줄, 한 줄 코드를 실행하면서 어떤 결과가 나오는지 관찰합시다. 그렇게 하면서 하나씩 배울 수 있습니다(물론 간단한 에러일 때는 적당히 건너뛰어도 됩니다).

책을 읽는 도중에 잘 모르는 용어나 라이브러리, 코드 등이 나올 겁니다. 그런 때는 책에서 소개한 참고문헌뿐만 아니라 검색 엔진을 활용해 적극적으로 찾아봅시다. 찾는 내용이 쉽게 발견되지 않아 시간이 걸릴지도 모르지만 익숙해지면 금방 요령을 알게 됩니다. 검색하고 조사하는 능력도 매우 중요합니다.

또한 책에 나오는 내용을 모두 외우지 않아도 괜찮습니다. 이 책은 어디까지나 파이썬을 이용해 다양한 데이터를 다루는 능력을 기르는 것을 목표로 하고, 모든 내용

[1]
(옮긴이) 구글 Colaboratory 서비스. 이 웹 서비스는 주피터 노트북을 구글 서버에서 가동시키고 사용자가 무료로 마음대로 사용할 수 있습니다. 구글 계정이 있어야 서비스를 이용할 수 있습니다.

을 기억해야 하는 것은 아닙니다. 책에서 배웠다고 바로 익숙하게 사용할 수는 없겠지만, 필요한 기술은 자주 사용하게 되므로 그 과정에서 자연스럽게 몸에 배어들게 할 수 있습니다. 실제로 현업에서 일하는 많은 분석가들도 잘 모르는 게 생기면 인터넷을 뒤지거나 게시판에 질문합니다. 따라서 초보자들은 이 책을 통해 다양한 방법이 있다는 사실 정도만 인식하고 필요할 때 반복해서 사용하는 것이 중요합니다.

스스로 생각하고 코딩한 프로그램이 작동하고 결과를 만들어 내는 과정은 정말 즐겁습니다. 물론 단순한 동작도 있지만 그것들을 자동화한다든지, 제대로 처리되는 스크립트를 만들 땐 쾌감을 느끼기도 합니다. 창조적인 요소도 아주 많으니 꼭 그런 기쁨을 맛보기 바랍니다.

> **Point**
>
> 실제로 파이썬 코드를 작성해 실행하고 결과를 확인하며 시행착오를 겪어봅시다. 그러면서 즐겁게 프로그래밍합시다.

《파이썬 프로그래밍으로 지루한 작업 자동화하기》(스포트라잇북, 2019) 같은 책이 파이썬을 사용한 자동화 입문 격으로 출간되어 있으니 참고하세요. 최근 유행하는 사무자동화 역시 책에서 소개하는 도구(PyAuto GUI 등)를 사용해 개발할 수 있습니다. 《파이썬 프로그래밍으로 지루한 작업 자동화하기》는 영문 원서 PDF가 무료로 공개되어 있습니다.[B-2] 무료 교재나 강의는 영어인 경우가 많으므로 이번 기회에 영어 공부도 하고 다양한 정보를 얻을 수 있다면 도움이 될 것입니다. 영어에 능숙해지면 다양한 업무가 가능해집니다.

1.2 파이썬 기초

keyword 연산, 문자열, 변수, 리스트, 딕셔너리, 튜플, 집합, 진리값 연산, 비교 연산자, 조건분기, 반복문 다루기,
제어, 컴프리헨션(comprehension), 객체 지향, 객체, 클래스, 인스턴스, 생성자

이 책은 데이터 분석용 프로그래밍 언어로 파이썬을 이용합니다. 그런데 왜 파이썬을 이용할까요? 파이썬이 다른 프로그래밍 언어에 비해 코딩이 쉽고 다양한 작업(데이터 전처리, 수집, 모델링 등)을 손쉽게 수행할 수 있기 때문입니다. 데이터 분석과 머신러닝을 위한 라이브러리가 잘 갖추어진 것도 특징입니다. 이런 이유로 많은 데이터 과학자가 분석에 파이썬을 이용합니다. 파이썬 이용자들은 점점 늘어가고 파이썬도 계속 발전하고 있습니다. 파이썬 문법은 비교적 간단하기 때문에 다른 언어로 프로그래밍을 해본 사람은 물론 프로그래밍 경험이 없는 사람들도 큰 어려움 없이 바로 적응할 수 있습니다.

파이썬은 파이썬 2와 파이썬 3으로 구분되는데 두 버전의 문법이 일부 다릅니다.

파이썬 2와 3은 코딩하는 방법이 약간 다르고, 이 책은 파이썬 3 기준입니다. 파이썬 2는 2020년까지만 지원되므로 파이썬 3을 사용하세요.

1.2.1 주피터 노트북 사용법

파이썬 코드가 어떻게 생겼는지 코드를 직접 실행하며 알아봅시다. 주피터 노트북(이하 주피터 환경)을 사용하면 파이썬으로 프로그래밍하고 실행하기 매우 쉽습니다. 코딩하고 실행만 하면 바로 결과가 나타나기 때문입니다. 다른 프로그래밍 언어처럼 컴파일(시스템이 이해할 수 있는 기계어로 변환하는 과정)은 필요 없습니다.

아직 주피터 환경이 준비되지 않은 분들은 책의 부록 1을 참고하기 바랍니다. 또한 구글 '코랩'으로도 책의 코드를 실행할 수 있으므로 인터넷 접속이 가능하고 구글 계정이 있는 분들은 코랩을 사용해 보기 바랍니다(단, 코랩은 일부 환경의 차이로 실행할 수 없는 것도 있습니다).

이제 파이썬 코드를 실행해 봅시다. 책의 코드는 기본적으로 위에서부터 순서대로 실행합니다(뒤에 나오는 일부 코드는 앞에서 다른 코드가 실행되어야 하고, 중간부터 코드를 실행하면 동일한 결과가 나오지 않거나 에러가 날 수 있으므로 주의하세요).

우선 프로그래밍을 처음 배울 때 친숙한 'Hello, world!'를 출력하는 것부터 시작해 봅시다. 파이썬은 다음과 같은 코드면 충분합니다. 다른 프로그래밍 언어는 몇 줄의 코드가 더 필요하지만 파이썬은 한 줄의 코드로 충분합니다. print는 화면에 출력하는 함수입니다. print 함수의 괄호 안에 출력할 문자열을 지정합니다. 파이썬으로 문자열을 표시하려면 'Hello, world!'와 같이 문자열 전체를 작은따옴표(') 또는 큰따옴표(")로 둘러쌉니다.

참고로 이 책에서 입력은 주피터 환경에서 In[], 출력은 Out[]에 해당합니다.

입력

```
Print ('Hello, world !')
```

출력

```
Hello, world !
```

이 코드를 주피터 환경에서 실행하려면 다음과 같은 순서로 진행합니다.

1단계 셀을 추가한다

주피터 환경에서는 셀에 코드나 문장을 입력합니다. 새 노트북(Notebook)을 만들었을 때는 Untitled(만들어진 노트북 파일의 윗부분에 적힌 파일명. 연속해서 여러 개의 파일을 만들면 Untitled 뒤에 연속된 번호가 붙습니다)라는 파일이 생성되고 1개의 셀이 나타나는데 그곳에 코드를 입력합니다. 셀이 없거나 셀을 추가하고 싶으면 왼쪽 위의 + 메뉴를 클릭하면 됩니다.

셀은 Code, Markdown, Raw NBConvert 3 종류가 있습니다(메뉴에는 [Heading] 항목도 있는데 이는 제목을 만들기 위한 것으로 Markdown의 일종입니다). 입력한 코드를 실행하려면 [Code]를 선택합니다.

- Code: 코드를 작성할 경우(작성된 코드를 실행할 수 있습니다).
- Markdown: 문서를 작성할 경우(작성된 코드에서 #, ## 등으로 시작되는 부분은 문서화되어 표시됩니다).[2]
- Raw NBConvert: 작성된 코드가 실행되지 않고 코드 내용이 그대로 출력됩니다.

2단계 코드를 입력한다

그림 1-2-1 셀의 종류를 Code로 변경한다

셀을 Code로 설정하고 책에 나온 코드를 입력합니다. 새로운 셀을 추가하면 기본 설정이 Code입니다.

그림 1-2-2 코드를 입력한다

3단계 실행한다

셀을 클릭해서 선택한 상태(녹색 박스로 표시됩니다)에서 [Run]을 클릭하면 코드가 실행됩니다. 또는 셀을 선택하고 키보드에서 [Shift]+[Enter]를 눌러도 실행할 수 있습니다. 실행 결과는 셀 바로 아래에 표시됩니다. 이때 문법 에러가 있으면 에러 내용이 표시됩니다. [Shift]+[Enter]로 실행하면 새로운 셀이 추가되어 코드를 계속 입력할 수 있습니다. 필요 없다면 가위 아이콘(✂)을 클릭해 셀을 삭제할 수 있습니다.

2
(옮긴이) Markdown 문법을 이용해 HTML 문서를 작성할 수 있습니다. 웹에서 "주피터 노트북 Markdown 문법"으로 검색하면 많은 정보를 얻을 수 있습니다.

코드를 수정하고 재실행하면 새로운 실행 결과가 나타납니다.

그림 1-2-3 [Shift]+[Enter] 키를 눌러 실행했을 때

여러 줄의 코드 입력과 실행도 마찬가지입니다. 예를 들어 아래 예시 코드는 덧셈 (+), 곱셈(*), 거듭제곱(**)을 계산합니다. #은 주석이고 실행할 때 무시합니다. 코드의 의미를 나중에 이해하거나 제삼자가 봐서 알기 쉽도록 적절한 주석을 남기는 일도 중요합니다. 여기에서는 print 함수를 이용해 출력하지만 print 함수를 사용하지 않고 1+1, 2*5, 10**3과 같이 입력해도 동일하게 출력되므로 계산기처럼 쓸 수 있지만 그런 경우에는 마지막 행만 계산 결과가 표시됩니다.

입력

```
# 덧셈 예
print(1 + 1)

# 곱셈 예
print(2 * 5)

# 10의 3승, 멱승은 **을 사용
print(10 ** 3)
```

출력

```
2
10
1000
```

지금까지 주피터 환경에서 코드를 실행하는 가장 단순한 과정을 설명했습니다.

책에서 코드가 등장하면 ➕을 눌러 셀을 추가한 다음 코드를 입력해 실행합니다.

셀을 삭제하려면 가위 아이콘(✂)을, 셀을 상하로 이동하고 싶을 때는 화살표 ⬆ ⬇ 를 클릭합니다. 코드를 작성할 때는 [Code]를 선택하지만 글을 쓰거나 문서를 작성하려면 [Markdown]을 선택합니다. 메모를 작성할 때 편리합니다.

주피터 환경에서는 다양한 결과물을 만들 수 있는데 더 자세히 알고 싶은 분들은 "Jupyter Notebook 공식 사이트의 Markdown 사용방법"[B-3]을 참고하면서 실습하기 바랍니다. *https://jupyter-notebook.readthedocs.io/en/stable/index.html#*에 접속한 후 메뉴에서 Notebook Examples → Markdown Cells를 참조하면 됩니다.

코드를 조금 더 효율적으로 작성하고 싶다면 단축키를 잘 활용합시다. 편집 모드가 아닌 상태([Esc] 키를 누릅니다)에서 [H] 키를 누르면 그림 1-2-4 같은 화면이 나오는데, 예를 들어 셀을 추가하려면 [B] 키를 누릅니다. 이외에도 복사([C]), 붙이기

([V]) 같은 키도 있으니 사용해보기 바랍니다. 처음엔 단축키에 익숙하지 않아 좀 힘들 수 있지만 숙달되면 작업 시간이 크게 단축됩니다. 예를 들어 코드가 길어져서 행 번호를 표시하려면 해당 셀을 선택하고 [Esc] 키를 누른 다음에 [L] 키를 누릅니다. 그러면 행 번호가 표시됩니다.

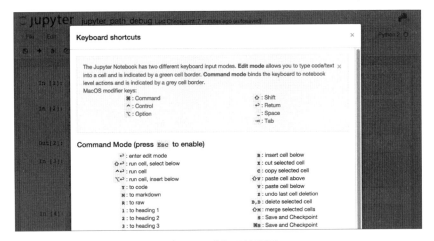

그림 1-2-4 주피터 노트북 단축키

커맨드 모드(편집 모드가 아닌 상태)에서의 주요한 단축키

커맨드 모드 변경	[Esc]
셀을 실행하고 다음 셀로 이동	[Shift] + [Enter]
선택한 셀을 실행	[Ctrl] + [Enter]
셀을 실행하고 아래에 셀을 추가	[Alt] + [Enter]
위의 셀을 선택	[K] 또는 [↑]
아래의 셀을 선택	[J] 또는 [↓]
위에 셀을 추가	[A]
아래에 셀을 추가	[B]
셀 삭제	[X]
셀 복사	[C]
위에 셀을 복사해서 붙이기	[Shift] + [V]
아래에 셀을 복사해서 붙이기	[V]
선택한 셀 삭제	[Delete]
셀 삭제 취소	[Z]
저장	[Ctrl] + [S] 또는 [S]

단축키는 주피터 환경에서만 유용한 게 아닙니다. 독자 분들은 대개 윈도우 (Windows)나 맥(Mac)을 사용할 텐데, 각 운영체제의 단축키를 사용하면 작업의 효율성이 높아집니다(Excel 같은 경우도 마찬가지입니다). 지금까지 사용하지 않았다면 꼭 사용하기 바랍니다. 스포츠(야구나 농구 등)에 비유하면 기본적인 훈련(스윙, 드리블 등)이라고 생각하고 익숙해져야 합니다. 다양한 단축키가 있으므로 인터넷에서 찾아보기 바랍니다.

1.2.2 파이썬 기초

주피터 환경에서 코드를 실행하는 법을 배웠고, 이번에는 계속해서 파이썬 기초를 살펴 봅시다(책에 나오는 코드는 반드시 주피터 환경에서 실행합니다).

변수

다음 예시 코드는 msg 변수에 문자열 test를 입력하고 print 함수로 변수에 저장된 값을 출력합니다. 문자열을 만들 때는 설명한 것처럼 따옴표 또는 큰따옴표로 감쌉니다.

  C나 자바 같은 언어에서는 변수가 정수인지 문자인지 형(type)을 지정하고 이제부터 이용하겠다고 선언해야 합니다(예를 들어, int x는 정수형 x 변수라는 의미입니다). 그러나 파이썬은 기본적으로 변수의 형을 지정하고 미리 선언할 필요 없이 변수에 값을 대입하고 바로 사용할 수 있습니다. 형(type)이 있는 언어를 정적 언어라고 합니다. C나 자바 같은 언어는 정적 언어입니다.

입력

```
msg = 'test'
print(msg)
```

출력

```
test
```

문자열 뒤에 [번호]를 붙이면 해당 문자열의 일부를 추출합니다. 이 번호를 인덱스라고 합니다. 인덱스는 0부터 시작하므로 주의합시다. 예를 들어 다음의 코드는 msg 변수의 첫 번째 문자나 두 번째 문자를 추출하는 코드입니다.

입력

```
# 인덱스는 0부터 시작하므로 첫 번째 문자를 추출합니다.
msg[0]
```

출력

```
't'
```

입력

```
# 인덱스를 1로 지정하면 두 번째 문자를 추출합니다.
msg[1]
```

출력

```
'e'
```

다음 예시 코드는 인덱스 5인 문자를 추출합니다. msg는 test라는 네 개의 글자가 저
장되어 있으므로, 인덱스의 최댓값은 마지막 t에 해당하는 3입니다. 따라서 인덱스
에 5를 지정하면 6번째 글자는 없으므로 에러가 발생합니다.

입력

```
# 실행하면 에러 발생
msg[5]
```

출력

```
-----------------------------------------------------
IndexError        Traceback (most recent call last)
<ipython-input-107-15a7aedc93a3> in <module>()
        1 # 실행하면 에러 발생
----> 2 msg[5]

IndexError: string index out of range
```

코드를 실행한 뒤 에러가 발생하는 일은 흔합니다. 이럴 때 프로그래밍 초보자는 당
황하는데, 해결의 단서는 마지막에 출력되는 에러 메시지입니다. 앞의 예에서는 마
지막에 IndexError: string index out of range라는 메시지가 있습니다. IndexError
(인덱스 에러)이며 string index out of range(문자 인덱스가 범위 밖)라는 내용이므로
인덱스 5가 문제라는 것을 알 수 있습니다.

에러가 발생하면 우선 에러 메시지부터 확인합시다. ---->가 에러가 발생한 지점
을 가리킵니다. 에러 메시지가 이해되지 않을 때는 에러 메시지를 복사해서 검색엔
진에 넣고 찾아 봅시다. 다른 사람에게도 같은 에러가 발생했을 가능성이 아주 높기
에 빠르게 해결책을 찾을 수 있습니다.

Point

에러가 발생하면 당황하지 말고 에러 메시지를 확인합니다. 모르겠으면 에러 메시지 전체를
검색엔진에서 찾아봅니다.

연산

앞에서는 변수에 문자를 할당했지만 숫자를 할당할 수도 있고 변수끼리 연산도 가
능합니다. =는 같다는 의미가 아니라 오른쪽 값을 왼쪽 값에 입력한다는 의미입
니다.

입력

```
# 변수 data에 1을 입력
data = 1
```

출력

```
1
11
```

```
print(data)

# 위의 숫자에 10을 더함
data = data + 10
print(data)
```

예시 코드에서는 변수 이름이 data인데, 변수를 만들 때는 가능한 한 알기 쉬운 이름을 붙입시다. 단순히 숫자를 확인할 때라면 a =와 같은 것도 괜찮고 실제로 책에서도 일시적으로 사용하는 변수에 정교한 이름을 붙이지는 않았습니다.

개발 규모가 커질수록 변수 이름이 중요해집니다. 다른 사람에게도 도움이 되지만 나중에 자신을 위해서도 필요합니다. 만든 시점에는 어떤 변수인지 기억할 수 있겠지만 1주일, 1개월 후에 변수 x를 보았을 때는 어떨까요? 어떤 변수였는지 기억 못할 때가 많습니다. 또한 코드가 길어지면 변수도 많아져 헷갈리게 됩니다. 코딩에 절대적인 규칙은 없지만 어느 정도는 규정이 있으므로 "Python 코드 스타일 가이드"[B-4] 등을 확인하기 바랍니다.

예약어

변수를 만들 때 주의할 점이 하나 있습니다. 프로그래밍 언어는 '예약어'라는 개념이 있습니다. 이미 만들어진 변수나 내장형 객체(while, if, sum 같은)의 이름을 새로운 변수명으로서 사용하면 안됩니다. 여기에서 객체는 데이터(값)와 데이터의 처리가 하나로 묶인 어떤 것으로 일단 이해하기 바랍니다. 객체 지향에 대해서는 나중에 살펴보겠습니다.

변수명으로 예약어를 사용하면 나중에 그 기능을 사용할 수 없을 뿐만 아니라 컴파일 이전에 에러가 발생할 수 있으므로 다음의 목록을 참고해 변수명을 만들기 바랍니다.

```
# 예약어를 표시하는 명령어
__import__('keyword').kwlist
```

예약어 목록

False	None	True	and	as	assert	break
class	continue	def	del	elif	else	except
finally	for	from	global	if	import	in
is	lambda	nonlocal	not	or	pass	raise
return	try	while	with	yield		

```
# 내장형 함수를 표시하는 명령어
dir(__builtins__)
```

내장형 함수 목록

ArithmeticError	AssertionError	AttributeError	BaseException
BlockingIOError	BrokenPipeError	BufferError	BytesWarning
ChildProcessError	ConnectionAbortedError	ConnectionError	ConnectionRefusedError
ConnectionResetError	DeprecationWarning	EOFError	Ellipsis
EnvironmentError	Exception	False	FileExistsError
FileNotFoundError	FloatingPointError	FutureWarning	GeneratorExit
IOError	ImportError	ImportWarning	IndentationError
IndexError	InterruptedError	IsADirectoryError	KeyError
KeyboardInterrupt	LookupError	MemoryError	NameError
None	NotADirectoryError	NotImplemented	NotImplementedError
OSError	OverflowError	PendingDeprecationWarning	PermissionError
ProcessLookupError	RecursionError	ReferenceError	ResourceWarning
RuntimeError	RuntimeWarning	StopAsyncIteration	StopIteration
SyntaxError	SyntaxWarning	SystemError	SystemExit
TabError	TimeoutError	True	TypeError
UnboundLocalError	UnicodeDecodeError	UnicodeEncodeError	UnicodeError
UnicodeTranslateError	UnicodeWarning	UserWarning	ValueError
Warning	ZeroDivisionError	__IPYTHON__	__build_class__
__loader__	__name__	__package__	__spec__
abs	all	any	ascii
bin	bool	bytearray	bytes
callable	chr	classmethod	compile
complex	copyright	credits	delattr
dict	dir	divmod	dreload
enumerate	eval	exec	filter
float	format	frozenset	get_ipython
getattr	globals	hasattr	hash
help	hex	id	input
int	isinstance	issubclass	iter
len	license	list	locals
map	max	memoryview	min
next	object	oct	open

(다음 쪽에 함수 목록 이어짐)

ord	pow	print	property
range	repr	reversed	round
set	setattr	slice	sorted
staticmethod	str	sum	super
tuple	type	vars	zip

Point

예약어나 내장형 함수 등에 주의하면서 변수명을 설정합시다.

1.2.3 리스트와 딕셔너리

이제 리스트에 대해 살펴봅시다. 리스트란 복수의 값을 하나의 그룹으로 다루기 위한 구조로, 다른 언어에서의 배열과 같은 것입니다. 데이터를 분석할 때는 배열과 같이 복수의 값을 함께 다루는 경우가 많기 때문에 매우 흔하게 사용됩니다. 다음 예시 코드는 1부터 10까지 숫자 데이터를 만듭니다. 파이썬에서 리스트를 만들려면 전체 내용을 '[' 과 ']'으로 감싸고 각 원소는 쉼표로 구분합니다. n번째 원소는 **변수명[n-1]**과 같은 코드로 추출할 수 있습니다. 가령 data_list의 첫 번째 원소는 data_list[0], 두 번째는 data_list[1]입니다. 문자열 값을 추출할 때처럼 인덱스 번호는 0부터 시작합니다.

예시 코드에서 print(data_list)를 실행하면 [1, 2, 3, 4, 5, 6, 7, 8, 9, 10]이 출력됩니다. 그런 다음 type 함수로 data_list 변수의 타입을 출력합니다. 결과가 class 'list'이므로 리스트 형 변수라는 것을 알 수 있습니다. 그 밖에 원소 수는 len 함수를 이용해 len(data_list)를 실행하면 결과를 출력할 수 있습니다.

입력

```
# 리스트 생성
data_list = [1, 2, 3, 4, 5, 6, 7, 8, 9, 10]
print(data_list)

# type 명령으로 변수 형을 알 수 있다
print('변수 형:', type(data_list))

# 1개의 원소를 출력한다. 0부터 시작하므로 [1]은 두 번째 원솟값이다.
print('두 번째 원소:', data_list[1])

# len 함수로 원소의 개수를 출력.
# 여기에서는 1부터 10까지 10개의 원소가 있기 때문에 결과는 10이다.
print('원소의 개수:', len(data_list))
```

```
[1, 2, 3, 4, 5, 6, 7, 8, 9, 10]
변수 형: <class 'list'>
두 번째 원소: 2
원소의 개수: 10
```

Let's try

주피터 환경에서 노트북 위의 ➕ 을 눌러(또는 커맨드 모드에서 b를 눌러) 셀을 추가하고 리스트를 생성해 원소의 개수를 출력해 봅시다.

또한 리스트의 각 원소를 두 배로 만들기 위해 리스트에 2를 곱하면 리스트 전체 원소가 한 번 더 생성될 뿐이므로 주의합시다. 각 원소의 값을 두 배로 만들려면 for문(나중에 설명할 컴프리헨션(comprehension))을 쓰거나 다음 장에서 설명하는 넘파이를 사용합니다.

입력

```
# 리스트 자체가 두 번 생성됨
data_list * 2
```

출력

```
[1, 2, 3, 4, 5, 6, 7, 8, 9, 10, 1, 2, 3, 4, 5, 6, 7, 8, 9, 10]
```

리스트에 원소를 추가할 때는 append, 삭제할 때는 remove나 pop, del 등을 사용합니다(이런 것들을 메서드라고 합니다). 리스트에 원소를 추가하거나 삭제할 때는 이런 키워드를 찾아보기 바랍니다.

Let's try

리스트에 원소를 추가하거나 삭제하는 방법을 찾아보고 실행해 봅시다.

리스트와 비슷한 것으로 딕셔너리가 있습니다. 딕셔너리를 사용하면 키와 값을 한 쌍으로 복수의 원소를 관리할 수 있습니다. 파이썬에서 딕셔너리를 표기하려면 전체를 '{'와 '}'로 둘러싸고 {키:값}처럼 콜론으로 구분합니다. 키는 정수뿐만 아니라 문자열도 지정할 수 있습니다. 리스트와 달리 순서는 없습니다.

다음 예에서 apple이 100, banana가 100, orange가 300처럼 특정한 키에 값을 대응시킬 때 사용합니다. 값을 참조할 때는 딕셔너리 데이터[키 이름]처럼 표기합니다. 아래 코드는 딕셔너리 데이터를 생성하고 melon 키에 대응하는 값 500을 출력하는 코드입니다.

```
# 딕셔너리
dic_data = {'apple': 100, 'banana': 100, 'orange': 300, 'mango': 400,
            'melon': 500}
print(dic_data['melon'])
```

출력

```
500
```

Let's Try

위의 코드에서는 melon의 값을 출력했는데, 이번에는 orange의 값을 출력해 봅시다. 또 키가 apple, orange인 값을 서로 더해 봅시다.

딕셔너리 데이터도 원소를 추가하거나 삭제해야 할 때가 있습니다. 방법을 찾아 실행해 봅시다.

Let's Try

딕셔너리 데이터에 새로운 원소를 추가하거나 삭제하는 방법을 찾아보고 실행해 봅시다.

여기까지 리스트와 딕셔너리를 살펴보았습니다.

그 밖에 튜플과 집합 같은 것도 찾아보기 바랍니다. 자주는 아니지만 이 책에서 가끔 사용할 때가 있으므로 그것들까지 알아 둡시다.

Let's try

파이썬 튜플과 집합에 대해 역할과 사용 방법을 찾아보고 사용해 봅시다.

1.2.4 조건 분기와 반복문

파이썬 프로그램은 기본적으로 위에서부터 아래로 순차적으로 실행되지만, 조건에 따라 실행 순서가 분기되거나 반복문을 수행하기 위해 실행 순서가 바뀔 수도 있습니다.

비교 연산자와 진릿값 연산

조건 분기나 반복문 실행 방법을 알아보기 전에 먼저 비교 연산자와 진릿값 연산에 대해 배워봅시다. 어떤 식이 성립할지(참 또는 True) 성립하지 않을지(거짓 또는 False) 판정하는 방법을 알아봅시다. 예시 코드는 숫자 1과 1이 같은지 판정합니다. 어떤 값이 같은지 판정하려면 등호 기호를 2개(==)붙여 사용합니다. 이것이 비교 연산자입니다. 실행 결과는 True이며 참입니다.

입력

```
1 == 1
```

출력

True

한편, 1과 2는 같지 않으므로 False이고 거짓입니다.

입력

```
1 == 2
```

출력

False

다음은 1과 2가 다르다는 의미로 등호 기호 앞에 느낌표를 붙입니다. 이때는 1과 2가 같지 않다는 것이 맞기 때문에 참입니다.

입력

```
1 != 2
```

출력

True

비교 연산자는 등호 기호 이외에 대소기호 (<, >)도 있습니다. 다음의 첫 번째 셀은 1이 0보다 큰지 판정하는데 결과는 참입니다. 그다음 셀은 1이 2보다 큰지 판정하는데 성립되지 않으므로 거짓입니다.

입력

```
1 > 0
```

출력

True

입력

```
1 > 2
```

출력

False

진릿값(boolean) 연산은 복수의 조건을 조합할 수도 있습니다.

다음 예는 두 개의 조건식이 모두 성립하면 참이 되는 and를 사용합니다. 두 식 모두 성립하므로 True입니다.

입력

```
(1 > 0) and (10 > 5)
```

출력

True

다음은 어느 한쪽만 성립하면 참인 or을 사용하는 예입니다.

입력

```
(1 < 0) or (10 > 5)
```

출력

True

마지막으로 참거짓을 부정하는 not입니다. 1은 0보다 크지 않기 때문에 1 < 0 자체는 거짓이지만 참거짓 결과를 부정하므로 결과도 다릅니다.

입력

```
not (1 < 0)
```

출력

```
True
```

진릿값 연산은 if 문과 반복문 처리에서 사용하므로 확실하게 이해하고 넘어갑시다.

if 문

이제 조건 분기를 살펴봅시다. 조건 분기란 어떤 조건에 따라 처리 내용이 달라지는 것으로서 if 문을 사용합니다. if 옆에 지정된 조건식(진릿값 판정)을 만족하면 (True) (코드의 첫 부분에 나오는 :부터 else: 직전까지)의 코드가 실행되고 거짓이면 else: 이후의 코드가 실행됩니다. 즉, 조건의 만족 여부에 따라 처리 내용을 두 가지로 나눌 수 있습니다.

다음 코드는 숫자 5가 data_list 리스트에 포함되는지 판정하는 예입니다. find value in data_list가 조건식입니다. 이 data_list에 5가 포함되면 바로 아래의 코드가 실행됩니다. 만약 이 리스트에 5가 들어있지 않으면 else로 건너뜁니다. 파이썬 코딩에서는 if 문, for 문 등을 사용할 때 바로 다음 행(줄)은 들여쓰기를 합니다. 보통 스페이스 바를 4번 누릅니다. 주피터 환경에서는 행을 바꾸면 자동으로 들여쓰기가 되지만 개발 환경에 따라 다르므로 주의합시다.

if 문에서 첫 번째 행의 :이 if 문의 시작이고 들여쓰기 한 부분이 처리 대상입니다. else 옆에도 :이 있고 여기서부터 else의 시작이며 여기에서도 들여쓰기한 부분이 처리 대상이고 그 지점에서 if 문이 끝납니다. 다른 프로그래밍 언어에서는 end 등이 있지만 파이썬에서는 그런 코드가 필요 없습니다. 들여쓰기 하지 않는 부분부터 if 문이 아닌 다른 코드 내용이 시작되니 주의합니다.

입력

```python
findvalue = 5

# if 문 시작
if findvalue in data_list:
    # 조건식의 결과가 참일 때
    print('{0}은 들어 있습니다.'.format(findvalue))
else:
    # 조건식 결과가 거짓일 때
    print('{0}은 들어 있지 않습니다.'.format(findvalue))
# 여기에서 if 문 끝남
```

```
# 이하부터 if 문과 다른 내용이 시작
print('여기서부터는 if 문과 관계없이, 반드시 표시됩니다')
```

출력

```
5는 들어 있습니다.
여기서부터는 if 문과 관계없이, 반드시 표시됩니다
```

Let's Try

출력 결과가 바뀌도록 숫자를 바꿔(findvalue 값 변경) 실행해 봅시다. 또 조건문이나 출력 결과 등을 바꿔 봅니다.

결과를 출력할 때 작성한 '{0}은 들어 있습니다'.format(findvalue) 구문은 변수 값을 문자열에 포함시키기 위해 사용합니다. 이러한 기능을 문자열 포맷이라고 합니다. 다른 프로그래밍 언어에서도 비슷한 방법이 사용됩니다. {0}은 format 뒤의 괄호 안에 제일 처음 지정한 값을 문자열에 포함합니다. 예시 코드의 경우에는 findvalue 값이 채워집니다. format 뒤의 괄호 안에는 복수의 값을 지정할 수도 있습니다. 예를 들어 다음과 같이 코딩하면 {0}이 2, {1}이 3, {2}이 5에 대응되어 출력됩니다. 괄호 안에 지정하는 값(2, 3, 5)을 '인수'라고 합니다. 나중에 "함수" 절에서 다시 살펴보겠습니다.

입력

```
print('{0}와 {1}을 더하면 {2}입니다'.format(2,3,5))
```

출력

```
2와 3을 더하면 5입니다.
```

{0}이나 {1}, {2}와 같이 값을 끼워 넣는 표기에는 숫자의 자릿수 표시 방법을 지정하는 옵션도 있습니다. 더 자세히 알고 싶은 분들은 관련 내용을 찾아 보세요.

Column

format과 % 구문

이 책에서는 문자열 포맷을 지정하기 위해 '문자열.format(값, ...)' 구문을 사용합니다. 이를 format 함수라고 부르며 파이썬 2.6에서 처음 등장했습니다.

이전 파이썬 버전에서는 문자열 포맷을 지정하기 위해 %를 사용했습니다. 같은 내용을 %를 사용해 코딩하면 다음과 같습니다.

```
print('%d는 들어 있습니다' % (findvalue)')
```

%를 이용하는 방법은 오래된 방식이라 향후 폐지될 가능성이 있습니다. 따라서 format 함수를 사용하기 바랍니다.

for 문

다음은 반복적인 코드 실행에 대해 살펴봅시다. 코드를 반복적으로 실행하려면 for 문을 사용합니다. for 문은 리스트 데이터 등에서 데이터를 1개씩 추출해 데이터가 더 이상 없을 때까지 반복해서 처리합니다.

다음 코드는 리스트 [1, 2, 3] 데이터에서 처음부터 순서대로(1부터) 데이터를 추출해, 데이터가 남지 않을 때까지(3까지) 반복적으로 처리(추출한 숫자를 출력하고 덧셈 실행)합니다.

처음에는 num에 1을 입력해 total 값은 0+1=1이 됩니다. 그 다음에 num에 2를 입력해 total은 1+2=3이 되고 마지막으로 리스트에서 3을 추출해 total은 3+3=6이 되며, 여기에서 for 문이 끝나고 최종 합계를 출력합니다. 또한 for 문도 if 문과 마찬가지로 : 다음부터 for 문이 시작되고, 들여쓰기한 부분까지 for 문의 처리 대상이 된다는 사실을 유념합시다.

입력

```python
# 초깃값 설정
total = 0

# for 문
for num in [1, 2, 3]:
    # 추출한 값 출력
    print('num:', num)
    # 지금까지 추출한 값의 합계
    total = total + num

# 최종 합계 출력
print('total:', total)
```

출력

```
num: 1
num: 2
num: 3
total: 6
```

다음 예는 for 문을 사용해 앞에서 작성한 딕셔너리의 키 값을 하나씩 추출해 각 키와 대응하는 값을 출력합니다. 여기에서도 딕셔너리 데이터의 키 데이터가 남지 않을 때까지 반복 처리합니다.

입력

```python
for dic_key in dic_data:
    print(dic_key, dic_data[dic_key])
```

출력

```
apple 100
banana 100
orange 300
mango 400
melon 500
```

range 함수를 이용한 반복 리스트 지정

연속된 정수 값이 포함된 리스트를 생성할 때 데이터를 하나씩 입력해 리스트 데이터를 만드는 방법은 번거롭기 때문에 range 함수를 사용하면 편리합니다. range 함수는 N을 지정하면 0에서 N-1까지 추출한다는 점에 주의합시다. 다음의 코드에서 range 함수에 11을 지정했을 때 마지막에 추출되는 숫자는 10까지입니다.

입력

```
# range(N)으로 코딩했을 때 0부터 N-1까지의 정수
for i in range(11):
    print(i)
```

출력

```
0
1
2
3
4
5
6
7
8
9
10
```

range 함수의 괄호 안에 '시작 값', '마지막 값-1', '간격'을 지정할 수 있습니다. 다음 코드는 1부터 시작해서 11 직전까지 2씩 건너뛰는 원소를 갖는 리스트를 생성합니다.

입력

```
# range(1, 11, 2)은 1부터 시작해 2씩 증가해 11 직전까지 추출한다.
for i in range(1, 11, 2):
    print(i)
```

출력

```
1
3
5
7
9
```

복잡한 for 문과 컴프리헨션

이제부터 다루는 주제(컴프리헨션, zip 함수, 익명 함수 등)는 파이썬 초보자에게는 조금 어려울 수 있으므로 처음에는 가볍게 읽고 넘어가도 괜찮습니다.

 딕셔너리 데이터의 키와 값을 동시에 추출하려면 다음 예시처럼 코딩합니다. 이 코드는 나중에 설명할 객체 지향 프로그래밍 방식인데 데이터(여기에서는 dic_data)와 데이터를 처리하기 위한 메서드(items())를 활용합니다. 메서드란 나중에 설명할 함수와 비슷한데 메서드를 이용해 키와 값을 반환하는 작업을 수행합니다.

입력

```
# 키와 값을 추출하고 출력
for key, value in dic_data.items():
    print(key, value)
```

출력

```
apple 100
banana 100
orange 300
mango 400
melon 500
```

다음 예는 for 문을 이용해 추출한 데이터를 별도의 리스트 데이터로 만드는 방법으로, 컴프리헨션이라고 부릅니다. 다음은 리스트 각 원소를 두 배로 만드는 코드입니다. 아래의 예시처럼 data_list에서 값을 하나씩 추출해 변수에 입력합니다.

```
[i * 2 for i in data_list]
```

1, 2, 3…이 추출되어 그 값이 변수 i에 입력되고 각 값을 두 배로 만든 값을 원소로 갖는 새로운 리스트를 생성합니다. 그 결과 리스트의 모든 원소가 2배로 변한 새로운 리스트가 생성됩니다.

입력
```
# 빈 리스트 생성
data_list1 = []

# 컴프리헨션. data_list에서 하나씩 추출한 원소 값을 2배로 만든 새로운 값을 리스트를 생성
data_list1 = [i * 2 for i in data_list]
print(data_list1)
```

출력
```
[2, 4, 6, 8, 10, 12, 14, 16, 18, 20]
```

컴프리헨션에서는 조건을 지정하고 조건에 일치하는 값만 새로운 리스트의 원소로 만드는 것도 가능합니다. data_list에서 값이 짝수인 원소만 추출할 때는 다음과 같이 합니다. if i % 2 ==0 부분이 조건입니다. %는 나머지를 계산하는 연산자입니다. 즉, i % 2는 i를 2로 나눈 나머지입니다. 이 값이 0이면 짝수입니다.

입력
```
[i * 2 for i in data_list if i % 2 ==0]
```

출력
```
[4, 8, 12, 16, 20]
```

zip 함수

for 문과 함께 zip 함수 역시 자주 사용되므로 소개하겠습니다. zip 함수는 각기 다른 리스트에서 동시에 값을 추출합니다. 가령 두 개의 리스트 [1, 2, 3]과 [11, 12, 13]이 있고 동일한 인덱스로 각 원소 값을 추출하는 경우를 생각해 봅시다. 처음 추출하는 값이 1과 11, 그다음 추출하는 값이 2와 12, 그다음 추출하는 값이 3과 13처럼 반복적으로 작업해야 할 때는 다음과 같이 코딩합니다.

입력
```
for one, two in zip([1, 2, 3] , [11, 12, 13]):
    print(one, '과', two)
```

출력
```
1 과 11
2 과 12
3 과 13
```

복수의 다른 리스트 데이터에서 각 인덱스를 함께 이용해 동시에 원소 값을 추출할 때는 zip 함수가 편리합니다.

while 문을 이용한 반복 실행

for 문 이외에도 while 문으로 반복 처리를 할 수 있습니다. while 문은 조건이 성립할 동안 계속 반복 실행되는 구문입니다. 다음 예시 코드는 변수 num의 값을 출력하고 1씩 더해 그 값이 10보다 커지는 시점에 처리가 끝나는 작업입니다. 여기에서도 if 문이나 for 문과 마찬가지로 :이 있는 행에서 while 문이 시작하고 들여쓰기 한 부분이 처리 대상입니다.

입력

```
# 초깃값 설정
num = 1

# while 문 시작
while num <= 10:
    print(num)
    num = num + 1
# while 문 끝

# 마지막 입력된 값을 출력
print('마지막 값은 {0}입니다'.format(num))
```

출력

```
1
2
3
4
5
6
7
8
9
10
마지막 값은 11입니다.
```

1.2.5 함수

함수 기초

함수는 여러 가지 수행할 작업을 하나로 정리해 묶어 놓은 구조입니다. 같은 작업을 수행하는 코드를 여러 번 반복할 때 편리합니다. 이렇게 필요한 작업을 함수로 정리해 두면 나중에 코드를 수정할 때도 편리합니다.

아래 예시 코드에서 첫 번째 calc_multi 함수는 2개의 숫자(a와 b)를 입력 값(인수라고 합니다)으로 받고 곱셈 결과를 반환합니다. def 뒤에 함수명을 쓰고 () 안에 인수명을 적습니다. 이 인수를 입력 값으로 받아 return으로 결과를 반환하고 출력됩니다.

입력

```
# 곱셈 계산 함수
def calc_multi(a, b):
    return a * b
```

함수를 실행하는 것을 함수를 호출한다고 말합니다. 생성한 함수를 호출할 때는 함수명을 쓰고 인수가 필요할 때 인수를 전달해 실행합니다. 다음은 인수로 3과 10을 전달합니다.

입력

```
calc_multi(3, 10)
```

출력

```
30
```

인수나 반환 값을 지정하지 않고 함수를 생성할 수도 있습니다.

입력

```
def calc_print():
    print('print 샘플 함수')
```

위의 함수를 호출하면 다음과 같이 함수 안에 있는 print 함수가 실행됩니다.

입력

```
cal_print()
```

출력

```
print 샘플 함수
```

다음 예시 코드의 함수는 피보나치 수를 계산합니다. 피보나치 수는 첫째 항과 둘째 항이 1이고 뒤의 모든 항이 바로 앞의 두 항의 합인 수열입니다(1, 1, 2, 3, 5,…에서 3은 바로 앞의 1+2이고, 5는 바로 앞의 2+3입니다). calc_fib은 자신의 함수를 호출해 n번째 피보나치 수를 생성하는 재귀함수입니다.

입력

```
# 재귀함수 예(피보나치 수)
def calc_fib(n):
    if n == 1 or n == 2:
        return 1
    else :
        return calc_fib(n - 1) + calc_fib(n - 2)
```

10을 인수로 전달하고 실행하면 피보나치 수는 55라는 것을 알 수 있습니다.

입력

```
print('피보나치 수:', calc_fib(10))
```

출력

```
피보나치 수: 55
```

재귀 함수를 설명하기 위해 간단한 피보나치 수를 계산하는 작업을 예로 들었지만 알고리즘은 매우 비효율적이어서 큰 값을 입력하고 실행하면 계산 결과를 출력 못할 수도 있으니 주의해야 합니다. 흥미가 있는 분들은 이 알고리즘을 개선하는 방법을 고민하고 구현해 보세요. 프로그래밍에서는 계산 결과가 같더라도 그걸 구현하는 방법은 다양합니다.

익명 함수와 map

익명 함수를 이용해 코드를 간결하게 작성할 수 있습니다. 익명 함수란 말 그대로 이름이 없는 함수이며 함수를 그 자리에서 바로 생성하는 방법입니다.

익명 함수를 생성할 때는 lambda 키워드를 씁니다. 일반적인 함수를 만들 때와 마찬가지로 lambda라고 쓰고 인수를 설정한 뒤 수행할 작업 내용을 작성합니다.

앞에서 곱셈을 할 때 사용한 calc_multi 함수를 예로 들어 봅시다. 이 함수는 다음과 같이 def로 정의한 다음 바로 실행됩니다.

입력

```
# calc_multi 함수를 정의
def calc_multi(a, b):
    return a * b

# 정의한 함수를 실행
calc_multi(3, 10)
```

출력

```
30
```

lambda 키워드를 사용해 바로 그 자리에서 익명 함수를 만들면 코드는 다음과 같습니다.

입력

```
(lambda a, b: a * b)(3, 10)
```

출력

```
30
```

여기에서 lambda a, b: 부분이 함수명(a, b)에 해당합니다. 그런 다음 :으로 구분하고 함수가 처리할 작업(여기에서는 return a * b)을 작성하는 것이 익명 함수를 만드는 방법입니다.

익명 함수는 리스트, 배열 등의 원소 값에 대해 어떤 함수를 실행해야 할 때 주로 사용합니다.

원소 값을 대상으로 어떤 작업을 수행할 경우 map 함수를 사용합니다. map 함수는 고차함수라고도 불리는데 함수를 인수 값으로 받거나 결과를 함수로 반환합니다. 개별 원소에 대해 어떤 작업을 수행할 때 사용합니다.

예를 들면 다음과 같이 원소 값을 2로 곱한 값을 반환하는 함수 calc_double을 정의할 수 있습니다.

```
def calc_double(x) :
    return x * 2
```

여기에서 리스트 [1, 2, 3, 4]의 원소 값에 대해 calc_double 함수를 실행하기 위해 for 문을 사용하면 다음과 같습니다.

입력

```
for num in [1, 2, 3, 4]:
    print(calc_double(num))
```

출력

```
2
4
6
8
```

map 함수를 사용하면 이런 작업을 리스트 상태 그대로 처리할 수 있고 다음과 같이 코딩할 수 있습니다.

입력

```
list(map(calc_double, [1, 2, 3, 4]))
```

출력

```
[2, 4, 6, 8]
```

이렇게 코딩한다면 별도로 calc_double 함수를 정의해 두어야 하지만 앞에서 설명한 익명 함수를 사용하면 이곳에 직접 함수가 수행할 작업 내용을 작성할 수 있습니다. 예를 들면 다음과 같이 작성합니다.

입력

```
list(map(lambda x : x * 2, [1, 2, 3, 4]))
```

출력

```
[2, 4, 6, 8]
```

데이터를 다룰 때 이 map 함수와 6장에서 설명할 판다스(pandas) 기능을 함께 사용하는 경우가 많습니다. 지금은 장점을 체감하지 못하겠지만 나중에 다시 사용하므로 잘 기억해 둡시다.

그 밖에도 reduce 함수나 filter 함수도 흥미가 있다면 찾아보기 바랍니다.

Let's Try

reduce 함수나 filter 함수의 사용 방법을 찾아보고 직접 사용해 봅시다.

Practice

[연습문제 1-1]

어떤 문자열(Data Science 등)을 변수로 저장하고 그것을 한 문자씩 출력하는 프로그램을 작성하세요.

1.2.6 클래스와 인스턴스

마지막으로 클래스와 인스턴스에 대해서 살펴봅시다. 이 개념을 처음 접하는 사람들은 바로 쉽게 이해하기 어렵습니다. 따라서 다음 예시 코드에서 구현하는 예를 보고 대략 감만 잡기 바랍니다. 프로그래밍을 처음 배우는 사람들에게는 당장 필요 없기 때문에 이 절은 생략하고 넘어가도 괜찮습니다. 다만 머신러닝 라이브러리 사이킷런(scikit-learn)을 사용할 때 이 개념(인스턴스 등)이 필요하므로 그때는 이 부분으로 돌아와 학습하기 바랍니다.

파이썬은 객체 지향 프로그래밍 언어입니다. 클래스는 '객체의 모형'과 같습니다. 자주 드는 예가 '붕어빵'입니다. 그림에서 클래스 PrintClass는 붕어빵 모형(틀)을 만듭니다. 실제로 만들어지는 붕어빵은 인스턴스 p1 입니다. 인스턴스는 클래스로부터 만들어지는 실체를 말합니다. 인스턴스에는 속성을 추가할 수 있는데 마침표를 이용해 계속 여러 속성을 지정할 수 있습니다. 예를 들면 다음의 예시 코드에서 p1.x에 10, p1.y에 100, p1.z에 1000을 추가합니다.

이해를 위해 그림 1-2-5에서 클래스와 인스턴스를 이미지로 설명합니다.

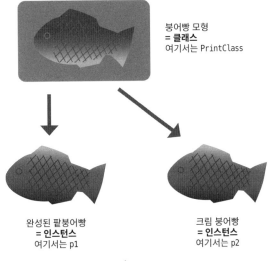

붕어빵 모형
= **클래스**
여기서는 PrintClass

완성된 팥붕어빵
= **인스턴스**
여기서는 p1

크림 붕어빵
= **인스턴스**
여기서는 p2

그림 1-2-5

```
# PrintClass 클래스 작성과 print_me 메서드(함수) 작성
class PrintClass:
    def print_me(self):
        print(self.x, self.y)

# 인스턴스 작성 및 생성
p1 = PrintClass()

# 속성 값 입력
p1.x = 10
p1.y = 100
p1.z = 1000

# 메서드 호출
p1.print_me()
```

출력

```
10 100
```

p1 인스턴스에 print_me() 함수(메서드)가 포함되어 있고 그 함수를 호출해 실행합니다. 새로 추가한 속성 값 z는 다음과 같이 확인할 수 있습니다.

입력

```
# 조금 전 추가한 속성값 출력
p1.z
```

출력

```
1000
```

객체 지향과 클래스 개념은 다소 어렵기 때문에 조금 더 구체적인 사례를 봅시다. 다음은 MyCalcClass 클래스를 생성하고 몇 가지 메서드를 만듭니다.

입력

```
class MyCalcClass:

    #생성자: 객체 생성 시 호출되는 특수한 함수, 초기화 등
    def __init__(self, x, y):
        self.x = x
        self.y = y

    def calc_add1(self, a, b):
        return a + b

    def calc_add2(self):
        return self.x + self.y

    def calc_mutli(self, a, b):
        return a * b

    def calc_print(self, a):
        print('data:{0}:y의 값{1}'.format(a, self.y))
```

다음은 이 클래스(MyCalcClass)로부터 인스턴스를 생성합니다. 또한 instance_1과 instance_2는 서로 다른 인스턴스로 취급합니다. 앞에서 설명한 붕어빵을 예로 들어 설명하면 같은 붕어빵 모형을 통해 만들어졌지만 팥 붕어빵과 크림 붕어빵은 다른 인스턴스입니다.

입력

```
instance_1 = MyCalcClass(1, 2)
instance_2 = MyCalcClass(5, 10)
```

인스턴스를 생성할 때는 클래스에 구현한 __init__이라는 특별한 메서드가 실행됩니다. 이것을 생성자라고 부릅니다. 코드에 self.x = x, self.y = y 구문이 있는데 self.는 자기 자신이라는 의미입니다. 따라서 이 구문에 따라 자신의 x 속성과 y 속성이 괄호 안에 지정된 값이 됩니다. 즉, 위의 예에서 MyCalcClass(1, 2)이므로 instance_1에서는 x가 1, y가 2가 됩니다. 마찬가지로 instance_2의 경우에는 x가 5, y가 10이 됩니다.

인스턴스의 메서드를 호출해 봅시다. 우선은 instance_1부터 시작합니다.

입력

```
print('2개의 수를 더함(새로운 숫자를 인수로 지정):', instance_1.calc_add1(5, 3))
print('2개의 수를 더함(인스턴스화 될 때의 값):', instance_1.calc_add2())
print('2개의 수를 곱함:' instance_1.calc_mutli(5, 3))
instance_1.calc_print(5)
```

출력

```
2개의 수를 더함(새로운 숫자를 인수로 지정): 8
2개의 수를 더함(인스턴스화 될 때의 값): 3
2개의 수를 곱함: 15
data: 5 : y의 값 2
```

calc_add1는 인수로 5와 3을 지정하고 두 인수를 더한 값을 반환합니다. calc_add2는 어떤 인수도 지정하지 않고 self.x와 self.y 값을 사용합니다. 그 값은 앞에서 설명했듯이 생성자가 설정합니다. 즉, instance_1 = MyCalcClass(1, 2)에서 그 값은 각각 1과 2로 초깃값이 설정되므로 이 값을 더한 3이 출력됩니다. calc_mutli는 인수의 곱셈 결과, instance_1.calc_print(5)는 인수 5와 초깃값으로 설정된 self.y의 (2)를 출력합니다.

다음은 instance_2를 이용해 봅시다. 위의 instance_1의 결과와 값이 다릅니다. 왜 값이 다른지 살펴봅시다.

```
print('2개의 수를 더함(새로운 숫자를 인수로 지정):', instance_2.calc_add1(10, 3))
print('2개의 수를 더함(인스턴스화 될 때의 값):', instance_2.calc_add2())
print('2개의 수를 곱함:', instance_2.calc_mutli(4, 3))
instance_2.calc_print(20)
```

출력

```
2개의 수를 더함(새로운 숫자를 인수로 지정): 13
2개의 수를 더함(인스턴스화 될 때의 값): 15
2개의 수를 곱함: 12
data : 20 : y의 값 10
```

Let's Try

위의 클래스(MyCalcClass)를 사용해 새로운 인스턴스를 생성해(instance_3 같은) 무엇이라도 출력해 봅시다. 또한 가능하면 다른 메서드(인수 2개의 차이 값 등)를 이 클래스에 추가하고 호출해봅시다.

내용을 읽는 것만으로는 이해하기 어렵기 때문에 책에 나오는 예제를 바탕으로 실제 코드를 작성해 실행해 봅시다. 클래스를 설계하고 구현할 수 있으면 대규모 개발 프로젝트에서 여러 가지로 도움이 됩니다.

이상으로 기초적인 파이썬 코딩에 대해 설명했습니다. 파이썬 초보자들에게는 낯선 부분도 있었을 것입니다. 물론 여기서 소개한 내용 정도로는 파이썬의 기초를 다지기에 충분하지 않습니다. 기초가 부족하다고 느낀다면 파이썬 입문서들이나 파이썬 튜토리얼 등을 찾아 더 공부하기 바랍니다.[A-4][B-1] 특히 마크 러츠(Mark Lutz)가 집필한 《러닝 파이썬》(제이펍, 2018)은 두껍지만 설명이 풍부하고 클래스와 객체 지향에 대해서도 자세하게 다루고 있으니 꼭 읽어 보기 바랍니다.

Practice

1장 종합문제

[종합문제 1-1 소수 판정]

1. 10까지의 소수를 출력하는 프로그램을 작성하세요. 여기서 소수는 약수가 1과 자기자신 뿐인 양의 정수를 말합니다.

2. 위의 예제를 일반화해서, 자연수 N까지의 소수를 출력하는 함수를 작성하세요.

해답은 부록 2

02

과학 계산, 데이터 처리, 기초적인 그래프 제작 라이브러리 사용법

데이터 과학에서는 다양한 데이터를 처리하는 작업을 해야 하는데, 그걸 하기 위한 프로그램을 모두 새로 만든다면 작업의 효율성이 떨어집니다. 그래서 기본적인 작업에는 파이썬 라이브러리를 이용합니다. 2장에서는 넘파이(NumPy), 사이파이(SciPy), 판다스(pandas), 매트플롯립(Matplotlib)이라는 데이터 분석 작업에 자주 사용되는 4개 라이브러리의 기본적인 사용법을 살펴봅니다. 이후의 장들에서도 계속 사용하게 되니 확실하게 기초를 다져 둡시다.

목표

넘파이, 사이파이, 판다스, 매트플롯립 라이브러리를 임포트하고 기본적인 역할과 사용법을 이해한다.

2.1 데이터 분석을 위한 라이브러리

Keyword 라이브러리, 임포트, 매직 명령어, 넘파이, 사이파이, 판다스, 매트플롯립

데이터 과학에서는 대량의 데이터를 처리, 분석하거나 과학 연산을 수행합니다. 그런 연산이 필요할 때마다 프로그램을 밑바닥부터 만든다면 작업의 효율성이 떨어집니다. 그래서 기본적인 데이터 분석을 위해서 파이썬 라이브러리를 사용합니다. 라이브러리는 프로그램으로 읽어 들여 사용할 수 있도록 개발된 외부 프로그램을 의미합니다. 라이브러리를 사용해 프로그래머가 직접 코드를 작성하지 않고도 복잡한 연산을 수행할 수 있습니다.

다양한 라이브러리 중에서 데이터 과학에서 자주 사용되는 라이브러리는 다음 네 가지입니다. 이번 장에서는 네 가지 라이브러리에 대한 기본적인 사용법을 살펴보겠습니다. 각 라이브러리의 자세한 사용법은 이어지는 장들에서 알아볼 겁니다.

- NumPy(넘파이): 기본적인 배열 처리나 수치 계산을 하는 라이브러리. 매우 복잡한 연산이 가능하고 일반적인 파이썬 연산과 비교했을 때 실행 속도가 빠르다. 다양한 용도로 사용되며 데이터 분석을 위한 기본 중의 기본 라이브러리라고 말할 수 있다.
- SciPy(사이파이): 넘파이의 기능을 더 강화한 라이브러리. 과학기술계산용 함수와 알고리즘을 제공한다.
- pandas(판다스): 행과 열로 구성된 2차원 테이블 형태의 데이터(데이터 프레임)를 손쉽게 조작, 가공, 분석하도록 개발된 라이브러리
- Matplolib(매트플롯립): 그래프 제작을 위한 라이브러리

이 네 가지 라이브러리는 데이터 전처리나 시각화에 매우 편리하게 사용할 수 있는 도구입니다. 많은 라이브러리 중에서도 가장 기본적이며, 이 책에서 소개하는 머신

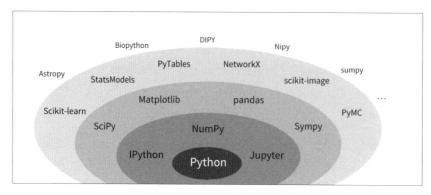

그림 2-1-1 데이터 분석을 위한 라이브러리

러닝 라이브러리인 사이킷런(scikit-learn) 등의 기반이 됩니다. 그림 2-1-1은 이러한 라이브러리들의 체계를 나타냅니다.

2.1.1 라이브러리 임포트

라이브러리는 파이썬 모듈이라는 기능으로 구현되어 있습니다. 라이브러리를 이용하려면 모듈을 읽어 들여야 합니다. 다음 두 개 구문이 모듈을 읽어 들이는 대표적인 방법입니다. 모듈(라이브러리)을 읽고 사용할 수 있도록 하는 작업을 모듈을 임포트(import)한다고 합니다.

아래 구문에서 '식별 이름'은 프로그램에서 해당 모듈을 참조할 때의 명칭이고 '속성'은 모듈에 포함되는 기능을 의미합니다.

(1) import 모듈 이름 as 식별 이름
(2) from 모듈 이름 import 속성

import를 사용한 예

import를 이용해 코드를 작성하는 방법은 해당 라이브러리를 설명할 때 소개합니다. 여기에서는 예를 들어 보겠습니다. 넘파이를 이용하려면 다음과 같이 작성합니다.

입력

```
import numpy as np
```

위 구문은 넘파이 모듈을 np라는 식별 이름으로 임포트한다는 의미입니다. 모듈은 기능이 계층화되어 있어 **모듈명.기능명.기능명...**과 같은 형식으로 표기하고 기능을 실행할 수 있습니다. 즉, 이 구문에서는 np라는 식별 이름을 붙였기 때문에 이후 프로그램에서는 **np.기능명**으로 작성하고 넘파이가 제공하는 다양한 기능을 실행할 수 있습니다.

또한 이 np 부분에는 원하는 이름을 붙일 수 있습니다. 따라서 as 뒤에 어떤 이름이라도 마음대로 지정할 수 있지만 일반적으로는 라이브러리의 원래 이름을 단축해 알기 쉽도록 이름을 붙입니다. 이 책에서는 import numpy as np라고 작성했지만 적절한 다른 이름을 붙일 수도 있습니다.

from을 사용한 임포트

계층화된 라이브러리에서는 **모듈명.기능명.기능명...**처럼 길게 써야 하기 때문에 불편합니다. 긴 구문을 일부 생략하려면 from을 사용해 특정한 기능에만 별칭을 붙이는 방법이 있습니다. 예를 들어 다음과 같은 방식입니다.

입력

```
from numpy import random
```

위의 코드는 넘파이가 제공하는 random 기능(나중에 소개하겠지만 무작위로 난수를 발생시키는 기능)만을, random.기능명으로 사용할 수 있도록 만드는 구문입니다. 즉, 원래는 np.random.기능명으로 작성해야 할 부분을 random.기능명처럼 간단하게 작성할 수 있습니다.

2.1.2 매직 명령어

1장에서 설명한 것처럼 주피터 환경에서는 파이썬 프로그램을 작성하고 [Run]을 클릭하면 바로 실행 결과가 출력됩니다. 라이브러리도 예외는 아닙니다. 넘파이를 사용해 다양한 계산 결과를 수행하면 그 결과가 바로 출력됩니다. 그래프 역시 매트플롯립을 이용해 생성하면 바로 나타납니다.

이때 소수점은 몇 번째 자리까지 표시할지, 그래프는 별도의 화면에 표시할지, 실행 결과 화면에 바로 표시할지 등을 지정할 수 있다면 편리할 것입니다. 그래서 일부 라이브러리에서는 이러한 설정을 주피터 환경(더 정확하게는 주피터가 이용하는 IPython 환경)에서 간단하게 설정할 수 있도록 하는 '매직 명령어'라는 기능을 제공합니다.

매직 명령어는 다양한 주피터 환경 설정을 위한 명령어로, %로 시작하는 명령문입니다. 기본값으로 외부 명령 실행(%run), 파일 복사(%cp), 시간 측정(%time) 같은 기능이 있습니다.

일부 라이브러리를 임포트하면 매직 명령어를 이용해 라이브러리의 동작 방식을 지정할 수 있습니다.

> **Point**
> 표준 매직 명령어는 내장형 매직 명령어라고 불립니다. %quickref을 입력하고 [Run]을 클릭하면 전체 리스트가 표시됩니다.

이 장에서 다루는 라이브러리 중에서 넘파이와 매트플롯립에는 다음과 같은 매직 명령어가 있습니다.

- %precision: 넘파이 기능을 설정합니다. 데이터를 표시할 때, 소수 몇 번째 자리까지 표시할지 지정합니다.
- %matplotlib: 매트플롯립 기능을 설정합니다. 그래프 표시 방법을 지정합니다.

%matplotolib inline이라고 작성하면 실행 결과에서 바로 그래프가 나타납니다. 이 구문을 코드에 넣지 않으면 별도의 창에 그래프가 나타납니다.

이런 지정값을 이용하면 실행 결과를 확인하기 쉽기 때문에, 이 책에서는 이러한 매직 명령어를 사용합니다.

2.1.3 라이브러리 임포트

이번 장에서는 넘파이, 사이파이, 판다스, 매트플롯립을 예시 코드와 같이 임포트합니다. 코드의 자세한 의미에 대해서는 각 라이브러리를 이용할 때 다시 설명하겠습니다.

입력

```
# 필요한 라이브러리를 임포트합니다.
import numpy as np
import numpy.random as random
import scipy as sp
import pandas as pd
from pandas import Series, DataFrame

# 시각화 라이브러리
import matplotlib.pyplot as plt
import matplotlib as mpl
import seaborn as sns
%matplotlib inline

# 소수점 세 번째 자리까지 표시
%precision 3
```

출력

```
'%.3f'
```

2.2 넘파이 기초

keyword   다차원 배열, 전치, 행렬 곱셈, 난수, 복원추출, 비복원추출

넘파이(NumPy)는 과학, 공학 분야의 계산에서 가장 많이 활용되는 기본 라이브러리입니다. 다차원 배열 처리가 가능하고 기능적으로 뛰어나며, 파이썬이 아닌 C 언어로 작성된 모듈이라 수행 속도가 빠르다는 특징을 갖습니다. 또한 다음 절에서 설명할 사이파이(SciPy) 같은 수치 연산 라이브러리의 기반이 됩니다.

2.2.1 넘파이 임포트

우선 넘파이를 임포트합니다. 예시 코드 첫 번째 줄에서 as np으로 작성되었으므로 이후부터는 넘파이 라이브러리를 np.기능명으로 표기합니다. 두 번째 줄 코드는 매직

명령어입니다. 주피터 환경에서 결과를 소수점 몇 번째 자리까지 표시할지 지정합니다. 소수점 세 번째 자리까지 표시합니다.

입력

```
# 넘파이 라이브러리 임포트
import numpy as np

# 소수점 세 번째 자리까지 표시한다는 의미
%precision 3
```

출력

```
'%.3f'
```

2.2.2 배열 생성과 조작, 가공

기본적인 넘파이 사용법을 살펴봅시다. 배열을 생성하는 방법부터 시작하겠습니다.

배열

우선 1부터 10까지의 배열을 생성해봅시다. 넘파이에서 배열은 array 객체로 구성됩니다. np.array와 같이 임포트할 때 as에 붙인 이름 뒤에 array를 마침표(.)로 연결한 이름으로 지정합니다.

10개의 원소를 갖는 배열을 생성하는 예는 다음과 같습니다. 배열의 원소 값 (9, 2, 3,……)은 특별한 의미는 없고 적당히 설정한 값입니다. 또한 값을 순서대로 정렬하지 않는 이유는 나중에 정렬(sort) 기능을 설명하기 위해서입니다.

입력

```
# 배열 생성
data = np.array([9, 2, 3, 4, 10, 6, 7, 8, 1, 5])
data
```

출력

```
array([ 9,  2,  3,  4, 10,  6,  7,  8,  1,  5]
```

데이터 형

넘파이에서 다루는 데이터는 빠른 처리와 계산 결과의 정밀도를 유지하기 위한 데이터 형(type)을 갖고 있습니다.

데이터 형이란 정수나 부동소수 등과 같은 값으로 다음 쪽 표와 같은 유형이 있습니다.

데이터 형을 잘못 지정하면 계산 목적에 맞는 정확도를 달성하지 못하거나 연산 속도가 느려지기 때문에 주의해야 합니다. 특히 데이터의 형이 정수인지 부동소수인지에 따라 처리 속도 차이가 큽니다. 또한 표에서는 8비트와 16비트로 구분하고 있는데 비트는 0과 1 중 하나를 표시하는 단위입니다. 비트 수가 클수록 더 넓은 범위의 값을 표현할 수 있지만 더 많은 메모리가 필요하다는 점을 이해하기 바랍니다.

int(부호 있는 정수)

데이터 형	설명
int8	8비트 부호 있는 정수
int16	16비트 부호 있는 정수
int32	32비트 부호 있는 정수
int64	64비트 부호 있는 정수

uint(부호 없는 정수)

데이터 형	설명
uint8	8비트 부호 없는 정수
uint16	16비트 부호 없는 정수
uint32	32비트 부호 없는 정수
uint64	64비트 부호 없는 정수

float(부동소수점 실수)

데이터 형	설명
float16	16비트 부동소수점 수
float32	32비트 부동소수점 수
float64	64비트 부동소수점 수
Float128	128비트 부동소수점 수

bool(진릿값)

데이터 형	설명
bool	True, False로 표시되는 진릿값

데이터 형을 확인하려면 변수 뒤에 .dtype을 붙입니다. 결과는 다음과 같이 int32로 표시됩니다. 32비트 정수형이라는 의미입니다.

입력

```
# 데이터 형
data.dtype
```

출력

```
dtype('int32')
```

.dtype은 '객체의 dtype 속성을 참조한다'라는 의미입니다. 이렇게 마침표로 구분해 객체의 속성을 참조하거나 객체의 기능(함수 메서드, 속성)을 실행하는 방식이 객체지향 프로그래밍의 특징입니다.

참고로 마침표(.)를 입력하고 [Tab] 키를 누르면 해당 변수의 속성 및 메서드 목록이 나타나므로 거기서 해당하는 것을 선택할 수 있습니다. 이 방식을 활용하면 모든 속성과 메서드를 정확하게 기억할 필요가 없고 오타도 줄어듭니다.

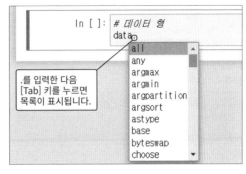

그림 2-2-1

차원과 원소 수

배열의 차원 수와 원소 수를 추출하려면 ndim과 size 속성을 참조합니다. 이 속성을
확인하면 데이터의 크기, 배열의 차원을 확인할 수 있습니다. 다음 코드에서 차원이
1, 원소 수가 10이라는 사실을 알 수 있습니다.

입력

```
print('차원수:', data.ndim)
print('원소수:', data.size)
```

출력

```
차원수: 1
원소수: 10
```

모든 원소에 대한 계산

1장에서 살펴본 것처럼 파이썬에서 배열(리스트)의 모든 원소에 특정한 수를 곱하
기 위해서는 for 문을 사용해 반복 작업을 해야 합니다.

그러나 넘파이의 경우 배열에 2를 곱하는 *2와 같은 코드만으로도 모든 원소가
2배가 됩니다.

입력

```
# 각 원소를 몇 배로 증가시키기
# (여기에서는 2배)
data * 2
```

출력

```
array([18,  4,  6,  8, 20, 12, 14, 16,  2, 10])
```

각 원소에 대해 곱셈이나 나눗셈을 할 때도 for 문 같은 반복문을 사용하지 않고 간
단하게 계산할 수 있습니다.

입력

```
# 각 원소 간의 연산
print('곱셈:', np.array([1, 2, 3, 4, 5, 6, 7, 8, 9, 10]) * np.array([10, 9, 8, 7, 6, 5, 4, 3, 2, 1]))
print('거듭제곱:', np.array([1, 2, 3, 4, 5, 6, 7, 8, 9, 10]) ** 2)
print('나눗셈:', np.array([1, 2, 3, 4, 5, 6, 7, 8, 9, 10]) / np.array([10, 9, 8, 7, 6, 5, 4, 3, 2, 1]))
```

출력

```
곱셈 : [10 18 24 28 30 30 28 24 18 10]
거듭제곱: [  1   4   9  16  25  36  49  64  81 100]
나눗셈: [0.1    0.222 0.375 0.571 0.833 1.2    1.75  2.667 4.5   10.  ]
```

정렬(sort)

데이터를 정렬하려면 sort 메서드를 사용합니다. 기본 설정은 오름차순(작은 수에서 큰 수)입니다.

입력

```
# 현재 값을 그대로 표시
print('현재 순서대로:', data)

# 정렬한 결과 표시
data.sort()
print('정렬 후:', data)
```

출력

```
현재 순서대로: [ 9  2  3  4 10  6  7  8  1  5]
정렬 후: [ 1  2  3  4  5  6  7  8  9 10]
```

또한 sort 메서드가 원래 데이터(data)의 원소 값을 변경하므로 주의하기 바랍니다. 다시 data를 출력하면 정렬 후의 데이터로 변한 것을 알 수 있습니다.

입력

```
print(data)
```

출력

```
[ 1  2  3  4  5  6  7  8  9 10]
```

내림차순(큰 수에서 작은 수로)으로 표시하려면 data[::-1].sort()처럼 슬라이싱을 사용합니다.

슬라이싱은 파이썬 기능인데 [n:m:s]와 같이 작성하면 'n번째부터 m-1번째까지, s 간격으로'라는 뜻입니다. n과 m를 생략하면 모든 원소가 대상입니다. 또한 s가 음수면 처음이 아니라 마지막에서부터 추출한다는 의미입니다. 즉, [::-1]은 '마지막에서부터 1개씩 추출'한다는 의미입니다. 이렇게 sort 메서드를 실행했을 때 작은 수부터 큰 숫자로 표시되는 결과를 역순으로 추출해 결과적으로 반대 순서로 데이터를 추출할 수 있습니다.

입력

```
data[::-1].sort()
print('정렬 후:', data)
```

출력

```
정렬 후: [10  9  8  7  6  5  4  3  2  1]
```

sort 메서드는 점포별 매출 순위나 사용자의 웹 사이트의 방문 횟수 순위 등 마케팅 용도로 사용할 수 있습니다.

최솟값, 최댓값, 합계, 누적합 계산

넘파이의 array 데이터는 min, max 메서드를 호출해 최소, 최댓값을 구할 수 있습니다. cumsum 메서드는 누적합(앞에서부터 순서대로 더해 나가는 계산) 연산입니다. 0번째 원소는 그대로 두고 첫 번째 원소는 0번째 원소+첫 번째 원소, 두 번째 원소는 0번째 원소+첫 번째 원소+두 번째 원소··· 같은 식으로 더해가는 것입니다.

입력

```
# 최솟값
print('Min:', data.min())
# 최댓값
print('Max:', data.max())
# 합계
print('Sum:', data.sum())
# 누적 합계
print('Cum:', data.cumsum())
# 누적 비율
print('Ratio:', data.cumsum() / data.sum())
```

출력

```
Min: 1
Max: 10
Sum: 55
Cum: [10 19 27 34 40 45 49 52 54 55]
Ratio: [0.182 0.345 0.491 0.618 0.727 0.818 0.891 0.945 0.982 1.    ]
```

2.2.3 난수

난수는 간단히 말해 규칙성 없는 임의의 수를 말합니다. 데이터 분석에서는 수집된 데이터를 무작위로 나누거나 임의의 숫자를 더해 데이터 간의 차이를 만들 때 사용합니다.

파이썬에도 난수를 만드는 기능이 있지만 데이터 분석 분야에서는 넘파이의 난수 기능을 주로 사용합니다. 넘파이를 임포트한 상태라면 np.random 코드로 넘파이의 난수 기능을 사용할 수 있습니다.

임포트할 때 np.random이 아니라 np.를 생략해 random으로 줄여서 쓸 수도 있습니다. 이제부터는 이렇게 임포트하고 random.기능명으로만 써도 난수가 발생한다고 가정하고 프로그램을 작성하겠습니다.

입력

```
import numpy.random as random
```

난수 시드

난수는 완전히 무작위로 발생하지 않고 수식에 의해 임의의 값을 만들어 내며 이를 의사 난수라고 부릅니다. 난수 발생을 위한 초깃값을 시드(seed)라고 하며 random.seed를 이용해 지정할 수 있습니다. 다음 코드와 같이 시드를 0으로 설정합니다.

```
random.seed(0)
```

random.seed를 반드시 호출할 필요는 없지만 동일한 시드값을 지정하면 여러 번 난수를 발생시켜도 같은 난수를 얻을 수 있습니다. 데이터 분석에서 매번 다른 난수를 만들면 해석 결과도 매번 바뀔 가능성이 있습니다. 데이터 분석은 나중에 검증이 필요한 경우가 많기 때문에 일관성을 확보하기 위해 시드를 설정할 때가 많습니다. 시드를 설정해 두면 실행할 때마다 결과가 달라지는 일은 없습니다.

난수 발생

난수를 발생시키는 다양한 방법이 있으며 넘파이로 이러한 난수들을 생성할 수 있습니다. 예를 들어 평균이 0, 표준편차가 1인 정규분포를 따르는 난수를 얻으려면 random.randn을 이용합니다. 다음 코드는 이러한 방식으로 10개의 난수를 얻는 예입니다.

입력

```
random.seed(0)

# 정규분포(평균 0, 분산1)를 따르는 난수 10개 발생
rnd_data = random.randn(10)

print('10개의 난수 배열:', rnd_data)
```

출력

```
10개의 난수 배열: [ 1.764  0.4    0.979  2.241  1.868 -0.977  0.95  -0.151 -0.103  0.411]
```

randn 이외에도 다양한 난수 생성 방법이 있으므로 선호하는 방법을 적절하게 선택할 수 있습니다. 분포에 관해서는 4장 "확률통계"에서 살펴보겠습니다.

기능	의미
rand	균등분포. 0.0 이상 1.0 미만
random_sample	균등분포. 0.0 이상 1.0 미만(rand와 인수 지정 방법이 다름)
randint	균등분포. 임의의 범위의 정수
randn	정규분포. 평균 0, 표준편차 1을 따르는 난수
normal	정규분포. 임의의 평균과 표준편차를 따르는 난수
binomial	이항분포를 따르는 난수
beta	베타분포를 따르는 난수
gamma	감마분포를 따르는 난수
chisquare	카이제곱을 따르는 난수

데이터 무작위 추출

데이터 과학에서는 주어진 데이터에서 임의의 샘플 데이터를 추출해야 할 때가 많습니다. 이럴 때는 random.choice을 사용합니다. random.choice에서는 2개의 인수와 1개의 옵션을 지정합니다. 첫 번째 인수는 처리 대상 배열, 두 번째는 추출할 데이터의 개수입니다. 옵션은 replace인데 True로 설정하거나 생략하면 중복 추출을 허용합니다. 이런 방식을 복원 추출(sampling with replacement)이라고 합니다. replace를 False로 설정하면 데이터를 중복 추출하지 않습니다. 이런 방식은 비복원 추출(sampling without replacement)이라고 합니다.

입력

```
# 추출 대상 데이터
data = np.array([9,2,3,4,10,6,7,8,1,5])

# 무작위 추출
# 10개 값을 추출(중복이 있는 복원 추출)
print(random.choice(data, 10))

# 10개 값을 추출(중복이 없는 비복원 추출)
print(random.choice(data, 10, replace = False))
```

출력

```
[ 7  8  8  1  2  6  5  1  5 10]
[10  2  7  8  3  1  6  5  9  4]
```

복원 추출하면 같은 숫자(데이터)가 존재할 수 있지만 비복원 추출에서는 같은 숫자가 있을 수 없습니다.

> **Let's Try**
>
> seed(0)에서 0을 변경하거나 무작위 추출 숫자 수를 늘려보고 결과가 어떻게 변하는지 확인해 봅시다.

> **Column**
>
> ### 넘파이의 빠른 실행 속도
>
> 넘파이는 빠른 연산 속도가 특징입니다. 얼마나 빠른지 측정해 봅시다. 예시 코드는 난수를 10^6개 발생시켜 모두 더하는 프로그램입니다.
> sum(normal_data)가 일반적인 합계 계산 방식이고 np.sum(numpy_random_data)가 넘파이를 이용한 합계 방식입니다.

```
# N은 발생시킬 난수 개수. 10의 6승
N = 10**6

# 파이썬 방식(아래의 range(N)은 0부터 N-1까지의 정수를 만듭니다
# _는 입력한 값을 참조하지 않을 때 쓰는 관례적인 변수명입니다
# 예를 들어 for a in range(N)처럼 코드를 작성하면 a 값을 나중에 쓸 것처럼 보이기 때문에
# 그 값을 참조하지 않을 때는 for _ in range(N) 같이 관례적으로 씁니다.
normal_data = [random.random() for _ in range(N)]

# 넘파이 방식
numpy_random_data = np.array(normal_data)

# calc time : 합계
# 일반적인 방식
%timeit sum(normal_data)

# 넘파이를 사용한 방식
%timeit np.sum(numpy_random_data)
```

출력

```
11 ms ± 5.19 ms per loop (mean ± std. dev. of 7 runs, 100 loops each)
1.92 ms ± 354 µs per loop (mean ± std. dev. of 7 runs, 1000 loops each)
```

(사용자의 PC 환경에 따라 계산시간은 책의 내용과 다릅니다)

일반적인 연산 방법보다 넘파이를 사용하는 편(np.sum())이 빠르다는 것을 알 수 있습니다. %timeit은 여러 번 같은 연산을 하고, 평균 계산 시간을 반환하는 매직 명령어입니다(주피터 환경에서 Run을 실행하면 100번을 실행하고, 결과가 표시되기까지 어느 정도 시간이 걸리지만 이는 정상적인 동작입니다).

가령 출력 결과가 100 loops, best of 3:5.78 ms per loop이면 100번 계산해서 가장 빠른 3번의 계산 시간 평균이 5.78밀리초라는 의미입니다.

실행 횟수와 평균 횟수는 n과 r 옵션에서 변경할 수 있습니다. 예를 들어 %timeit-n 10000-r5 sum(normal_data)는 1만 번의 실행과 가장 빠른 5번의 평균 계산 시간이라는 의미입니다. 또한 ms는 밀리초, µs는 마이크로초(밀리초의 1000분의 1)입니다. 빠른 처리를 원한다면 %timeit을 사용해 계산 시간을 체크합시다.

2.2.4 행렬

넘파이를 이용해 행렬 계산도 가능합니다.

우선은 행렬을 생성하는 방법부터 살펴봅시다. 예시 코드는 0~8까지의 숫자를 이용해 3×3 행렬을 생성하는 과정입니다. arange 함수는 지정한 숫자까지의 연속된 정수를 생성합니다. arange(9)는 0부터 8까지의 정수를 생성하고 그 값들을 reshape 함수로 3×3 행렬로 변환합니다.

이런 과정으로 변수 array1에 3×3 행렬을 저장합니다.

입력

```
np.arange(9)
```

출력

```
array([0, 1, 2, 3, 4, 5, 6, 7, 8])
```

입력

```
array1 = np.arange(9).reshape(3,3)
print(array1)
```

출력

```
[[0 1 2]
 [3 4 5]
 [6 7 8]]
```

행렬에서 행이나 열만 추출할 때는 [행 범위:열 범위]와 같이 작성합니다. 각 범위는 시작 인덱스, 종료 인덱스이며 쉼표로 구분합니다. 시작 인덱스와 종료 인덱스를 생략하면 처음부터 마지막까지입니다.

가령 [0,:]과 같이 지정하면 첫 번째 행, 모든 열이라는 의미이므로 첫 행 데이터를 추출할 수 있습니다. 인덱스는 0부터 시작하지만 추출 대상 행렬은 1행부터 시작하므로 주의합시다.

입력

```
# 첫 번째 행
array1[0,:]
```

출력

```
array([0, 1, 2])
```

첫 번째 열의 모든 행을 추출하려면 [:,0]처럼 작성합니다. 첫 번째 열, 모든 행이라는 의미입니다.

입력

```
# 첫 번째 열
array1[:,0]
```

출력

```
array([0, 3, 6])
```

행렬 연산

행렬 곱셈을 해봅시다. 계산 방식을 모른다면 선형대수의 행렬 곱셈 부분을 참고하기 바랍니다. 우선은 곱셈의 대상이 될 행렬을 생성해 봅시다. 예시 코드는 3×3 행렬을 생성해 변수 array2에 저장합니다.

입력

```
array2 = np.arange(9,18).reshape(3,3)
print(array2)
```

출력

```
[[ 9 10 11]
 [12 13 14]
 [15 16 17]]
```

이 행렬과 앞에서 생성한 array1 행렬을 곱합니다. 행렬 곱셈을 위해서는 dot 함수를 사용합니다. 일반적인 * 기호는 행렬 곱셈이 아니라 각 원소끼리 곱해버리므로 주의합시다.

입력

```
# 행렬 곱셈
np.dot(array1, array2)
```

출력

```
array([[ 42,  45,  48],
       [150, 162, 174],
       [258, 279, 300]])
```

입력

```
# 각 원소 간의 곱
array1 * array2
```

출력

```
array([[  0,  10,  22],
       [ 36,  52,  70],
       [ 90, 112, 136]])
```

원소가 0이나 1인 행렬 생성

데이터 분석에서 원소가 0이나 1인 행렬을 만들어야 할 때가 있습니다. 이 경우 [0, 0, 0, 0, 0…]와 같이 하나씩 원소를 입력하는(또는 for 문을 사용해 반복 작업으로 생성) 일은 매우 번거롭기 때문에 행렬을 생성하기 위한 전용 구문이 있습니다.

np.zeros를 지정하면 모든 원소가 0인 행렬을 생성합니다. 마찬가지로 np.ones는 모든 원소가 1인 행렬을 만듭니다. dtype 옵션에서 데이터 형을 지정합니다. int64는 64비트 징수, float64는 64비트 부동소수점 실수입니다. 다음 예시 코드는 모든 원소가 0(int64)인 2×3 행렬과, 모든 원소가 1(float64)인 2×3 행렬을 생성하는 예입니다.

입력

```
print(np.zeros((2, 3), dtype = np.int64))
print(np.ones((2, 3), dtype = np.float64))
```

출력

```
[[0 0 0]
 [0 0 0]]
[[1. 1. 1.]
 [1. 1. 1.]]
```

Practice

[연습문제 2-1]

1부터 50까지 자연수의 합을 계산하고 계산 결과를 출력하는 프로그램을 작성하세요. 단, np.array로 1부터 50까지 숫자의 배열을 만들고 총합을 구하는 방식으로 계산하세요.

[연습문제 2-2]

표준정규분포를 따르는 10개의 난수를 발생시켜 배열을 생성하세요. 또한 배열의 최솟값과 최댓값, 합계를 구하는 프로그램을 작성하세요.

2.3 사이파이 기초

Keyword 역행렬, 고윳값, 고유벡터, 최적화

사이파이(SciPy)는 과학 연산을 위한 라이브러리로, 다양한 수학 계산(선형대수 계산, 푸리에 변환 등)이 가능합니다. 이번 절에서는 선형대수의 역행렬, 고윳값, 방정식의 해를 구해 봅시다. 이런 용어를 잘 모르는 사람들은 인터넷에서 찾아보거나 1장에서 소개한 선형대수 참고서(참고문헌 A-6)로 먼저 공부하기 바랍니다.

2.3.1 사이파이 라이브러리 임포트

우선 사이파이의 선형대수용 라이브러리를 임포트합니다.

2.1.3 "라이브러리 임포트" 절에서 import scipy as sp 코드로 사이파이를 임포트할 때 as sp로 이미 임포트 되었으므로 sp.기능명 구문으로 사이파이 라이브러리를 사용할 수 있습니다.

예시 코드처럼 선형대수용 라이브러리를 linalg, 최적화 계산(최솟값)용 함수를 minimize_scalar와 같이 더 짧은 이름으로 쓰도록 하겠습니다.

입력

```
# 선형대수 라이브러리
import scipy.linalg as linalg

# 최적화 계산(최솟값)용 함수
from scipy.optimize import minimize_scalar
```

2.3.2 행렬연산

행렬식과 역행렬 계산

우선은 행렬식을 계산하는 예를 봅시다. det 함수를 이용합니다.

입력

```
matrix = np.array([[1,-1,-1], [-1,1,-1], [-1,-1,1]])

# 행렬식
```

출력

```
행렬식
-4.0
```

```
print('행렬식')
print(linalg.det(matrix))
```

역행렬을 계산하려면 inv 함수를 사용합니다.

입력

```
# 역행렬
print('역행렬')
print(linalg.inv(matrix))
```

출력

```
역행렬
[[ 0.  -0.5 -0.5]
 [-0.5 -0.  -0.5]
 [-0.5 -0.5  0. ]]
```

값이 정확한지 확인해 봅시다. 원래 행렬과 역행렬의 곱셈은 단위 행렬이 됩니다. 아래 코드와 같은 방식으로 곱셈을 하면 단위 행렬이 된다는 것을 확인할 수 있습니다.

입력

```
print(matrix.dot(linalg.inv(matrix)))
```

출력

```
[[1. 0. 0.]
 [0. 1. 0.]
 [0. 0. 1.]]
```

고윳값과 고유벡터

다음은 고윳값과 고유벡터를 계산해봅시다. linalg의 eig 함수를 실행하면 구할 수 있습니다.

입력

```
# 고윳값과 고유벡터
eig_value, eig_vector = linalg.eig(matrix)

# 고윳값과 고유벡터
print('고윳값')
print(eig_value)
print('고유벡터')
print(eig_vector)
```

출력

```
고윳값
[-1.+0.j 2.+0.j 2.+0.j]
고유벡터
[[ 0.577 -0.816  0.428]
 [ 0.577  0.408 -0.816]
 [ 0.577  0.408  0.389]]
```

2.3.3 뉴턴법

마지막으로 최적화 계산에 대해 살펴봅시다.

방정식의 해를 구하기

우선은 방정식의 해를 구해 봅시다. 다음과 같은 2차방정식의 해를 구하는 과정을 생각해 봅시다.

$$f(x) = x^2 + 2x + 1 \qquad \text{(식 2-3-1)}$$

종이와 연필만 있으면 계산할 수 있는 식입니다. 해는 -1인데 해의 근삿값을 구할 때 흔히 쓰는 뉴턴법을 사용해 봅시다. 우선은 위의 함수를 파이썬 함수로 정의합니다.

입력

```
# 함수 정의
def my_function(x):
    return (x**2 + 2*x + 1)
```

예시 코드에서 $f(x) = 0$의 해를 구하기 위해 newton 함수를 사용합니다. newton 함수의 첫 번째 인수로 방금 생성한 my_function 함수를 설정하고 두 번째 인수는 해를 결정하는 조건식인 $f(x) = 0$에서 함수의 값 0을 지정합니다.

입력

```
# 뉴턴법 임포트
from scipy.optimize import newton

# 연산 실행
print(newton(my_function,0))
```

출력

```
0.9999999852953547
```

결과는 위와 같이 거의 -1이 됩니다(근삿값 계산 방식이므로).

뉴턴법이 생소한 사람들은 검색해보거나 최적화나 수치 계산을 다루는 전문 서적을 참고하기 바랍니다.

최솟값 구하기

다음은 동일한 함수 $f(x)$의 최솟값을 구해봅시다.

minimize_scalar 함수를 이용해 다음과 같이 코드를 작성합니다. method 파라미터로 지정한 Brent는 브렌트(brent)법을 사용한다는 뜻입니다. 브렌트법은 포물선 보간법과 황금분할법(단봉함수의 극단값, 즉 극댓값 또는 극솟값을 구하는 방법)을 조합한 방법으로 황금분할법보다 더 빨리 수렴하는 특징이 있습니다.

이 책에서는 별로 사용하지 않기 때문에 용어를 외우지 않아도 괜찮습니다. 이외에도 다양한 접근 방식이 있으므로 시간이 있는 분들은 찾아보기 바랍니다.

입력

```
# 연산 실행
print(minimize_scalar(my_function, method = 'Brent'))
```

```
    fun: 0.0
   nfev: 9
    nit: 4
success: True
      x: -1.0000000000000002
```

적분이나 미분방정식에도 사이파이를 활용할 수 있는데 이번 장에서는 이 정도 수준에서 마치겠습니다. 사이파이를 통한 다양한 과학 연산에 대해서는 이후에 다시 설명하겠습니다.

Let's Try

my_function 함수의 계산식을 $f(x) = 0$부터 다양한 함수로 변경해 최솟값 등을 계산해 봅시다.

Practice

[연습문제 2-4]

다음 행렬에 대해 행렬식을 구하세요.

$$A = \begin{pmatrix} 1 & 2 & 3 \\ 1 & 3 & 2 \\ 3 & 1 & 2 \end{pmatrix}$$ (식 2-3-2)

[연습문제 2-5]

연습문제 2-4와 동일한 행렬에 대해 역행렬, 고윳값과 고유벡터를 구하세요.

[연습문제 2-6]

아래의 함수가 0이 되는 해를 뉴턴법을 이용해 구하세요.

$$f(x) = x^3 + 2x + 1$$ (식 2-3-3)

해답은 부록 2

2.4 판다스 기초

Keyword 인덱스, Series, 데이터 프레임, 데이터 처리, 데이터 결합, 정렬

판다스(pandas)는 파이썬에서 머신러닝 모델을 만들기 전, 데이터를 전처리할 때 사용하는 편리한 라이브러리입니다. 다양한 데이터를 다양한 방법으로 유연하게 다룰 수 있어 표 계산이나 데이터 추출, 검색 같은 작업이 가능합니다. 예를 들면 데

이터에서 어떤 조건(남성만)을 만족하는 행을 추출하거나, 특정 기준(성별 같은)에 따른 그룹별 평균값(신장, 체중 등) 산출, 데이터 결합 같은 작업을 할 수 있습니다. DB(데이터베이스)의 SQL에 익숙한 사람은 다루기 쉬울 것입니다.

2.4.1 판다스 라이브러리 임포트

우선 판다스 라이브러리를 임포트합니다.

2.1.3 "라이브러리 임포트"에서 import pandas as pd로 판다스를 임포트했으므로 pd.기능명으로 코딩하면 판다스 라이브러리를 사용할 수 있습니다.

아래 코드처럼 1차원 배열을 다루기 위한 Series 라이브러리와 2차원 배열을 다루기 위한 DataFrame 라이브러리를 임포트합니다.

입력

```
from pandas import Series, DataFrame
```

2.4.2 Series 사용법

Series는 1차원 배열 객체입니다. 판다스는 넘파이의 array를 기반으로 고유한 데이터 구조를 만듭니다. 다음은 Series 객체에 10개의 원소를 할당하는 간단한 예시 코드입니다.

실행 결과를 보면 알 수 있듯이 Series 객체를 print하면 2개 그룹의 값이 출력됩니다. 앞쪽 10개의 값은 원소의 인덱스입니다. dtype은 데이터 형입니다.

입력

```
# Series
sample_pandas_data = pd.Series([0,10,20,30,40,50,60,70,80,90])
print(sample_pandas_data)
```

출력

```
0     0
1    10
2    20
3    30
4    40
5    50
6    60
7    70
8    80
9    90
dtype: int64
```

인덱스는 원소를 지정하는 키입니다. 예시처럼 [0, 10, 20, 30, 40,…]와 같은 Series 객체에 대해 값만 지정한 경우 인덱스는 앞에서부터 0, 1, 2…처럼 번호가 붙습니다.

데이터 값과 인덱스 값은 다음 코드와 같이 values 속성과 index 속성을 지정해 개별적으로 추출할 수 있습니다.

입력

```
# index를 알파벳으로 붙임
sample_pandas_index_data = pd.Series(
    [0, 10,20,30,40,50,60,70,80,90],
    index=['a', 'b', 'c', 'd', 'e', 'f', 'g', 'h', 'i', 'j'])
print(sample_pandas_index_data)
```

출력

```
a     0
b    10
c    20
d    30
e    40
f    50
g    60
h    70
i    80
j    90
dtype: int64
```

입력

```
print('데이터 값:', sample_pandas_index_data.values)
print('인덱스 값:', sample_pandas_index_data.index)
```

출력

```
데이터 값: [ 0 10 20 30 40 50 60 70 80 90]
인덱스 값: Index(['a', 'b', 'c', 'd', 'e', 'f', 'g', 'h', 'i', 'j'],
            dtype='object')
```

2.4.3 DataFrame 사용법

DataFrame 객체는 2차원 배열입니다. 각 열에 다른 dtype(데이터 형)을 가질 수 있습니다. 다음 코드는 4개의 열 ID, City, Birth_year, Name을 갖는 데이터 구조를 출력하는 예입니다. print 함수로 출력하면 데이터가 표 형식으로 출력됩니다.

입력

```
attri_data1 = {'ID':['100','101','102','103','104'],
               'City':['Seoul','Pusan','Daegu','Gangneung','Seoul'],
```

```
                'Birth_year':[1990,1989,1992,1997,1982],
                'Name':['Junho','Heejin','Mijung','Minho','Steve']}

attri_data_frame1 = DataFrame(attri_data1)

print(attri_data_frame1)
```

출력

```
     ID       City  Birth_year     Name
0   100      Seoul        1990    Junho
1   101      Pusan        1989   Heejin
2   102      Daegu        1992   Mijung
3   103  Gangneung        1997    Minho
4   104      Seoul        1982    Steve
```

제일 왼쪽의 0, 1, 2, 3, 4는 인덱스입니다. DataFrame 객체도 Series 객체와 마찬가지로 인덱스를 변경하거나 문자를 인덱스로 지정할 수 있습니다.

예시 코드와 같이 인덱스를 지정하면 attri_data_1 값에 새로운 인덱스를 지정한 attri_data_frame_index1이라는 DataFrame 객체를 만들 수 있습니다. (여기에서는 DataFrame 객체에 대한 예를 보여주었지만 Series도 동일한 방법으로 어떤 Series 객체에서 인덱스를 변경한 Series 객체를 만들 수 있습니다.

입력

```
attri_data_frame_index1 = DataFrame(attri_data1,index=['a','b','c','d','e'])
print(attri_data_frame_index1)
```

출력

```
     ID       City  Birth_year     Name
a   100      Seoul        1990    Junho
b   101      Pusan        1989   Heejin
c   102      Daegu        1992   Mijung
d   103  Gangneung        1997    Minho
e   104      Seoul        1982    Steve
```

주피터 환경에서 데이터 출력

지금까지는 Series 객체나 DataFrame 객체를 출력할 때 print(attri_data_frame_index1)와 같이 print 함수를 사용했습니다. 그러나 데이터의 변수를 다음 코드와 같은 방법으로 출력할 수도 있습니다. 이 경우 주피터 환경에서는 Series 객체인지 DataFrame 객체인지 확인할 수 있고 경계선이 붙어 있어 보기 좋게 출력됩니다.

코드를 실행하면 다음과 같은 형식으로 출력합니다.

```
attri_data_frame_index1
```

출력

	ID	City	Birth_year	Name
a	100	Seoul	1990	Junho
b	101	Pusan	1989	Heejin
c	102	Daegu	1992	Mijung
d	103	Gangneung	1997	Minho
e	104	Seoul	1982	Steve

2.4.4 행렬 다루기

DataFrame으로 다양한 행렬 연산이 가능합니다.

전치

전치행렬처럼 행과 열을 바꾸는 경우 .T 메서드를 사용합니다.

입력

```
# 전치
attri_data_frame1.T
```

출력

	0	1	2	3	4
ID	100	101	102	103	104
City	Seoul	Pusan	Daegu	Gangneung	Seoul
Birth_year	1990	1989	1992	1997	1982
Name	Junho	Heejin	Mijung	Minho	Steve

특정한 열만 추출하기

특정한 열만 지정할 때는 데이터 다음에 열 이름을 지정합니다. 복수의 열은 파이썬 리스트 형식으로 지정합니다.

입력

```
# 열 이름 지정(1개일 경우)
attri_data_frame1.Birth_year
```

출력

```
0    1990
1    1989
2    1992
3    1997
4    1982
Name: Birth_year, dtype: int64"
```

입력

```
# 열 이름 지정(복수일 경우)
attri_data_frame1[['ID', 'Birth_year']]
```

출력

	ID	Birth_year
0	100	1990
1	101	1989
2	102	1992
3	103	1997
4	104	1982

2.4.5 데이터 추출

DataFrame 객체에서 특정한 조건을 만족하는 데이터만을 추출하거나 복수의 데이터를 결합하는 등의 작업이 가능합니다.

다음 코드는 데이터에서 City가 Seoul인 데이터만을 추출하는 예입니다. 여기서 조건인 attri_data_frame1['City'] == 'Seoul'은 dtype이 bool인 Series 객체입니다. 이러한 조건식은 attri_data_frame1['City'] == 'Seoul'이 True인 모든 데이터를 attri_data_frame1에서 추출하는 필터 역할을 합니다.

입력

```
# 조건(필터)
attri_data_frame1[attri_data_frame1['City'] == 'Seoul']
```

출력

	ID	City	Birth_year	Name
0	100	Seoul	1990	Junho
4	104	Seoul	1982	Steve

식에서 조건 부분은 City 열의 모든 원소 값을 Seoul와 비교하며, 비교 결과만 추출해서 표시하면 아래와 같이 True 또는 False 값을 반환하는 것을 알 수 있습니다.

입력

```
attri_data_frame1['City'] == 'Seoul'
```

출력

```
0    True
1    False
2    False
3    False
4    True
Name: City, dtype: bool"
```

조건을 여러 개 지정할 때는 다음과 같이 isin(리스트)를 사용합니다. 다음 코드는 City가 Seoul이나 Pusan인 데이터를 추출하는 예입니다. 이런 방법은 다음 장에서도 사용합니다.

```
# 조건(필터, 복수 값)
attri_data_frame1[attri_data_frame1['City'].isin(['Seoul','Pusan'])]
```

출력

	ID	City	Birth_year	Name
0	100	Seoul	1990	Junho
1	101	Pusan	1989	Heejin
4	104	Seoul	1982	Steve

Let's Try

다른 조건을 변경(Birth_year가 1990 미만 등)해 실행해 봅시다.

2.4.6 데이터 삭제와 결합

DataFrame 객체는 필요 없는 열을 삭제하거나 다른 DataFrame 객체와 결합할 수 있습니다.

열과 행 삭제

특정한 열이나 행을 삭제하려면 drop 메서드를 실행합니다. axis 파라미터에 기준 변수(열)를 지정합니다. axis=0이 행, axis=1이 열입니다. 또한 axis 파라미터는 다른 상황에서도 사용되므로 잘 기억해 둡시다.

- 행을 삭제할 때: 첫 번째 인수에 삭제할 행의 인덱스를 리스트로 지정합니다. axis 파라미터에는 0을 지정합니다.
- 열을 삭제할 때: 첫 번째 인수에 삭제할 열 이름을 리스트로 지정합니다. axis 파라미터에 1을 지정합니다.

다음은 Birth_year 열을 삭제하는 예입니다.

입력

```
attri_data_frame1.drop(['Birth_year'], axis = 1)
```

출력

	ID	City	Name
0	100	Seoul	Junho
1	101	Pusan	Heejin
2	102	Daegu	Mijung
3	103	Gangneung	Minho
4	104	Seoul	Steve

앞의 예에서 열을 삭제해도 원본 데이터의 열은 삭제되지 않으므로 주의합시다. 데이터를 바꾸려면 attri_data_frame1 = attri_data_frame1.drop(['Birth_year'],axis=1)와 같이 설정합니다. 또는 옵션 inplace=True을 파라미터로 지정하면 원본 데이터를 변경할 수 있습니다.

데이터 결합

DataFrame 객체끼리 결합할 수도 있습니다. 다양한 데이터를 결합해 분석해야 하는 상황은 늘 일어나니 실행하는 법을 알아 둡시다. 우선 결합하기 전의 DataFrame 객체를 다음과 같이 attri_data_frame2 변수로 저장해 둡시다.

입력

```
# 별도의 데이터 생성
attri_data2 = {'ID':['100','101','102','105','107'],
               'Math':[50,43,33,76,98],
               'English':[90,30,20,50,30],
               'Sex':['M','F','F','M','M']}
attri_data_frame2 = DataFrame(attri_data2)
attri_data_frame2
```

출력

	ID	Math	English	Sex
0	100	50	90	M
1	101	43	30	F
2	102	33	20	F
3	105	76	50	M
4	107	98	30	M

이제 attri_data_frame1과 attri_data_fame2를 결합해 봅시다.

결합을 위해 merge 메서드를 사용합니다. 키를 명시하지 않으면 자동으로 동일한 키를 찾아 결합합니다. 이 경우 키는 ID입니다. 100, 101, 102가 공통으로 존재하므로 이 값이 일치하는 데이터를 결합시킵니다.

입력

```
# 데이터 결합(내부결합, 자세한 내용은 6장 참고)
pd.merge(attri_data_frame1,attri_data_frame2)
```

출력

	ID	City	Birth_year	Name	Math	English	Sex
0	100	Seoul	1990	Junho	50	90	M
1	101	Pusan	1989	Heejin	43	30	F
2	102	Daegu	1992	Mijung	33	20	F

2.4.7 집계

DataFrame 객체에서 데이터를 집계할 수 있습니다.

groupby 메서드로 특정한 열을 기준으로 집계할 수 있습니다. 다음 코드는 Sex 열을 기준으로 수학 점수 평균을 계산하는 예입니다. 점수 평균은 mean 메서드를 이용해 결과를 얻습니다. 이 밖에도 최댓값을 계산하는 max 메서드나 최솟값을 계산하는 min 메서드 등이 있습니다.

입력

```
# 데이터 그룹별 집계(자세한 내용은 다음 장 참고)
attri_data_frame2.groupby('Sex')['Math'].mean()
```

출력

```
Sex
F    38.000000
M    74.666667
Name: Math, dtype: float64"
```

Let's Try

다른 변수를 바꿔 실행해 봅시다. 집계 대상이 English가 되면 어떻게 될까요? 최댓값이나 최솟값도 구해봅시다.

2.4.8 정렬

Series 객체나 DataFrame 객체 데이터는 정렬할 수 있습니다. 값뿐만 아니라 인덱스 기준으로도 정렬할 수 있습니다. 샘플 데이터를 다음과 같이 만들어 봅시다. 정렬 효과를 알기 쉽도록 데이터를 적당한 순서로 나열합니다.

입력

```
# 데이터 생성
attri_data2 = {'ID':['100','101','102','103','104'],
               'City':['Seoul','Pusan','Daegu','Gangneung','Seoul'],
               'Birth_year':[1990,1989,1992,1997,1982],
               'Name':['Junho','Heejin','Mijung','Minho','Steve']}
attri_data_frame2 = DataFrame(attri_data2)
attri_data_frame_index2 = DataFrame(attri_data2,index=['e','b','a','d','c'])
attri_data_frame_index2
```

출력

	ID	City	Birth_year	Name
e	100	Seoul	1990	Junho
b	101	Pusan	1989	Heejin
a	102	Daegu	1992	Mijung
d	103	Gangneung	1997	Minho
c	104	Seoul	1982	Steve

인덱스 기준으로 정렬하려면 sort_index 메서드를 실행합니다.

```
# index 기준으로 정렬
attri_data_frame_index2.sort_index()
```

출력

	ID	City	Birth_year	Name
a	102	Daegu	1992	Mijung
b	101	Pusan	1989	Heejin
c	104	Seoul	1982	Steve
d	103	Gangneung	1997	Minho
e	100	Seoul	1990	Junho

데이터 값 기준으로 정렬하는 경우에는 sort_values 메서드를 사용합니다.

입력

```
# 값을 기준으로 정렬, 필터는 오름차순
attri_data_frame_index2.Birth_year.sort_values()
```

출력

```
c    1982
b    1989
e    1990
a    1992
d    1997
Name: Birth_year, dtype: int64"
```

2.4.9 nan(null) 판정

데이터에 특정 데이터 값이 없는 경우가 있습니다. 그 상태 그대로 평균, 표준편차 등을 계산하면 올바른 값을 얻지 못하기 때문에 값이 없는 데이터를 제외하고 계산해야 합니다. 결측값 같은 데이터는 nan이라는 특별한 값으로 저장되는데 이에 대해 조금 더 살펴봅시다.

조건에 맞는 데이터 검색

nan을 설명하기 전에 우선 일반적인 조건에 따라 검색하는 예를 봅시다. 예시 코드는 attri_data_frame_index2의 모든 데이터 값을 대상으로 Seoul이라는 문자열이 있는지 isin으로 찾는 예입니다. 검색 결과로 각 셀에 True 또는 False가 반환됩니다. 조건에 맞으면 True, 조건에 맞지 않으면 False가 출력됩니다. 조건에 맞는 데이터를 찾는 기본적인 방법입니다.

```
# 값이 있는지 확인
attri_data_frame_index2.isin(['Seoul'])
```

출력

	ID	City	Birth_year	Name
e	False	True	False	False
b	False	False	False	False
a	False	False	False	False
d	False	False	False	False
c	False	True	False	False

nan과 null

다음 코드는 Name 열의 값을 nan으로 설정한 예입니다. nan인지 아닌지 판정하려면 isnull 메서드를 사용합니다.

입력

```
# 결측값 처리 방법
# name을 모두 nan으로 변경
attri_data_frame_index2['Name'] = np.nan
attri_data_frame_index2.isnull()
```

출력

	ID	City	Birth_year	Name
e	False	False	False	True
b	False	False	False	True
a	False	False	False	True
d	False	False	False	True
c	False	False	False	True

nan인 값의 총합계를 구하는 방법은 다음 코드와 같습니다. Name이 5인 이유는 결과에서 알 수 있는 것처럼 True가 5개 있기 때문입니다.

입력

```
# null인지 판정하고 합계
attri_data_frame_index2.isnull().sum()
```

출력

```
ID          0
City        0
Birth_year  0
Name        5
dtype: int64"
```

이상으로 판다스에 대한 간단한 설명을 마칩니다. 3장에서 실제 데이터를 갖고 자세히 다루게 되니 여기서 배운 내용을 확실히 익혀 두기 바랍니다.

[종합문제 2-7]

다음 데이터에 대해 Money가 500 이상인 사람만 추려내 표시하세요

입력

```
from pandas import Series,DataFrame
import pandas as pd

attri_data1 = {'ID':['1','2','3','4','5'],
               'Sex':['F','F','M','M','F'],
               'Money':[1000,2000,500,300,700],
               'Name':['Suji', 'Minji', 'Taeho', 'Jinsung', 'Suyoung']}
attri_data_frame1 = DataFrame(attri_data1)
```

[연습문제 2-8]

연습문제 2-7 데이터에서 성별(MF열) 평균 Money를 구하세요.

[연습문제 2-9]

연습문제 2-7 데이터와 아래의 데이터에서 동일한 ID를 갖는 사람을 키 값으로 데이터를 결합하세요. 이후 Money와 Math, English 평균을 구하세요.

입력

```
attri_data2 = {'ID':['3','4','7'],
               'Math':[60,30,40],
               'English':[80,20,30]}

attri_data_frame2 = DataFrame(attri_data2)
```

해답은 부록 2

2.5 매트플롯립 기초

Keyword 데이터 시각화, 산점도, 히스토그램

데이터 분석 과정에서 데이터 시각화는 매우 중요합니다. 숫자만 보아서는 데이터에 내재하는 경향이 잘 보이지 않다가도 데이터를 시각화하면 데이터 간의 연관성같은 것이 보일 때가 있습니다. 또한 인포그래픽 제작과 관련해서도 시각화가 주목받고 있습니다.

이번 절에서는 매트플롯립과 씨본(Seaborn)을 이용해 기본적인 데이터 시각화방법을 배워 봅시다. 매트플롯립 공식 사이트(*https://matplotlib.org/*)와 씨본 공식

사이트(*http://seaborn.pydata.org/*)에서 더 자세한 내용을 참고하면서 학습을 진행하면 도움이 됩니다.

2.5.1 매트플롯립 사용 준비

2.1.3 "라이브러리 임포트"에서 매트플롯립과 씨본을 이미 임포트해 두었습니다. Matplotlib은 거의 모든 그래프 기능을 pyplot.**기능명**으로 제공합니다. 2.1.3 "라이브러리 임포트"에서 import matplotlib.pyplot as plt으로 임포트하여 plt.**기능명**으로 줄여서 쓸 수 있도록 했습니다.

씨본은 매트플롯립 그래프를 더 보기 좋게 만드는 라이브러리입니다. 임포트해 두는 것만으로도 그래프가 보기 좋아지며 몇 가지 스타일을 추가로 지정할 수도 있습니다.

아래 코드에서 %matplotlib inline은 주피터 노트북에서 그래프를 표시하는 매직 명령어입니다. 주피터 환경에 아직 익숙하지 않은 사람들은 그래프를 그릴 때 잊어버리기 쉬우니 주의합시다.

입력

```
# 매트플롯립과 씨본 불러오기
# 씨본은 그래프를 더 보기 좋게 만듦
import matplotlib as mpl
import seaborn as sns

# pyplot은 plt이라는 이름으로 실행 가능
import matplotlib.pyplot as plt

# 주피터 노트북에서 그래프를 표시하기 위해 필요한 매직 명령어
%matplotlib inline
```

2.5.2 산점도

매트플롯립으로 다양한 그래프를 그릴 수 있습니다. 우선 산점도부터 시작해봅시다. 산점도는 2개의 데이터 값을 $x - y$ 좌표에 점으로 나타낸 그래프입니다. plt.plot(x, y, 'o') 구문으로 그래프를 그릴 수 있는데 마지막 인수는 그래프의 형태를 지정하는 값으로서 'o'는 점을 찍는다는 뜻입니다. 기타 다른 코드의 의미는 주석을 참고하기 바랍니다. 산점도를 그리면 두 변수의 관계를 파악할 수 있습니다.

입력

```
# 산점도

# 시드 값 설정
```

```
random.seed(0)

# x축 데이터
x = np.random.randn(30)

# y축 데이터
y = np.sin(x) + np.random.randn(30)

# 그래프 크기 지정(20, 6 값을 변경해 보세요)
plt.figure(figsize=(20, 6))

# 그래프 생성
plt.plot(x, y, 'o')

# 다음과 같은 방법으로도 산점도 생성 가능
#plt.scatter(x, y)

# 타이틀
plt.title('Title Name')
# X 좌표 이름
plt.xlabel('X')
# Y 좌표 이름
plt.ylabel('Y')

# grid(그래프 안의 가로선과 세로선 격자) 표시
plt.grid(True)
```

출력

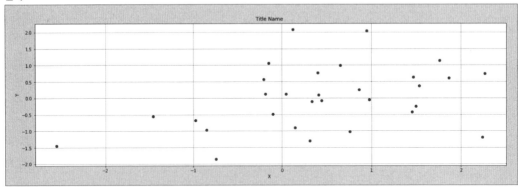

데이터가 연속된 값이면 plot으로 그려지는 그래프는 점이 아니라 곡선으로 보입니다. 예를 들어 시계열 데이터와 같은 연속적인(엄밀하게는 연속으로 간주되는) 곡선을 그립니다.

입력

```
# 연속형 곡선

# 시드 값 지정
```

```
np.random.seed(0)

# 데이터 범위
numpy_data_x = np.arange(1000)

# 난수 발생과 누적 합계
numpy_random_data_y = np.random.randn(1000).cumsum()

# 그래프 크기 지정
plt.figure(figsize=(20, 6))

# label=과 legend로 레이블을 표시할 수 있다.
plt.plot(numpy_data_x, numpy_random_data_y, label='Label')
plt.legend()

plt.xlabel('X')
plt.ylabel('Y')
plt.grid(True)
```

출력

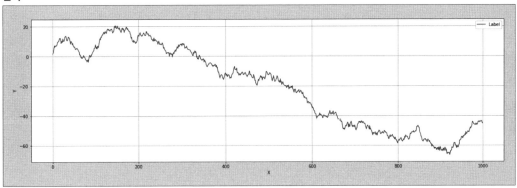

2.5.3 그래프 분할

subplot을 이용하면 그래프를 여러 개로 분할해 나타낼 수 있습니다. 다음 코드는 2행 1열 그래프를 생성하고 첫 번째, 두 번째 번호를 붙여 표시하는 예입니다. linspace(-10,10,100)는 -10부터 10까지의 수를 100개로 분할한 숫자 리스트를 추출합니다.

입력

```
# 그래프 크기 지정
plt.figure(figsize=(20, 6))

# 2행 1열 그래프의 첫 번째
plt.subplot(2,1,1)

x = np.linspace(-10, 10,100)
```

```
plt.plot(x, np.sin(x))

# 2행 1열 그래프 두 번째
plt.subplot(2,1,2)
y = np.linspace(-10, 10,100)
plt.plot(y, np.sin(2*y))

plt.grid(True)
```

출력

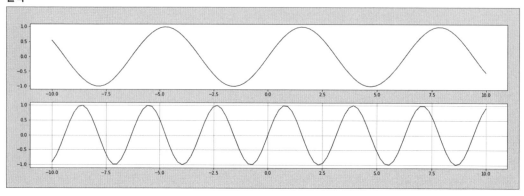

2.5.4 함수 그래프 그리기

다음은 2.2.3 "뉴턴법"에서 다룬 이차함수 그래프를 나타내는 예입니다.

$$f(x) = x^2 + 2x + 1 \qquad \text{(식 2-5-1)}$$

수식 그래프를 그리면 $y = 0$과 교차하는 부분이 2.5~0 사이이므로 굳이 계산하지 않더라도 방정식의 해가 대략 이 범위 사이에 있다는 것을 알 수 있습니다.

입력

```
# 함수 정의(사이파이에서 사용한 2차원 함수 예와 동일)
def my_function(x):
    return x ** 2 + 2 * x + 1

x = np.arange(-10, 10)
plt.figure(figsize = (20, 6))
plt.plot(x, my_function(x))
plt.grid(True)
```

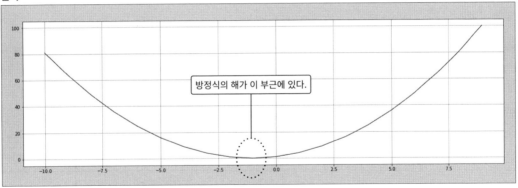

2.5.5 히스토그램

히스토그램은 각 값의 빈도(도수, frequency)를 표시합니다. 데이터의 전체적인 형태를 볼 때 사용하는 그래프입니다. 데이터 분석 과정에서 이 그래프를 보고 어떤 값이 많고 적은지, 치우쳤는지 파악합니다.

아래 코드와 같이 hist 메서드를 사용합니다. 괄호 안에 지정하는 파라미터는 왼쪽부터 '대상 데이터', '막대 수', '범위'입니다.

입력

```
# 시드 지정
random.seed(0)

# 그래프 크기 지정
plt.figure(figsize = (20, 6))

# 히스토그램 생성
plt.hist(np.random.randn(10 ** 5) * 10 + 50, bins = 60, range = (20, 80))

plt.grid(True)
```

출력

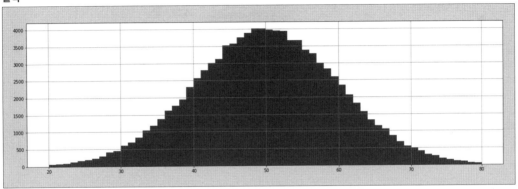

hist 메서드에는 다양한 파라미터가 있습니다. ? 코드로 파라미터 목록을 확인할 수 있습니다.

입력

```
?plt.his
```

이것으로 매트플롯립의 기초적인 사용법에 대한 설명을 마칩니다.

매트플롯립 말고도 판다스를 이용해 그래프를 생성할 수 있습니다. 이에 대해서는 7장 데이터 시각화에서 조금 더 설명하겠습니다.

데이터 분석 과정에서 사용되는 주요 파이썬 라이브러리(넘파이, 사이파이, 판다스, 매트플롯립)에 대한 소개는 이상으로 마치겠습니다. 수고하셨습니다. 이 장에서 배운 기술들은 이어지는 3장 기술통계나 다른 장에서도 활용됩니다.

Column

다양한 데이터 시각화

파이썬 이외에도 다양한 프로그래밍 언어로 데이터 시각화 작업을 할 수 있습니다.

예를 들면 다양한 그래프를 그릴 수 있어 인기 있는 D3.js(*https://d3js.org*)라는 자바스크립트 라이브러리가 있습니다. 파이썬이 아니라 자바스크립트를 이용하지만 데이터를 다양한 관점에서 바라보며 시각화 한다는 의미에서 도움이 됩니다.

그림 2-5-1

[연습문제 2-10]

$y = 5x + 3$(x는 −10부터 10까지) 함수 그래프를 나타내세요.

[연습문제 2-11]

$y = sin(x)$와 $y = cos(x)$ 그래프를 겹쳐서 나타내세요(x는 −10부터 10까지).

[연습문제 2-12]

0부터 1 사이의 값을 갖는 균등분포 난수를 1,000개씩 두 번 발생시킨 후 각 데이터의 히스토그램을 나타내세요.

각 히스토그램을 개별적으로 표시하기 위해 plt.subplot를 이용합니다. 균등분포 난수란 어떤 범위의 각 수가 동일한 확률로 발생하는 난수를 말하며 np.random.uniform을 사용합니다. 가령 0에서 1 사이의 수 10개를 발생시키는 경우 np.random.uniform(0.0, 1.0, 10)이라고 작성합니다.

1,000개가 아니라 100개, 10,000개 등, 개수를 바꿔서 실행해 봅시다. 뭔가 발견할 수 있는 사실이 있습니까?

해답은 부록 2

2장 종합문제

[종합문제 2-1 몬테카를로법]

난수를 발생시켜 원주율을 구하는 프로그램을 작성해 봅시다. 참고로 이러한 접근 방식을 몬테카를로법이라고 합니다.

1. 구간 [0, 1]에서 균등분포를 따르는 난수를 두 번 발생시켜 각 10,000개씩 생성해 봅시다. 균등분포난수는 어떤 범위의 수에서 각 수가 동일한 확률로 발생하는 난수를 말합니다. np.random.uniform을 사용합니다. 예를 들어 np.random.uniform(0.0, 1.0, 10)은 0~1까지의 범위의 균등 난수가 10개 발생합니다.

2. $x - y$축에서 중심이 (0, 0), 반경 1인 원과 길이가 1의 정사각형을 생각해봅시다. 이때 원의 면적은 π이고 정사각형의 면적은 1입니다. 이때 x, y 조합으로 만든 난수 10,000개 중에서 원의 내부에 들어가는 점은 몇 개입니까?

   점이 원의 내부에 속한다는 것은 좌표의 원점에서 점까지의 벡터의 길이를 구하고 그 값이 1보다 작은 경우를 의미합니다. 길이를 구하기 위해 유클리드 놈(Euclidean norm)[1] ($\sqrt{x^2 + y^2}$)을 사용합니다. 파이썬에서는 math.hypot(x,y)로 계산할 수 있습니다. 여유가 있으면, 원 안에 있는 점과 밖에 있는 점을 함께 그래프로 그려보세요.

1
(옮긴이) 놈은 벡터 공간에서의 길이 또는 크기를 의미하며, 유클리드 놈은 2차원 또는 3차원 공간에서 두 점의 거리를 계산하는 공식입니다.

3. 반경 1인 원의 면적 1/4과 길이 1인 정사각형의 면적의 비율은 $\pi/4 : 1$이 됩니다. 이 값과 위에서 구한 결과를 이용해 원주율을 구하세요.

해답은 부록 2

03

기술통계와
단순회귀분석

3장에서는 데이터를 객관적으로 분석하고 경향성을 파악하는 통계분석 기초에 대해 배워봅시다. 통계분석은 크게 기술통계(Descriptive Statistics)와 추론통계(Inferential Statistics)로 구분되며 3장에서는 기술통계와 추론통계의 한 방법인 회귀분석에 대해 설명합니다.

캘리포니아 대학 학생 데이터를 다운로드해 2장에서 배운 파이썬의 다양한 라이브러리를 활용하면서 학습합시다.

목표

CSV 파일을 읽어 들여 기초통계량을 계산하고 시각화하는 방법, 단순회귀 분석 방법을 학습한다.

3.1 통계의 종류

Keyword 기술통계, 추론통계, 평균, 표준편차, 단순회귀분석, 넘파이, 사이파이, 판다스, 매트플롯립, 사이킷런

2장에서 파이썬과 몇 가지 라이브러리의 기본적인 사용방법을 배웠습니다. 이번 장에서는 이들을 활용하여 실제 데이터를 분석해 봅시다.

3.1.1 기술통계와 추론통계

통계분석은 데이터를 객관적으로 분석하고 데이터에 내재된 경향성을 파악하는 방법입니다. 이러한 방법은 크게 기술통계와 추론통계로 나누어집니다.

기술통계

기술통계(Descriptive Statistics)는 수집한 데이터의 전체적인 특징을 파악하거나 이해하기 쉽도록 정리하는 방법을 의미합니다. 예를 들어 평균이나 표준편차를 구해 데이터의 특징을 발견하거나 데이터를 분류하고 그래프로 보여 준다든지 하는 게 기술통계입니다. 이번 장에서 자세히 살펴보겠습니다.

추론통계

수집한 데이터로부터 추론하는 방법입니다. 예를 들어 나라 전체 인구의 연령별 키를 조사한다고 합시다. 모든 사람의 키를 조사하는 일은 어렵습니다. 그래서 임의로 추출한 일부 사람을 대상으로 키를 조사하고 그 데이터로부터 모집단인 모든 사람의 키를 추론합니다. 이처럼 전체에서 추출된 일부 데이터와 확률분포에 기반한 모델을 활용해 전체 집단의 모수(모평균, 모표준편차 등)를 확률적으로 추측하는 것이 추론통계의 원리입니다. 추론통계는 과거의 데이터를 사용해 미래를 예측할 때도 활용됩니다.

　이번 장에서는 추론통계의 기초인 단순회귀분석에 대해 살펴보겠습니다. 조금 더 복잡한 추론통계에 대해서는 4장에서 다시 다루겠습니다.

3.1.2 라이브러리 임포트

2장에서 소개한 여러 라이브러리를 사용합니다. 아래 코드와 같이 필요한 라이브러리가 임포트되었다고 전제하고 진행하겠습니다.

입력

```
# 아래와 같이 필요한 라이브러리를 임포트합니다.
import numpy as np
import scipy as sp
```

출력

```
'%.3f'
```

```
import pandas as pd
from pandas import Series, DataFrame

# 시각화 라이브러리
import matplotlib.pyplot as plt
import matplotlib as mpl
import seaborn as sns
sns.set()
%matplotlib inline

# 소수점 세 번째 자리 숫자까지 표시
%precision 3
```

3.4 "단순회귀분석"에서는 사이킷런의 선형회귀분석용 라이브러리 `sklearn.linear_model`을 사용합니다. 사이킷런은 머신러닝을 위한 기본 라이브러리입니다. 3.4에서 다시 설명하겠지만 우선은 다음과 같이 임포트합니다.

입력

```
from sklearn import linear_model
```

3.2 데이터 입력과 기본 분석

Keyword 디렉터리(폴더) 설정, CSV, 정량 데이터, 정성 데이터, 평균

데이터를 분석하려면 데이터를 파이썬에서 다룰 수 있도록 읽어 들여야 합니다.

데이터는 CSV 형식의 데이터를 외부에서 읽어 들이거나 기존 DB에 연결해 추출할 수 있고 자체적으로 DB를 생성하여 관리할 수도 있습니다. 또한 인터넷에서는 연구용 데이터가 ZIP 파일로 압축되어 제공되기도 합니다.

우선은 이러한 데이터를 읽어 들이는 방법부터 살펴봅시다.

3.2.1 인터넷 등에 올라 있는 데이터를 읽어 들이기

먼저 웹에서 ZIP 파일 형식으로 공개된 데이터를 다운로드해 이용하는 상황을 살펴봅시다. 브라우저에서 미리 다운 받을 수도 있지만 파이썬은 직접 데이터를 읽어 들여 저장할 수 있기 때문에 이 책에서는 파이썬 프로그램으로 다운로드하는 방법을 설명하겠습니다.

현재 디렉터리 확인

우선 다운로드한 파일을 저장할 디렉터리(폴더)를 준비합니다. 주피터 환경에서는 `pwd` 코드를 실행하면 현재 어떤 디렉터리에 저장되는지 확인할 수 있습니다. 지정

된 디렉터리를 현재 디렉터리라고 합니다(주피터 환경뿐만 아니라 명령 프롬프트나 셸 등에서도 현재 디렉터리라고 부릅니다).

디렉터리의 이름은 환경에 따라 다르게 보입니다. 즉, 실행 결과가 이 책과 다르게 보일 수 있지만 결과가 표시되기만 하면 문제없습니다.

pwd는 파이썬 명령어가 아니라 셸 명령어입니다. 주피터 환경에서는 하나의 셸에서 pwd 같은 셸 명령어와 파이썬 명령어를 함께 사용할 수 없으므로 주의하기 바랍니다.

입력

```
pwd
```

출력

```
/Users/<사용자이름>/gci/chapters - 독자의 실행 환경에 따라 현재 디렉터리 경로가 표시됩니다
```

현재 디렉터리 생성과 이동

현재 디렉터리가 확인되었다면 여기에 다운로드할 디렉터리를 생성합시다. 주피터 환경의 셸에 다음과 같은 코드를 입력하고 실행하면 위에서 확인한 디렉터리 아래에 chap3 폴더가 만들어집니다.

입력

```
mkdir chap3
```

출력

```
mkdir: chap3 : File exists
```

디렉터리를 작성한 뒤 그 디렉터리로 이동합니다. 셸에 다음과 같이 cd 명령어를 입력하고 실행하면 방금 만든 chap3 디렉터리로 이동할 수 있습니다.

입력

```
cd ./chap3
```

출력

```
/Users/<사용자이름>/gci/chapters/chap3… 환경에 따라 다르게 표시됩니다.
```

샘플 데이터 다운로드

이제 이 디렉터리에 샘플 데이터를 다운로드합시다. 캘리포니아 대학 어바인 캠퍼스(University of California Irvine, UCI)가 제공하는 샘플 데이터를 이용합니다.

우선 파일을 파이썬 프로그램으로 다운로드합시다. 다음 코드를 순서대로 주피터 환경에서 셸에 입력해 실행하면 방금 전에 만든 chap3 디렉터리에 다운로드한

데이터가 저장됩니다.

ZIP 파일과 파일을 다운로드하기 위한 라이브러리

우선 ZIP 파일과 파일을 다운로드하는 라이브러리를 임포트합니다. ZIP 파일을 읽어 들이거나 웹에서 직접 다운로드하려면 다음과 같이 requests, zipfile, io라는 세 개의 라이브러리를 사용합니다.

- requests: 웹 데이터를 송수신합니다.
- zipfile: ZIP 파일을 읽어 들입니다.
- io: 파일을 읽어 들입니다.

입력

```
# 웹에서 데이터를 받거나 zip 파일을 다루기 위한 라이브러리
import requests, zipfile
from io import StringIO
import io
```

ZIP 파일을 다운로드해 압축 풀기

파일은 다음의 링크로 연결됩니다. ZIP 파일로 압축되어 있습니다.

http://archive.ics.uci.edu/ml/machine-learning-databases/00356/student.zip

파일을 다운로드해 압축을 풀려면 다음 코드를 주피터 환경 셀에서 입력한 다음 실행합니다. 그러면 현재 디렉터리에 압축이 풀립니다. 현재 디렉터리를 chap3으로 변경했으므로 이 디렉터리에 압축이 풀립니다. 리눅스나 맥의 터미널을 이용하는 독자들은 wget 명령어로 데이터를 다운로드할 수 있습니다.

입력

```
# 데이터가 있는 url 지정
url = 'http://archive.ics.uci.edu/ml/machine-learning-databases/00356/student.zip'

# 데이터를 url에서 받기
r = requests.get(url, stream=True)

# zipfile을 읽어 들여 압축 풀기
z = zipfile.ZipFile(io.BytesIO(r.content))
z.extractall()
```

웹에서 데이터를 다운로드하려면 requests.get을 이용합니다. 이렇게 다운로드한 데이터를 io.BytesIO을 이용해 바이너리 스트림 형식으로 ZipFile 객체에 전달하고 마지막으로 extractall()을 실행하면 다운로드한 ZIP 파일 데이터의 압축을 풀 수 있습니다.

작업이 끝나면 데이터가 제대로 압축이 풀렸는지 확인해 봅시다. 다음과 같이 ls 명령어를 실행하면 현재 디렉터리에 있는 파일 목록이 출력됩니다.

입력

```
ls
```

출력

```
chap3/           student-merge.R student.txt
student-mat.csv student-por.csv
```

실행 환경에 따라 출력 결과가 다르게 나타날 수 있지만, 문제없이 진행되었다면 4개의 파일 student.txt, student-mat.csv, student-merge.R, student-por.csv가 저장되어 있으므로 이 점만 잘 확인하면 됩니다. 이 책에서는 이 중에서 student-mat.csv와 student-por.csv 데이터를 사용합니다.

3.2.2 데이터 읽기와 확인

우선 student-mat.csv가 어떤 데이터인지 살펴 봅시다. (나중에 연습문제에서 student-por.csv와 결합한 데이터를 사용합니다.)

데이터를 DataFrame으로 읽어들이기

작업할 데이터를 읽어 들여 판다스의 DataFrame 객체로 다루겠습니다. 다음과 같이 pd.read_csv의 인수로 파일명 student-mat.csv을 지정하고 실행하면 해당 파일을 읽어 들여 DataFrame 객체로 만듭니다.

입력

```
student_data_math = pd.read_csv('student-mat.csv')
```

데이터 확인

데이터를 읽어 들였다면 어떤 데이터인지 확인해 봅시다. head 명령어를 실행하면 데이터의 첫 행부터 시작해 일부 데이터를 샘플로 출력합니다. 괄호 안에 아무것도 지정하지 않으면 첫 다섯 행의 데이터가 표시되며 괄호 안에 행의 수를 지정하면 지정한 행의 수만큼 표시됩니다. 예를 들어 head(10)을 실행하면 첫 10행의 데이터가 표시됩니다.

입력

```
student_data_math.head()
```

```
     school;sex;age;address;famsize;Pstatus;Medu;Fedu;Mjob;Fjob;reason;guardian;traveltime;studyti
me;failures;schoolsup;famsup;paid;activities;nursery;higher;internet;romantic;famrel;freetime;goout
;Dalc;Walc;health;absences;G1;G2;G3
0                                         GP;"F";18;"U";"GT3";"A";4;4;"at_home";"teacher...
1                                         GP;"F";17;"U";"GT3";"T";1;1;"at_home";"other";...
2                                         GP;"F";15;"U";"LE3";"T";1;1;"at_home";"other";...
3                                         GP;"F";15;"U";"GT3";"T";4;2;"health";"services...
4                                         GP;"F";16;"U";"GT3";"T";3;3;"other";"other";"h...
```

쉼표로 구분된 데이터 읽어 들이기

데이터 입력은 확인되었지만 이 상태로는 데이터를 다루기 힘듭니다. 데이터를 잘 보면 다운로드 된 데이터가 ;(세미콜론)으로 구분되었다는 것을 알 수 있습니다. CSV 파일은 쉼표로 데이터를 구분하는 것이 일반적이지만 다운로드한 데이터가 세미콜론으로 구분되어 있기 때문에, 어떻게 나뉘는지 정확히 식별할 수 없어 데이터가 이렇게 보이는 거죠.

데이터를 구분하는 문자 기호를 변경하기 위해 read_csv의 파라미터로 sep='**구분하는 문자 기호**'를 지정합니다. 다운 받은 데이터에서는 ;로 데이터를 구분하고 있기 때문에 다음과 같은 방법으로 데이터를 다시 읽어 들입시다.

입력

```
# 데이터 읽어 들이기
# 구분하는 기호로 ;가 붙어 있다는 점에 주의
student_data_math = pd.read_csv('student-mat.csv', sep=';')
```

다시 한번 더 데이터를 확인해봅시다.

입력

```
# 어떤 데이터인지 확인
student_data_math.head()
```

(출력 결과는 공간 문제 때문에 다음 페이지에 표시합니다)

데이터가 올바르게 구분되었습니다.

CSV 파일은 일반적으로 구분 문자로 ,(쉼표, 컴머)를 사용하지만 실무에서 접하는 CSV 파일은 ; 같은 다른 구분 문자를 사용할 수도 있습니다. 실무에서는 시행착오를 거치면서 구분 문자를 찾는 경우가 많아서 예시도 이러한 흐름으로 진행해 보았습니다.

	school	sex	age	address	famsize	Pstatus	Medu	Fedu	Mjob	Fjob	...
0	GP	F	18	U	GT3	A	4	4	at_home	teacher	...
1	GP	F	17	U	GT3	T	1	1	at_home	other	...
2	GP	F	15	U	LE3	T	1	1	at_home	other	...
3	GP	F	15	U	GT3	T	4	2	health	services	...
4	GP	F	16	U	GT3	T	3	3	other	other	...

5 rows × 33 columns

famrel	freetime	goout	Dalc	Walc	health	absences	G1	G2	G3
4	3	4	1	1	3	6	5	6	6
5	3	3	1	1	3	4	5	5	6
4	3	2	2	3	3	10	7	8	10
3	2	2	1	1	5	2	15	14	15
4	3	2	1	2	5	4	6	10	10

또한 read_csv는 sep 이외에도 몇 가지 파라미터가 있는데, 구분 문자 말고도 데이터명(웹 주소 포함), 헤더 포함 여부를 지정할 수 있습니다. 어떤 파라미터가 있는지 아래 코드를 실행하면 확인할 수 있습니다.

입력

```
?pd.read_csv
```

3.2.3 데이터 특성 파악

읽어 들인 데이터를 살펴보면 school, age 같은 학생의 속성 정보가 포함되었다는 사실을 알 수 있습니다. 그러나 데이터의 개수나 데이터의 종류에 대해서는 아직 알 수 없습니다.

데이터 개수와 형을 확인

info 함수를 사용해 모든 변수에 대해 null이 아닌 데이터의 개수나 변수의 형을 알 수 있습니다.

입력

```
# 모든 컬럼 정보 등 확인
student_data_math.info()
```

출력

```
<class 'pandas.core.frame.DataFrame'>
RangeIndex: 395 entries, 0 to 394
Data columns (total 33 columns):
school      395 non-null object
sex         395 non-null object
age         395 non-null int64
address     395 non-null object
```

제일 첫 줄의 출력 결과 RangeIndex: 395 entries, 0 to 394를 보면 데이터가 395개라는 것을 알 수 있습니다.

non-null은 null이 아닌 데이터를 의미합니다. 모든 변수가 395 non-null이므로 null 데이터가 없습니다.

```
famsize        395 non-null object
Pstatus        395 non-null object
Medu           395 non-null int64
Fedu           395 non-null int64
Mjob           395 non-null object
Fjob           395 non-null object
reason         395 non-null object
guardian       395 non-null object
traveltime     395 non-null int64
studytime      395 non-null int64
failures       395 non-null int64
schoolsup      395 non-null object
famsup         395 non-null object
paid           395 non-null object
activities     395 non-null object
nursery        395 non-null object
higher         395 non-null object
internet       395 non-null object
romantic       395 non-null object
famrel         395 non-null int64
freetime       395 non-null int64
goout          395 non-null int64
Dalc           395 non-null int64
Walc           395 non-null int64
health         395 non-null int64
absences       395 non-null int64
G1             395 non-null int64
G2             395 non-null int64
G3             395 non-null int64
dtypes: int64(16), object(17)
memory usage: 101.9+ KB
```

변수라는 용어에 대해

'변수'라는 용어는 파이썬 프로그래밍과 데이터 분석에서 모두 사용됩니다. 문맥에 따라 의미가 다르기 때문에 혼동하지 않도록 주의합시다.

- 파이썬에서의 변수: 데이터를 저장하기 위한 기능입니다. 예를 들어 '변수 a에 입력하다'와 같이 사용됩니다.

- 데이터 분석에서의 변수: 데이터에서 변하는 값을 표시하기 위한 것입니다. 실제 데이터일 수도 있고 예측 데이터일 수도 있습니다. 나중에 배울 '목표변수'나 '설명변수'처럼 특별하게 불릴 때도 있습니다.

바로 위의 문장 '모든 변수에 대해 null이 아닌 데이터의 개수나 변수의 형을 알 수 있습니다'라는 문맥에서는 데이터 분석에서의 변수를 의미합니다. school, sex, age 같은 레이블이 붙어 있는 데이터의 열을 말합니다.

문서에서 데이터 항목 확인

데이터를 조금 더 이해하기 위해 각 컬럼에 대해 파악해 둡시다.

다운로드한 데이터에 포함된 student.txt 파일에 변수에 관한 자세한 정보가 작성되어 있습니다. 셸이나 커맨드라인에 익숙한 사람들은 less **파일명** 또는 cat **파일명**으로 파일 내용을 확인할 수 있습니다. 텍스트 편집기(메모장, 워드 패드 등)를 이용해 직접 파일을 열어 확인해도 좋습니다.

다음 표는 student.txt에 작성된 내용을 정리한 것입니다.

이 책에서는 student.txt를 이용하기에 데이터의 의미를 알 수 있지만 실제 비즈니스 현장에서는 데이터를 잘 아는 사람으로부터 정보를 얻거나 데이터 설명서(specifications)를 통해 데이터 내용을 확인합니다.

데이터 속성 정리

1	school	학교(binary: "GP" - Gabriel Pereira or "MS" - Mousinho da Silveira)
2	sex	성별(binary: "F" - female or "M" - male)
3	age	연령(numeric: from 15 to 22)
4	address	주소(binary: "U" - urban or "R" - rural)
5	famsize	가족 수(binary: "LE3" - less or equal to 3 or "GT3" - greater than 3)
6	Pstatus	양친과의 동거 여부(binary: "T" - living together or "A" - apart)
7	Medu	모친의 학력(numeric: 0 - none, 1 - primary education (4th grade), 2 ? 5th to 9th grade, 3 ?secondary education or 4 ? higher education)
8	Fedu	부친의 학력(numeric: 0 - none, 1 - primary education (4th grade), 2 ? 5th to 9th grade, 3 ?secondary education or 4 ? higher education)
9	Mjob	모친의 직업(nominal: "teacher", "health" care related, civil "services" (e.g. administrative or police), "at_home" or "other")
10	Fjob	부친의 직업(nominal: "teacher", "health" care related, civil "services" (e.g. administrative or police), "at_home" or "other")
11	reason	학교를 선택한 이유(nominal: close to "home", school "reputation", "course" preference or "other")
12	guardian	학생의 보호자(nominal: "mother", "father" or "other")
13	traveltime	통학시간(numeric: 1 - <15 min., 2 - 15 to 30 min., 3 - 30 min. to 1 hour, or 4 - >1 hour)
14	studytime	주당 공부시간(numeric: 1 - <2 hours, 2 - 2 to 5 hours, 3 - 5 to 10 hours, or 4 - >10 hours)
15	failures	과거 낙제 횟수(numeric: n if 1<=n<3, else 4)
16	schoolsup	추가 교육 지원(binary: yes or no)
17	famsup	가족의 교육 지원(binary: yes or no)
18	paid	유료 수업(Math or Portuguese) (binary: yes or no)
19	activities	학교 외 활동(binary: yes or no)
20	nursery	어린이집 이용 여부(binary: yes or no)

21	higher	고학력 여부(binary: yes or no)
22	internet	집에서 인터넷 사용 여부(binary: yes or no)
23	romantic	연애 관계(binary: yes or no)
24	famrel	가족과의 관계(numeric: from 1 - very bad to 5 - excellent)
25	freetime	방과 후 자유시간(numeric: from 1 - very low to 5 - very high)
26	goout	친구와의 교제 여부(numeric: from 1 - very low to 5 - very high)
27	Daic	평일 음주량(numeric: from 1 - very low to 5 - very high)
28	Waic	주말 음주량(numeric: from 1 - very low to 5 - very high)
29	health	현재 건강상태(numeric: from 1 - very bad to 5 - very good)
30	absences	학교 결석일(numeric: from 0 to 93)
31	G1	1학기 성적(numeric: from 0 to 20)
32	G2	2학기 성적(numeric: from 0 to 20)
33	G3	최종 성적(numeric: from 0 to 20, output target)

3.2.4 정량 데이터와 정성 데이터

데이터를 살펴보면 수치형 데이터도 있고 성별과 같은 속성 데이터도 있습니다.

데이터는 정량 데이터와 정성 데이터로 구분할 수 있습니다. 합계를 구하거나 모델을 만들 때는 데이터의 종류에 주의하며 진행합니다.

- 정량 데이터: 사칙연산이 가능한 연속적인 숫자로 표현할 수 있는 데이터. 비율이 의미를 가진다. 예) 사람 수 또는 금액 같은 데이터
- 정성 데이터: 사칙연산이 불가능한 데이터. 상태를 표현하기 위해 이용된다. 예) 순위 또는 범주 등의 데이터

정량 데이터와 정성 데이터 예

다음 코드는 데이터의'성별' 변수만 지정해 첫 다섯 행을 출력합니다. 이 데이터는 수치화되어 있지 않고 비교도 불가능한 정성 데이터입니다.

입력
```
student_data_math['sex'].head()
```

출력
```
0    F
1    F
2    F
3    F
4    F
Name: sex, dtype: object
```

다음 코드는 '결석일 수'를 지정합니다. 이 데이터는 정량 데이터입니다.

입력

```
student_data_math['absences'].head()
```

출력

```
0     6
1     4
2    10
3     2
4     4
Name: absences, dtype: int64
```

변수별 평균값 구하기

판다스를 이용해 성별을 기준으로 각 연령별 평균값을 계산해 봅시다. 다음과 같은 코드로 구할 수 있습니다.

입력

```
student_data_math.groupby('sex')['age'].mean()
```

출력

```
sex
F    16.730769
M    16.657754
Name: age, dtype: float64
```

간단한 예제로 데이터의 컬럼이나 값 등을 살펴보았습니다. 그 밖에도 다양한 기준으로 데이터의 합계를 구할 수 있으므로, 가설을 세우고(남성의 음주량이 여성보다 많다 같은 식의) 가설이 맞는지 실제로 확인해 봅시다.

> **Let's Try**
>
> 다양한 기준으로 데이터의 합계를 구해 보면서 데이터를 파악해 봅시다. 어떤 가설을 세워 볼 수 있을까요? 가설을 확인하려면 어떠한 코드를 작성해야 할까요?

3.3 기술통계

keyword 기술통계학, 정량 데이터와 정성 데이터, 히스토그램, 4분위수, 요약통계량, 평균, 분산, 표준편차, 변동계수, 산점도, 상관계수

데이터를 대략적으로 파악해 보았고, 이제는 기술통계(Descriptive Statistics)에 대해 알아 봅시다.

3.3.1 히스토그램

우선 결석일 수 데이터를 탐색적으로 분석해 봅시다. head로 확인해보면 10이나 2 같은 다양한 값이 보입니다. 각 값이 어느 정도 분포하는지 확인하는 방법이 히스토그램입니다. 2.5 "매트플롯립 기초"에서 배운 매트플롯립을 이용해 hist로 그래프를 나타낼 수 있습니다(히스토그램에 대해서는 2.5.5 "히스토그램"을 참고하기 바랍니다).

```
# histogram, 변수 데이터 지정
plt.hist(student_data_math['absences'])

# x축과 y축의 레이블
plt.xlabel('absences')
plt.ylabel('count')

# 그리드 추가
plt.grid(True)
```

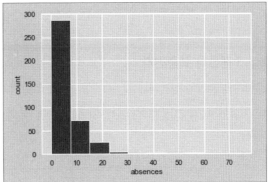

히스토그램을 잘 살펴보면 0에서 10 사이에 데이터가 집중되어 있고 70 이상의 숫자도 보이는 롱테일 분포라는 것을 알 수 있습니다. 롱테일이란 분포 그래프의 밑단이 완만하게 감소하는 형태입니다. 위와 같은 분포를 '왼쪽으로 치우친 분포'라 합니다.

3.3.2 평균, 중앙값, 최빈값

히스토그램은 데이터의 전체적인 모습을 파악하는 데는 부족함이 없지만 데이터가 어떤 때 편향되는지에 대한 정보는 파악하기 어려워 객관성이 조금 부족합니다. 따라서 요약 통계량(중앙값, 평균, 표준편차 등)으로 데이터 경향성을 수치화해 보다 객관적으로 데이터를 표현할 수 있습니다.

입력

```
# 평균값
print('평균값:', student_data_math['absences'].mean())
# 중앙값: 중앙값으로 데이터를 나누면 중앙값 앞뒤 데이터 수가 동일하고(데이터의 중앙에 위치한 값), 이상값의 영향을 덜 받는다.
print('중앙값:', student_data_math['absences'].median())
# 최빈값: 가장 빈도가 많은 값
print('최빈값:', student_data_math['absences'].mode())
```

출력

```
평균값: 5.708860759493671
중앙값: 4.0
최빈값: 0    0
dtype: int64
```

평균값 $\bar{x}$를 구하는 식은 다음과 같습니다. 여기에서 x_i는 i번째 순서의 데이터(값)입니다.

$$\bar{x} = \frac{1}{n}\sum_{i=1}^{n} x_i \qquad \text{(식 3-3-1)}$$

3.3.3 분산과 표준편차

데이터가 흩어져 있는지 모여 있는지(평균값 주변에 몰려 있는지) 분산으로 확인할 수 있습니다. 분산 계산식은 다음과 같습니다. 분산은 일반적으로 σ^2으로 표기합니다.

$$\sigma^2 = \frac{1}{n}\sum_{i=1}^{n}(x_i - \bar{x})^2 \qquad \text{(식 3-3-2)}$$

기준 변수를 지정한 뒤 var()로 계산합니다. 값이 작을수록 데이터의 흩어진 정도가 작다는 의미입니다.

입력

```
# 분산
student_data_math['absences'].var(ddof=0)
```

출력

```
63.887
```

표준편차는 분산의 제곱근으로서 다음과 같습니다. 표준편차는 일반적으로 σ로 표기합니다.

$$\sigma = \sqrt{\frac{1}{n}\sum_{i=1}^{n}(x_i - \bar{x})^2} \qquad \text{(식 3-3-3)}$$

분산으로는 실제 데이터가 어느 정도 흩어졌는지 알기 힘듭니다. 왜냐하면 수식에서 알 수 있듯이 계산식이 제곱으로 표시되어 있기 때문입니다. 분산을 표준편차로 바꾸면 단위가 실제 데이터와 동일해지므로 아래의 결과처럼 ±8일 정도 흩어져 있다는 것을 알 수 있습니다. 표준편차는 std()로 계산할 수 있습니다.

입력

```
# 표준편차 σ
student_data_math['absences'].std()(ddof=0)
```

출력

```
7.993
```

제곱근은 np.sqrt으로도 계산할 수 있으므로 다음과 같이 계산해도 동일합니다.

입력

```
np.sqrt(student_data_math['absences'].var(ddof=0))
```

출력

```
8.003095687108177
```

3.3.4 요약 통계량과 백분위수

지금까지는 통계량을 하나씩 계산했지만 판다스로 읽어들인 DataFrame을 describe 메서드로 실행하면 모든 통계량을 한번에 계산해서 확인할 수 있습니다.

　describe 메서드는 데이터의 수, 평균값, 표준편차, 최솟값, 25, 50, 75% 백분위수 값, 최댓값을 계산해 줍니다.

　'백분위수 값'은 전체를 100으로 놓고 작은 순서부터 데이터의 수를 세었을 때 몇 번째 수가 되는지 표시하는 값입니다. 예를 들면 10% 백분위수는 100개의 데이터 에서 작은 값부터 세었을 때 10번째 값이고 50% 백분위수라면 50번째로서 중앙값 이 됩니다(그림 3-3-1 참고). 25%는 1사분위, 75%는 3사분위라고 부릅니다.

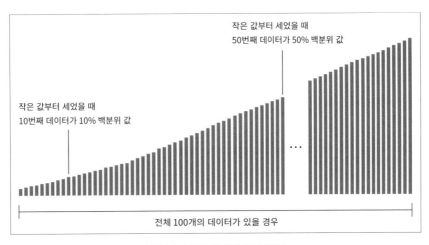

그림 3-3-1 10% 백분위와 50% 백분위

입력

```
# 요약 통계량
student_data_math['absences'].describe()
```

출력

```
count    395.000000
mean       5.708861
std        8.003096
min        0.000000
25%        0.000000
50%        4.000000
75%        8.000000
max       75.000000
Name: absences, dtype: float64
```

사분위범위 구하기

describe 메서드 실행 결과는 Series 객체 형태입니다.

　각 원소 값은 describe()[인덱스 번호]로 추출할 수 있습니다. 예를 들어 평균값을 표 시하는 mean 값은 describe()[1], 표준편차를 나타내는 std 값은 describe()[2]입니다.

각 원소 값을 출력하고 그 값들을 이용해 계산할 수 있습니다. 예를 들어 사분위 범위 값인 75% 백분위수 값과 25% 백분위수 값의 차이를 계산하려면 75% 백분위수 값의 인덱스가 6, 25% 백분위수 값의 인덱스가 4이므로 다음과 같이 계산합니다.

입력

```
# 사분위범위(75% 백분위수 값 - 25% 백분위수 값)
student_data_math['absences'].describe()[6] - student_data_math['absences'].
describe()[4]
```

출력

```
8.0
```

모든 열을 대상으로 요약 통계량 구하기

describe 메서드로 열이나 원소를 지정하지 않고 실행하면 모든 정량 데이터의 요약 통계량을 구할 수 있습니다. 한꺼번에 계산할 때 편리하게 사용할 수 있습니다. 열을 교차해서 계산할 수도 있습니다.

입력

```
# 한꺼번에 요약 통계량 계산
student_data_math.describe()
```

출력

	age	Medu	Fedu	traveltime	studytime	failures	famrel	freetime
count	395.000000	395.000000	395.000000	395.000000	395.000000	395.000000	395.000000	395.000000
mean	16.696203	2.749367	2.521519	1.448101	2.035443	0.334177	3.944304	3.235443
std	1.276043	1.094735	1.088201	0.697505	0.839240	0.743651	0.896659	0.998862
min	15.000000	0.000000	0.000000	1.000000	1.000000	0.000000	1.000000	1.000000
25%	16.000000	2.000000	2.000000	1.000000	1.000000	0.000000	4.000000	3.000000
50%	17.000000	3.000000	2.000000	1.000000	2.000000	0.000000	4.000000	3.000000
75%	18.000000	4.000000	3.000000	2.000000	2.000000	0.000000	5.000000	4.000000
max	22.000000	4.000000	4.000000	4.000000	4.000000	3.000000	5.000000	5.000000

goout	Dalc	Walc	health	absences	G1	G2	G3
395.000000	395.000000	395.000000	395.000000	395.000000	395.000000	395.000000	395.000000
3.108861	1.481013	2.291139	3.554430	5.708861	10.908861	10.713924	10.415190
1.113278	0.890741	1.287897	1.390303	8.003096	3.319195	3.761505	4.581443
1.000000	1.000000	1.000000	1.000000	0.000000	3.000000	0.000000	0.000000
2.000000	1.000000	1.000000	3.000000	0.000000	8.000000	9.000000	8.000000
3.000000	1.000000	2.000000	4.000000	4.000000	11.000000	11.000000	11.000000
4.000000	2.000000	3.000000	5.000000	8.000000	13.000000	13.000000	14.000000
5.000000	5.000000	5.000000	5.000000	75.000000	19.000000	19.000000	20.000000

3.3.5 박스플롯 그래프

지금까지 최댓값, 최솟값, 중앙값, 사분위범위 등의 값을 구했지만 숫자로 보아서는 비교하기 어렵습니다. 이 값들을 그래프로 표시해 봅시다. 이때 사용하는 것이 박스플롯(box plot)[1]입니다.

다음 2개의 그래프는 '1학기 성적 G1', '결석일 수' 박스플롯입니다. 매우 다른 그래프가 나타남을 알 수 있습니다.

박스플롯은 박스의 윗부분이 3분위수, 아래부분이 1분위수, 중앙의 선이 중앙값입니다. 박스에 이어진 선의 윗부분이 최댓값, 이어진 선의 아랫부분이 최솟값입니다. 이 그래프를 통해 데이터의 범위 등을 파악할 수 있습니다.

입력

```
# 박스플롯:G1
plt.boxplot(student_data_math['G1'])
plt.grid(True)
```

입력

```
# 박스플롯:결석일 수
plt.boxplot(student_data_math['absences'])
plt.grid(True)
```

출력

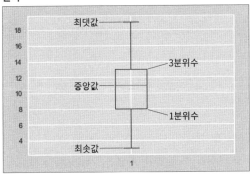

출력

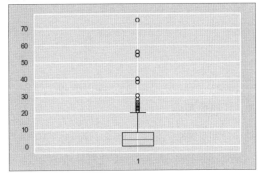

데이터에 이상값이 있을 경우 일반적인 박스플롯의 범위에 포함되지 않으므로 유의합시다. 결석일 수(absences)를 보면 최댓값이 75인데 그래프에는 표시되지 않았다는 것을 눈치챈 사람도 있을 겁니다. 박스플롯에서 최댓값은 일반적으로 (3분위수-1분위수)×1.5+3분위수 이내에서의 최댓값을 말하고 이 범위를 벗어나면 이상값으로 나타납니다.

이상값은 엄밀한 정의가 없고 각 분야의 관례를 따릅니다. 위의 그래프에서는 이상값을 생략했지만 생략되지 않을 때도 있습니다. 이상값에 대해서는 이 책의 범위를 넘기 때문에 자세한 내용은 생략합니다.

다른 변수도 박스플롯을 그려볼 수 있으므로 확인해 봅시다.

다른 변수에 대해서도 박스플롯을 그려봅시다. 어떤 형태의 그래프가 표시되나요? 그래프를 통해 발견할 수 있는 사실이 있는지 생각해 봅시다.

다음과 같이 여러 개의 박스플롯을 동시에 표시할 수도 있습니다.

입력

```
# 박스플롯:G1,G2,G3
plt.boxplot([student_data_math['G1'], student_data_math['G2'], student_data_math['G3']])
plt.grid(True)
```

출력

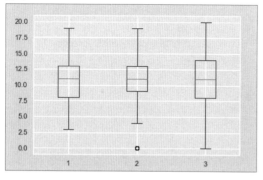

3.3.6 변동계수

다음은 변동계수(coefficient of variation, CV)[2]에 대해 살펴봅시다.

앞에서 분산과 표준편차에 대해서 알아보았는데 측정 단위가 서로 다른 자료를 갖고 이것들을 단순 비교할 수는 없습니다. 데이터의 크기가 다르면 측정 단위가 큰 쪽이 편차도 커지는 경향이 있기 때문입니다. 예를 들어 주가(코스피 같은)와 금값의 표준편차를 직접 비교하는 것은 무의미합니다. 왜냐하면 2천 전후로 변화하는 코스피 지수와 5만원대에서 변동하는 금값의 표준편차는 크기가 다르기 때문입니다.

그래서 등장한 것이 변동계수입니다. 변동계수는 표준편차를 평균값으로 나눈 값입니다. 이 값을 사용하면 크기에 상관없이 비교할 수 있습니다. 변동계수는 일반적으로 CV로 표기합니다.

$$CV = \frac{\sigma}{\bar{x}}$$

(식 3-3-4)

2
(옮긴이) 상대 표준편차(relative standard deviation, RSD)라고도 합니다.

```
# 변동계수 : 결석일 수
student_data_math['absences'].std() / student_data_math['absences'].mean()
```

출력

```
1.402
```

describe() 실행 결과에는 변동계수가 없기 때문에 다음과 같이 코드를 작성하면 한 번에 같이 계산됩니다. 판다스(또는 넘파이) DatarFrame에서는 각 기준별로 한번에 계산됩니다. 실행 결과를 보면 낙제 횟수(failures)와 결석일 수(absences) 데이터의 분산이 크다는 사실을 알 수 있습니다.

입력

```
student_data_math.std() / student_data_math.mean()
```

출력

```
age           0.076427
Medu          0.398177
Fedu          0.431565
traveltime    0.481668
studytime     0.412313
failures      2.225319
famrel        0.227330
freetime      0.308725
goout         0.358098
Dalc          0.601441
Walc          0.562121
health        0.391147
absences      1.401873
G1            0.304266
G2            0.351086
G3            0.439881
dtype: float64
```

3.3.7 산점도와 상관계수

지금까지는 기본적으로 변수 하나만 갖고 그래프나 통계량을 계산했습니다. 이제 부터는 변수 간의 관계를 살펴보기 위해 산점도와 상관계수를 배워봅시다.

다음 산점도는 1학기 성적 G1과 최종학기 성적 G3와의 관계를 표시합니다.

입력

```
# 산점도
plt.plot(student_data_math['G1'], student_data_math['G3'], 'o')

# 레이블
plt.ylabel('G3 grade')
plt.xlabel('G1 grade')
plt.grid(True)
```

(출력 결과는 공간 문제 때문에 다음 페이지에 표시합니다)

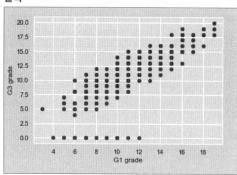

처음부터 성적이 좋은(G1이 큰 값) 사람일수록 최종성적이 좋은(G3이 큰 값) 것은 당연한 결과지만 그러한 경향성을 그래프를 통해 확인할 수 있습니다. 그래프를 유심히 보면 최종 성적이 (G3) 0인 사람도 있습니다. 1학기 성적이 0인 사람은 없었기 때문에 이것이 이상값인지 정상적인 값인지는 그래프만으로 판단할 수 없지만 데이터에서 G3 성적이 0에서 20까지 분포하므로 정상적인 값이라고 판단하고 데이터를 분석하기로 합니다.(G3 성적은 앞에서 설명한 `student_data_math.describe()`의 결과로 G3 열을 확인하면 알 수 있습니다).

비즈니스 현장에서는 데이터를 잘 아는 사람이나 시스템 관계자들과 의견을 교환하면서 이런 값이 나타나는 원인을 파악합니다. 결측값 등이 있을 때의 대처 방법은 다양한데 다음 장에서 다루겠습니다.

공분산

다음은 두 변수의 관계를 수치화해보겠습니다. 두 변수 간의 관계를 알아 보기 위한 지표로는 공분산(covariance)이 있습니다. 공분산의 정의는 아래 식과 같습니다. 공분산 S_{xy}는 두 변수 x, y의 관계를 나타냅니다.

$$S_{xy} = \frac{1}{n} \sum_{i=1}^{n} (x_i - \overline{x})(y_i - \overline{y})$$

(식 3-3-5)

공분산은 두 변수 간 편차를 곱하고 그걸 평균 내어 계산합니다. 변수 두 개 이상의 분산을 계산할 때 이용됩니다. 넘파이는 공분산 행렬을 계산하는 cov 함수를 이용해 구할 수 있습니다. 다음 코드는 G1과 G3의 공분산을 계산합니다.

입력

```
# 공분산 행렬
np.cov(student_data_math['G1'], student_data_math['G3'])
```

출력

```
array([[11.017, 12.188],
       [12.188, 20.99 ]])
```

실행 결과로 출력되는 행렬의 의미는 다음과 같습니다.

- G1과 G3의 공분산: 공분산 행렬의 원소 (1, 2)과 (2, 1)입니다. 위의 결과에서 12.188입니다.
- G1의 분산: 공분산 행렬의 원소 (1, 1)입니다. 위의 결과에서 11.017입니다.
- G3의 분산: 공분산 행렬의 원소 (2, 2)입니다. 위의 결과에서 20.99입니다.

G1과 G3의 분산은 var 함수로 계산할 수 있습니다. 실제 구해보면 값이 일치합니다.

입력

```
# 분산
print('G1의 분산:',student_data_math['G1'].var())
print('G3의 분산:',student_data_math['G3'].var())
```

출력

```
G1의 분산: 11.017053267364899
G3의 분산: 20.989616397866737
```

상관계수

공분산은 수식 자체가 각 변수의 스케일과 단위에 의존적입니다. 각 변수의 스케일에 대한 의존성을 없애기 위해 두 변수의 관계를 수치화한 것이 상관계수입니다. 상관계수는 공분산을 각 변수(여기에서는 x와 y)의 표준편차로 나눈 값입니다. 수식은 아래와 같습니다. 일반적으로 r_{xy}로 표기합니다.

$$r_{xy} = \frac{\sum_{i=1}^{n}(r_i - \overline{x})(y_i - \overline{y})}{\sqrt{\sum_{i=1}^{n}(x_i - \overline{x})^2}\sqrt{\sum_{i=1}^{n}(y_i - \overline{y})^2}}$$

(식 3-3-6)

상관계수는 -1부터 1 사이의 값이며 1에 가까울수록 양의 상관관계, -1에 가까울수록 음의 상관관계가 있습니다. 0에 가까운 경우 상관관계가 없습니다.

피어슨 상관계수(Pearson Correlation Codfficient)[3]를 계산할 수 있는 사이파이의 pearsonr을 이용해 두 변수의 상관계수를 계산할 수 있습니다. 다음 예시 코드로 G1과 G3의 상관계수를 구합니다. 단순히 상관계수라고 말할 때는 피어슨 상관계수를 의미합니다.

입력

```
sp.stats.pearsonr(student_data_math['G1'], student_data_math['G3'])
```

출력

```
(0.8014679320174141, 9.001430312276602e-90)
```

3
(옮긴이) 연속형 두 변수의 선형 관계를 계량화한 수치로서 통계학자 칼 피어슨(Karl Pearson)이 제안해 피어슨 상관계수로 불립니다. 일반적으로 상관계수라고 하면 피어슨 상관계수를 의미합니다. 그 밖에도 선형 관계를 가정하지 않고 단조 증가 또는 단조 감소 관계를 파악하는 스피어만(Spearman) 상관계수, 켄달(Kendall) 상관계수도 있습니다.

출력 결과는 0.8이 나왔고 상관관계가 높습니다. 계산 결과에서 두 번째 값은 p값입니다. 이에 대한 자세한 내용은 4.7.1 "검정"에서 설명하겠습니다.

이 값은 높거나 낮다고 판단하는 절대적인 기준이 없고, 이 값이 높다고 해서 인과관계가 성립한다고 말할 수 없으므로 주의하기 바랍니다.(이 책에서는 자세하게 다루지 않지만 인과관계를 파악하려면 실험계획법(design of experiments, DOE)을 이용해야 합니다. 마케팅을 위해 어떤 광고가 효과가 있는지 인과관계를 알고 싶은 경우, 광고를 보는 실험군과 광고를 보지 않는 대조군으로 나누어 그 비율 등을 계산합니다).

다음은 상관행렬을 계산하는 코드입니다. 모든 변수 간의 조합에서 상관계수를 산출합니다. 앞에서 구한 G1과 G3의 상관계수가 0.801이고, 자기 자신과의 상관계수는 1이므로 이러한 결과가 나오는 것은 당연합니다.

입력

```
# 상관행렬
np.corrcoef([student_data_math['G1'], student_data_math['G3']])
```

출력

```
array([[1.   , 0.801],
       [0.801, 1.   ]])
```

3.3.8 모든 변수의 히스토그램과 산점도 그리기

마지막으로 모든 변수의 히스토그램과 산점도를 나타내는 방법을 소개하겠습니다.

데이터의 통계 처리와 시각화 기능이 풍부한 씨본 라이브러리를 이용합니다. 씨본의 pairplot을 사용해 여러 변수 간의 관계를 한번에 확인할 수 있어 아주 편리합니다. 단, 변수가 많으면 계산에 시간이 걸리고 모든 변수의 그래프가 한번에 다 같이 표시되어 출력 결과물이 혼잡해 보이고 한눈에 확인하기 어렵습니다. 이런 경우에는 2.4.5 "데이터 추출"처럼 특정한 변수만 추출해 관계를 보면 좋습니다.

앞의 데이터에서 음주량과 성적이 관계가 있는지 살펴봅시다. Dalc은 평일 음주량, Walc는 주말 음주량입니다. 이 변수들과 1학기 성적(G1), 최종 성적(G3)과의 관계를 봅시다. 음주량이 많으면 성적이 나쁠까요 아니면 아무런 관계가 없을까요.

입력

```
sns.pairplot(student_data_math[['Dalc', 'Walc', 'G1', 'G3']])
plt.grid(True)
```

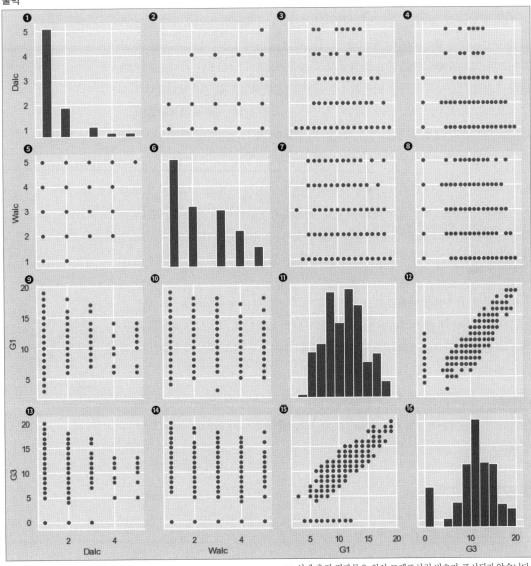

※ 실제 출력 결과물은 위의 그래프처럼 번호가 표시되지 않습니다.

입력

```
# 예: 주말에 술을 마시는 사람의 1학기 성적 평균값
student_data_math.groupby('Walc')['G1'].mean()
```

출력

```
Walc
1    11.178808
2    11.270588
3    10.937500
4     9.980392
5     9.964286
Name: G1, dtype: float64
```

그래프를 보면 평일에 술을 자주 마시는 사람(4번 또는 5번 학생) 중에 G3 성적이 좋은 사람은 없는 것 같지만 그렇다고 극단적으로 나쁜 성적을 받는 사람들도 없는 것 같습니다(그래프 ❹). 또 주말에 술을 마시지 않는 사람의 1학기 성적은 다소 좋아 보이는데(그래프 ❼), 이런 결론을 내려도 괜찮을까요. 이 그래프나 값만으로는 판단하기 어려운데 이후 통계나 머신러닝을 살펴볼 때 관계성을 확인해 보겠습니다.

이것으로 기초적인 기술 통계에 대한 설명은 마치겠습니다. 매우 기본적인 내용이지만 여기까지 다룬 내용은 어떤 데이터를 분석할 때든 데이터의 전체적인 특징을 파악하기 위해 필요한 작업입니다.

이 책에서는 머신러닝 라이브러리를 사용해 간단한 머신러닝 계산까지 소개할 예정이지만, 한편으로는 지금까지 배운 기초 통계도 매우 중요하다는 점을 강조합니다. 간단한 산점도만으로도 데이터의 중요한 경향성을 알 수 있습니다. 또한 여기까지의 내용은 수학적인 배경이 없는 사람들도 따라 올 수 있을 정도로 쉬운 내용이었습니다.

물론 이런 기초적인 내용으로도 충분하다면 머신러닝은 필요없겠죠. 하지만 머신러닝을 적용하기 전에 데이터를 충분히 파악하고 불명확한 사항이나 이상값 유무 등을 확인하는 등 관계자와 긴밀한 협조관계를 설정해 두면 보다 효과적으로 데이터를 분석할 수 있습니다.

Point

데이터를 분석할 때는 우선 기초 통계량, 히스토그램, 산점도를 보고 데이터의 전체적인 내용을 파악해 둡시다.

Practice

[연습문제 3-1]

다운로드한 포르투갈어 성적 데이터 studet-por.csv의 요약 통계량을 계산하세요.

[연습문제 3-2]

아래의 변수를 키 값으로 수학 데이터와 포트투칼어 데이터를 결합하세요. 결합할 때는 양쪽 데이터에 모두 포함된 데이터를 대상으로 하세요(내부결합이라고 합니다).
결합 후 요약통계량 등을 계산하세요.
아래의 변수명은 각 데이터에 동일한 변수명이 있어 중복되므로 suffixes=('_math', '_por') 파라미터를 추가해 어느 쪽 데이터인지 알 수 있도록 구분하세요.

```
['school','sex','age','address','famsize','Pstatus','Medu','Fedu','Mjob',
'Fjob','reason','nursery','internet']
```

3.4 단순회귀분석

keyword 사이킷런, 목표변수, 설명변수, 단수회귀분석, 최소제곱법, 결정계수

이제 회귀분석의 기초를 배워봅시다.

회귀분석은 수치를 예측하는 분석입니다. 머신러닝에서 데이터를 예측하는 기초적인 방법이 단순회귀분석입니다.

앞에서 학생들의 1학기 수학 성적과 최종학기 수학 성적을 시각화(산점도)해 보았습니다. 이 산점도를 보면 G1과 G3은 어떤 관계가 있는 것 같습니다.

입력

```
# 산점도
plt.plot(student_data_math['G1'], student_data_math['G3'], 'o')
plt.xlabel('G1 grade')
plt.ylabel('G3 grade')
plt.grid(True)
```

출력

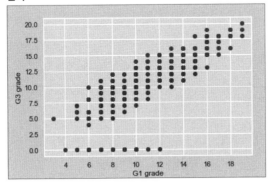

회귀 분석은 주어진 데이터에서 변수 사이에 어떠한 관계를 가정하고 이 관계를 가장 잘 표현하는 수식을 구하는 것입니다. 구체적으로 설명하자면 이미 알고 있는 G1 성적을 이용해 G3 성적을 예측하는 것입니다. 즉, 목표가 되는 변수 G3(목표변수(target variable)라고 합니다)를 그것을 설명하는 변수 G1(설명변수라고 합니다)을 활용해 예측합니다. 이런 방법은 머신러닝에서 살펴볼 '지도학습(Supervised

Learning)'의 한 종류이며 학습할 때 데이터에 정답을 하나씩 대응시켜 관계를 계산하는 기초적인 방법입니다.

회귀분석은 결괏값(목표변수)과 입력값(설명변수)의 관계에서 입력 변수가 하나인 것과 둘 이상인 것으로 나눌 수 있습니다. 전자를 단순회귀분석, 후자를 다중회귀분석이라고 합니다. 이번 절에서는 단순회귀분석에 대해 알아보고 다중회귀분석은 머신러닝에서 다시 살펴보겠습니다.

이번 절에서 다루는 내용을 엄밀하게 이해하려면 다음 장에서 배울 통계와 추정, 검정 지식이 필요합니다. 통계 교과서에서는 대개 이러한 내용을 공부하고 회귀분석을 설명합니다.

그러나 파이썬으로 회귀분석을 할 경우 그러한 지식이 없어도 사이킷런 라이브러리를 이용해 계산할 수 있기 때문에 여기에서는 우선 실제적인 계산 방법부터 설명하겠습니다. 이 장의 내용은 책의 내용을 더 공부한 뒤 다시 돌아와 복습하면 더 깊이 이해할 수 있을 것입니다.

3.4.1 선형회귀분석

단순회귀 중에서도 입력값과 결괏값 사이에 선형관계($y = ax + b$)를 가정하는 단순회귀방식을 설명하겠습니다.

선형회귀분석은 사이킷런 라이브러리의 `sklearn.linear_model`을 이용해 간단하게 실행할 수 있습니다. 사이킷런은 머신러닝을 위한 패키지입니다. 이 패키지는 이후에 머신러닝에서 더 다양한 용도로 이용됩니다. 우선 `linear_model`을 임포트한 후 인스턴스를 생성합니다.

입력

```
from sklearn import linear_model

# 선형회귀 인스턴스 생성
reg = linear_model.LinearRegression()
```

다음 예시 코드는 설명변수(X)와 목표변수(Y) 데이터를 대상으로 fit 함수를 사용해 예측 모델을 구축합니다.

fit 함수는 최소제곱법으로 회귀계수 a와 절편 b를 계산합니다. 최소제곱법은 실제 목표변수 데이터 값과 예측한 목표변수 데이터 값의 차이를 제곱하고 모두 더한 값이 최소가 될 때의 계수와 절편을 구합니다. 식으로 표현하면 y를 실제 값, $f(x) = ax + b$가 예측값인 아래의 식을 최소화합니다. (계산을 위해 식을 미분합니다. fit 함수를 실행하면 바로 계산해 주므로 설명은 생략합니다.)

$$\sum_{i=1}^{n}(y_i - f(x_i))^2 \qquad \text{(식 3-4-1)}$$

입력

```
# 설명변수는 1학기 수학 성적
# loc은 데이터프레임의 행과 열을 지정해서 추출
# loc[ :, ['G1']]는 G1열의 모든 값을 추출한다
# values로 변경되었으므로 주의
X = student_data_math.loc[:, ['G1']].values

# 목표변수는 최종 수학 성적
Y = student_data_math['G3'].values

# 예측 모델 계산. a, b 산출
reg.fit(X, Y)

# 회귀계수
print('회귀계수:', reg.coef_)

# 절편
print('절편:', reg.intercept_)
```

출력

```
회귀계수: [1.106]
절편: -1.6528038288004616
```

실행 결과의 회귀계수가 선형회귀식 $y = ax + b$에서 a에 해당되며 절편은 b입니다. 앞에서 그린 산점도에 선형회귀선을 그려봅시다. Y, 즉 예측하려는 최종 수학 성적 G3은 predict를 이용해 괄호 안에 설명 변수를 넣어 계산할 수 있습니다.

입력

```
# 앞에서 그린 것과 같은 산점도
plt.scatter(X, Y)
plt.xlabel('G1 grade')
plt.ylabel('G3 grade')

# 위의 그래프에 선형회귀선을 추가
plt.plot(X, reg.predict(X))
plt.grid(True)
```

출력

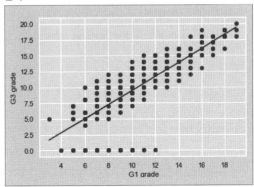

3.4.2 결정계수

위의 그래프를 보면 회귀식이 값을 잘 예측하는 것처럼 보이지만 객관적으로도 그런지 잘 판단되지 않습니다. 이런 판단을 위해 수치화된 값이 결정계수입니다. 결정 계수는 기여율이라고도 합니다. 정의는 아래 식과 같습니다. 일반적으로 R^2 (R-Squared)으로 표기합니다.

$$R^2 = 1 - \frac{\sum_{i=1}^{n}(y_i - f(x_i))^2}{\sum_{i=1}^{n}(y_i - \bar{y})^2}$$

(식 3-4-2)

R^2은 최댓값이 1이며 1에 가까울수록 좋은 모델입니다. $\bar{y}$는 목표변수의 평균값입니다. 설명 변수를 사용하지 않고 $\bar{y}$(정수)로만 예측한 경우와 오차제곱합이 같을 때 $R^2 = 0$이 됩니다. 파이썬으로 결정계수를 구하려면 score를 사용해 코드를 작성합니다.

입력

```
# 결정계수, 기여율이라고도 부름
print('결정계수:', reg.score(X, Y))
```

출력

```
결정계수: 0.64235084605227
```

결정 계수가 어느 정도 커야 좋은 회귀식인지 판단해야 하는 문제가 남습니다. 교과서에 나오는 데이터나 문제에서는 0.9 이상인 경우가 많지만 실무에서는 그 정도의 값이 나오지 않는 경우가 많으므로 판단 기준은 사례마다 다릅니다. 참고로 0.64가 높지는 않지만 실무에서는 사용하지 못할 수준은 아닙니다.

단순회귀분석을 끝으로 이번 장의 내용을 마칩니다. 수고 많으셨습니다. 이제 연습문제와 종합연습문제가 남았습니다. 꼭 풀어보기 바랍니다.

Practice

[연습문제 3-4]

포르투갈어 성적 데이터 student-por.csv에서 G3이 목표변수, G1이 설명변수인 단순회귀분석을 하고 회귀계수, 절편, 결정계수를 구하세요.

[연습문제 3-5]

연습문제 3-4 데이터의 산점도와 회귀선을 함께 그리세요.

[연습문제 3-6]

student-por.csv 데이터를 사용해 G3이 목표변수, absences(결석일 수)가 설명변수인 단순회귀분석을 하고 회귀계수, 절편, 결정계수를 구하세요. 산점도와 회귀선 그래프를 그려보고 결과에 대해 잘 생각해 봅시다.

해답은 부록 2

3장 종합문제

[종합문제 3-1 통계 기초와 시각화]

다음 링크로 연결된 사이트에서 데이터(와인의 품질)를 읽어와 문제를 풀어보기 바랍니다.

http://archive.ics.uci.edu/ml/machine-learning-databases/wine-quality/winequality-red.csv

1. 요약 통계량(평균 최댓값, 최솟값, 표준편차 등)을 계산하세요. 판다스에는 데이터를 출력하는 메서드(to_csv)가 있으므로 여유가 있다면 산출한 통계량을 CSV 파일로 저장하세요.
2. 각 변수의 분포와 각 변수들의 관계(두 변수끼리만)가 드러날 수 있도록 그래프를 그리세요. 변수를 모두 사용하면 실행 시간이 오래 걸리므로 주의합시다. 무언가 경향성이 발견되나요?

[종합문제 3-2 로렌츠 곡선과 지니 계수]

student_data_math 데이터를 이용해 다음의 질문에 답하세요. 로렌츠 곡선(Lorenz Curve)과 지니 계수는 빈부 격차(지역별, 국가별 등)를 설명하는 지표입니다(이 문제는 약간 난이도가 높기 때문에 참고하는 수준으로만 풀어 보기 바랍니다. 자세한 내용은 앞에서 소개한 통계학 인문서 등의 문헌을 읽어 보거나 인터넷에서 검색해 보기 바랍니다).

1. 1학기 수학 성적 데이터를 성별 오름차순으로 정렬하세요. 가로축은 인원의 누적 비율, 세로축은 1학기 성적 누적 비율을 표시하세요. 이 곡선을 로렌츠 곡선이라고 합니다. 로렌츠 곡선으로 성별로 나눠 1학기 수학 성적으로 시각화하세요.
2. 불평등 정도를 수치로 나타낸 것을 지니 계수라고 합니다. 이 값은 로렌츠 곡선과 45도 선으로 둘러싸인 부분의 면적의 2배로 정의되며 0에서 1사이의 값입니다. 값이 클수록 불평등 정도가 커집니다. 지니 계수는 아래 식과 같이 정의합니다. $\bar{x}$는 평균 값입니다.

$$GI = \sum_i \sum_j \left| \frac{x_i - x_j}{2n^2 \bar{x}} \right|$$
(식 3-4-3)

식을 이용해 남녀의 1학기 성적에 대한 지니 계수를 구하세요.

해답은 부록 2

04

확률과 통계 기초

4장에서는 확률과 통계에 대한 기본적인 원리와 구체적인 계산 방법을 배워 봅시다. 확률과 통계와 관련된 수식을 포함하고 있어 수학적인 배경 지식이 없는 사람들에게는 조금 어려울 수도 있습니다. 내용이 어렵다고 느낀다면 기본적인 개념과 계산 방법을 대략이라도 파악해 두기 바랍니다.

세상에서 일어나는 다양한 현상이 확률적으로 발생한다고 가정하고 그러한 현상들을 확률변수와 확률분포 같은 수식으로 표현할 수 있습니다. 이를 위해 3개의 중요한 확률 이론 중에서 대수의 법칙과 중심 극한 정리를 살펴보겠습니다. 또 다른 확률 이론인 대편차 원리(large deviation principle)는 발생하기 희박한 사건이 일어날 확률을 정량적으로 표현하는 이론인데, 이 책의 범위를 벗어나기 때문에 구체적인 내용은 생략합니다. 그 밖에 통계적 추정 및 검정에 대해서도 다룹니다. 8장과 9장에서 배울 머신러닝은 확률 이론과 통계학을 토대로 발전되었습니다. 아직 확률 통계 기초를 공부하지 않은 사람들은 참고문헌과 자료를 활용해 확실하게 배워 둡시다.

목표

기초적인 확률과 통계에 대해 이해하고 계산 방법을 습득한다.

4.1 확률과 통계 학습을 위한 사전 준비

Keyword 넘파이, 사이파이, 판다스, 매트플롯립, 랜덤시드

이번 장에서는 확률과 통계를 배웁니다. 먼저 기본적인 개념을 파악하고 다소 이론적인 부분까지 살펴보겠습니다.

4.1.1 학습을 위한 사전 지식

수식이 약간 많아 처음에는 설명을 따라 오기 어려울 수도 있지만 조금씩 익숙해지도록 노력합시다. 초보자를 위해 참고할 수 있는 자료를 A-5와 URL B-6에 소개해 두었습니다. 이 자료들을 함께 활용하면 확률·통계의 기초를 이해하는데 도움이 될 것입니다.

이어지는 내용에서는 확률·통계에 관한 기초 지식이 있다는 전제하에 설명하겠습니다.

4.1.2 라이브러리 임포트

2장에서 소개한 라이브러리를 사용합니다. 아래 코드와 같이 임포트하고 진행하겠습니다.

마지막 코드 np.random.seed(0)에서 랜덤시드(난수 발생 시 기준값)를 0으로 설정합니다. 이 코드로 컴퓨터 환경에 상관없이 동일한 난수를 얻을 수 있습니다.

입력

```
# 아래와 같이 필요한 라이브러리를 임포트합니다.
import numpy as np
import scipy as sp
import pandas as pd
from pandas import Series, DataFrame

# 시각화 라이브러리
import matplotlib.pyplot as plt
import matplotlib as mpl
import seaborn as sns
%matplotlib inline

# 소수점 세 번째 자리까지 표시
%precision 3

# 랜덤시드 지정
np.random.seed(0)
```

4.2 확률

Keyword 확률, 시행, 근원사건, 표본공간, 사건, 조건부 확률, 베이즈 정리, 사전확률, 사후확률

우선 확률부터 알아 봅시다.

4.2.1 수학적 확률

주사위 던지기를 예로 들어 확률을 이해하는 데 필요한 용어와 개념을 배워 봅시다.

주사위를 던져 발생할 수 있는 상태는 1부터 6까지의 숫자입니다. 주사위 던지기 결과 데이터를 다음 코드와 같이 넘파이 배열 객체로 정의합니다.

입력

```
# 주사위 던지기 결괏값을 배열로 저장
dice_data = np.array([1, 2, 3, 4, 5, 6])
```

사건

이 데이터에서 무작위로 하나의 수를 추출한다고 생각해봅시다. 이것을 시행이라고 합니다. 넘파이에서는 random.choice의 두 번째 인수에 1을 지정하면 무작위로 하나의 값을 추출할 수 있습니다(2를 지정하면 2개를 추출합니다). 이는 주사위를 한 번 던져 어떤 숫자가 나오는지 확인하는 작업과 같습니다.

입력

```
# 인수는 대상 데이터 dice_data에서 하나의 값을 무작위로 추출한다는 의미
print('숫자 하나만 무작위로 추출:', np.random.choice(dice_data, 1))
```

출력

```
숫자 하나만 무작위로 추출: [5]
```

실행 결과 5가 추출되었지만 실행할 때마다 다른 값이 나올 수 있습니다. 즉 1, 3 등 다른 값이 나올 수 있습니다. 이러한 각 시행 결과를 근원사건(기본사건)이라고 합니다. 모든 가능한 근원사건을 모아 둔 집합을 표본공간(이하 S로 표기합니다)이라고 하고, 표본공간의 임의의 부분 집합을 사건이라고 합니다. 예를 들어 앞에서 5가 나온 사건 X와 짝수가 나온 사건 Y 등을 생각해볼 수 있습니다.

$$S = \{1, 2, 3, 4, 5, 6\} \qquad \text{(식 4-2-1)}$$

$$X = \{5\} \qquad \text{(식 4-2-2)}$$

$$Y = \{2, 4, 6\} \qquad \text{(식 4-2-3)}$$

이러한 개념을 이용해 확률에 대해 배워봅시다. 확률에 대한 공리는 아래와 같이 정리됩니다. 이 공리를 처음 접하는 사람들은 다소 어려울 수도 있습니다. 우선은 확률은 $P(X) =$ (사건 X가 일어나는 경우의 수)/(일어날 수 있는 모든 경우의 수)라고 이해하면 됩니다.

> 어떤 사건 $E(Event)$가 발생할 확률을 $P(E)$라고 하면 다음 공리를 만족한다.
>
> 공리 1: 임의의 사건 E에 대해 $0 \leqq P(E) \leqq 1$
>
> 공리 2: $P(S) = 1$ (전사건[1]의 확률은 1이라는 것을 의미한다)
>
> 공리 3: $A \cap B = \Phi$이면 $P(A \cup B) = P(A) + P(B)$

1
(옮긴이) 시행에서 일어날 수 있는 모든 사건으로서 표본공간과 일치합니다.

공사건

공집합(ϕ)도 하나의 사건으로 취급해 공사건이라고 부릅니다. 공사건은 원소를 하나도 갖지 않는 집합입니다. 주사위를 던져 7이 나올 일은 없으므로 이것을 공사건이라고 하고 확률은 0입니다.

여사건

어떤 사건 E에 속하지 않는 결과의 집합을 여사건이라고 합니다. 아래와 같이 c(complement)로 표기합니다. 예를 들어

$$E = \{2, 4, 6\} \tag{식 4-2-4}$$

일 때 여사건은 다음과 같습니다.

$$E^c = \{1, 3, 5\} \tag{식 4-2-5}$$

곱사건과 합사건

$A \cap B$는 곱사건이며 두 사건의 공통 사건을 의미합니다. 구체적으로

$$A = \{1, 2, 3\} \tag{식 4-2-6}$$
$$B = \{1, 3, 4, 5\} \tag{식 4-2-7}$$

2개의 집합이 있을 경우 공통으로 존재하는 숫자는 1과 3이므로 다음과 같습니다.

$$A \cap B = \{1, 3\}$$ (식 4-2-8)

$A \cup B$는 합사건이며 두 사건의 합을 의미합니다. 위와 동일한 A와 B에서 합사건은 다음과 같습니다.

$$A \cup B = \{1, 2, 3, 4, 5\}$$ (식 4-2-9)

확률 계산

지금까지 5가 나올 사건 X, 공사건, A와 B의 곱사건, A와 B의 합사건에 대해 알아보았습니다. 이러한 사건들의 발생 확률은 다음과 같이 계산됩니다.

$$P(X) = \frac{1}{6}$$ (식 4-2-10)

$$P(\phi) = 0$$ (식 4-2-11)

$$P(A \cap B) = \frac{1}{3}$$ (식 4-2-12)

$$P(A \cup B) = \frac{5}{6}$$ (식 4-2-13)

이렇게 계산하는 방식을 수학적 확률이라고도 부릅니다.

수학적 확률을 이해하려면 집합, 위상수학, 르베그적분(Lebesgue integral) 등을 알아야 하는데 이러한 수학기초론(foundations of mathematics)은 난해하기 때문에 관련 내용은 생략하겠습니다. 만약 연구자가 목표라면 참고문헌 A-9를 읽어 보면 도움이 됩니다. 특히《Measure, Integral and Probability》(Springer, 2008)는 수학과 출신이 아니어도 이해할 수 있을 만큼 설명이 자세하기에 확실하게 공부하고 싶은 사람들에게 추천합니다.

4.2.2 통계적 확률

이번에는 주사위를 1000번 던지는 실험을 해봅시다. 각 근원사건(1~6의 숫자가 나오는 사건)이 실제로 수학적 확률인 1/6로 발생하는지 계산해봅시다.

확률은 실제 그 값이 나온 횟수를 시행횟수(1,000회)로 나눕니다. 시행 결괏값에서 값 i가 포함되는 총 횟수는 len(dice_roless[dice_rolls==i])로 구할 수 있습니다.

입력

```
# 주사위를 1,000회 던짐
calc_steps = 1,000
```

```
# 1 ~ 6의 숫자 중에서 1,000회 추출 시행
dice_rolls = np.random.choice(dice_data, calc_steps)

# 각 숫자가 추출되는 횟수의 비율을 계산
for i in range(1, 7):
    p = len(dice_rolls[dice_rolls==i]) / calc_steps
    print(i, '가 나올 확률', p)
```

출력

```
1가 나올 확률 0.171
2가 나올 확률 0.158
3가 나올 확률 0.157
4가 나올 확률 0.183
5가 나올 확률 0.16
6이 나올 확률 0.171
```

결과를 보면 1~6의 숫자가 나올 확률은 거의 1/6(≒0.166)에 근접한다는 사실을 알 수 있습니다. 이렇게 구한 값을 통계적 확률이라고 부릅니다. 이러한 현상에 대해서는 나중에 자세히 살펴보겠습니다.

4.2.3 조건부 확률과 곱셈 공식

다음은 조건부 확률과 독립에 대해 살펴봅시다. 사건 A가 발생한 뒤 사건 B가 발생할 확률을 A가 일어난 상황에서 B의 조건부 확률이라고 하며 다음과 같이 표기합니다.($P(A) > 0$일 때)

$$P(B|A) = \frac{P(A \cap B)}{P(A)}$$
(식 4-2-14)

이 식은 아래와 같이 변형할 수 있는데 이를 곱셈 공식이라고 합니다.

$$P(A \cap B) = P(B|A)P(A)$$
(식 4-2-15)

조건부 확률 개념을 이용해 어떠한 배경 정보에 기반한 확률을 생각할 수 있습니다.
예를 들어 주사위를 한 번 던져서 나온 숫자는 잊어버렸지만 짝수였다는 사실을 기억할 때, 나온 숫자가 4 이상일 확률을 구해봅시다. 짝수라는 조건을 여기에서는 다음 수식과 같이 생각하고

$$A = \{2, 4, 6\}$$
(식 4-2-16)

숫자가 4 이상일 사건은 다음과 같습니다.

$$B = \{4, 5, 6\} \tag{식 4-2-17}$$

모든 조건을 만족할 때 곱사건은 다음과 같으며

$$A \cap B = \{4, 6\} \tag{식 4-2-18}$$

조건부 확률 정의를 이용해 구하고자 하는 확률을 다음과 같이 계산할 수 있습니다.

$$P(B|A) = \frac{P(A \cap B)}{P(A)} = \frac{\frac{2}{6}}{\frac{3}{6}} = \frac{2}{3} \tag{식 4-2-19}$$

4.2.4 독립과 종속

이번에는 독립 조건에 대해 살펴봅시다. 사건 A와 사건 B가 서로 독립이라는 것은 조건부 확률과 각 사건의 확률이 같다는 의미이며

$$P(A|B) = P(A) \tag{식 4-2-20}$$

이 성립합니다. 사건 B가 사건 A에 영향을 미치지 못한다고 생각할 수도 있습니다. 위의 조건부 확률(A와 B를 바꾼 식)로부터 아래와 같은 식이 성립합니다.

$$P(A \cap B) = P(A)P(B) \tag{식 4-2-21}$$

이 식이 성립하지 않으면 사건 A와 사건 B가 서로 종속이라고 말할 수 있습니다. 앞에서 예를 든 짝수가 나올 사건 A와 4 이상 나올 사건 B의 확률을 생각해 보면

$$P(A \cap B) = \frac{2}{6} = \frac{1}{3} \tag{식 4-2-22}$$

$$P(A)P(B) = \frac{3}{6} \cdot \frac{3}{6} = \frac{1}{4} \tag{식 4-2-23}$$

이 되며 값이 다르므로 사건 A와 사건 B는 서로 독립이 아니라 종속 관계라는 사실을 알 수 있습니다.

4.2.5 베이즈 정리

마지막으로 베이즈 정리(Bayes' theorem)에 대해 알아봅시다. 앞에서 조건부 확률에 대해 살펴보았는데 사건 A를 결과, 사건 B를 A의 원인으로 생각하면 아래와 같은 베이즈 정리를 얻을 수 있습니다. 이는 A라는 결과를 알고 있을 때 그 원인이 사건 B인 확률을 구하는 것입니다. B^c는 B의 여사건으로서 B가 아닌 집합입니다.

$$P(B|A) = \frac{P(A|B)P(B)}{P(A|B)P(B) + P(A|B^c)P(B^c)}$$

(식 4-2-24)

이때 사건 $P(B)$는 사건 A가 일어나기 전, 사건 B가 발생할 확률(사전확률이라고 합니다), $P(B|A)$는 사건 A가 발생한 후 사건 B가 일어날 확률(사후확률이라고 합니다), $P(A|B)$는 A가 관측되었을 때 B가 원인일 확률(가능도(likelihood)라고 합니다)입니다.

식 4-2-25는 원인 사건이 복수의 이산형 사건인 경우의 베이즈 정리입니다. 결과에 연결되는 원인이 하나의 사건 B가 아니라 B_1, B_2…와 같이 여러 개일 때도 있습니다. 이 경우 원인이 되는 사건을 여러 개로 확장해 아래와 같은 식으로 정리할 수 있습니다(B_j는 B배반사건으로서 합집합은 전사건입니다).

$$P(B_i|A) = \frac{P(A|B_i)P(B_i)}{\sum_{j=1}^{k} P(A|B_j)P(B_j)}$$

(식 4-2-25)

실무에서 베이즈 정리는 다양한 분야에서 활용됩니다. 예를 들어 스팸 메일 식별에서도 사용됩니다. 원인 사건이 이산값이 아니라 연속적인 값인 베이즈 정리도 있습니다. 관심 있는 사람들은 더 찾아보기 바랍니다.

Practice

[연습문제 4-1]

동전의 앞을 0, 뒤를 1로 표시하는 배열을 다음과 같이 생성합니다.

```
coin_data = np.array([0,1])
```

이 배열을 이용해 동전 던지기 시행을 1,000회 실시하고 그 결과 앞(값이 0)과 뒤(값이 1)가 나올 각 확률을 구하세요.

[연습문제 4-2]

제비뽑기 문제를 생각해 봅시다. 1,000개의 제비 중 100개만 당첨된다고 합시다. A와 B가

차례로 제비를 뽑았을 때 A와 B 모두 당첨될 확률을 구하세요. 단, 한번 뽑은 제비는 다시 넣고 뽑지 않습니다(이 문제는 프로그래밍 하지 않고 직접 손으로 계산해도 괜찮습니다).

[연습문제 4-3]

질병(X)에 걸린 사람의 비율은 0.1%라고 합니다. 질병을 검사하는 방법에 대해 다음과 같은 사실을 알고 있습니다.

- 병에 걸린 사람이 검사를 받으면 99%가 양성 반응(질병에 걸림)을 보입니다.
- 병에 걸리지 않은 사람도 검사를 받으면 3%가 양성 반응을 보입니다(오진).

어떤 사람이 검사를 받고 양성 반응을 보였습니다. 이 사람이 질병 X에 걸렸을 확률은 몇 % 인가요? (이 문제는 프로그래밍하지 않고 직접 손으로 계산해도 괜찮습니다).

해답은 부록 2

4.3 확률변수와 확률분포

Keyword 확률변수, 확률함수, 확률밀도함수, 기댓값, 균등분포, 베르누이 분포, 이항분포, 정규분포, 푸아송분포, 로그 정규분포, 커널밀도추정

다음은 확률변수와 확률분포에 대해 배워 봅시다.

4.3.1 확률변수, 확률함수, 분포함수, 기댓값

확률변수는 발생 가능한 값에 확률이 할당되는 변수입니다.

주사위 던지기를 예로 들면 변수로 가능한 값은 1부터 6까지이며 정상적인 주사위라면 각 값이 나타날 확률은 1/6로 동일합니다. 이처럼 어떤 변수가 확률적으로 값을 가질 경우 확률변수라고 하며 확률변수가 가질 수 있는 값을 실현값이라고 합니다. 주사위 던지기 예에서 실현값은 [1, 2, 3, 4, 5, 6]입니다. 실현값을 셀 수 있는 경우 이산확률변수이며, 그렇지 않을 때를 연속확률변수라고 합니다.

셀 수 있다는 것은 연속적이 아니라 이산적으로 값을 갖는다는 의미이며 주사위 던지기의 [1, 2, 3, 4, 5, 6]처럼 변수의 개수는 유한할 수도, 무한할 수도 있습니다.

표로 정리하면 다음과 같습니다(대문자 X는 확률변수, 소문자 x는 실현값).

확률변수

X	1	2	3	4	5	6
$P(X)$	$\frac{1}{6}$	$\frac{1}{6}$	$\frac{1}{6}$	$\frac{1}{6}$	$\frac{1}{6}$	$\frac{1}{6}$

단, 다음 식을 만족해야 합니다.

$$\sum_{i=1}^{6} p(x_i) = 1 \qquad \text{(식 4-3-1)}$$

분포함수

분포함수(누적확률분포함수)는 확률변수 X가 실수 x 이하일 확률을 나타냅니다. 이산확률변수 $F(X)$는 다음과 같이 정의됩니다.

$$F(X) = P(X \le x) = \sum_{x_i \le x} p(x_i) \qquad \text{(식 4-3-2)}$$

분포함수의 도함수를 밀도함수(확률밀도함수)라고 하며 연속확률변수는 다음과 같이 정의됩니다. ($-\infty < x < \infty$일 때)

$$f(x) = \frac{dF(x)}{dx} \qquad \text{(식 4-3-3)}$$

기댓값(평균)

확률변수는 다양한 값을 가질 수 있는데 이 값들을 대표하는 평균을 기댓값이라고 합니다. 3장에서 배운 평균과 같은 의미입니다. 확률변수 X의 기댓값 $E(X)$는 다음과 같습니다.

$$E(X) = \sum_{x} x f(x) \qquad \text{(식 4-3-4)}$$

주사위의 경우 1에서 6 사이의 값을 가지며 각 값을 가질 확률은 1/6이므로 기댓값은 $1 * \frac{1}{6} + 2 * \frac{1}{6} + 6 * \frac{1}{6} = 3.5$가 됩니다.

4.3.2 다양한 분포함수

자주 사용되는 분포함수를 소개하고 파이썬으로 간단하게 구현해보겠습니다. 자세한 수식이나 관련 정보(기댓값, 분산)는 통계학 입문서[A-5]나 웹에서 통계학 기초 자료[B-6]를 검색해 살펴보기 바랍니다

균등분포

주사위 예처럼 모든 사건이 발생할 확률이 동일한 분포를 균등분포라고 하며 그래프를 그리면 다음과 같습니다.

```
# 균등분포
# 주사위를 1000회 던짐
calc_steps = 1000

# 1~6 데이터 중에서 1000회 추출 시행
dice_rolls = np.random.choice(dice_data, calc_steps)

# 각 숫자가 추출되는 횟수의 비율 계산
prob_data = np.array([])
for i in range(1, 7):
    p = len(dice_rolls[dice_rolls==i]) / calc_steps
    prob_data = np.append(prob_data, len(dice_rolls[dice_rolls==i]) / calc_steps)

plt.bar(dice_data, prob_data)
plt.grid(True)
```

출력

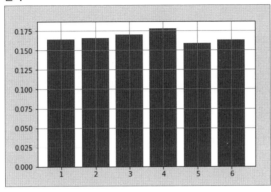

베르누이 분포

결과가 '성공' 또는 '실패'의 두 가지 중 하나인 시행을 베르누이 시행(Bernoulli trial) 이라고 하며 한 번의 베르누이 시행에서 각 사건이 발생할 확률분포를 베르누이 분 포라고 합니다.

다음 코드는 동전을 8회 던져 앞이 나오면 0, 뒤가 나오면 1로 설정하고 시행 결 과가 [0, 0, 0, 0, 0, 1, 1, 1]이라고 가정할 경우 확률분포를 나타냅니다.

입력

```
# 베르누이 분포
# 0 : head(앞), 1 : tail(뒤)
# 샘플 수는 8
prob_be_data = np.array([])
coin_data = np.array([0, 0, 0, 0, 0, 1, 1, 1])

# unique로 유일한 값 추출(여기에서는 0과 1)
```

출력

```
0이 나올 확률 0.625
1이 나올 확률 0.375
```

```
for i in np.unique(coin_data):
    p = len(coin_data[coin_data==i]) / len(coin_data)
    print(i, '가 나올 확률', p)
    prob_be_data = np.append(prob_be_data, p)
```

다음 코드로 그래프를 출력합니다. xticks으로 레이블을 설정합니다.

입력

```
plt.bar([0, 1], prob_be_data, align='center')
plt.xticks([0, 1], ['head', 'tail'])
plt.grid(True)
```

출력

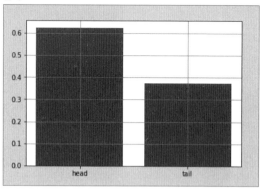

특정 분포를 따르는 데이터 생성

균등 분포와 베르누이 분포를 설명할 때는 데이터로부터 분포를 나타내는 그래프를 생성하였습니다. 그런데 데이터 분석 과정에서는 특정 분포를 따르는 데이터를 수식을 이용해 생성해야 할 때가 있습니다. 실제 데이터의 분포 그래프와 수식으로 생성한 분포 그래프를 비교해 비슷한 특징을 확인하거나, 수식으로 실제 데이터와 비슷한 분포를 만들고 싶은 경우 등입니다.

넘파이의 다양한 함수를 이용해 이러한 작업을 할 수 있습니다. 다음 코드에서 함수를 사용해 데이터를 만들고 시각화해 어떠한 특징이 있는지 살펴보겠습니다.

이항분포

이항분포는 독립적인 베르누이 시행을 n회 반복한 것입니다. random.binomial으로 계산할 수 있습니다. binomial에 전달하는 파라미터는 앞에서부터 순서대로 시행횟수(n), 확률(p), 샘플 수입니다. random.binomial은 n회 시행하는 동안 확률 p로 발생하는 사건의 횟수를 반환합니다.

입력	출력

```
# 이항분포
np.random.seed(0)
x = np.random.binomial(30, 0.5, 1000)
plt.hist(x)
plt.grid(True)
```

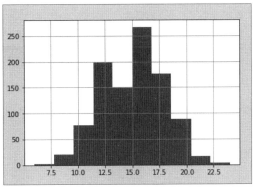

2
(옮긴이) 푸아송 분포는 이항분포처럼 시행횟수를 정량적으로 특정할 수 없을 경우, 일정한 범위, 면적, 시간 동안 어떤 사건이 발생할 확률을 다룰 때 적용합니다. 예를 들어 하루 동안 강남역에서 교통사고가 날 평균 횟수를 구한다면, 하루 동안 교통사고 발생 유무를 확인하는 시행은 확인 시간을 잘게 쪼개면 거의 무한대라고 볼 수 있습니다. 이때 하루 동안의 평균 교통사고 횟수는 시행 횟수(n) × 사건이 일어날 확률(p)로 계산할 수 있는데 n이 보통 크기 때문에 사건이 발생할 확률은 작다는 의미입니다.

푸아송 분포

푸아송 분포(Poisson distribution)는 발생 가능성이 작은 사건의 확률 분포를 나타냅니다.[2] 일정한 시간이나 면적에서 일정한 비율로 사건이 발생할 확률의 분포입니다. 예를 들면 단위면적당 빗방울의 수, $1m^2$당 심은 나무의 수 등이 푸아송 분포를 따릅니다.

넘파이의 random.poisson으로 계산할 수 있습니다. 첫 번째 파라미터는 어떤 구간에서 사건이 발생할 것으로 기대되는 횟수로서 예제에서는 7로 설정했습니다. 두 번째 파라미터는 샘플 수입니다.

입력	출력

```
# 푸아송 분포
x = np.random.poisson(7, 1000)
plt.hist(x)
plt.grid(True)
```

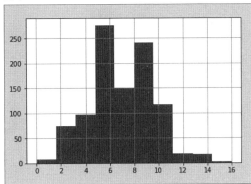

정규분포와 로그 정규분포

정규분포는 가우스 분포라고도 하며 대표적인 연속형 확률분포입니다. 일상 생활에서 정규분포를 따르는 다양한 현상을 볼 수 있습니다. 로그 정규분포는 $\log x$가 정규분포를 따를 때의 분포입니다. np.random.normal, np.random.lognormal을 이용해 계산할 수 있습니다.

```
# 정규분포
# np.random.normal(평균, 표준편차, 샘플 수)
x = np.random.normal(5, 10, 10000)
plt.hist(x)
plt.grid(True)
```

```
# 로그 정규분포
x = np.random.lognormal(30, 0.4, 1000)
plt.hist(x)
plt.grid(True)
```

출력

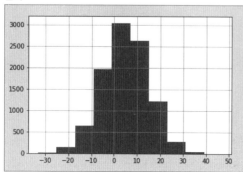

출력

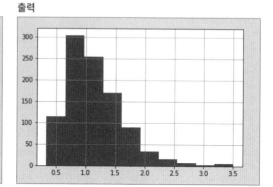

4.3.3 커널 밀도함수

커널 밀도함수는 데이터를 이용해 밀도함수를 추정합니다. 3장에서 다룬 학생의 결석일 수 데이터의 분포를 추정해봅시다. 결석일 수 데이터는 absences입니다. 데이터를 student_data_math로 읽어 들였다면 student_data_math.absences가 결석일 수에 해당합니다.

다음 코드에서 커널 밀도 함수를 사용해 결석일 수 분포를 추정합니다. 이 데이터는 0보다 작을 수 없는 특징을 갖고 있으니 실무에서는 주의합시다. 커널 밀도함수 그래프는 kind='kde'로 지정해 그릴 수 있습니다.

```
student_data_math.absences.plot(kind='kde', style='k--')
```

입력

```
import requests
import zipfile
from io import StringIO
import io

# 주의:3 장에서 이 데이터를 읽어 들인 분들은 데이터 읽어 들이기 코드부터 시작해도 됩니다.
zip_file_url = 'http://archive.ics.uci.edu/ml/machine-learning-databases/00356/
                student.zip'

r = requests.get(zip_file_url, stream=True)
z = zipfile.ZipFile(io.BytesIO(r.content))
```

```
z.extractall()

# 데이터 읽어 들이기
student_data_math = pd.read_csv('student-mat.csv', sep=';')

# 커널 밀도함수
student_data_math.absences.plot(kind='kde', style='k--')

# 단순한 히스토그램, density=True로 지정하면 확률로 표시
student_data_math.absences.hist(density=True)
plt.grid(True)
```

출력

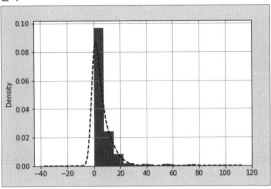

student-mat.csv의 absences 데이터의 히스토그램이 만들어졌습니다. 점선 그래프가 생성된 커널 밀도함수입니다. 이 곡선 그래프로 데이터가 어떤 분포로부터 생성되었는지 추측할 수 있습니다.

Practice

[연습문제 4-4]

평균 0, 분산 1을 따르는 정규분포에서 $n = 100$(개)의 표본을 10,000회 반복 추출하고 표본평균 $\overline{X} = \frac{1}{n}\sum_{i=1}^{n} X_i$의 표본분포(히스토그램)를 그리세요.

[연습문제 4-5]

연습문제 4-4와 동일하게 로그 정규분포를 구현하세요.

[연습문제 4-6]

3장에서 다룬 학생의 수학 성적 데이터(student_data_math)의 1학기 성적 G1의 히스토그램과 커널밀도 추정 곡선을 그리세요.

해답은 부록 2

4.4 심화학습: 다차원확률분포

Keyword 동시확률분포, 주변확률분포, 조건부확률함수, 조건부평균, 분산공분산행렬, 다차원정규분포

지금까지는 확률변수가 하나였습니다. 이제부터는 확률변수가 두 개 이상일 때의 확률분포를 생각해 봅시다. 여기서부터는 심화학습이므로 어렵다고 느끼면 가볍게 읽어 나가도 다음 장을 학습하는 데 큰 지장이 없습니다. 연습문제는 없습니다.

4.4.1 결합확률분포와 주변확률분포

X가 $\{x_0, x_1, \ldots\}$, Y가 $\{y_0, y_1, \ldots\}$에서 값을 갖는 이산형 확률변수를 생각해봅시다. $X = x_i, Y = y_j$인 확률을 다음과 같은 식으로 표현할 수 있습니다.

$$P(X = x_i, Y = y_j) = p_{X,Y}(x_i, y_j) \qquad \text{(식 4-4-1)}$$

이를 결합확률이라고 하며

$$p_X(x_i) = \sum_{j=0}^{\infty} p_{X,Y}(x_i, y_j) \qquad \text{(식 4-4-2)}$$

을 X의 주변확률함수라고 하고 Y에 대해서도 동일하게 정의합니다.

4.4.2 조건부 확률 함수와 조건부 기댓값

변수가 하나일 때 정의한 조건부 확률에서 변수가 두 개인 경우를 생각해봅시다. $X = x_i$일 때 $Y = y_j$인 조건부 확률 함수는 다음과 같이 정의합니다.

$$p_{Y|X}(y_j|x_i) = P(Y = y_j|X = x_i) = \frac{p_{X,Y}(x_i, y_j)}{p_X(x_i)} \qquad \text{(식 4-4-3)}$$

이 조건부 확률 함수에서 기댓값을 구하면 조건부 기댓값이며 $X = x_i$인 경우 Y의 조건부 기댓값(조건부평균)은 다음과 같이 정의됩니다.

$$E[Y|X = x_i] = \sum_{j=1}^{\infty} y_j p_{Y|X}(y_j|x_i) = \frac{\sum_{j=1}^{\infty} y_j p_{X,Y}(x_i, y_j)}{p_X(x_i)} \qquad \text{(식 4-4-4)}$$

4.4.3 독립과 연속분포

모든 x_i와 y_j에 대해 다음과 같은 식이 성립하면 두 변수는 독립 관계입니다.

$$p_{X,Y}(x_i, y_j) = p_X(x_i)p_Y(y_j) \qquad \text{(식 4-4-5)}$$

연속분포에 대해서도 결합확률밀도함수, 주변확률밀도함수, 조건부확률밀도함수, 독립 관계를 정의할 수 있고 변수가 세 개 이상인 확률분포에 대해서도 마찬가지입니다. 이외에 다변량정규분포나 분산공분산행렬 같은 개념은 참고문헌에 나온 책이나 자료를 활용해 학습하기 바랍니다.

2차원 정규분포 시각화

다차원 결합확률밀도 함수를 이해하기 위해 2차원 정규분포를 그려봅시다. 먼저 필요한 라이브러리를 임포트합니다.

입력

```
# 필요한 라이브러리 임포트
import scipy.stats as st
from scipy.stats import multivariate_normal
from mpl_toolkits.mplot3d import Axes3D

# 데이터 설정
x, y = np.mgrid[10:100:2, 10:100:2]

pos = np.empty(x.shape + (2, ))

pos[:, :, 0] = x
pos[:, :, 1] = y
```

x와 y는 10에서 100까지 2개씩 숫자를 만들어 pos에 함께 저장합니다(다차원 정규분포를 시각화하기 위해 x와 y 데이터를 촘촘하게 생성했으며 데이터를 생성하는 간격은 특별한 의미가 없습니다).

다음 코드는 2차원 정규분포를 따르는 데이터를 생성합니다. multivariate_normal에는 각 데이터의 평균과 분산공분산행렬을 지정합니다.

입력

```
# 다차원정규분포
# 각 변수의 평균과 분산공분산행렬 설정
# x와 y의 각 평균이 50과 0이고, [[100, 0], [0, 100]]은 x와 y의 공분산행렬입니다.
rv = multivariate_normal([50, 50], [[100, 0], [0, 100]])
```

```
# 확률밀도함수
z = rv.pdf(pos)
```

생성한 데이터를 그래프로 만들어봅시다. 3차원 그래프를 그리기 위해 Axes3D의 plot_wireframe를 이용합니다.

입력

```
fig = plt.figure(dpi=100)

ax = Axes3D(fig)
ax.plot_wireframe(x, y, z)

# x,y,z 레이블 설정
ax.set_xlabel('x')
ax.set_ylabel('y')
ax.set_zlabel('f(x, y)')

# z축 단위 변경, sci는 지수 표시를 의미, axis로 축 설정,
# scilimits=(n,m)는 n부터 m 사이 밖의 값은 지수 표기 의미
# scilimits=(0,0) 모두 지수로 표기한다는 의미
ax.ticklabel_format(style='sci', axis='z', scilimits=(0, 0))
```

출력

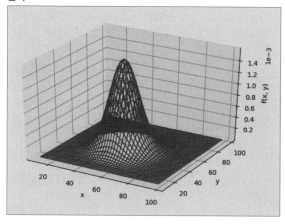

4.5 추론통계학

Keyword 표본, 모집단, 추출, 추론통계학, 표본 크기, 대수의 법칙, 중심극한정리, t 분포, 카이제곱분포, F 분포

지금까지는 실제 수집한 데이터의 평균과 표준편차 값 등을 계산했습니다. 이렇게 수집한 데이터를 표본이라고 합니다. 그러나 표본을 포함하는 전체 데이터의 특징을 아는 것이 중요합니다. 표본을 이용해 통계적으로 분석하고 추측하려는 대상 전체를 모집단이라고 하며, 이러한 추론 과정을 추론통계학이라고 합니다. 표본

을 모집단으로부터 얻는 행위를 추출이라고 합니다. 실제 수집된 데이터 $x_1, ..., x_n$ 은 n개의 확률 변수 $X_1, ..., X_n$의 실현값이며 n이 표본의 크기입니다. 또한 모집단 의 평균(모평균)과 분산(모분산)처럼 모집단의 특성을 나타내는 수를 모수라고 합 니다.

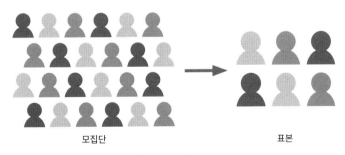

모집단   표본

그림 4-5-1 모집단과 표본

4.5.1 대수 법칙

다음은 확률이론에서 중요한 대수의 법칙에 대해 알아봅시다. 주사위를 계속 던져 나온 결과의 평균값 변화를 살펴봅시다. 처음 던졌을 때 주사위가 1이 나오면 평균 이 1, 그다음에 던졌을 때 3이 나오면 평균은 2, 이런 식으로 계속 주사위를 던진 후 평균값을 계산합니다. 대수의 법칙은 이렇게 계속 시행하면(시행 횟수 N을 크게 만 들면) 평균이 기댓값(3.5)에 근접한다는 법칙입니다.

다음 코드는 주사위를 1,000회 던지는 과정을 4회 반복합니다(4개의 선 그래프를 생성하기 위해).

입력

```
# 대수의 법칙
# 계산(주사위 던지기) 횟수
calc_times =1000
# 주사위
sample_array = np.array([1, 2, 3, 4, 5, 6])
number_cnt = np.arange(1, calc_times + 1)

# 4개 선(line) 생성
for i in range(4):
    p = np.random.choice(sample_array, calc_times).cumsum()
    plt.plot(p / number_cnt)
    plt.grid(True)
```

출력 그래프를 보면 모든 선 그래프가 N이 커질수록 3.5에 근접한다는 사실을 알 수 있습니다.

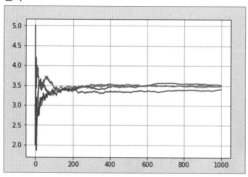

4.5.2 중심극한정리

중심극한정리는 주사위를 던지는 횟수 N이 커질수록 표본평균이 정규분포를 따른다는 법칙입니다.

입력

```
# 중심극한정리
def function_central_theory(N):

    sample_array = np.array([1, 2, 3, 4, 5, 6])
    numaber_cnt = np.arange(1, N + 1) * 1.0

    mean_array = np.array([])

    for i in range(1000):
        cum_variables = np.random.choice(sample_array, N).cumsum()*1.0
        mean_array = np.append(mean_array, cum_variables[N-1] / N)

    plt.hist(mean_array)
    plt.grid(True)
```

그러면 아래의 함수를 사용해 N을 조금씩 증가시켜 출력되는 히스토그램을 관찰해 봅시다.

입력

```
# N=3
function_central_theory(3)
```

출력

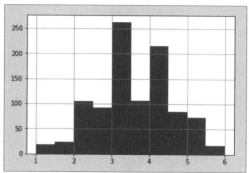

입력

```
# N=6
function_central_theory(6)
```

입력

```
# N= 10^3
function_central_theory(10**3)
```

출력

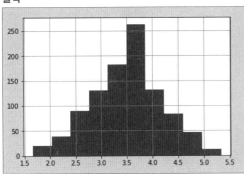

출력

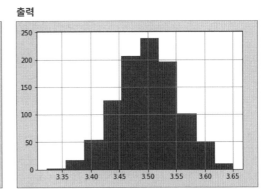

N을 증가시키면 정규분포형태가 된다는 것을 알 수 있습니다.

4.5.3 표본분포

대표적인 표본분포에 대해 배워 봅시다.

카이제곱분포

첫 번째는 카이제곱분포(chi-squared distribution)입니다. m개의 확률변수 $Z_1, ... Z_m$이 서로 독립적으로 분포하고 각 Z_i가 표준정규분포(평균 0, 분산 1 정규분포)를 따른다고 합시다.

이때 아래 식과 같은 확률변수의 제곱합인

$$W = \sum_{i=1}^{m} Z_i^2$$

(식 4-5-1)

은 자유도 m인 카이제곱분포를 따릅니다.

다음 코드는 카이제곱분포를 따르는 변수의 히스토그램을 만듭니다. zip은 1장에서 소개한 함수인데 복수의 배열로부터 튜플 배열을 만들 때 사용합니다. 여기에서는 [2, 10, 60] 배열과 ["b", "g", "r"] 배열에서 튜플 [(2, "b"), (10, "g"), (60, "r")]을 만듭니다.

입력

```
# 카이제곱분포
# 자유도 2, 10, 60을 따르는 카이제곱분포가 생성하는 난수의 히스토그램
for df, c in zip([2, 10, 60], 'bgr'):
```

```
x = np.random.chisquare(df, 1000)
plt.hist(x, 20, color=c)
plt.grid(True)
```

출력

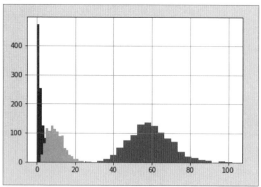

스튜던트 t 분포

다음은 스튜던트 t 분포입니다. Z와 W가 서로 독립인 확률변수이고 각 변수가 표준정규분포, 자유도 m인 카이제곱분포를 따를 때

$$T = \frac{Z}{\sqrt{\dfrac{W}{m}}}$$

(식 4-5-2)

T는 자유도 m인 스튜던트 t 분포를 따릅니다. 다음 출력 결과는 t 분포를 따르는 데이터의 그래프입니다.

입력

```
# t 분포
x = np.random.standard_t(5, 1000)
plt.hist(x)
plt.grid(True)
```

출력

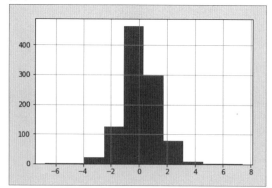

F 분포

마지막으로 F 분포를 살펴봅시다. W_1과 W_2가 서로 독립인 확률변수이고 각기 자유도 m_1, m_2인 카이제곱분포를 따른다고 하면 F는 식 4-5-3과 같이 정의됩니다.

$$F = \frac{\frac{W_1}{m_2}}{\frac{W_2}{m_2}}$$

(식 4-5-3)

이때 F 값은 확률변수이고 자유도(m_1, m_2)인 확률분포를 따른다고 하며 이를 F 분포라고 부릅니다.

아래 예제는 F 분포하는 데이터의 샘플 그래프입니다.

입력

```
# F 분포
for df, c in zip([ (6, 7), (10, 10), (20, 25)], 'bgr'):
    x = np.random.f(df[0], df[1], 1000)
    plt.hist(x, 100, color=c)
    plt.grid(True)
```

출력

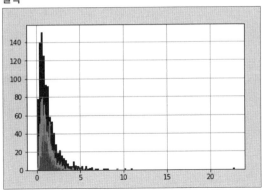

이상으로 대표적인 확률 분포에 대한 소개를 마칩니다. 그 밖에도 다양한 분포가 있으므로 필요할 때마다 찾아보기 바랍니다.

Practice

[연습문제 4-7]

자유도 5, 25, 50인 카이제곱분포를 따르는 난수를 각 1,000개씩 생성하고 히스토그램을 그리세요.

[연습문제 4-8]

자유도 100인 t 분포를 따르는 난수를 1,000개 생성하고 히스토그램을 그리세요.

[연습문제 4-9]

자유도 (10, 30), (20, 25)인 F 분포를 따르는 난수를 각 1,000개씩 생성하고 히스토그램을
그리세요.

해답은 부록 2

4.6 통계적 추정

Keyword 추정량, 점추정, 불편성, 불편추정량, 일치성, 구간추정, 신뢰수준, 신뢰계수, 최대가능도법, 가능도, 가능
도함수, 베이즈 법칙

이번 절에서는 추정에 대해 살펴봅시다.

4.6.1 추정량과 점추정

모집단의 확률분포, 평균, 분산은 모집단에서 추출한 표본의 평균과 분산을 이용해
추정합니다. 크기 n인 무작위 추출 표본 $\{X_1, ..., X_n\}$에서 모평균을 구하는(추정
하는) 방법을 생각해봅시다. 우선 표본평균 $\overline{X}$는 아래와 같습니다.

$$\overline{X} = \frac{1}{n} \sum_{i=1}^{n} X_i$$

(식 4-6-1)

이 식을 일반화하면 아래 수식과 같은 확률변수의 함수로 표기할 수 있고, 이를 추
정량이라고 부릅니다. 이 함수를 이용해 모평균이나 모분산 등의 모수를 추정합니
다. 표본을 이용해 하나의 파라미터 값(θ)으로 모수를 추정하는 과정이 점추정입
니다.

$$\overline{X} = T(X_1, ..., X_n)$$

(식 4-6-2)

4.6.2 불편성과 일치성

함수의 파라미터 값은 가능한 한 정확하게 추정해야 합니다. 추정의 정확성을 판단하
는 기준으로 불편성(unbiasedness)과 일치성(consistency)이라는 성질이 있습니다.

추정량의 기댓값이 모수와 일치할 때 추정량에 불편성이 있다(즉, 편향이 없다)고
표현하고 다음과 같이 표기합니다. 불편성을 갖는 추정량을 불편추정량이라고 합
니다.

$$E[T(X_1, ..., X_n)] = \theta$$

(식 4-6-3)

일치성이란 θ의 추정량 $E[T(X_1, ..., X_n)]$이 관측값 수 n이 커짐에 따라 θ에 근접해 가는 성질이며, 임의의 $\epsilon > 0$에 관해 다음과 같이 표현할 수 있습니다. 이때 $T(X_1, ..., X_n)$를 일치추정량이라고 합니다.

$$\lim_{n \to \infty} P[|T(X_1, ..., X_n) - \theta| \geq \epsilon] = 0 \qquad \text{(식 4-6-4)}$$

4.6.3 구간추정

점추정에서는 하나의 모수 값을 구하지만 구간추정은 어느 정도의 구간을 갖는 모수 값을 추정하는 것입니다. 표본 $X_1, ..., X_n$이 평균 μ, 분산이 1인 정규분포 $N(\mu, 1)$에서 무작위 추출되었다고 합시다. 이 표본으로부터 모평균을 추정해 봅시다. 이때 표본평균 X는 평균이 μ, 분산이 $\frac{1}{n}$인 정규분포 $N(\mu, \frac{1}{n})$을 따르므로 정규분포의 양쪽 $z_{\alpha/2}$ 값을 기준으로 아래 식이 성립됩니다.

$$P(-z_{\alpha/2} \leq \sqrt{n}(\overline{X} - \mu) \leq z_{\alpha/2}) = 1 - \alpha \qquad \text{(식 4-6-5)}$$

이 식을 변경하면 아래 식과 같이 표현할 수 있고

$$P(\overline{X} - \frac{z_{\alpha/2}}{\sqrt{n}} \leq \mu \leq \overline{X} + \frac{z_{\alpha/2}}{\sqrt{n}}) = 1 - \alpha \qquad \text{(식 4-6-6)}$$

구간 $[\overline{X} - \frac{z_{\alpha/2}}{\sqrt{n}}, \overline{X} + \frac{z_{\alpha/2}}{\sqrt{n}}]$을 μ를 추정하기 위한 구간으로 이용할 수 있습니다. 이때 구간 $[\overline{X} - \frac{z_{\alpha/2}}{\sqrt{n}}, \overline{X} + \frac{z_{\alpha/2}}{\sqrt{n}}]$을 신뢰구간이라고 합니다. 신뢰구간에 추정하려는 모수(여기에서는 모평균)가 들어가 있을 확률을 신뢰수준이라고 하고 $1 - \alpha$라고 표기합니다. 신뢰구간의 일반적인 정의는 다음과 같습니다.

$X_1, ..., X_n$이 모집단 분포 $f(x; \theta)$에서 무작위 추출된 표본이고 θ는 1차원 모수라고 합시다. $\mathbf{X} = (X_1, ..., X_n)$일 때 2개의 통계량 $L(\mathbf{X}), U(\mathbf{X})$가 모든 θ에 대해 아래의 식을 만족할 때 구간 $[L(\mathbf{X}), U(\mathbf{X})]$를 신뢰수준 $1 - \alpha$의 신뢰구간이라고 합니다.

$$P(L(\mathbf{X}) \leq \theta \leq U(\mathbf{X})) \geq 1 - \alpha \qquad \text{(식 4-6-7)}$$

4.6.4 추정량 계산

추정량을 구하는 방법은 많지만 책에서는 최대가능도법과 베이즈 법칙만 간략하게 소개하겠습니다(모멘트 방법도 있으므로 찾아 보기 바랍니다). 다소 어려운 내용이라서 대략적으로만 파악해도 괜찮습니다.

최대가능도법

결합확률함수에서는 모수가 주어진 상황에서 관측값이 발생할 확률을 구했는데, 반대로 관측값이 주어진 상태에서 확률함수를 모수의 함수로 간주하는 것이 가능도함수입니다. 최대가능도법은 가능도함수를 최대화하는 모수를 모수의 추정값으로 결정하는 방법입니다.

확률함수 $f(x; \theta)$에서 x는 변수, θ는 상수입니다.

모집단에서 무작위로 추출한 표본을 $X_1, ..., X_n$라고 합시다. 이 X의 실현값 $\mathbf{X} = (X_1, ..., X_n)$에서 결합확률함수를 θ의 함수로 간주하고 아래 식과 같이 가능도함수를 정의합니다.

$$L(\theta; \mathbf{x}) = f(x_1; \theta) \cdot .... \cdot f(x_n; \theta)$$ (식 4-6-8)

가능도함수는 곱셈 형태라서 로그 변환을 통해 식을 덧셈으로 수정하는 편이 계산하기 쉬워 아래와 같이 로그가능도함수로 바꿉니다.

$$\log L(\theta; \mathbf{x}) = \sum_{i=1}^{n} \log f(x_i; \theta)$$ (식 4-6-9)

위 식의 최댓값을 구하기 위해 미분한 식의 값이 0이 되는 해 θ를 구합니다. 아래의 방정식을 가능도방정식, 이 식의 해 θ를 최대가능도추정량이라고 합니다. 이러한 방식으로 최대가능도추정법을 이용해 추정량을 구합니다.

$$\frac{d}{d\theta} \log L(\theta, \mathbf{x}) = 0$$ (식 4-6-10)

베이즈 법칙

지금까지는 모수에 대해 아무런 정보 없이 빈도론적인 접근방식으로 추정했지만 이러한 방식과 다르게 사전분포를 가정하고 베이즈 정리를 이용해 사후분포를 갱신해 나가는 것을 베이즈 법칙이라고 합니다.

표본으로부터 얻을 수 있는 가능도함수를 $p(x|\theta)$라고 하고 모수 θ가 사전확률 $\pi(\theta)$를 따른다고 가정하면 베이즈 정리에 의해 다음과 같이 사후분포를 구할 수 있습니다.

$$\pi(\theta|x) = \frac{p(x|\theta)\pi(\theta)}{\int p(x|\theta)\pi(\theta)d\theta} \qquad \text{(식 4-6-11)}$$

Practice

[연습문제 4-10]

평균이 μ, 분산이 σ^2인 정규모집단으로부터 추출한 크기 n개의 표본으로 구한 표본평균은 모평균과 같아야 합니다. 이러한 불편성을 증명하세요(프로그래밍하지 않고 직접 계산해도 괜찮습니다).

[연습문제 4-11]

어떤 동전을 5회 던져 뒤, 앞, 뒤, 앞, 앞이 나왔습니다. 이 동전의 앞이 나올 확률 θ를 추정하세요(프로그래밍하지 않고 직접 계산해도 괜찮습니다).

[연습문제 4-12]

다음의 지수분포를 따르는 모집단에서 크기 n인 표본 $X_1, ..., X_n$을 추출하고 모수 λ를 최대가능도추정법으로 구하세요(프로그래밍하지 않고 직접 계산해도 괜찮습니다).

$$f(x|\lambda) = \lambda e^{-\lambda x} \qquad \text{(식 4-6-12)}$$

해답은 부록 2

4.7 통계적 검정

Keyword 귀무가설, 대립가설, 유의, 기각, 유의수준, 제1종 오류, 제2종 오류, 검정력

수식을 이용한 설명이 조금 길었습니다. 다시 3장에서 다룬 '학생 데이터'를 이용해 봅시다. 이미 연습문제를 풀어보았겠지만 수학과 포르투갈어 성적 평균을 계산해 봅시다.

수학 성적 데이터 student-mat.csv와 포르투갈어 성적 데이터 student-por.csv를 읽어 들인 후 두 데이터를 결합합니다. pandas.merge(이하 pd.merge)의 파라미터 on에서 결합하는 변수를 지정하고, suffixes는 결합 후 변수 이름 뒤에 붙는 접미사를 지정합니다.

입력

```
# 수학 성적 데이터 읽어 오기
student_data_math = pd.read_csv('student-mat.csv', sep=';')

# 포르투갈어 성적 데이터 읽어 오기
student_data_por = pd.read_csv('student-por.csv', sep=';')
```

```
# 결합
student_data_merge = pd.merge(student_data_math
                    , student_data_por
                    , on=['school', 'sex', 'age', 'address', 'famsize',
                          'Pstatus', 'Medu', 'Fedu', 'Mjob', 'Fjob', 'reason',
                          'nursery', 'internet']
                    , suffixes=('_math', '_por'))

print('G1 수학 성적 평균:', student_data_merge.G1_math.mean())
print('G1 포르투갈어 성적 평균:', student_data_merge.G1_por.mean())
```

출력

```
G1 수학 성적 평균:10.861256544502618
G1 포르투갈어 성적 평균:12.112565445026178
```

4.7.1 검정

출력 결과를 보면 수학 성적 평균이 포르투갈어 성적보다 약간 낮습니다. 그런데 이 값을 근거로 두 과목의 성적에 차이가 있다고 말할 수 있을까요? 이 질문에 답하는 것이 검정입니다. 우선 모집단에서는 수학과 포르투갈어 성적 평균에 차이가 없다고 가정합시다. 수학 성적 모평균을 μ_{math}, 포르투갈어 성적 모평균을 μ_{por}라고 하면 다음 식이 성립합니다.

$$\mu_{math} = \mu_{por}$$ (식 4-7-1)

검정할 때 옳은지 검토하는 가설을 귀무가설[4]이라고 하고 H_0으로 표기합니다. 반면 귀무가설의 부정은 두 성적에 차이가 있다는 가정입니다. 즉, 아래의 식이 성립한다는 의미입니다.

$$\mu_{math} \neq \mu_{por}$$ (식 4-7-2)

이 가설을 대립가설이라고 하고 H_1으로 표기합니다. H_0이 통계적인 의미에서 발생할 가능성이 없다(예를 들면 $\mu_{math} = \mu_{por}$인 확률이 5% 미만)고 말할 수 있다면 H_0은 기각되고 두 성적에 차이가 있다는 대립가설을 선택합니다.

앞에서 5% 미만이라고 언급했는데 검정에서 귀무가설을 기각할 때의 기준을 유의수준이라고 하며 이 수준을 5%로 설정했습니다. 유의한 수준을 만족하지 않을 때 통계적인 차이가 있다(유의미하다)고 말합니다. 유의수준은 α로 표기하고 $\alpha = 5\%$, 또는 $\alpha = 1\%$가 자주 사용됩니다.

p-value(p값)는 실제 상황에 반하는 값이 우연히 통계량으로 산출될 확률입니다.

4

(옮긴이) 통계학적으로 가설을 검정할 때는 "차이가 없다는 귀무가설"과 이에 반대되는 "차이가 있다는 대립가설"을 설정하고 귀무가설이 맞는지 틀렸는지 검정해 두 가설 중 하나를 채택합니다. 대립가설은 연구자 또는 분석가가 입증되기를 기대하는 주장이나 가설입니다.

H_0이 옳다고 가정하면 p값이 작을수록 일어나기 힘든 일이 발생했다고 봅니다(H_0가 틀렸음을 보이는 통계량이 계산되었다고 해석).

이러한 개념을 이용해 p값을 계산해 봅시다. stats.ttest_rel을 사용합니다.

입력

```
from scipy import stats
t, p = stats.ttest_rel(student_data_merge.G1_math, student_data_merge.G1_por)
print( 'p값 = ', p)
```

출력

```
p값 = 1.6536555217100788e-16
```

4.7.2 제1종 오류와 제2종 오류

여기에서 유의수준이 1%이면 귀무가설을 기각해야 하지만 귀무가설이 옳았을 수도 있습니다. 이처럼 귀무가설이 옳았음에도 기각하는 실수가 제1종 오류이며 이 확률이 바로 α입니다. 성급하게 귀무가설을 기각했다고도 말합니다. 반면 귀무가설이 틀렸지만 수용하는 것이 제2종 오류이며 이 확률을 β로 표시합니다. 제2종 오류는 기각해야 할 단서를 너무 소홀하게 취급했다는 의미이기도 합니다.

β의 보수 $1 - \beta$는 검정력이라고 부르며 귀무가설이 틀렸을 때 올바르게 기각할 수 있는 확률을 나타냅니다. 재판에서 실제로는 유죄인 범죄자에게 무죄 판결을 내리는 것이 제1종 오류, 실제로 무죄인 사람이 유죄 판결을 받는 것은 제2종 오류에 해당합니다. 아래의 그림을 참고하기 바랍니다.

		진실	
		유죄	무죄
재판결과	유죄	정답 (True Positive)	제2종 오류 (False Positive: β)
	무죄	제1종 오류 (False Negative: α)	정답 (True Negative)

그림 4-7-1

일반적으로 검정력($1 - \beta$)은 0.8 이상이어야 한다고 말합니다. 그러나 α와 β는 한쪽이 작아지면 다른 한쪽이 커지는 관계입니다. β는 중요한 값이지만 계산을 하려면 임의로 대립가설 값을 설정해야 하므로, 즉 두 과목의 성적이 같지 않다면 얼마나 차이가 날지 임의로 가정해야 하므로 여기에서는 개념만 소개했습니다.

4.7.3 빅데이터 검정

검정은 다양한 분야에서 이용되지만 주의할 점이 있습니다. 사실 빅데이터(특별히 정해진 엄밀한 정의는 없지만 표본 크기가 수백만, 수천만 이상인 경우를 의미합니다) 분석에는 검정이 적합하지 않습니다. 현실 세계에서 표본과 모집단의 통계량이 같은 일은 거의 없습니다.

표본 크기가 커지면 검정력 $1 - \beta$도 커져 실무적으로는 동일하다고 생각해도 무방한 정도의 미묘한 차이만 있어도 p값이 작아져 귀무가설을 기각하게 됩니다. 즉, 빅데이터 분석 결과를 검정하면 대부분의 경우 유의한(p값이 아주 작아져서) 결과가 나옵니다.

검정에서 유의한 결과가 나왔다고 해도 두 개의 모수가 크게 다르다는 결론을 내릴 수 없고 두 개의 값이 얼마나 다른지도 검정을 통해서는 알 수 없습니다. 어느 정도의 차이가 있는지는 앞 절에서 설명한 신뢰구간을 이용하는 편이 효과적입니다.

검정을 끝으로 4장을 마치겠습니다. 이 장은 범위가 넓어서 책에서 다루지 못한 부분이 많습니다. 아직 통계나 확률을 공부하지 않은 사람들은 4장을 시작할 때 소개한 참고문헌으로 꼭 한번은 공부하기 바랍니다. 또한 지금까지 사용한 라이브러리의 함수에는 여러 가지 옵션이 있으므로 관심 있는 분들은 더 찾아보기 바랍니다.

Practice

[연습문제 4-13]

3장에서 이용한 데이터(student-mat.csv 및 student-por.csv)에서 수학과 포르투갈어 성적(G2) 평균에 차이가 있다고 말할 수 있을까요? 또한 G3은 어떨까요?

해답은 부록 2

Practice

4장 종합문제

[종합문제 4-1 검정]

4.7 "통계적 검정"에서 사용한 데이터(student_data_merge)를 이용해 아래의 질문에 답하세요.

1. 각 결석일 수(absences)는 차이가 있다고 할 수 있을까요?
2. 각 공부시간(studytime)은 어떨까요?

해답은 부록 2

05

파이썬을 이용한 과학 계산 (넘파이와 사이파이)

5장에서는 앞서 2장에서 기초적인 수준으로 다뤄보았던 넘파이(NumPy)와 사이파이(SciPy) 라이브러리를 더 능숙하게 사용할 수 있는 능력을 길러 봅시다. 5장과 6장에서는 데이터를 다루는 다양한 기술이 등장합니다. 당장은 이런 작업에 대한 필요성을 못 느끼겠지만 종합문제를 풀거나 이어지는 장에서 실제 데이터를 분석할 때 편리함을 알 수 있을 것입니다. 확실하게 익혀 둡시다.

이번 장의 전반부는 넘파이 배열을 다루는 기술을, 후반부는 사이파이를 이용해 과학 계산에 활용되는 행렬분해나 적분, 미분방정식이나 최적화 문제를 계산하는 방법을 살펴보겠습니다.

목표

넘파이와 사이파이를 이용해 데이터를 생성하고 과학계산을 수행하는 방법을 깊이 이해한다.

5.1 개요와 사전준비

Keyword 넘파이, 사이파이, 매트플롯립

5.1.1 개요

지금까지 기초적인 파이썬 문법과 과학계산 라이브러리 넘파이와 사이파이의 기본적인 사용방법을 배웠습니다. 이번 장에서는 이런 라이브러리를 이용한 다양한 계산 방법을 더 배워 보겠습니다.

넘파이에서는 인덱스 참조 및 브로드캐스트에 대해, 사이파이에서는 선형대수와 적분 계산, 최적화 계산에 대해 살펴봅니다.

5장과 6장에서는 데이터를 조작하는 기술이 많이 등장합니다. 처음에는 이런 기술의 필요성을 잘 느끼지 못할 수 있지만 종합문제에서 실제 데이터를 분석할 때 이러한 기술의 이점을 확인할 수 있을 것입니다. 확실하게 익혀 둡시다. 이번 장에서 다루는 데이터 분석에 필요한 파이썬 라이브러리들을 자세히 설명하는 책들은 참고 문헌 A-10에 소개했습니다.

5.3 "사이파이"에서는 수학적으로 조금 난이도가 높은 내용을 다룹니다. 이과계열 대학 3~4학년 수준에서 배우는 내용이라 처음 접하는 사람들은 쉽게 이해할 수 없을지도 모릅니다. 그러나 이어지는 장들에서 이러한 수학적 개념들을 모두 사용하지는 않으므로 선형대수(행렬분해 등), 미분방정식, 최적화 계산(선형계획법) 같은 내용들을 아직 공부하지 않은 분들은 완전히 이해하지 못해도 괜찮습니다.

이런 내용을 다루는 이유는 이론만 배운 사람들에게 실제 과학 계산을 할 때 C 같은 여타 언어보다 파이썬으로 더 쉽게 작업할 수 있다는 것을 보여 주기 위해서입니다. 데이터 과학 실무나 연구에서 미분방정식이나, 최적화 계산 등이 필요할 때는 꼭 사이파이를 사용하기 바랍니다.

5.1.2 라이브러리 임포트

2장에서 소개한 여러 라이브러리를 사용합니다. 다음 코드와 같이 임포트하고 진행하겠습니다. 넘파이와 사이파이는 물론 그래프 생성을 위한 매트플롯립도 일부 이용합니다.

입력

```
# 필요한 라이브러리 임포트
import numpy as np
import numpy.random as random
import scipy as sp
```

출력

```
'%.3f'
```

```
# 시각화 라이브러리
import matplotlib.pyplot as plt
import matplotlib as mpl
%matplotlib inline

# 소수점 세 번째 자리까지 표시
%precision 3
```

5.2 넘파이를 이용한 계산 방법

Keyword 인덱스 참조, 슬라이싱, 뷰, 범용 함수, 재배열, 결합과 분할, 반복, 브로드캐스트

이전 장에서는 넘파이를 활용한 기초적인 배열의 연산 방법을 배웠습니다. 여기에서는 더 다양한 방법을 실습해 봅시다.

5.2.1 인덱스 참조

우선은 인덱스로 데이터를 참조하는 방법부터 살펴봅시다. 설명을 위해 다음과 같이 간단한 데이터를 준비합니다.

입력

```
sample_array = np.arange(10)
print('sample_array:',sample_array)
```

출력

```
sample_array: [0 1 2 3 4 5 6 7 8 9]
```

출력 결과를 보면 데이터 sample_array는 0부터 9까지의 숫자(배열)입니다. 데이터의 일부를 변경해 봅시다.

우선 슬라이싱으로 처음 5개(sample_array[0]~sample_array[4])의 원소를 다른 변수 sample_array_slice에 입력합니다. 이때 sample_array_slice의 결과는 0~4까지 원소를 갖는 배열이 됩니다.

입력

```
# 원본 데이터
print(sample_array)

# 앞에서부터 숫자 5개를 추출해 sample_array_slice에 저장(슬라이싱)
sample_array_slice = sample_array[0:5]
print(sample_array_slice)
```

출력

```
[0 1 2 3 4 5 6 7 8 9]
[0 1 2 3 4]
```

다음은 새로 만든 sample_array_slice의 처음 3개 원소(sample_array_slice[0] ~ sample_array_slice[2])를 10으로 변경합니다. 그러면 sample_array_slice는 당연히 10 10 10 3 4가 되는데, 이때 원래 변수였던 sample_array의 원소 값도 변경된다는 점에 주의하기 바랍니다.

입력

```
# sample_array_slice 처음 3개 원소를 10으로 변경
sample_array_slice[0:3] = 10
print(sample_array_slice)

# 슬라이싱은 원본 리스트의 원소 값도 변경한다는 점에 주의
print(sample_array)
```

출력

```
[10 10 10  3  4]
[10 10 10  3  4  5  6  7  8  9]
```

데이터 복사

이렇게 원래 변수 값도 바뀌는 이유는 복사가 아니라 참조하기 때문입니다. 다시 말해 sample_array_slice = sample_array[0:5] 구문은 sample_array의 처음 5개의 원소를 sample_array_slice에 복사해 두는 것처럼 보이지만 sample_array_slice는 원본인 sample_array의 처음 5개 원소를 참조하므로 값을 변경하면 원본 데이터 값도 변경됩니다.

참조가 아니라 복사를 해야 할 때는 copy를 사용합니다. 그러면 복사한 것을 참조하기 때문에 변경해도 원본 데이터는 영향을 받지 않습니다.

입력

```
# copy하고 다른 object를 생성
sample_array_copy = np.copy(sample_array)
print(sample_array_copy)

sample_array_copy[0:3] = 20
print(sample_array_copy)

# 원본 리스트의 원소는 변경되지 않음
print(sample_array)
```

출력

```
[10 10 10  3  4  5  6  7  8  9]
[20 20 20  3  4  5  6  7  8  9]
[10 10 10  3  4  5  6  7  8  9]
```

불 인덱스 참조

다음은 불(boolean) 인덱스 참조 기능을 살펴보겠습니다. 말 그대로 bool(True, False인지 판단하는 값) 값에 따라 어떤 데이터를 추출할지 결정하는 기능입니다.

말로 설명하는 것보다 구체적인 예를 봅시다.

우선 아래와 같이 sample_names와 data 2개의 배열을 준비합니다. sample_names는 a, b, c, d, a라는 5개의 값을 갖는 배열이고 data는 표준정규분포에서 무작위로 생성된 값을 갖는 5×5 배열입니다.

입력

```
# 데이터 생성
sample_names = np.array(['a','b','c','d','a'])
random.seed(0)
data = random.randn(5,5)

print(sample_names)
print(data)
```

출력

```
['a' 'b' 'c' 'd' 'a']
[[ 1.764  0.4    0.979  2.241  1.868]
 [-0.977  0.95  -0.151 -0.103  0.411]
 [ 0.144  1.454  0.761  0.122  0.444]
 [ 0.334  1.494 -0.205  0.313 -0.854]
 [-2.553  0.654  0.864 -0.742  2.27 ]]
```

2개의 배열에 대해 불 인덱스를 이용해 참/거짓 값을 기준으로 원소를 추출해 봅시다. 우선은 다음과 같이 sample_names에 =='a'를 지정합니다. 그러면 원소의 값이 'a'인 부분만 True가 되는 결과를 추출합니다.

입력

```
sample_names == 'a'
```

출력

```
array([ True, False, False, False,  True])
```

이 결과를 아래와 같이 data 변수 [] 안에 조건으로 지정합니다. 그러면 True인 데이터만 추출할 수 있습니다. 예제에서는 0번째와 네 번째가 True이므로 0번째와 네 번째 인덱스 데이터를 추출합니다. 예제 데이터는 2차원 배열이므로 0번째와 네 번째 열이 추출됩니다. 이런 식의 데이터 추출 기능이 불 인덱스 참조입니다.

입력

```
data[sample_names == 'a']
```

출력

```
array([[ 1.764,  0.4  ,  0.979,  2.241,  1.868],
       [-2.553,  0.654,  0.864, -0.742,  2.27 ]])
```

조건 제어

numpy.where를 사용하면 2개의 데이터 X, Y가 있을 때 조건에 따라 X, Y 중에서 어떤 원소를 추출할지 결정할 수 있습니다. 문법은 다음과 같습니다.

numpy.where(조건 배열, X 데이터, Y 데이터)

조건 배열이 True일 때는 X 데이터, 그렇지 않으면 Y 데이터에서 추출됩니다. 구체적으로 실습해봅시다. 다음 예시 코드에서 조건 데이터는 True, True, False, False, True로 지정합니다.

x_array는 1, 2, 3, 4, 5, y_array는 100, 200, 300, 400, 500입니다. 조건 데이터가 True인 첫 번째, 두 번째, 다섯 번째는 x_array에서 추출됩니다. 그렇지 않을 경우는 y_array에서 추출되므로 결과는 1, 2, 300, 400, 5가 나옵니다.

이처럼 조건에 따라 데이터를 구분해 추출할 때 numpy.where가 편리합니다.

이제 실행해봅시다.

입력

```
# 조건을 제어하기 위해 불 배열 생성
cond_data = np.array([True,True,False,False,True])

# 배열 x_array 생성
x_array= np.array([1,2,3,4,5])

# 배열 y_array 생성
y_array= np.array([100,200,300,400,500])

# 조건 제어 실행
print(np.where(cond_data,x_array,y_array))
```

출력

```
[  1   2 300 400   5]
```

x_array에서 배열의 0번째(1), 첫 번째(2), 네 번째(5) 값이 추출되었고 y_array에서는 배열의 두 번째(300), 세 번째(400) 값이 추출되었습니다.

Practice

[연습문제 5-1]

아래와 같이 두 개의 배열 sample_names와 data가 있을 때 불 인덱스를 이용해 data에서 sample_names의 b에 해당하는 데이터를 추출하세요.

입력

```
# 데이터 생성
sample_names = np.array(['a','b','c','d','a'])
random.seed(0)
data = random.randn(5,5)

print(sample_names)
print(data)
```

```
['a' 'b' 'c' 'd' 'a']
[[ 1.764  0.4    0.979  2.241  1.868]
 [-0.977  0.95  -0.151 -0.103  0.411]
 [ 0.144  1.454  0.761  0.122  0.444]
 [ 0.334  1.494 -0.205  0.313 -0.854]
 [-2.553  0.654  0.864 -0.742  2.27]]
```

[연습문제 5-2]

연습문제 5-1의 sample_names와 data를 이용해 data에서 sample_names의 c를 제외한 데이터를 모두 추출하세요.

[연습문제 5-3]

아래와 같이 x_array, y_array가 있을 때, 넘파이의 where를 이용해 조건에 따라 세 번째와 네 번째는 x_array에서, 첫 번째, 두 번째, 다섯 번째는 y_array에서 각 값을 추출해 데이터를 생성하세요.

입력

```
x_array= np.array([1,2,3,4,5])
y_array= np.array([6,7,8,9,10])
```

해답은 부록 2

5.2.2 넘파이를 이용한 연산 작업

넘파이를 이용해 중복 원소를 삭제하거나 모든 원소에 함수를 적용할 수 있습니다.

중복 삭제

unique를 이용해 중복 원소를 삭제할 수 있습니다.

입력

```
cond_data = np.array([True,True,False,False,True])

# cond_data를 출력
print(cond_data)

# 중복 원소 삭제
print(np.unique(cond_data))
```

```
[ True  True False False  True]
[False  True]
```

범용함수

범용함수는 모든 원소에 함수를 적용할 수 있는 기능입니다. 예시 코드와 같이 모든 원소에 대해 제곱근이나 자연상수 지수함수를 계산할 수 있습니다.

입력

```
# 범용함수
sample_data = np.arange(10)
print('원본 데이터:', sample_data)
print('모든 원소의 제곱근:',np.sqrt(sample_data))
print('모든 원소의 자연상수 지수함수:',np.exp(sample_data))
```

출력

```
원본 데이터:  [0 1 2 3 4 5 6 7 8 9]
모든 원소의 제곱근: [0.     1.     1.414 1.732 2.     2.236 2.449 2.646 2.828 3.    ]
모든 원소의 자연상수 지수함수 :  [1.000e+00 2.718e+00 7.389e+00 2.009e+01 5.460e+01
 1.484e+02 4.034e+02 1.097e+03 2.981e+03 8.103e+03]
```

최소, 최대, 평균, 합계 계산

2장에서 판다스로도 계산해보았지만 넘파이를 이용해서 최소, 최대, 평균, 합계 등을 계산할 수 있습니다. 파라미터 axis에서 행과 열을 지정할 수 있습니다.

입력

```
# arange로 9개의 원소를 갖는 배열을 생성하고 reshape로 3x3 행렬로 재배열
sample_multi_array_data1 = np.arange(9).reshape(3,3)

print(sample_multi_array_data1)

print('최솟값:',sample_multi_array_data1.min())
print('최댓값:',sample_multi_array_data1.max())
print('평균:',sample_multi_array_data1.mean())
print('합계:',sample_multi_array_data1.sum())

# 행렬을 지정해 합계를 구함
print('행 합계:',sample_multi_array_data1.sum(axis=1))
print('열 합계:',sample_multi_array_data1.sum(axis=0))
```

출력

```
[[0 1 2]
 [3 4 5]
```

```
  [6 7 8]]
최솟값: 0
최댓값: 8
평균: 4.0
합계: 36
행 합계: [ 3 12 21]
열 합계: [ 9 12 15]
```

진릿값 판정

any 또는 all을 이용해 원소에 대한 조건 판정이 가능합니다. any는 적어도 한 가지라도 충족시키면 True, all은 모두 충족한 경우에 True가 됩니다. np.any(cond_data), np.all(cond_data)로도 계산할 수 있습니다.

입력

```
# 진릿값 판정 배열함수
cond_data = np.array([True,True,False,False,True])

print('True가 적어도 하나라도 있는가:',cond_data.any())
print('모두 True인가:',cond_data.all())
```

출력

```
'True가 적어도 하나라도 있는가: True
모두 True인가: False
```

또한 다음과 같이 조건을 지정한 후 sum을 붙이면 조건에 맞는 원소의 개수를 계산합니다.

입력

```
sample_multi_array_data1 = np.arange(9).reshape(3,3)
print(sample_multi_array_data1)
print('5보다 큰 숫자가 몇 개인가:',(sample_multi_array_data1>5).sum())
```

출력

```
[[0 1 2]
 [3 4 5]
 [6 7 8]]
5보다 큰 숫자가 몇 개인가: 3
```

대각성분 계산

행렬의 대각성분(행렬의 왼쪽 위에서 오른쪽 아래 방향으로 대각선상에 있는 성분)이나 성분의 합은 다음과 같이 계산할 수 있습니다.

입력

```
# 행렬 연산
sample_multi_array_data1 = np.arange(9).reshape(3,3)
print(sample_multi_array_data1)

print('대각성분:',np.diag(sample_multi_array_data1))
print('대각성분의 합:',np.trace(sample_multi_array_data1))
```

출력

```
[[0 1 2]
 [3 4 5]
 [6 7 8]]
대각성분: [0 4 8]
대각성분의 합: 12
```

Practice

[연습문제 5-4]

다음 데이터에 대해 모든 원소의 제곱근 행렬을 출력하세요.

입력

```
sample_multi_array_data2 = np.arange(16).reshape(4,4)
sample_multi_array_data2
```

출력

```
array([[ 0,  1,  2,  3],
       [ 4,  5,  6,  7],
       [ 8,  9, 10, 11],
       [12, 13, 14, 15]])
```

[연습문제 5-5]

연습문제 5-4 sample_multi_array_data2의 최댓값, 최솟값, 합계, 평균값을 구하세요.

[연습문제 5-6]

연습문제 5-4 sample_multi_array_data2의 대각성분 합을 구하세요.

해답은 부록 2

5.2.3 배열의 조작과 브로드캐스트

넘파이를 이용해 행렬의 차원 변경, 결합, 분할 같은 작업을 수행할 수 있습니다.

재배열(reshape)

넘파이에서는 행렬의 형태를 변경하는 작업(차원 변경)을 재배열 또는 재구조화라고 합니다. 다음과 같은 데이터를 생각해봅시다.

입력

```
# 데이터 생성
sample_array = np.arange(10)
sample_array
```

출력

```
array([0, 1, 2, 3, 4, 5, 6, 7, 8, 9])
```

이 상태에서 reshape(2, 5)를 실행하면 원본 데이터를 2×5 형태로 재배열합니다.

입력

```
# 재배열
sample_array2 = sample_array.reshape(2,5)
sample_array2
```

출력

```
array([[0, 1, 2, 3, 4],
       [5, 6, 7, 8, 9]])
```

물론 아래 코드처럼 실행하면 5×2 형태로 재배열할 수 있습니다.

입력

```
sample_array2.reshape(5,2)
```

출력

```
array([[0, 1],
       [2, 3],
       [4, 5],
       [6, 7],
       [8, 9]])
```

데이터 결합

concatenate를 이용해 데이터를 결합할 수 있습니다. 파라미터 axis에 수직 또는 수평 방향을 지정합니다.

수직 방향 결합

다음 예제 코드에서는 파라미터 axis를 0으로 지정해 수직 방향으로 결합합니다.

입력

```
# 데이터 생성
sample_array3 = np.array([[1,2,3],[4,5,6]])
sample_array4 = np.array([[7,8,9],[10,11,12]])
print(sample_array3)
print(sample_array4)

# 수직 방향으로 결합. 파라미터 axis에 0 지정
np.concatenate([sample_array3,sample_array4],axis=0)
```

출력

```
[[1 2 3]
 [4 5 6]]
[[ 7  8  9]
 [10 11 12]]

array([[ 1,  2,  3],
       [ 4,  5,  6],
       [ 7,  8,  9],
       [10, 11, 12]])
```

수직 방향 결합은 vstack으로도 가능합니다.

입력

```
# vstack을 이용한 수직 방향 결합
np.vstack((sample_array3,sample_array4))
```

출력

```
array([[ 1,  2,  3],
       [ 4,  5,  6],
       [ 7,  8,  9],
       [10, 11, 12]])
```

수평 방향 결합

수평 방향으로 결합하려면 axis에 1을 설정합니다.

입력

```
# 수평 방향으로 결합
np.concatenate([sample_array3,sample_array4],axis=1)
```

출력

```
array([[ 1,  2,  3,  7,  8,  9],
       [ 4,  5,  6, 10, 11, 12]])
```

수평 방향 결합은 hstack으로도 가능합니다.

입력

```
# 수평 방향으로 결합하는 다른 방법
np.hstack((sample_array3,sample_array4))
```

출력

```
array([[ 1,  2,  3,  7,  8,  9],
       [ 4,  5,  6, 10, 11, 12]])
```

배열 분할

split을 이용해 배열을 분할할 수 있습니다. 예시를 위해 먼저 분할 대상 데이터 sample_array_vstack을 생성합니다.

입력

```
# 데이터 생성
sample_array3 = np.array([[1,2,3],[4,5,6]])
sample_array4 = np.array([[7,8,9],[10,11,12]])
sample_array_vstack = np.vstack((sample_array3,sample_array4))
# 생성한 데이터 sample_array_vstack 출력
sample_array_vstack
```

출력

```
array([[ 1,  2,  3],
       [ 4,  5,  6],
       [ 7,  8,  9],
       [10, 11, 12]])
```

이 데이터를 split으로 분할합니다. 예시 코드에서 split에 지정한 파라미터 [1, 3]이 배열을 분할하는 방법입니다. ~1(인덱스 1 이전까지), 1~3(인덱스 1부터 3 이전까지), 3~(인덱스 3 이후)기준으로 원소를 분할한다는 의미입니다. 실행 결과 배열은 3개로 분할됩니다. 인덱스는 0부터 시작한다는 점에 주의하기 바랍니다.

```
# sample_array_vstack을 이용해 분할한 뒤
# 3개의 변수 first, seocnd, third에 저장한다
first,second,third=np.split(sample_array_vstack,[1,3])

# first 출력
print(first)
```

```
[[1 2 3]]
```

first에는 ~1 인덱스, 즉 0번째의 값이 저장됩니다. sample_array_vstack는 3×4 형태의 2차원 배열이므로 0번째 값은 [[1 2 3]]입니다.

입력

```
# second 출력
print(second)
```

출력

```
[[4 5 6]
 [7 8 9]]
```

입력

```
# second의 첫 번째 원소 출력
second[0]
```

출력

```
array([4, 5, 6])
```

입력

```
# third 출력
print(third)
```

출력

```
[[10 11 12]]
```

예제를 하나 더 봅시다. 새로운 데이터를 추가하고 분할하겠습니다. 다음과 같은 데이터를 생각해 봅시다.

입력

```
# 데이터 생성
sample_array5 = np.array([[13,14,15],[16,17,18],[19,20,21]])
sample_array_vstack2 = np.vstack((sample_array3,sample_array4,sample_array5))
# 원본 데이터
print(sample_array_vstack2)
```

출력

```
[[ 1  2  3]
 [ 4  5  6]
 [ 7  8  9]
 [10 11 12]
 [13 14 15]
 [16 17 18]
 [19 20 21]]
```

이 배열 데이터를 분할해봅시다. 파라미터가 [2,3,5]이므로 인덱스 2 이전까지(0, 1), 인덱스 3 이전까지(2), 인덱스 5 이전까지(3~4), 인덱스 5 이후를 기준으로 4개의 배열로 분할됩니다.

입력

```
# sample_array_vstack2을 ~2, 2, 3~4, 5~ 형태의 4개로 분할하고 first, second, third,
# fourth에 저장
first,second,third,fourth=np.split(sample_array_vstack2,[2,3,5])
print('·첫 번째:\n',first,'\n')
print('·두 번째:\n',second,'\n')
print('·세 번째:\n',third,'\n')
print('·네 번째:\n',fourth,'\n')
```

출력

```
·첫 번째:
 [[1 2 3]
 [4 5 6]]

·두 번째:
 [[7 8 9]]

·세 번째:
 [[10 11 12]
 [13 14 15]]

·네 번째:
 [[16 17 18]
 [19 20 21]]
```

원소를 추출하면 다음과 같습니다.

입력

```
First[0]
```

출력

```
array([1, 2, 3])
```

입력

```
first[1]
```

출력

```
array([4, 5, 6])
```

반복 작업

repeat를 이용해 각 원소를 반복적으로 생성할 수 있습니다.

입력

```
# repeat를 이용해 각 원소를 지정된 횟수만큼 반복해서 생성
first.repeat(5)
```

```
array([1, 1, 1, 1, 1, 2, 2, 2, 2, 2, 3, 3, 3, 3, 3, 4, 4, 4, 4, 4, 5, 5,
       5, 5, 5, 6, 6, 6, 6, 6])
```

브로드캐스트

마지막으로 브로드캐스트(boradcast)를 알아 봅시다. 배열의 크기가 다를 때 자동으로 원소를 복사해 연산 대상 데이터의 크기에 맞추는 기능입니다. 우선 0부터 9까지의 데이터를 생성합니다.

입력

```
# 데이터 생성
sample_array = np.arange(10)
print(sample_array)
```

출력

```
[0 1 2 3 4 5 6 7 8 9]
```

이 데이터에 +3 명령어로 3을 더하려고 합니다. 그런데 sample_array + 3에서 한쪽은 배열이고 다른 한쪽은 배열이 아니므로 이대로는 계산이 불가능합니다. 그래서 넘파이에서는 한쪽 데이터의 원소를 복사해 데이터의 크기를 맞춰 sample_array + np.array([3,3,3,3,3,3,3,3,3,3])과 같은 방식으로 계산합니다. 이렇게 계산하는 방식이 브로드캐스트입니다.

입력

```
sample_array + 3
```

출력

```
array([ 3,  4,  5,  6,  7,  8,  9, 10, 11, 12])
```

이상으로 넘파이에 대한 설명을 마칩니다. 넘파이는 다른 라이브러리의 기반이 되며 이번 장에서 소개한 내용 이외에도 다양한 방법으로 데이터를 다룰 수 있으니 참고문헌 A-10에서 제시하는 책들이나 넘파이 튜토리얼(*https://numpy.org/devdocs/user/quickstart.html*) 등을 읽어 보기 바랍니다.

Practice

[연습문제 5-7]

다음 2개의 배열을 수평 방향으로 결합하세요

입력

```
# 데이터 생성
sample_array1 = np.arange(12).reshape(3,4)
sample_array2 = np.arange(12).reshape(3,4)
```

5.3 사이파이 응용

Keyword 선형보간, 스플라인 보간, 보간법, linalg, 특잇값 분해, LU 분해, 숄레스키 분해(Cholesky
decomposition), 적분, 미분방정식, integrate, 최적화, 이분법, 브렌트법, 뉴튼법, optimize

이번 절에서는 사이파이를 과학 계산에 활용하는 방법에 대해 배워봅시다. 보간법
과 행렬 연산, 적분, 최적화(선형계획법의 일부)에 대해 살펴보겠습니다. 그 밖에도
사이파이는 고속 푸리에 변환(fast Fourier transform), 신호 처리, 이미지 데이터 연
산에도 활용할 수 있습니다. 이런 작업을 다룰 기회가 생기면 사이파이 사용을 검토
하기 바랍니다. 앞에서 이야기했듯이 이 분야를 전혀 배우지 않은 사람들은 이런 방
법도 있다는 정도만 알아도 충분하므로 어려운 부분은 적당히 건너 뛰면서 읽기 바
랍니다.

참고문헌 A-10에서 소개하고 있는 책들과 사이파이 공식 웹사이트(*https://www.
scipy.org/*)도 활용하기 바랍니다.

5.3.1 보간법

우선 보간법을 살펴보기 위해 아래의 코드를 실행하고 그래프를 확인합시다.

입력

```
# x는 linspace를 이용해 0에서 10까지 11개의 원소를 갖는 등차수열
x = np.linspace(0, 10, num=11, endpoint=True)
# y값 생성
y = np.cos(-x**2/5.0)
plt.plot(x,y,'o')
plt.grid(True)
```

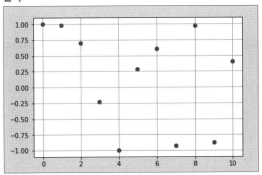

왼쪽에서 순서대로 그래프의 점을 따라가다 보면 특정한 곡선 모양을 하고 있음을 알 수 있습니다. (코드에서 cos 함수로 그래프를 만들었지만 일단은 이 사실을 모른다고 합시다).

이 그래프에서 x가 4.5일 때 x에 대응하는 y 값은 무엇일까요? 이 값을 추측하는 것이 보간법입니다.

선형 보간법

사이파이에서 데이터 사이의 보간은 interp1d를 이용해 계산합니다. 예시 코드에서는 점과 점 사이를 1차식으로 연결해 보간(선형보간)합니다.

입력

```
from scipy import interpolate

# 선형보간. interp1d의 파라미터로 linear 지정
f = interpolate.interp1d(x, y,'linear')
plt.plot(x,f(x),'-')
plt.grid(True)
```

출력

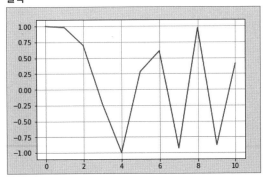

스플라인 3차 보간법

다음은 그래프에 스플라인(Spline) 3차 보간법을 추가해 봅시다. 스플라인 3차 보간법은 점과 점 사이를 3차원 다항식으로 보간하는 방법입니다.

입력

```
# 스플라인 3차 보간을 계산해 f2에 저장. 파라미터에 cubic을 지정
f2 = interpolate.interp1d(x, y,'cubic')

# 곡선을 만들기 위해 x 값을 촘촘하게 생성
xnew = np.linspace(0, 10, num=30, endpoint=True)

# 그래프 생성. f를 곡선으로 f2를 점선으로 그림
plt.plot(x, y, 'o', xnew, f(xnew), '-', xnew, f2(xnew), '--')

# 범례
plt.legend(['data', 'linear', 'cubic'], loc='best')
plt.grid(True)
```

출력

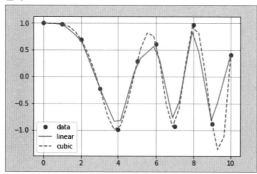

단, 현재 데이터를 이용해 보간법으로 생성한 곡선 그래프가 새로운 데이터에도 맞을지는 알 수 없습니다.

이런 문제는 나중에 머신러닝을 다룰 때 살펴보겠습니다. 사이파이 공식 문서의 보간법 계산 항목(*https://docs.scipy.org/doc/scipy/reference/tutorial/interpolate.html*)도 읽어보기 바랍니다.

Practice

[연습문제 5-10]

아래 데이터를 이용해 선형 보간법으로 그래프를 그리세요.

```
x = np.linspace(0, 10, num=11, endpoint=True)
y = np.sin(x**2/5.0)
plt.plot(x,y,'o')
plt.grid(True)
```

출력

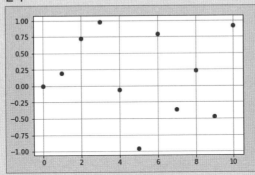

[연습문제 5-11]

2차 스플라인 보간법(점과 점 사이를 2차 다항식으로 보간하는 방법)으로 연습문제 5-10의 그래프를 그리세요.(2차 스플라인 보간법은 파라미터를 quadratic으로 지정합니다.)

[연습문제 5-12]

3차 스플라인 보간법으로 그래프를 그리세요.

해답은 부록 2

5.3.2 선형대수: 행렬 분해

행렬 연산을 더 깊이 살펴보겠습니다. 대학에서 선형대수를 배우지 않은 사람들에게는 내용이 조금 어려울 수 있기 때문에 이 부분을 건너 뛰어도 괜찮습니다.

특잇값 분해

먼저 특잇값 분해(singular value decomposition, SVD)부터 알아봅시다.

어떤 행렬 A에 다른 행렬 x를 곱했을 때 원래 행렬의 λ배가 되면 x를 고유벡터, λ를 고윳값이라고 합니다. 이를 수식으로 표현하면 다음과 같습니다.

$$Ax = \lambda x$$

(식 5-3-1)

1
(옮긴이) 행과 열의 수가 동일한 행렬

고윳값을 계산하려면 행렬 A가 정방행렬[1]이어야 하는데 특잇값 분해는 고윳값 계산을 정방행렬이 아닌 행렬에 적용한 것이라고 말할 수 있습니다. 행렬 A의 특잇값 분해식은 아래와 같습니다.

$$A = U \sum V^*$$

(식 5-3-2)

여기에서 A는 (m, n) 행렬이며 V는 A^*A (*는 켤레전치행렬[2]을 표시)의 고유벡터를 열 벡터로 나열한 행렬, U는 AA^*의 고유벡터를 열 벡터로 나열한 행렬, $\sum$는 특잇값을 대각으로 나열한 행렬입니다.

　AA^*의 고윳값은 $min(m, 1)$이며, 이 값 중 양의 정부호 고윳값을 σ_i^2이라고 할 때 고윳값의 제곱근 σ_i를 특잇값이라고 합니다. 구체적인 값을 계산하면 아래와 같습니다. @는 행렬곱셈을 간결하게 표기한 연산자입니다.(@ 연산자는 파이썬 3.5, 넘파이 1.10부터 지원합니다.)

2
(옮긴이) 행렬을 전치하고 각 원소에 켤레복소수(복소수의 허수 부분 부호를 바꿈)를 취하는 행렬.

입력

```
# (2,5) 행렬
A = np.arr
ay([[1,2,3,4,5],[6,7,8,9,10]])

# 특잇값 분해 함수 linalg.svd
U, s, Vs = sp.linalg.svd(A)
m, n = A.shape

S = sp.linalg.diagsvd(s,m,n)

print('U.S.V* = \n',U@S@Vs)
```

출력

```
U.S.V* =
 [[ 1.  2.  3.  4.  5.]
  [ 6.  7.  8.  9.  10.]]
```

Point

특잇값 분해는 머신러닝에서 다룰 리지회귀, 주성분 분석과 관련 있고 딥러닝에서도 매우 중요합니다. 이 책에서 자세한 계산 방법까지는 다루지 않지만 꼭 기억해 두기 바랍니다. 희소(sparse) 데이터를 이용한 회귀 모델링을 다룬 트레버 해스티(Trevor Hastie) 교수의 책이 온라인에 공개(*https://web.stanford.edu/~hastie/StatLearnSparsity_files/SLS.pdf*)되어 있으니 함께 읽어 보면 도움이 됩니다

LU 분해

다음은 LU 분해입니다. A가 정방행렬일 때 $Ax = b$를 푸는 대신 $PLUx = b$를 풀어 보다 효과적으로 해를 구하는 방법이 LU 분해입니다. 치환행렬 P, 모든 대각성분이 1인 하삼각행렬 L, 상삼각행렬 U를 $A = PLU$ 관계로 놓습니다. 구체적인 계산 방법은 다음과 같습니다.

입력

```
# 데이터 생성
A = np.identity(5)
A[0,:] = 1
A[:,0] = 1
A[0,0] = 5
b = np.ones(5)

# 정방행렬을 LU 분해함
(LU,piv) = sp.linalg.lu_factor(A)
L = np.identity(5) + np.tril(LU,-1)
U = np.triu(LU)
P = np.identity(5)[piv]

# 해를 구함
x = sp.linalg.lu_solve((LU,piv),b)
x
```

출력

```
array([-3.,  4.,  4.,  4.,  4.])
```

숄레스키 분해

3
(옮긴이) 자기 자신과
켤레전치가 같은 복소수
정사각 행렬.
https://ko.wikipedia.
org/wiki/에르미트_
행렬

행렬 A가 에르미트 행렬[3]이면서 양의 정부호 행렬일 때 하삼각행렬 L과 켤레전치 L^*의 곱셈 $A = LL^*$를 분해하는 것이 숄레스키 분해(Cholesky decomposition)입니다. 방정식 $LL^*x = b$을 풀어 해를 구합니다.

입력

```
A - np.array([[7, -1, 0, 1],
              [-1, 9, -2, 2],
              [0, -2, 8, -3],
              [1, 2, -3, 10]])
b = np.array([5, 20, 0, 20])

L = sp.linalg.cholesky(A)

t = sp.linalg.solve(L.T.conj(), b)
x = sp.linalg.solve(L, t)

# 해답
print(x)
```

출력

```
[0.758 2.108 1.241 1.863]
```

입력

```
# 확인
np.dot(A,x)
```

출력

```
array([5.000e+00, 2.000e+01, 2.665e-15, 2.000e+01])
```

그 밖에 QR 분해 방법도 있는데, 이 책에서는 생략하지만 사이파이 공식 문서의 행렬 계산 항목(https://docs.scipy.org/doc/scipy/reference/tutorial/linalg.html)에서 확인하기 바랍니다.

이상으로 사이파이를 이용한 선형대수와 행렬 분해에 대한 설명을 마칩니다.

행렬 분해를 어디에 활용할지 연상하기 어려울 텐데요, 실무적으로는 상품 추천 알고리즘에 응용합니다(음수미포함행렬분해, NMF[4]).

구매 데이터를 분석하는 경우 하나의 구매(장바구니, 구매자) 데이터에서 각 구매 상품을 변수로 만들어 행렬 데이터로 변경하면 대부분 희소행렬[5]이 되므로, 그 상태에서 분석하면 의미 있는 결과가 나오지 않을 때가 많습니다. 그래서 차원을 감소하기 위해 행렬 분해를 활용합니다. 이와 관련해서는 "스파스(sparse) 모델링과 다변량 데이터 분석"을 다룬 참고문헌 A-11을 확인하기 바랍니다.

음수미포함행렬분해는 어떤 행렬 X를 $X = WH$로 근사할 때 근사 후의 행렬 W, H의 원소가 모두 양수가 되도록 합니다. 사이킷런의 decomposition을 사용해 계산합니다.

4
(옮긴이) Non-negative Matrix Factorization. 음수를 포함하지 않은 행렬 V를 음수를 포함하지 않은 행렬 W와 H의 곱으로 분해하는 알고리즘. *https://ko.wikipedia.org/wiki/음수_미포함_행렬_분해*

5
(옮긴이) 대부분의 원소 값이 0인 행렬.

입력

```
# NMF를 이용합니다
from sklearn.decomposition import NMF

# 분해 대상 행렬
X = np.array([[1,1,1], [2,2,2],[3,3,3], [4,4,4]])

model = NMF(n_components=2, init='random', random_state=0)

W = model.fit_transform(X)
H = model.components_
W
```

출력

```
array([[0.425, 0.222],
       [0.698, 0.537],
       [0.039, 1.434],
       [2.377, 0.463]])
```

입력

```
H
```

출력

```
array([[1.281, 1.281, 1.282],
       [2.058, 2.058, 2.058]])
```

입력

```
np.dot(W, H) # W@H를 사용해도 괜찮음
```

출력

```
array([[1., 1., 1.],
       [2., 2., 2.],
       [3., 3., 3.],
       [4., 4., 4.]])
```

[연습문제 5-13]

아래의 행렬에 대해 특잇값 분해를 하세요.

입력

```
B = np.array([[1,2,3],[4,5,6],[7,8,9],[10,11,12]])
B
```

출력

```
array([[ 1,  2,  3],
       [ 4,  5,  6],
       [ 7,  8,  9],
       [10, 11, 12]])
```

[연습문제 5-14]

아래의 행렬에 대해 LU 분해하고 방정식 $Ax = b$의 해를 구하세요.

입력

```
# 데이터 생성
A = np.identity(3)
print(A)
A[0,:] = 1
A[:,0] = 1
A[0,0] = 3
b = np.ones(3)
print(A)
print(b)
```

출력

```
[[1. 0. 0.]
 [0. 1. 0.]
 [0. 0. 1.]]
[[3. 1. 1.]
 [1. 1. 0.]
 [1. 0. 1.]]
[1. 1. 1.]
```

해답은 부록 2

5.3.3 적분과 미분방정식

다음은 적분을 계산하고 미분방정식의 해를 구하는 방법을 살펴보겠습니다.

적분

적분 방법을 알아봅시다. 사이파이를 사용해 다음과 같은 수식을 적분할 수 있습니다.

$$\int_0^1 \frac{4}{1 + x^2} dx \qquad \text{(식 5-3-3)}$$

식을 계산하면 π(3.14...)와 같은 값인데 다음의 코드로 확인해봅시다. 적분 계산은 `integrate.quad`을 이용합니다.

```
# 적분 계산
from scipy import integrate
import math
```

아래 코드에서 위의 식을 다음과 같이 정의합니다.

입력

```
def calcPi(x):
    return 4/(1+x**2)
```

계산을 위해 integrate.quad을 이용합니다. integrate.quad의 첫 번째 인수는 적분할 함수를 지정합니다. 두 번째와 세 번째 인수에서 적분할 범위를 설정합니다.

입력

```
# 계산 결과와 추정오차
integrate.quad(calcPi, 0, 1)
```

출력

```
(3.142, 0.000)
```

아래 코드에서는 동일한 작업을 익명함수로 실행했습니다.

입력

```
# 익명함수를 이용해서도 가능
integrate.quad(lambda x: 4/(1+x**2), 0, 1)
```

출력

```
(3.142, 0.000)
```

어느 쪽이든 거의 3.14가 된다는 것을 알 수 있습니다.

sin 함수를 구하는 예

또 다른 예로 sin 함수를 구해봅시다.

입력

```
from numpy import sin
integrate.quad(sin, 0, math.pi/1)
```

출력

```
(2.000, 0.000)
```

이중적분도 가능합니다.

$$\int_0^\infty \int_1^\infty \frac{e^{-xt}}{t^n} dt dx$$

(식 5-3-4)

물론 직접 계산해 1/n을 구할 수 있지만 integrate.dblquad를 이용해 확인해 봅시다. 단, 컴퓨터가 계산한 결과이므로 앞에서와 마찬가지로 완전히 결괏값이 일치하지는 않고 오차가 발생합니다.

입력

```
# 2중적분
def I(n):
    return integrate.dblquad(lambda t, x: np.exp(-x*t)/t**n, 0, np.inf, lambda x: 1, lambda x: np.inf)
print('n=1일 때:',I(1))
print('n=2일 때:',I(2))
print('n=3일 때:',I(3))
print('n=4일 때:',I(4))
```

출력

```
n=1일 때: (1.0000000000048965, 6.360750360104306e-08)
n=2일 때: (0.4999999999985751, 1.3894083651858995e-08)
n=3일 때: (0.33333333325010883, 1.3888461883425516e-08)
n=4일 때: (0.2500000000043577, 1.2983033469368098e-08)
```

미분방정식 계산

사이파이로 미분방정식도 계산할 수 있습니다. 다음은 카오스 이론으로 유명한 로렌츠 방정식(Lorenz equation)입니다.

$$\frac{dx}{dt} = -px + py$$

$$\frac{dy}{dt} = -xz + rx - y \qquad \text{(식 5-3-5)}$$

$$\frac{dz}{dt} = xy \quad bz$$

이 식을 파이썬으로 표시하면 다음과 같습니다. v는 벡터이며 로렌츠 방정식의 x, y, z가 각기 v[0], v[1], [v2]입니다.

입력

```
# 모듈 임포트
import numpy as np
from scipy.integrate import odeint
import matplotlib.pyplot as plt
from mpl_toolkits.mplot3d import Axes3D

# 로렌츠 방정식
def lorenz_func(v, t, p, r, b):
    return [-p*v[0]+p*v[1], -v[0]*v[2]+r*v[0]-v[1], v[0]*v[1]-b*v[2]]
```

로렌츠가 논문에서 이용한 파라미터 $p = 10$, $r = 28$, $b = \frac{8}{3}$을 lorenz_func에 대입해 미분방정식을 풀고 그래프를 출력합니다. 미분방정식은 odeint을 이용해 해를 풀 수 있습니다.

입력

```
# 파라미터 설정
p = 10
r = 28
b = 8/3
v0 = [0.1, 0.1, 0.1]
t = np.arange(0, 100, 0.01)

# 함수 호출
v = odeint(lorenz_func, v0, t, args=(p, r, b))

# 시각화
fig = plt.figure()
ax = fig.gca(projection='3d')
ax.plot(v[:, 0], v[:, 1], v[:, 2])

# 타이틀, 그리드 설정
plt.title('Lorenz')
plt.grid(True)
```

출력

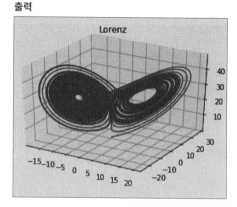

코드를 실행하면 해는 3차원 공간에서 불규칙한 궤적을 그린다는 사실을 알 수 있습니다.

이 절에서 학습한 내용은 "파이썬과 로렌츠 방정식"을 다룬 문서(URL B-12)와 사이파이 공식 문서의 "SciPy 적분과 미분방정식 계산 항목"(*https://docs.scipy.org/doc/scipy/reference/tutorial/integrate.html*) 등에서도 확인하기 바랍니다.

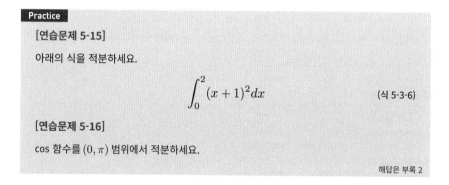

Practice

[연습문제 5-15]

아래의 식을 적분하세요.

$$\int_0^2 (x+1)^2 dx$$

(식 5-3-6)

[연습문제 5-16]

cos 함수를 $(0, \pi)$ 범위에서 적분하세요.

해답은 부록 2

5.3.4 최적화

마지막으로 최적화계산(선형계획법) 메서드에 대해 알아봅시다. 아울러 방정식의 해를 구하는 방법도 소개합니다. 최적화 계산은 optimize를 이용하므로 임포트해둡니다.

```
from scipy.optimize import fsolve
```

2차원 함수의 최적화

우선 2차 함수 $f(x)$가 0이 되는 x를 생각해 봅시다.

물론 공식을 이용해 해를 구할 수도 있지만 사이파이에 익숙해지기 위해 optimize 를 이용합시다.

$$f(x) = 2x^2 + 2x - 10 \qquad \text{(식 5-3-7)}$$

위의 함수를 다음과 같이 정의합니다.

입력

```
def f(x):
    y = 2 * x**2 + 2 * x - 10
    return y
```

그래프를 그려 봅시다.

입력

```
# 그래프 생성
x = np.linspace(-4,4)
plt.plot(x,f(x))
plt.plot(x,np.zeros(len(x)))
plt.grid(True)
```

출력

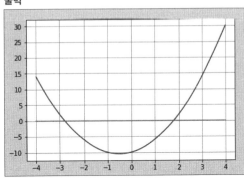

그래프를 보면 해는 2와 -3 근처에 있음을 알 수 있고 다음과 같이 계산하면 해가 나옵니다.

입력

```
# x = 2 부근
x = fsolve(f,2)
print(x)
```

출력

```
[1.791]
```

```
# x = -3 부근
x = fsolve(f,-3)
print(x)
```

```
[-2.791]
```

최적화 문제 풀기

다음과 같은 최적화 문제를 생각해 봅시다. 식 두 번째 행의 $s.t.$는 subject to(~에 대하여)를 의미합니다.

$$\min x_1 x_4 (x_1 + x_2 + x_3) + x_3$$
$$s.t.\ x_1 x_2 x_3 x_4 \geq 25$$
$$1 \leq x_1, x_2, x_3, x_4 \leq 5 \qquad \text{(식 5-3-8)}$$
$$x_0 = (1, 5, 5, 1)$$
$$40 - (x_1^2 + x_2^2 + x_3^2 + x_4^2) \geq 0$$

위의 식은 $\min$ 뒤의 함수를 최소화하는 것인데 $s.t.$ 뒤에 몇 개의 조건이 있습니다. 이 조건을 충족하는 최솟값을 구합니다. minimize를 이용하기 위해 다음 코드와 같이 임포트합니다.

```
from scipy.optimize import minimize
```

다음은 풀어야 하는 함수입니다.

$$x_1 x_4 (x_1 + x_2 + x_3) + x_3 \qquad \text{(식 5-3-9)}$$

그리고 이를 다음과 같이 정의합니다.

```
# 풀어야 하는 함수
def objective(x):
    x1 = x[0]
    x2 = x[1]
    x3 = x[2]
    x4 = x[3]
    return x1*x4*(x1+x2+x3)+x3
```

다음은 $s.t.$ 다음의 각 제약 조건을 코딩합니다.

```
# 제약 조건 1
def constraint1(x):
    return x[0]*x[1]*x[2]*x[3]-25.0

# 제약 조건 2
def constraint2(x):
    sum_sq = 40
    for i in range(4):
        sum_sq = sum_sq - x[i]**2
    return sum_sq

# 초깃값
x0 = [1,5,5,1]
print(objective(x0))
```

```
16
```

minimize를 사용하기 위해 다음과 같이 변수를 생성합니다. type이 ineq이고 fun이 constrain1인데 각 파라미터는 위의 첫 번째 식을 보면서 의미를 파악하기 바랍니다.

```
b = (1.0,5.0)
bnds = (b,b,b,b)
con1 = {'type':'ineq','fun':constraint1}
con2 = {'type':'ineq','fun':constraint2}
cons = [con1,con2]
```

이상의 과정으로 준비가 끝났으므로 최적화 계산을 실행합니다.

실행을 위해 minimize를 사용합니다. 첫 번째 인수에는 대상 함수를 설정하고 그다음 인수에 조건을 설정합니다. 메서드에 지정된 SLSQP는 Sequential Least SQuares Programming의 약자로서 순차적 이차 프로그래밍[6]이라는 의미입니다.

6
(옮긴이) 제약조건이 있는 비선형 최적화 알고리즘을 위한 반복적 방법론. *https://en. wikipedia.org/wiki/ Sequential_quadratic_ programming*

```
sol = minimize(objective,x0,method='SLSQP',bounds=bnds,constraints=cons)
print(sol)
```

```
     fun: 17.01401724549506
     jac: array([14.572,  1.379,  2.379,  9.564])
 message: 'Optimization terminated successfully.'
    nfev: 30
     nit: 5
    njev: 5
  status: 0
 success: True
       x: array([1.    , 4.743, 3.821, 1.379])
```

결과를 보면 x가 출력 결과와 같은 값을 취할 때 함수의 최솟값은 약 17이라는 것을 알 수 있습니다.

입력
```
print('Y:',sol.fun)
print('X:',sol.x)
```

출력
```
Y: 17.01401724549506
X: [1.    4.743 3.821 1.379]
```

이상으로 사이파이에 대한 소개를 마칩니다. 수고 많았습니다. 지금까지 소개한 개념들은 이를 처음 접하는 사람들에게는 어려웠을 것입니다. 이번 장에서 설명한 내용 이외에도 다른 과학 계산 방법(고속 푸리에 변환, 통계함수 stats, 디지털 필터 등)이 많습니다. 이미 소개한 사이파이 강의 노트(SciPy Lecture Notes, *https://scipy-lectures.org/*)도 함께 읽어 보기 바랍니다. 다음 장에서는 판다스를 이용해 데이터를 다루는 방법에 대해 배워봅시다.

Practice

[연습문제 5-17]

사이파이를 이용해 아래의 함수가 0이 되는 해를 구하세요.

$$f(x) = 5x - 10$$

(식 5-3-10)

[연습문제 5-18]

마찬가지로 아래의 함수가 0이 되는 해를 구하세요.

$$f(x) = x^3 - 2x^2 - 11x + 12$$

(식 5-3-11)

해답은 부록 2

Practice

5장 종합문제

[종합문제 5-1 숄레스키 분해]

다음 행렬에 대해 숄레스키 분해 방법으로 $Ax = b$ 방정식의 해를 구하세요.

입력
```
A = np.array([[5, 1, 0, 1],
              [1, 9, -5, 7],
              [0, -5, 8, -3],
              [1, 7, -3, 10]])
b = np.array([2, 10, 5, 10])
```

[종합문제 5-2 적분]

$0 \leq x \leq 1, 0 \leq y \leq 1 - x$인 삼각 영역에서 정의된 아래의 함수를 적분하세요.

$$\int_0^1 \int_0^{1-x} 1/(\sqrt{(x+y)}(1+x+y)^2)dydx \qquad \text{(식 5-3-12)}$$

[종합문제 5-3 최적화 문제]

사이파이를 이용해 최적화 문제 해를 구하세요.

$$min \ f(x) = x^2 + 1$$
$$s.t.x \geq -1 \qquad \text{(식 5-3-13)}$$

해답은 부록 2

06

판다스를 이용해
데이터 다루기

2장에서 기초적인 사용법을 배웠던 판다스(pandas)를 조금 더 자세하게 살펴보겠습니다. 판다스에는 특정한 조건을 만족하는 데이터를 추출하거나 조작하는 다양한 기능이 담겨 있습니다. 또한 데이터를 결합하고, 결측 데이터를 대체하거나 시계열 데이터를 계산하는 등, 복잡한 데이터를 가공하고 조작하는 작업도 가능합니다. 머신러닝 모델을 구축하기 전에 필요한 데이터 전처리 작업에 판다스를 자주 이용하며 책의 후반부에서도 많이 이용되므로 이번에 확실하게 익혀 둡시다.

목표
판다스를 이용해 데이터를 추출하거나 가공, 조작하는 방법에 대해 더 깊이 이해한다.

6.1 개요와 사전준비

Keyword 판다스, 데이터 가공, 시계열 데이터

판다스를 이용해 데이터를 다루는 방법을 조금 더 자세히 배워봅시다. 2장에서 배웠듯이 판다스에는 특정한 조건을 만족하는 데이터를 추출하거나 조작, 가공하는 다양한 기능이 담겨 있습니다.

예를 들어 전국 초등학교에서 동일한 수학 시험을 치른 경우를 생각해봅시다. 각 시도별 최고 득점자를 추출하거나 각 시도별 평균 점수를 계산하는 등 다양한 방식으로 데이터를 가공하거나 조작해 보고 싶을 것입니다. 더욱이 시도×학교×반 3개의 변수를 조합해 평균값을 산출하거나, 여기에 성별까지 고려하는 등 변수가 여럿인 경우도 다뤄야 합니다. 이런 상황에서 판다스를 이용하면 편리합니다. 또한 다른 데이터(예를 들어 국어 시험 결과)와의 결합이 필요할 때도 키(학생별 고유한 데이터) 값으로 데이터를 결합하고 하나의 DataFrame 객체를 만들어 작업할 수 있습니다.

시계열 데이터를 분석할 때도 판다스가 편리합니다. 이떤 상점의 일별 또는 특징 시점별 매출 추이 데이터를 다루거나 1주일, 1개월별 평균값 추이를 간단하게 계산한다든지 하는 일도 가능합니다. 이런 계산을 하기 위해 코드를 완전히 새로 작성하기는 어렵지만 판다스를 이용하면 한두 줄 정도의 코드만 써서 구현할 수 있습니다. 또한 데이터에 결측값이나 이상값이 들어 있을 때도 특정한 방법을 이용해 한번에 처리할 수 있습니다.

물론 직접 파이썬 코드를 작성해 해결할 수도 있지만 시간이 많이 걸립니다. 반면 판다스를 이용하면 쉽게 처리할 수 있습니다. 머신러닝 모델을 구축할 때도 알고리즘을 적용할 수 있도록 데이터를 사전에 적절한 형태로 전처리 해야 합니다. 예를 들어 세로 방향으로 긴 형태의 데이터 컬럼을 가로 방향으로 전환하는 작업 같은 경우도 판다스를 이용하면 간단히 해결됩니다.

이와 같은 작업을 위해 SQL이나 엑셀 피봇 테이블을 이용할 수도 있지만 파이썬 코드만을 이용해 분석 작업의 일관성을 유지해야 한다면 판다스를 활용하는 편이 좋습니다. 또한 판다스에는 그래프 생성 기능도 있습니다. 데이터 시각화에 대해서는 7장에서 살펴보겠습니다.

6.1.1 라이브러리 임포트

2장에서 소개한 여러 라이브러리를 사용합니다. 다음 코드와 같이 임포트하고 진행하겠습니다. 그래프 생성을 위한 매트플롯립 라이브러리도 일부 이용합니다.

```
# 아래의 라이브러리를 사용하므로 미리 임포트해 두기 바랍니다.
import numpy as np
import numpy.random as random
import scipy as sp
import pandas as pd
from pandas import Series, DataFrame

# 시각화 라이브러리
import matplotlib.pyplot as plt
import matplotlib as mpl
import seaborn as sns
%matplotlib inline

# 소수점 세 번째 자리까지 표시
%precision 3
```

출력

```
'%.3f'
```

6.2 판다스로 데이터를 다루는 기본적인 방법

Keyword 계층적 인덱스, 내부결합, 외부결합, 수직결합, 데이터 피봇 작업, 중복 데이터, 매핑, 구간화(binning), groupby

우선 판다스로 데이터를 다루는 기본적인 방법에 대해 살펴봅시다.

6.2.1 계층적 인덱스

데이터를 여러 개의 변수를 기준으로 집계할 때 계층적 인덱스가 편리합니다.

2장에서 판다스의 인덱스를 조금 배웠습니다. 인덱스는 색인이나 레이블과 같은 것입니다. 2장에서는 하나의 인덱스만 다뤘는데, 복수의 변수로 계층적 인덱스를 만들어 계층별로 집계할 수도 있습니다. 예제를 통해 이해해봅시다.

아래 예시 코드는 데이터 세트를 2층 인덱스 구조로 설정했습니다. 이를 위해 index 파라미터에서 1층 인덱스는 a와 b, 2층 인덱스는 1과 2로 계층적으로 설정합니다.

열의 컬럼명은 1층이 Pusan, Seoul, Pusan, 2층은 Blue, Red, Red로 설정합니다.

입력

```
# 3열 3행 데이터를 생성하고 인덱스와 컬럼명 설정
hier_df= DataFrame(
    np.arange(9).reshape((3,3)),
    index = [
```

```
            ['a','a','b'],
            [1,2,2]
        ],
    columns = [
        ['Pusan','Seoul','Pusan'],
        ['Blue','Red','Red']
        ]
)
hier_df
```

출력

		Pusan Blue	Seoul Red	Pusan Red
a	1	0	1	2
	2	3	4	5
b	2	6	7	8

인덱스와 컬럼에 이름을 붙이는 것도 가능합니다.

입력

```
# index에 이름 붙이기
hier_df.index.names =['key1','key2']
# 컬럼에 이름 붙이기
hier_df.columns.names =['city','color']
hier_df
```

출력

	city color		Pusan Blue	Seoul Red	Pusan Red
key1	key2				
a		1	0	1	2
		2	3	4	5
b		2	6	7	8

컬럼 범위 축소

예를 들어 city가 Pusan인 데이터만 보려면 아래와 같은 방법으로 그룹의 범위를 축소할 수 있습니다.

입력

```
hier_df['Pusan']
```

출력

	color		Blue	Red
key1	key2			
a		1	0	2
		2	3	5
b		2	6	8

인덱스 기준 집계

예시 코드는 인덱스를 기준으로 집계한 예입니다. key2를 기준으로 집계합니다.

입력

```
# 계층별 요약통계량: 행 합계
hier_df.sum(level = 'key2', axis = 0)
```

출력

city color key2	Pusan Blue	Seoul Red	Pusan Red
1	0	1	2
2	9	11	13

마찬가지로 color를 기준으로 집계할 때는 아래 코드와 같습니다. 열 방향으로 집계할 때 axis 파라미터를 1로 설정합니다.

입력

```
# 열 합계
hier_df.sum(level = 'color', axis = 1)
```

출력

key1	color key2	Blue	Red
a	1	0	3
	2	3	9
b	2	6	15

인덱스 원소 삭제

특정 인덱스를 삭제할 때는 drop 메서드를 사용합니다. 다음 코드는 key1의 b를 삭제합니다.

입력

```
hier_df.drop(['b'])
```

출력

key1	city color key2	Pusan Blue	Seoul Red	Pusan Red
a	1	0	1	2
	2	3	4	5

Practice

[연습문제 6-1]

다음 데이터에서 Daegu 열만 추출하세요.

입력

```
hier_df1 = DataFrame(
    np.arange(12).reshape((3,4)),
    index = [['c','d','d'],[1,2,1]],
    columns = [
        ['Daegu','Daejeon','Gangneung','Daegu'],
        ['Yellow','Yellow','Red','Blue']
```

```
        ]
    )

hier_df1.index.names = ['key1','key2']
hier_df1.columns.names = ['city','color']
hier_df1
```

출력

		city color Yellow	Daegu Yellow	Daejeon Yellow	Gangneung Red	Daegu Blue
key1	**key2**					
c	1	0	1	2	3
d	2	4	5	6	7
	1	8	9	10	11

[연습문제 6-2]

연습문제 6-1 데이터에서 city별 평균값을 산출하세요.

[연습문제 6-3]

연습문제 6-1 데이터에서 key2별로 각 행의 합계를 산출하세요.

해답은 부록 2

6.2.2 데이터 결합

2장에서도 데이터를 결합하는 방법에 대해 조금 배웠습니다. 데이터 분석 과정에서
다른 데이터를 결합해 새로운 변수 기준으로 집계할 때가 많으므로 반드시 알아 두
어야 할 내용입니다.

다양한 패턴의 결합 방식에 대해 살펴봅시다. 우선 결합할 데이터를 준비합니다.
두 개의 데이터 data1(이하 데이터 1)과 data2(이하 데이터 2)를 생성합니다.

입력

```
# 데이터 1 생성
data1 = {
    'id': ['100', '101', '102', '103', '104', '106', '108', '110', '111',' 113'],
    'city': ['Seoul', 'Pusan', 'Daegu', 'Gangneung', 'Seoul', 'Seoul', 'Pusan', 'Daegu', 'Gangneung',
            'Seoul'],
    'birth_year': [1990, 1989, 1992, 1997, 1982, 1991, 1988, 1990, 1995, 1981],
    'name': ['Junho', 'Heejin', 'Mijung', 'Minho', 'Steeve', 'Mina', 'Sumi', 'Minsu', 'Jinhee',
            'Daeho']
}
df1 = DataFrame(data1)
df
```

	id	city	birth_year	name
0	100	Seoul	1990	Junho
1	101	Pusan	1989	Heejin
2	102	Daegu	1992	Mijung
3	103	Gangneung	1997	Minho
4	104	Seoul	1982	Steeve
5	106	Seoul	1991	Mina
6	108	Pusan	1988	Sumi
7	110	Daegu	1990	Minsu
8	111	Gangneung	1995	Jinhee
9	113	Seoul	1981	Daeho

입력

```
# 데이터 2 생성
data2 = {
    'id': ['100', '101', '102', '105', '107'],
    'math': [50, 43, 33, 76, 98],
    'english': [90, 30, 20, 50, 30],
    'sex': ['M','F','F','M','M'],
    'index_num': [0, 1, 2, 3, 4]
}
df2 = DataFrame(data2)
df2
```

출력

	id	math	english	sex	index_num
0	100	50	90	M	0
1	101	43	30	F	1
2	102	33	20	F	2
3	105	76	50	M	3
4	107	98	30	M	4

결합

이제 두 개의 데이터를 결합하는 다양한 방법을 알아 봅시다. 네 가지 패턴이 있습니다.

① 내부결합(INNER JOIN): 양쪽 데이터에 공통 키 값이 있을 때 결합합니다.
② 외부결합(FULL JOIN): 양쪽 모든 데이터를 결합합니다.
③ 왼쪽 결합(LEFT JOIN): 왼쪽 데이터의 키 값을 기준으로 결합합니다.
④ 오른쪽 결합(RIGHT JOIN): 오른쪽 데이터의 키 값을 기준으로 결합합니다.

주로 '내부결합'과 '왼쪽 결합'을 많이 사용하므로 이 두 가지 방법을 잘 익혀 두기 바랍니다.

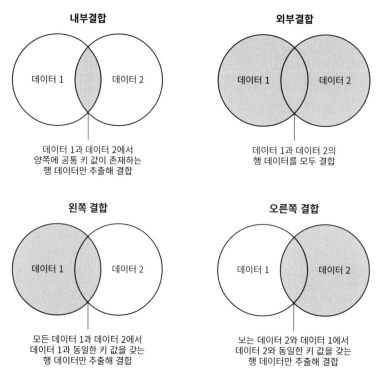

내부결합

데이터 1   데이터 2

데이터 1과 데이터 2에서
양쪽에 공통 키 값이 존재하는
행 데이터만 추출해 결합

외부결합

데이터 1   데이터 2

데이터 1과 데이터 2의
행 데이터를 모두 결합

왼쪽 결합

데이터 1   데이터 2

모든 데이터 1과 데이터 2에서
데이터 1과 동일한 키 값을 갖는
행 데이터만 추출해 결합

오른쪽 결합

데이터 1   데이터 2

노는 데이터 2와 데이터 1에서
데이터 2와 동일한 키 값을 갖는
행 데이터만 추출해 결합

그림 6-2-1 네 가지 결합 패턴

내부결합

merge 메서드는 내부결합이 기본 값입니다. id를 키 값으로 위 2개의 데이터를 내부 결합하면 아래와 같습니다. on 파라미터에서 키 값으로 사용할 변수(컬럼)를 지정합니다.

입력

```
# 데이터 결합(내부결합. 키는 자동으로 인식하지만 on으로 명시적으로 지정할 수 있음)
print('·결합 테이블')
pd.merge(df1, df2, on = 'id')
```

출력

·결합 테이블

	id	city	birth_year	name	math	english	sex	index_num
0	100	Seoul	1990	Junho	50	90	M	0
1	101	Pusan1	989	Heejin	43	30	F	1
2	102	Daegu	1992	Mijung	33	20	F	2

동일한 id 값이 양쪽 Dataframe 객체에 존재하는 것만 출력됩니다.

외부결합

다음 예시 코드는 양쪽 데이터를 모두 결합하는 전결합입니다. 전결합하기 위해 how
파라미터에 outer를 지정합니다. 결합된 데이터의 특정 변수에 값이 없을 때 NaN으
로 표시됩니다.

입력

```
# 데이터 결합(전결합)
pd.merge(df1, df2, how = 'outer')
```

출력

	id	city	birth_year	name	math	english	sex	index_num
0	100	Seoul	1990.0	Junho	50.0	90.0	M	0.0
1	101	Pusan	1989.0	Heejin	43.0	30.0	F	1.0
2	102	Daegu	1992.0	Mijung	33.0	20.0	F	2.0
3	103	Gangneung	1997.0	Minho	NaN	NaN	NaN	NaN
4	104	Seoul	1982.0	Steeve	NaN	NaN	NaN	NaN
5	106	Seoul	1991.0	Mina	NaN	NaN	NaN	NaN
6	108	Pusan	1988.0	Sumi	NaN	NaN	NaN	NaN
7	110	Daegu	1990.0	Minsu	NaN	NaN	NaN	NaN
8	111	Gangneung	1995.0	Jinhee	NaN	NaN	NaN	NaN
9	113	Seoul	1981.0	Daeho	NaN	NaN	NaN	NaN
10	105	NaN	NaN	NaN	76.0	50.0	M	3.0
11	107	NaN	NaN	NaN	98.0	30.0	M	4.0

또한 left_index 파라미터나 right_on 파라미터도 키를 인덱스로 지정해 결합할 수
있습니다. 다음 예시 코드는 왼쪽 데이터의 인덱스와 오른쪽 데이터의 index_num 컬
럼을 키로 지정합니다.

입력

```
# index를 이용한 결합
pd.merge(df1, df2, left_index = True, right_on = 'index_num')
```

출력

	id_x	city	birth_year	name	id_y	math	english	sex	index_num
0	100	Seoul	1990	Junho	100	50	90	M	0
1	101	Pusan	1989	Heejin	101	43	30	F	1
2	102	Daegu	1992	Mijung	102	33	20	F	2
3	103	Gangneung	1997	Minho	105	76	50	M	3
4	104	Seoul	1982	Steeve	107	98	30	M	4

왼쪽 결합

왼쪽 결합은 how 파라미터를 left로 지정합니다. 다음 예는 왼쪽 데이터(첫 번째 인수)
에 맞춰 Dataframe 객체 데이터를 결합합니다. 왼쪽 데이터 기준 변수(인수)에 대응하

는 데이터가 오른쪽 데이터에(두 번째 인수) 없는 경우 해당 칼럼의 값은 NaN이 됩니다.

입력

```
# 데이터 결합(left)
pd.merge(df1, df2, how = 'left')
```

출력

	id	city	birth_year	name	math	english	sex	index_num
0	100	Seoul	1990	Junho	50.0	90.0	M	0.0
1	101	Pusan	1989	Heejin	43.0	30.0	F	1.0
2	102	Daegu	1992	Mijung	33.0	20.0	F	2.0
3	103	Gangneung	1997	Minho	NaN	NaN	NaN	NaN
4	104	Seoul	1982	Steeve	NaN	NaN	NaN	NaN
5	106	Seoul	1991	Mina	NaN	NaN	NaN	NaN
6	108	Pusan	1988	Sumi	NaN	NaN	NaN	NaN
7	110	Daegu	1990	Minsu	NaN	NaN	NaN	NaN
8	111	Gangneung	1995	Jinhee	NaN	NaN	NaN	NaN
9	113	Seoul	1981	Daeho	NaN	NaN	NaN	NaN

수직방향 결합

지금까지는 특정 키를 기준으로 결합했지만 concat 메서드를 이용하면 데이터를 수직방향으로 쌓아 올릴 수 있습니다. 이런 방법을 수직방향 결합이라고 합니다.

입력

```
# 데이터 3 생성
data3 = {
    'id': ['117', '118', '119', '120', '125'],
    'city': ['Ilsan', 'Gunpo', 'Seoul', 'Changwon', 'Jeju'],
    'birth_year': [1990, 1989, 1992, 1997, 1982],
    'name': ['Jinhee', 'Yeongho', 'Jongho', 'Yeonghee', 'Hyejin']
}
df3 = DataFrame(data3)
df3
```

출력

	id	city	birth_year	name
0	117	Ilsan	1990	Jinhee
1	118	Gunpo	1989	Yeongho
2	119	Seoul	1992	Jongho
3	120	Changwon	1997	Yeonghee
4	125	Jeju	1982	Hyejin

입력

```
# concat 수직방향 결합
concat_data = pd.concat([df1,df3])
concat_data
```

	id	city	birth_year	name
0	100	Seoul	1990	Junho
1	101	Pusan	1989	Heejin
2	102	Daegu	1992	Mijung
3	103	Gangneung	1997	Minho
4	104	Seoul	1982	Steeve
5	106	Seoul	1991	Mina
6	108	Pusan	1988	Sumi
7	110	Daegu	1990	Minsu
8	111	Gangneung	1995	Jinhee
9	113	Seoul	1981	Daeho
0	117	Ilsan	1990	Jinhee
1	118	Gunpo	1989	Yeongho
2	119	Seoul	1992	Jongho
3	120	Changwon	1997	Yeonghee
4	125	Jeju	1982	Hyejin

Practice

[연습문제 6-4]

아래 두 가지 데이터를 내부결합하세요.

[연습문제 6-5]

연습문제 6-4 데이터를 이용해 df4를 기준으로 df5 테이블을 전결합하세요.

입력

```
# 데이터 4 생성
data4 = {
    'id': ['0', '1', '2', '3', '4', '6', '8', '11', '12', '13'],
    'city': ['Seoul', 'Pusan', 'Daegu', 'Gangneung', 'Seoul', 'Seoul',
            'Pusan', 'Daegu', 'Gangneung', 'Seoul'],
    'birth_year': [1990, 1989, 1992, 1997, 1982, 1991, 1988, 1990, 1995,
                1981],
    'name': ['Junho', 'Heejin', 'Mijung', 'Minho', 'Steeve', 'Mina',
            'Sumi', 'Minsu', 'Jinhee', 'Daeho']
}
df4 = DataFrame(data4)
df4
```

출력

	id	city	birth_year	name
0	0	Seoul	1990	Junho
1	1	Pusan	1989	Heejin
2	2	Daegu	1992	Mijung
3	3	Gangneung	1997	Minho
4	4	Seoul	1982	Steeve
5	6	Seoul	1991	Mina
6	8	Pusan	1988	Sumi

7	11	Daegu	1990	Minsu
8	12	Gangneung	1995	Jinhee
9	13	Seoul	1981	Daeho

입력

```
# 데이터 5 생성
data5 = {
    'id': ['0', '1', '3', '6', '8'],
    'math' : [20, 30, 50, 70, 90],
    'english': [30, 50, 50, 70, 20],
    'sex': ['M', 'F', 'F', 'M', 'M'],
    'index_num': [0, 1, 2, 3, 4]
}
df5 = DataFrame(data5)
df5
```

출력

	id	math	english	sex	index_num
0	0	20	30	M	0
1	1	30	50	F	1
2	3	50	50	F	2
3	6	70	70	M	3
4	8	90	20	M	4

[연습문제 6-6]

연습문제 6-4 데이터를 이용해 df4를 기준으로 아래의 데이터를 수직방향으로 결합하세요.

입력

```
# 데이터 생성
data6 = {
    'id': ['70', '80', '90', '120', '150'],
    'city': ['Ilsan', 'Gunpo', 'Seoul', 'Changwon', 'Jeju'],
    'birth_year': [1980, 1999, 1995, 1994, 1994],
    'name': ['Jinhee', 'Yeongho', 'Jongho', 'Yeonghee', 'Hyejin']
}
df6 = DataFrame(data6)
```

해답은 부록 2

6.2.3 데이터 조작과 변환

다음은 데이터를 조작 가공하고 변환하는 다양한 방법(피봇 처리, 중복 데이터 처리, 매핑, 구간화 등)에 대해 살펴봅시다.

데이터 피봇

먼저 데이터 피봇(pivot)을 알아봅시다. 피봇은 데이터의 행을 열로, 열을 행으로 바꾸는 작업입니다. 계층적 구조를 갖는 데이터 hier_df을 예로 들어 생각해 봅시다.

입력

```
# hier_df 생성
hier_df= DataFrame(
    np.arange(9).reshape((3, 3)),
    index = [
        ['a', 'a', 'b'],
        [1, 2, 2]
    ],
    columns = [
        ['Pusan', 'Seoul', 'Pusan'],
        ['Blue','Red','Red']
    ]
)
hier_df
```

출력

		Pusan Blue	Seoul Red	Pusan Red
a		1	0	1	2
		2	3	4	5
b		2	6	7	8

다음과 같이 stack 메서드를 실행하면 행과 열이 바뀐 DataFrame 객체로 재배열됩니다.

입력

```
# 피봇 기능으로 Blue, Red 열을
# 행으로 변경
hier_df.stack()
```

출력

			Pusan	Seoul
a	1	Blue	0	NaN
		Red	2	1.0
	2	Blue	3	NaN
		Red	5	4.0
b	2	Blue	6	NaN
		Red	8	7.0

unstack 메서드를 사용하면 반대 작업도 가능합니다.

입력

```
# unstack 메서드로
# Blue, Red 행을 열로 변경
hier_df.stack().unstack()
```

출력

		Pusan		Seoul	
		Blue	Red	Blue	Red
a	1	0	2	NaN	1.0
b	2	3	5	NaN	4.0
	2	6	8	NaN	7.0

행과 열을 바꾸는 몇 가지 작업을 해보았습니다.

이와 같은 변환은 머신러닝 모델을 구축하기 전의 데이터 전처리 과정에서 편리하게 이용할 수 있으므로 잘 익혀 두기 바랍니다.

중복 데이터 제거

다음은 중복 데이터를 다루는 방법입니다. 데이터 자체에 중복된 값이 있거나 분석 과정에서 중복 데이터가 생성될 때도 있기 때문에, 이를 확인하는 중요한 작업입니다.

우선 중복 값이 있는 데이터를 만들어 봅시다.

입력

```
# 중복 값이 있는 데이터
dupli_data = DataFrame({
        'col1': [1, 1, 2, 3, 4, 4, 6, 6],
        'col2': ['a', 'b', 'b', 'b', 'c', 'c', 'b', 'b']
})
print('·원본 데이터')
dupli_data
```

출력

·원본 데이터

	col1	col2
0	1	a
1	1	b
2	2	b
3	3	b
4	4	c
5	4	c
6	6	b
7	6	b

중복 데이터 여부를 확인하기 위해 duplicated 메서드를 사용합니다. 모든 개별 행을 점검하고 중복이 있을 때는 True를 출력합니다. 단, 중복 데이터에서도 첫 번째 나오는 중복 데이터는 False, 같은 데이터가 두 번째 나올 때부터 True를 출력합니다.

입력

```
# 중복 판정
dupli_data.duplicated()
```

출력

```
0    False
1    False
2    False
3    False
4    False
5     True
6    False
7     True
dtype: bool
```

drop_duplicates 메서드를 이용하면 중복 데이터가 삭제된 데이터가 반환됩니다.

입력

```
# 중복 제거
dupli_data.drop_duplicates()
```

출력

	col1	col2
0	1	a
1	1	b
2	2	b
3	3	b
4	4	c
6	6	b

매핑

다음은 매핑에 대해 알아봅시다. 매핑은 엑셀의 vlookup 함수와 같은 작업을 수행합니다. 같은 키 값이 존재하는 두 개의 데이터에서 한쪽(참조) 데이터에서 다른 한쪽 데이터 키 값에 대응하는 데이터를 추출하는 기능입니다. 다음은 도시 이름과 지역 이름이 쌍을 이룬 참조 데이터입니다.

- Seoul(서울)→Sudo(수도권)
- Gangneung(강릉)→Yeondong(영동)
- Pusan(부산)→Yeongnam(영남)
- Daegu(대구)→Yeongnam(영남)

먼저 다음과 같이 참조 데이터를 생성합니다.

입력

```
# 참조 데이터
city_map ={
    'Seoul': 'Sudo',
    'Gangneung': ' Yeondong',
    'Pusan': ' Yeongnam',
    'Daegu':' Yeongnam'
}
city_map
```

출력

```
{'Seoul': ' Sudo',
 'Gangneung': ' Yeondong',
 'Pusan': ' Yeongnam',
 'Daegu': ' Yeongnam'}
```

다음 예시 코드는 df1에서 city 컬럼을 기준으로 위의 참조 데이터 city_map에 대응하는 지역명 데이터를 추출해 가장 오른쪽에 region 컬럼으로 추가하는 작업입니다.

입력

```
# 참조 데이터 결합
# 대응하는 데이터가 없으면 NaN이 됨
df1['region'] = df1['city'].map(city_map)
df1
```

출력

	id	city	birth_year	name	region
0	100	Seoul	1990	Junho	Sudo
1	101	Pusan	1989	Heejin	Yeongnam
2	102	Daegu	1992	Mijung	Yeongnam
3	103	Gangneung	1997	Minho	Yeondong
4	104	Seoul	1982	Steeve	Sudo
5	106	Seoul	1991	Mina	Sudo
6	108	Pusan	1988	Sumi	Yeongnam
7	110	Daegu	1990	Minsu	Yeongnam
8	111	Gangneung	1995	Jinhee	Yeondong
9	113	Seoul	1981	Daeho	Sudo

익명함수와 map 함수 조합

다음은 1장에서 배운 익명함수와 map 함수를 사용해 특정 컬럼 데이터에서 일부 데이터만 추출하는 방법을 살펴봅시다. birth_year의 왼쪽부터 세 번째 자리수까지 추출합니다. 반복문을 사용해 원소를 하나씩 추출하는 방법에 비해 편리합니다.

입력

```
# birth_year에서 왼쪽부터 3개의 숫자·문자를 추출
df1['up_two_num'] = df1['birth_year'].map(lambda x: str(x)[0:3])
df1
```

출력

	id	city	birth_year	name	region	up_two_num
0	100	Seoul	1990	Junho	Sudo	199
1	101	Pusan	1989	Heejin	Yeongnam	198
2	102	Daegu	1992	Mijung	Yeongnam	199
3	103	Gangneung	1997	Minho	Gangneung	199
4	104	Seoul	1982	Steeve	Sudo	198
5	106	Seoul	1991	Mina	Sudo	199
6	108	Pusan	1988	Sumi	Yeongnam	198
7	110	Daegu	1990	Minsu	Yeongnam	199
8	111	Gangneung	1995	Jinhee	Yeondong	199
9	113	Seoul	1981	Daeho	Sudo	198

구간화

데이터를 이산적인 구간으로 나누어 집계할 때 구간 분할 기능을 이용하면 편리합니다. 위의 데이터 birth_year를 5년씩 구간으로 나눠 집계하려면 구간을 분할해야 합니다.

예를 들어 1980, 1985, 1990, 1995, 2000과 같이 5년 단위의 분할 구간을 리스트로 생성하고, 판다스의 cut 함수를 이용해 구간을 만들 수 있습니다. cut 함수의 첫 번째 인수는 대상 데이터, 두 번째 인수는 구간을 나누는 경곗값을 지정합니다.

입력

```
# 구간 분할 단위
birth_year_bins = [1980, 1985, 1990, 1995, 2000]

# 구간 분할 실행
birth_year_cut_data = pd.cut(df1.birth_year, birth_year_bins)
birth_year_cut_data
```

출력

```
0    (1985, 1990]
1    (1985, 1990]
2    (1990, 1995]
```

```
3    (1995, 2000]
4    (1980, 1985]
5    (1990, 1995]
6    (1985, 1990]
7    (1985, 1990]
8    (1990, 1995]
9    (1980, 1985]
Name: birth_year, dtype: category
Categories (4, interval[int64]): [(1980, 1985] < (1985, 1990] < (1990, 1995] < (1995, 2000]]
```

코드에서 (1980~1985]는 1980은 포함하지 않고 1985는 포함합니다. 즉, 지정된 구간은 '년도<~≤년도'를 의미합니다. 이 설정은 cut 함수에 left 옵션과 right 옵션으로 변경할 수 있습니다.

구간으로 분할된 데이터의 구간별 개수를 집계할 때는 value_counts 함수를 이용합니다.

입력

```
# 집계 결과
pd.value_counts(birth_year_cut_data)
```

출력

```
(1985, 1990]    4
(1990, 1995]    3
(1980, 1985]    2
(1995, 2000]    1
Name: birth_year, dtype: int64
```

labels 파라미터에서 각 구간의 이름을 지정할 수 있습니다.

입력

```
# 이름 붙이기
group_names = ['early1980s', 'late1980s', 'early1990s', 'late1990s']
birth_year_cut_data = pd.cut(df1.birth_year, birth_year_bins,
                             labels = group_names)
pd.value_counts(birth_year_cut_data)
```

출력

```
late1980s     4
early1990s    3
early1980s    2
late1990s     1
Name: birth_year, dtype: int64
```

위에서는 분할 구간을 리스트 데이터로 생성했지만 분할 구간 수를 지정할 때는 다음 코드처럼 설정할 수 있습니다. 데이터에 따라서 깨끗하게 분할되지 않고 소수점까지 나올 수 있습니다.

```
# 나눌 구간 수를 지정 가능. 여기에서는 두 개 구간으로 분할
pd.cut(df1.birth_year, 2)
```

출력

```
0        (1989.0, 1997.0]
1      (1980.984, 1989.0]
2        (1989.0, 1997.0]
3        (1989.0, 1997.0]
4      (1980.984, 1989.0]
5        (1989.0, 1997.0]
6      (1980.984, 1989.0]
7        (1989.0, 1997.0]
8        (1989.0, 1997.0]
9      (1980.984, 1989.0]
Name: birth_year, dtype: category
Categories (2, interval[float64]): [(1980.984, 1989.0] < (1989.0, 1997.0]]
```

또한 qcut 함수를 이용해 분위수를 기준으로 각 구간마다 거의 동일한 샘플 데이터 개수를 포함하도록 나눌 수 있습니다.

입력

```
pd.value_counts(pd.qcut(df1.birth_year, 2))
```

출력

```
(1980.999, 1990.0]    6
(1990.0, 1997.0]      4
Name: birth_year, dtype: int64
```

대상 데이터가 1981, 1982, 1988, 1989, 1990, 1990, 1991, 1992, 1955, 1997인데 qcut 함수는 중앙값인 1990을 구간 분할 기준으로 사용하므로 위 출력 결과를 보면 1990을 포함하는 구간과 포함하지 않는 구간으로 분리되어 6개, 4개로 나누어졌습니다.

구간화를 어떤 방식으로 이용할지 짐작하기 어려울 수도 있는데, 예를 들어 고객의 구매 금액 합계를 특정한 구간으로 나누고 각 고객층(우량고객)별로 분석하는 마케팅 분석에 적용할 수 있습니다. 7장 종합문제에서 이 문제를 다룹니다.

Practice

[연습문제 6-7]

3장의 수학 성적 데이터 student-mat.csv를 읽어 들여, 연령(age)에 2를 곱한 새로운 컬럼을 마지막 열에 추가하세요.

[연습문제 6-8]

연습문제 6-7과 동일한 데이터에서 absences 컬럼을 세 개의 구간으로 나누고 각 구간별 학생 수를 계산하세요. cut의 기본 설정은 오른쪽이 구간에 포함되지 않는데(폐구간), 이번에는 cut 함수에서 right=False 옵션을 지정해 오른쪽을 구간에 포함하세요(개구간).

입력

```
# 구간 분할 간격
absences_bins = [0,1,5,100]
```

[연습문제 6-9]

동일한 데이터에서 absences 컬럼을 qcut 함수로 세 개의 구간으로 분할하세요.

해답은 부록 2

6.2.4 데이터 집계와 그룹 연산

이번에는 특정 컬럼을 기준으로 집계하는 방법을 알아봅시다.

이 방법은 2장에서 조금 다뤘지만, 특정 변수 기준으로 데이터를 집계할 때는 groupby 메서드를 이용합니다. 앞에서 생성한 데이터 df1를 이용해 집계와 그룹별 연산을 실습해 봅시다.

입력

```
# 데이터 준비(확인), region 포함
df1
```

출력

	id	city	birth_year	name	region	up_two_num
0	100	Seoul	1990	Junho	Sudo	199
1	101	Pusan	1989	Heejin	Yeongnam	198
2	102	Daegu	1992	Mijung	Yeongnam	199
3	103	Gangneung	1997	Minho	Yeongdong	199
4	104	Seoul	1982	Steeve	Sudo	198
5	106	Seoul	1991	Mina	Sudo	199
6	108	Pusan	1988	Sumi	Yeongnam	198
7	110	Daegu	1990	Minsu	Yeongnam	199
8	111	Gangneung	1995	Jinhee	Yeongdong	199
9	113	Seoul	1981	Daeho	Sudo	198

groupby 메서드로 데이터를 특정 변수 기준으로 그룹화한 후 size 메서드로 각 city별 데이터 개수가 몇 개인지 집계할 수 있습니다.

입력

```
df1.groupby('city').size()
```

출력

```
city
Gangneung   2
Daegu       2
```

```
Pusan        2
Seoul        4
dtype: int64
```

다음 예시 코드는 city를 기준으로 birth_year의 평균값을 계산합니다.

입력

```
# city를 기준으로 birth_year 평균값을 구함
df1.groupby('city')['birth_year'].mean()
```

출력

```
city
Gangneung    1996.0
Daegu        1991.0
Pusan        1988.5
Seoul        1986.0
Name: birth_year, dtype: float64
```

복수의 기준을 설정할 수 있습니다. 예를 들어 region, city라는 두 개의 기준으로 birth_year 평균값을 구하면 다음과 같습니다.

입력

```
df1.groupby(['region', 'city'])['birth_year'].mean()
```

출력

```
region      city
Yeongdong   Gangneung   1996.0
Yeongnam    Daegu       1991.0
            Pusan       1988.5
Sudo        Seoul       1986.0
Name: birth_year, dtype: float64
```

또한 groupby 메서드에서 as_index = False 파라미터를 설정하면 그룹별 출력 결과에 인덱스가 지정되지 않습니다. 인덱스가 없는 형태의 데이터를 다뤄야 할 때 이용합니다.

입력

```
df1.groupby(['region', 'city'], as_index = False)['birth_year'].mean()
```

출력

	region	city	birth_year
0	Yeongdong	Gangneung	1996.0
1	Yeongnam	Daegu	1991.0
2	Yeongnam	Pusan	1988.5
3	Sudo	Seoul	1986.0

이외에도 groupby 메서드에는 값을 반복적으로 추출하는 반복자(iterator)라는 기능이 있습니다. 아래 코드와 같이 실행 결과 데이터의 원솟값을 파이썬 for 문으로 작

업할 수 있어 편리합니다.

다음 예제에서 group은 region의 이름을 추출하고 subdf는 해당 region만의 행 데이터를 추출합니다.

입력

```
for group, subdf in df1.groupby('region'):
    print('=============================================================')
    print('Region Name:{0}'.format(group))
    print(subdf)
```

출력

```
=============================================================
Region Name:Yeongdong
     id      city  birth_year     name      region  up_two_num
3   103  Gangneung        1997    Minho  Yeongdong         199
8   111  Gangneung        1995   Jinhee  Yeongdong         199
=============================================================
Region Name:Yeongnam
     id   city  birth_year     name    region  up_two_num
1   101  Pusan        1989   Heejin  Yeongnam         198
2   102  Daegu        1992   Mijung  Yeongnam         199
6   108  Pusan        1988     Sumi  Yeongnam         198
7   110  Daegu        1990    Minsu  Yeongnam         199
=============================================================
Region Name:Sudo
     id   city  birth_year     name  region  up_two_num
0   100  Seoul        1990    Junho    Sudo         199
4   104  Seoul        1982   Steeve    Sudo         198
5   106  Seoul        1991     Mina    Sudo         199
9   113  Seoul        1981    Daeho    Sudo         198
```

여러 가지 계산을 한번에 모아 수행할 때는 agg 메서드가 편리합니다. agg 메서드의 인수는 여러 개의 실행 함수를 리스트 데이터 형태로 전달합니다.

다음은 데이터 개수, 평균, 최댓값, 최솟값을 계산하는 예입니다.

실습 데이터는 3장에서 다룬 student-mat.csv를 사용합니다. 데이터가 저장된 파일 디렉터리로 이동해 데이터를 읽어 들이고 실행하기 바랍니다.[6]

6
(옮긴이) 실습 데이터가 저장된 디렉터리(폴더)로 이동하거나 아니면 현재 작업 디렉터리에 실습 데이터를 저장해 두면 됩니다. 작업 디렉터리 이동은 74쪽 참고.

입력

```
# 3장에서 이용한 데이터가 저장된 path로 이동하세요. 3장 74쪽을 참고.
# 다음 코드 실행
student_data_math = pd.read_csv('student-mat.csv', sep = ';')

# 데이터 각 열에 복수의 함수 적용
functions = ['count','mean','max','min']
grouped_student_math_data1 = student_data_math.groupby(['sex','address'])
grouped_student_math_data1['age','G1'].agg(functions)
```

		age	G1						
		count	mean	max	min	count	mean	max	min
sex	address								
F	R	44	16.977273	19	15	44	10.295455	19	6
	U	164	16.664634	20	15	164	10.707317	18	4
M	R	44	17.113636	21	15	44	10.659091	18	3
	U	143	16.517483	22	15	143	11.405594	19	5

Practice

[연습문제 6-10]

연습문제 6-7의 student-mat.csv에서 학교(school) 변수를 기준으로 각 학교의 G1 평균 점수를 구하세요.

[연습문제 6-11]

연습문제 6-7의 student-mat.csv에서 학교(school)와 성별(sex) 기준으로 G1, G2, G3 평균 점수를 구하세요.

[연습문제 6-12]

연습문제 6-7의 student-mat.csv에서 학교(school)와 성별(sex) 기준으로 G1, G2, G3의 최댓값, 최솟값을 한번에 계산하세요.

해답은 부록 2

6.3 결측 데이터와 이상값 처리

Keyword 리스트와이즈 삭제(완전제거법), 페어와이즈 삭제(결측 데이터만 제거), 평균대체법, 이상값, 박스플롯, 백분위수, VaR(Value at Risk)

거의 대부분 데이터에는 결측 또는 중복 데이터가 있습니다. 이번 절에서는 기초적인 수준에서 결측 데이터와 이상값 데이터를 확인하고 대처하는 방법을 살펴보겠습니다. 조금 더 깊은 내용을 공부하고 싶은 분들은 참고문헌 A-12에서 소개하는 《欠損データの統計科学(결측 데이터의 통계 과학)》이나 《データ分析プロセス(데이터 분석 프로세스)》 같은 책을 읽어 보기 바랍니다.

6.3.1 결측 데이터 대처 방법

우선 결측 데이터를 어떻게 다룰지 알아봅시다. 결측 데이터가 존재하는 원인은 데이터의 입력 실수나 설문 데이터에서의 무응답, 전산 시스템에서의 오류 등 매우 다양합니다. 결측 데이터를 무시할지, 삭제할지, 아니면 비슷한 값으로 대체할지 결정해야 합니다. 대처 방법에 따라서는 데이터에 큰 편향이 발생할 수 있고, 그 편향이 잘못된 의사결정으로 이어져 큰 손실을 불러올 수 있으므로 신중하게 접근해야 합니다.

다음 예제 데이터를 통해 결측 데이터를 다루는 방법에 대해 알아봅시다. 값이 NaN(NA)로 된 부분이 결측 데이터입니다.

입력

```
# 라이브러리 임포트
import numpy as np
from numpy import nan as NA
import pandas as pd

# 데이터 생성
df = pd.DataFrame(np.random.rand(10, 4))

# NA으로 변경
df.iloc[1,0] = NA
df.iloc[2:3,2] = NA
df.iloc[5:,3] = NA
```

입력

```
df
```

출력

	0	1	2	3
0	0.485775	0.042397	0.539116	0.926647
1	NaN	0.470748	0.241323	0.103007
2	0.618467	0.910260	NaN	0.090963
3	0.319467	0.553239	0.057040	0.206173
4	0.888791	0.291158	0.775008	0.779764
5	0.034683	0.458730	0.632387	NaN
6	0.358828	0.230845	0.016502	NaN
7	0.461881	0.963180	0.937040	NaN
8	0.874005	0.825269	0.115018	NaN
9	0.271005	0.462655	0.799126	NaN

※ 무작위로 생성된 데이터라서 책의 내용과 독자들의 실습 결과는 다를 수 있으며 191쪽까지의 내용도 마찬가지입니다.

이렇게 생성한 데이터에서 결측 데이터를 삭제하거나 0 또는 이웃하는 값, 평균값 등으로 대체하기도 합니다. 이 책에서는 간단한 방법만 소개할 예정인데, 여기서 소개하는 방법 외에도 최대가능도 추정법, 회귀선 활용, 사이파이에서 실습한 스플라인(Spline) 보간법 등을 활용할 수도 있습니다. 주의할 점은 결측 데이터를 다른 값으로 대체하면 데이터에 편향이 생길 수 있다는 것입니다. 또한 책에서 소개하는 방법이 반드시 최선이라는 법도 없습니다. 더 깊이 공부하고 싶은 분들은 참고문헌 A-12에서 소개하는 도서를 읽고 결측 데이터에 대처하는 방법에 대해 더 깊이 이해하기 바랍니다.

리스트와이즈 삭제

NaN이 있는 행을 모두 삭제하려면 dropna 메서드를 사용합니다. 이 방법을 리스트와이즈(listwise) 삭제라고 합니다. 예시 코드는 앞에서 만든 데이터에 dropna 메서드를 적용해 모든 칼럼에 데이터가 있는 행만 추출하고 NaN이 있는 행은 삭제합니다.

입력

```
df.dropna()
```

출력

	0	1	2	3
0	0.485775	0.042397	0.539116	0.926647
3	0.319467	0.553239	0.057040	0.206173
4	0.888791	0.291158	0.775008	0.779764

페어와이즈 삭제

결과에서 알 수 있듯이 리스트와이즈 삭제로 원래 10행이었던 데이터가 3행만 남았습니다. 이렇듯 데이터가 극단적으로 작아져 데이터를 사용할 수 없는 상황이 발생할 수도 있습니다. 반면 결측 데이터가 있는 열의 데이터는 무시하고 사용 가능한 데이터만(예: 0번째 열과 첫 번째 열만 결측 데이터 고려) 활용하는 방법이 있습니다. 이를 페어와이즈(pariwise) 삭제라고 합니다. 페어와이즈 삭제를 하기 위해 필요한 열을 추출하고 dropna 메서드를 적용합니다.

입력

```
df[[0,1]].dropna()
```

출력

	0	1
0	0.485775	0.042397
2	0.618467	0.910260
3	0.319467	0.553239
4	0.888791	0.291158
5	0.034683	0.458730
6	0.358828	0.230845
7	0.461881	0.963180
8	0.874005	0.825269
9	0.271005	0.462655

fillna로 채우기

다른 방법으로는 fillna(값)로 NaN을 괄호 안의 값으로 대체할 수 있습니다. 예를 들어 NaN를 0으로 변경하려면 fillna(0) 명령을 실행합니다. 그러면 NaN이 모두 0으로 바뀝니다.

입력

```
df.fillna(0)
```

출력

	0	1	2	3
0	0.485775	0.042397	0.539116	0.926647
1	0.000000	0.470748	0.241323	0.103007
2	0.618467	0.910260	0.000000	0.090963
3	0.319467	0.553239	0.057040	0.206173
4	0.888791	0.291158	0.775008	0.779764
5	0.034683	0.458730	0.632387	0.000000
6	0.358828	0.230845	0.016502	0.000000
7	0.461881	0.963180	0.937040	0.000000
8	0.874005	0.825269	0.115018	0.000000
9	0.271005	0.462655	0.799126	0.000000

※ 이하 책의 출력 결과와는 달리 실제 출력 결과에는 박스가 없습니다.

이웃하는 값으로 대체하기

ffill 메서드를 이용해 이웃하는 값(직전 행의 값)으로 대체할 수 있습니다. 데이터에서 2행 1열(인덱스 1/컬럼 0의 값)은

```
df.iloc[1,0] = NA
```

로 NA였지만, 이 값의 직전 1행 1열째의 값이 0.485775이므로 이 값으로 대체할 수 있습니다. 이와 같은 방법은 금융시계열 데이터에서 활용할 수 있으며 매우 편리합니다.

입력

```
df.fillna(method = 'ffill')
```

출력

	0	1	2	3
0	0.485775	0.042397	0.539116	0.926647
1	0.485775	0.470748	0.241323	0.103007
2	0.618467	0.910260	0.241323	0.090963
3	0.319467	0.553239	0.057040	0.206173
4	0.888791	0.291158	0.775008	0.779764
5	0.034683	0.458730	0.632387	0.779764
6	0.358828	0.230845	0.016502	0.779764
7	0.461881	0.963180	0.937040	0.779764
8	0.874005	0.825269	0.115018	0.779764
9	0.271005	0.462655	0.799126	0.779764

평균값으로 내체하기

이외에도 평균값으로 결측 데이터를 대체하는 방법이 있습니다. 이를 평균대체법이라고 하며 mean 메서드를 이용합니다. 단, 시계열 데이터에서 이 방법을 적용하면 미래 정보를 포함시키게 되므로(과거 결측 데이터를 미래 데이터를 이용한 평균값으로 대체하기 때문에) 주의해야 합니다.

입력

```
# 각 컬럼의 평균값(확인용)
df.mean()
```

출력

```
0    0.479211
1    0.520848
2    0.456951
3    0.421311
dtype: float64
```

입력

```
df.fillna(df.mean())
```

출력

	0	1	2	3
0	0.485775	0.042397	0.539116	0.926647
1	0.479211	0.470748	0.241323	0.103007
2	0.618467	0.910260	0.456951	0.090963
3	0.319467	0.553239	0.057040	0.206173
4	0.888791	0.291158	0.775008	0.779764

5	0.034683	0.458730	0.632387	0.421311
6	0.358828	0.230845	0.016502	0.421311
7	0.461881	0.963180	0.937040	0.421311
8	0.874005	0.825269	0.115018	0.421311
9	0.271005	0.462655	0.799126	0.421311

그 밖에도 여러 가지 옵션이 있으므로 ?df.fillna 명령어를 이용해 확인하기 바랍니다. 실습에서는 결측 데이터를 특정한 값으로 기계적으로 대체했습니다. 그러나 이런 방법을 항상 사용하지는 못합니다. 데이터의 상황, 배경 등을 고려해 적절하게 대처하는 것이 중요합니다.

Practice

[연습문제 6-13]

아래 데이터에서 1열이라도 NaN이 있는 경우 삭제하고 그 결과를 출력하세요.

입력

```
# 라이브러리 임포트
import numpy as np
from numpy import nan as NA
import pandas as pd

#데이터 생성
df2 = pd.DataFrame(np.random.rand(15,6))

# NA으로 설정
df2.iloc[2,0] = NA
df2.iloc[5:8,2] = NA
df2.iloc[7:9,3] = NA
df2.iloc[10,5] = NA

df2
```

출력

	0	1	2	3	4	5
0	0.415247	0.550350	0.557778	0.383570	0.482254	0.142117
1	0.066697	0.908009	0.197264	0.227380	0.291084	0.305750
2	NaN	0.481305	0.963701	0.289538	0.662069	0.883058
3	0.469084	0.717253	0.467172	0.661786	0.539626	0.862264
4	0.314643	0.129364	0.291149	0.210694	0.891432	0.583443
5	0.672456	0.111327	NaN	0.197844	0.361385	0.703919
6	0.943599	0.047140	NaN	0.222312	0.270678	0.985113
7	0.172857	0.359706	NaN	NaN	0.559918	0.181495
8	0.650042	0.845300	NaN	NaN	0.706246	0.634860
9	0.696152	0.353721	0.999253	NaN	0.616951	0.278251
10	0.126199	0.791196	0.856410	0.959452	0.826969	NaN
11	0.700689	0.894851	0.918055	0.108752	0.502343	0.749123
12	0.393294	0.468172	0.711183	0.725584	0.355825	0.562409

| 13 | 0.403318 | 0.076329 | 0.642033 | 0.344418 | 0.453335 | 0.916017 |
| 14 | 0.898894 | 0.926813 | 0.620625 | 0.089307 | 0.362026 | 0.497475 |

※ 무작위로 생성되므로 책의 내용과 실제 실습 결과는 다릅니다.

[연습문제 6-14]

연습문제 6-13에서 생성한 데이터에서 NaN을 0으로 대체하세요.

[연습문제 6-15]

연습문제 6-13에서 생성한 데이터에서 NaN을 각 열의 평균값으로 대체하세요.

해답은 부록 2

6.3.2 이상값을 다루는 방법

이상값 데이터는 그대로 둘지, 제거할지, 아니면 적절한 값으로 변경할지 판단해야 합니다.

이상값은 무엇을 의미할까요? 사실 일치된 견해는 없으며 해당 데이터를 다루는 분석가나 의사 결정권자가 판단하기도 합니다. 비즈니스에서는 불법 접속 패턴(보안 분야)이나 기계 고장, 금융 리스크 관리(VaR) 같은 여러 분야에서 사용되고 있고, 각기 다양한 방식으로 접근하고 있습니다.

간단한 박스플롯을 그려 특정 퍼센트 이상의 데이터를 이상값으로 간주하는 방법, 정규분포를 이용하는 방법, 데이터의 공간적 근접성을 기준으로 판단하는 방법이 있습니다. 이외에도 머신러닝(비지도학습을 포함)을 이용할 수도 있습니다.

이 절에는 연습문제가 없지만 흥미가 있는 분들은 참고문헌 A-13에서 소개하는 책들이나 참고 URL B-15을 활용해 공부하기 바랍니다.

이상값과 관련해서 극단적인 값을 연구하는 극단통계학이라는 분야가 있습니다. 일부 극단적인 큰 값을 갖는 데이터에 대한 다양한 연구를 진행합니다. 이 연구에서는 드물게 나타나지만 일단 일어나면 매우 큰 영향을 미치는 현상(자연현상, 재해 등)에 대해 연구하며, 이는 기상학뿐만 아니라 금융, 정보통신 분야에도 응용되니 관심 있는 분들은 참고문헌 A-14를 읽어 보기 바랍니다.

이것으로 결측 데이터와 이상값을 다루는 방법에 대한 설명을 마칩니다. 전체 데이터 분석 과정에서 데이터 전처리가 80%라는 말이 있습니다. 결측 데이터와 이상값 데이터는 흔하게 볼 수 있습니다. 실무에서는 매우 다양한 형식의 데이터가 존재하고 그런 데이터들을 분석할 수 있는 형태로 잘 정리하는 것은 매우 힘든 작업입니다. 구체적인 전처리 방법을 아는 것도 중요하지만 전체적인 전략을 잘 세우는 것도 중요합니다. 이와 관련해서는 《19인의 데이터 과학자가 알려주는 나쁜 데이터 핸드북》(비제이퍼블릭, 2013)[A-15]도 읽어보기 바랍니다.

6.4 시계열 데이터 분석 방법 기초

Keyword 리샘플링, 시프트, 이동평균

판다스를 이용해 시계열 데이터를 다루는 방법에 대해 마지막으로 살펴보겠습니다. 실습에는 환율 시계열 데이터를 이용합니다. 부록을 참고해 pandas-datareader 라이브러리를 설치하고 아래 코드와 같이 임포트합니다.

입력

```
import pandas_datareader.data as pdr
```

6.4.1 시계열 데이터 조작과 변환

예제 데이터에서 2001/1/2부터 2016/12/30까지의 엔화 환율 데이터를 사용합니다. 일별 데이터이며 공휴일로 인한 결측 데이터도 있습니다.

입력

```
start_date = '2001/1/2'
end_date = '2016/12/30'

fx_jpusdata = pdr.DataReader('DEXJPUS', 'fred', start_date, end_date)
```

head 메서드로 읽어 들인 fx_jpusdata의 처음 다섯 행 데이터를 출력합니다.

입력
```
fx_jpusdata.head()
```

출력

DATE	DEXJPUS
2001-01-02	114.73
2001-01-03	114.26
2001-01-04	115.47
2001-01-05	116.19
2001-01-08	115.97

예제 데이터는 15년간 축적된 데이터이며 구체적인 분석 방법은 비즈니스 분야에 따라 다릅니다. 예를 들어 마지막 2016년 4월 데이터만 필요할 수도 있고, 매월 마지막 날의 데이터만 필요할 수도 있습니다. 또한 위의 출력 결과를 보면 2001/1/6 데이터가 없는데, 이를 그 전날 값으로 대체해야 할 때도 있고 전날 대비 환율이 얼마나 변동되었는지 비교하는 경우도 있을 것입니다. 이 모든 작업을 판다스를 통해 쉽게 실행할 수 있습니다.

특정 연월 데이터 참조

특정 연월 데이터를 참조하는 방법을 알아봅시다. 2016년 4월 데이터만 보고 싶을 경우 예시 코드와 같이 연월을 지정합니다.

입력

```
fx_jpusdata['2016-04']
```

출력

DATE	DEXJPUS
2016-04-01	112.06
2016-04-04	111.18
2016-04-05	110.26
2016-04-06	109.63
2016-04-07	107.98
2016-04-08	108.36
2016-04-11	107.96
2016-04-12	108.54
2016-04-13	109.21
2016-04-14	109.20

DATE	DEXJPUS
2016-04-15	108.76
2016-04-18	108.85
2016-04-19	109.16
2016-04-20	109.51
2016-04-21	109.41
2016-04-22	111.50
2016-04-25	111.08
2016-04-26	111.23
2016-04-27	111.26
2016-04-28	108.55
2016-04-29	106.90

이외에도 특정 연도와 날짜 데이터만 추출할 수 있습니다. 예를 들어 월말 환율만 추출해 봅시다. resample 메서드 인수에 M을 지정해 월별 데이터를 지정하고 last 메서드로 매월 마지막 날 데이터만 추출하도록 지정합니다. 아래 결과를 보면 1월, 2월, 3월 … 월말 환율 데이터가 추출되었습니다.

입력

```
fx_jpusdata.resample('M').last().head()
```

출력

DATE	DEXJPUS
2001-01-31	116.39
2001-02-28	117.28
2001-03-31	125.54
2001-04-30	123.57
2001-05-31	118.88

일별로 데이터를 추출하려면 D, 연도별로 추출하려면 Y를 인수로 지정합니다. 이와 같이 어떤 빈도 데이터를 별개의 빈도 데이터 기준으로 재추출하는 것을 리샘플링이라고 합니다. 마지막 데이터가 아니라 평균이 필요하다면 mean 메서드를 이용합니다. 이외에도 다양한 파라미터를 설정할 수 있으므로 필요하면 더 찾아보기 바랍니다.

결측 데이터가 있을 경우 처리 방법

다음은 시계열 데이터에 결측 데이터가 있는 경우를 봅시다. 결측 데이터는 앞 절에서 설명했듯이 다양한 방법으로 대체할 수 있습니다. 데이터를 보면 2001/1/6 데이터가 없는데 일별로 데이터를 생성해야 할 때는 리샘플링 방법을 이용합니다. 구체적인 방법은 아래와 같습니다.

입력

```
fx_jpusdata.resample('D').last().head()
```

출력

	DEXJPUS
DATE	
2001-01-02	114.73
2001-01-03	114.26
2001-01-04	115.47
2001-01-05	116.19
2001-01-06	NaN

위의 출력 결과에서 2001/1/6 데이터가 없기 때문에 직전 날의 값으로 대체합니다. 이를 위해 ffill 메서드를 이용합니다.

입력

```
fx_jpusdata.resample('D').ffill().head()
```

출력

	DEXJPUS
DATE	
2001-01-02	114.73
2001-01-03	114.26
2001-01-04	115.47
2001-01-05	116.19
2001-01-06	116.19

데이터를 이동시켜 비율 계산

전날의 환율과 비교하는 경우를 생각해 봅시다. 위의 예를 보면 2001-01-02의 환율은 114.73, 2001-01-03의 환율은 114.26이므로 비율을 계산할 수 있는데, 이 비율을 모든 날짜에 적용해 봅시다. shift 메서드를 이용해 인덱스는 고정하고 데이터는 이동할 수 있습니다. 예시 코드는 데이터를 하나씩 뒤로 이동시켜 2001-01-02 환율 114.73을 2001-01-03의 환율로 변경했습니다.

입력

```
fx_jpusdata.shift(1).head()
```

출력

	DEXJPUS
DATE	
2001-01-02	NaN
2001-01-03	114.73
2001-01-04	114.26
2001-01-05	115.47
2001-01-08	116.19

이렇게 데이터를 이동시켜 전날과 당일의 환율을 비교할 수 있습니다. 이런 기능이 판다스의 장점입니다. 2001-01-02가 NaN인 것은 전날 데이터가 없어 비교 계산을 할 수 없기 때문입니다.

```
fx_jpusdata_ratio = fx_jpusdata / fx_jpusdata.shift(1)
fx_jpusdata_ratio.head()
```

출력

DATE	DEXJPUS
2001-01-02	NaN
2001-01-03	0.995903
2001-01-04	1.010590
2001-01-05	1.006235
2001-01-08	0.998107

이외에도 diff와 pct_change를 이용해 차이와 비율을 구할 수 있으므로 흥미가 있는 분들은 더 찾아보기 바랍니다.

Let's Try

diff와 pct_change에 대해 조사해 보고 사용해 보세요.

Practice

[연습문제 6-16]

6-4-1에서 읽어 들인 fx_jpusdata을 이용해 연도별 평균값 추세 데이터를 만들어 보세요.

해답은 부록 2

6.4.2 이동평균

시계열 데이터를 분석할 때 자주 활용되는 이동평균에 대해 살펴봅시다. 앞에서 사용한 fx_jpusdata 데이터에서 3일 이동 평균선을 만들 수 있습니다. 먼저 처음 다섯 행 데이터를 출력해 봅시다.

입력

```
fx_jpusdata.head()
```

출력

DATE	DEXJPUS
2001-01-02	114.73
2001-01-03	114.26
2001-01-04	115.47
2001-01-05	116.19
2001-01-08	115.97

실행 결과, 2001-01-02이 114.73, 2001-01-03이 114.26, 2001-01-04이 115.47이므로 2001-01-02에서 2001-01-04까지의 3일 평균을 계산하면 114.82입니다.

마찬가지로 2001-01-05, 2001-01-06으로 계속 계산합니다. 판다스의 rolling 메서드로 쉽게 계산할 수 있습니다. 다음 예시 코드는 3일 이동평균을 계산한 결과입니다. rolling과 mean 메서드를 이용해 이동평균을 계산합니다.

입력	출력

```
fx_jpusdata.rolling(3).mean().head()
```

	DEXJPUS
DATE	
2001-01-02	NaN
2001-01-03	NaN
2001-01-04	114.820000
2001-01-05	115.306667
2001-01-08	115.876667

이동평균이 아니라 표준편차 추세를 계산하려면 mean 대신 std 메서드를 사용합니다. 다음은 3일간 표준편차 추이입니다.

입력	출력

```
fx_jpusdata.rolling(3).std().head()
```

	DEXJPUS
DATE	
2001-01-02	NaN
2001-01-03	NaN
2001-01-04	0.610000
2001-01-05	0.975312
2001-01-08	0.368963

rolling 메서드에는 다른 파라미터도 많이 있으므로 필요에 따라 찾아보고 실행해 보기 바랍니다.

이상으로 판다스에 대한 소개를 마칩니다. 일부 내용은 이해하기 어려웠을지도 모르겠습니다. 다양한 방법으로 데이터를 가공하거나 변환해야 할 때 이번 장에서 배운 내용을 참고하면서 프로그래밍해보기 바랍니다. 실습을 통해 판다스의 기능을 더 잘 이해할 수 있습니다. 여기에서 소개한 내용은 일부에 지나지 않습니다. 더 다양한 방법이 있으므로 과학 기술에 필요한 라이브러리들을 잘 정리한 책들(참고문헌 A-10)을 활용해 직접 실습해 봅시다.

Let's Try

책에서 실습해 본 변수 외에도 다양한 변수를 기준으로 집계해 보세요.

Practice

[연습문제 6-17]

연습문제 6-16의 fx_jpusdata 데이터를 이용해 20일 이동평균 데이터를 만드세요. 단, NaN 은 삭제하고 원래 존재하지 않는 결측 데이터 값은 대체할 필요는 없습니다.

해답은 부록 2

6장 종합문제

[종합문제 6-1 데이터 처리]

3장에서 사용한 수학 성적 데이터 student-mat.csv를 이용해 다음 질문에 답하세요.

1. 연령(age)×성별(sex) 기준으로 G1 평균을 계산하고 세로축이 연령(age), 가로축이 성별(sex)인 표를 만드세요.

2. 1번 문제에서 만든 표에서 NaN인 행 데이터를 모두 제거한 결과를 출력하세요.

해답은 부록 2

07

매트플롯립을 이용한 데이터 시각화

2장에서 기초적인 사용법을 배웠던 매트플롯립에 대해 더 자세히 살펴보겠습니다. 2장에서는 곡선 그래프와 히스토그램에 대해 배웠고 이번에는 막대 그래프와 원 그래프, 버블 차트 생성 방법을 알아보겠습니다.

종합문제에서는 시계열 데이터 분석과 마케팅 분석 문제를 제공합니다. 지금까지 학습한 내용을 점검할 기회이므로 꼭 도전하기 바랍니다.

목표

매트플롯립을 이용해 다양한 방법으로 시각화할 수 있다. 이번 장의 종합문제를 풀 수 있다.

7.1 데이터 시각화

Keyword 시각화, 매트플롯립

7.1.1 데이터 시각화

2장에서도 설명했듯이 데이터를 시각화하면 다양한 시사점을 발견할 수 있습니다. 단순히 숫자만 보아서는 알 수 없었던 사실도 발견할 수 있고 데이터를 더 깊이 이해할 수 있습니다. 데이터 분석 결과를 다른 사람들에게 보고할 때도 시각화가 중요합니다. 숫자를 비교하는 방식으로 분석 결과를 제시하기보다 막대 그래프나 원 그래프를 이용하면 결과를 보고 받는 사람이 이해하기 쉽습니다. 이번 장에서는 데이터 시각화 방법과 분석 결과를 전달할 때 중요한 사항들을 소개합니다.

7.1.2 라이브러리 임포트

2장에서 소개한 다양한 라이브러리를 사용합니다. 다음과 같이 임포트하고 진행합니다.

입력

```
# 라이브러리 임포트
import numpy as np
import numpy.random as random
import scipy as sp
import pandas as pd
from pandas import Series, DataFrame

# 시각화 라이브러리
import matplotlib.pyplot as plt
import matplotlib as mpl
import seaborn as sns
sns.set()
%matplotlib inline

# 소수점 세 번째 자리까지 표시
%precision 3
```

출력

```
'%.3f'
```

7.2 데이터 시각화 기초

Keyword 막대 그래프, 원 그래프, 버블차트, 누적 그래프

데이터 시각화 라이브러리 매트플롯립에 대해 조금 더 자세히 알아 보겠습니다. 지금까지 곡선 그래프, 히스토그램 같은 그래프를 활용했는데 이번 절에서는 막대 그래프와 원 그래프, 누적 그래프에 대해서도 배워봅시다.

7.2.1 막대 그래프

막대 그래프는 범주별(지역별, 부문별 등)로 수치를 비교할 때 적절합니다. 막대 그래프를 만들려면 pyplot 모듈의 bar 함수를 이용합니다. 막대에 레이블을 표시할 때는 xtick 함수로 다음 예시 코드와 같이 지정합니다. 기본적으로 그래프는 왼쪽 정렬인데 중앙에 놓이도록 align = 'center'로 지정합니다. x, y 좌표의 이름을 설정하는 방법은 2장 64쪽에서 설명했습니다.

입력

```
# 대상 데이터
x = [1, 2, 3]
y = [10, 1, 4]

# 그래프 크기 지정
plt.figure(figsize = (10, 6))

plt.bar(x, y, align='center', width = 0.5)

# 막대 그래프의 각 레이블
plt.xticks(x, ['A Class', 'B Class',
               'C Class'])

# x와 y 레이블 설정
plt.xlabel('Class')
plt.ylabel('Score')

# 그리드 표시
plt.grid(True)
```

출력

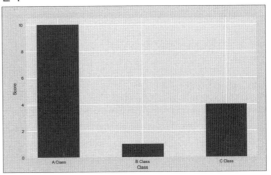

가로형 막대 그래프

앞에서는 세로형 막대 그래프를 그렸는데, 가로형 막대 그래프는 barh 함수를 사용합니다. 또한 x축과 y축이 바뀌므로 좌표 이름을 다시 설정해야 합니다.

입력

```
# 대상 데이터
x = [1, 2, 3]
y = [10, 1, 4]

# 그래프 크기 지정
plt.figure(figsize = (10, 6))
plt.barh(x, y, align = 'center')
plt.yticks(x, ['A Class','B Class',
               'C Class'])
plt.ylabel('Class')
plt.xlabel('Score')
plt.grid(True)
```

출력

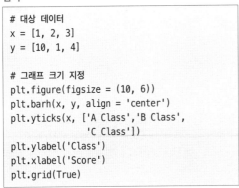

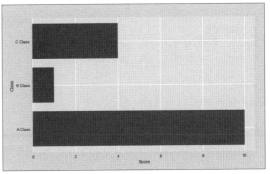

비교 막대 그래프 그리기

여러 개의 막대 그래프를 그려 서로 비교해 봅시다. 다음 예시 코드는 1학기 수학 성적과 최종 성적을 비교할 수 있도록 그래프를 그립니다.

입력

```
# 데이터 생성
y1 = np.array([30, 10, 40])
y2 = np.array([10, 50, 90])

# X축 데이터
x = np.arange(len(y1))

# 그래프 너비
w = 0.4

# 그래프 크기 지정
plt.figure(figsize = (10, 6))

# 그래프 출력. y2는 막대의 너비만큼 오른쪽으로 이동시켜 그림
plt.bar(x, y1, color = 'blue', width = w, label = 'Math first', align = 'center')
plt.bar(x + w, y2, color='green', width = w, label = 'Math final', align = 'center')

# 최적 위치에 범례 배치
plt.legend(loc = 'best')

plt.xticks(x + w / 2, ['Class A', 'Class B', 'Class C'])
plt.grid(True)
```

출력

누적 막대 그래프

다음은 누적 막대 그래프의 예시입니다. 누적 막대 그래프도 bar 함수를 사용하지만 bottom 파라미터 설정에 주목하세요.

위로 누적하는 그래프는 bar의 파라미터를 bottom = <아래에 위치하는 데이터>로 지정합니다.

입력

```
# 데이터 생성
height1 = np.array([100, 200, 300, 400, 500])
height2 = np.array([1000, 800, 600, 400, 200])

# X축
x = np.array([1, 2, 3, 4, 5])

# 그래프 크기 지정
plt.figure(figsize = (10, 6))

# 그래프 출력
```

```
p1 = plt.bar(x, height1, color = 'blue')
p2 = plt.bar(x, height2, bottom = height1, color='lightblue')

# 범례 표시
plt.legend((p1[0], p2[0]), ('Class 1', 'Class 2'))
```

출력

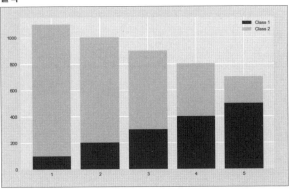

7.2.2 원 그래프

원 그래프는 전체에서 각 부분이 차지하는 비율을 볼 때 사용합니다.

일반적인 원 그래프

원 그래프는 pie 함수를 사용해 크기와 레이블을 설정합니다. axis 함수로 그래프를 원형으로 지정하고 autopct 파라미터에서 비율을 표시하는 형식을 지정합니다. 또한 explode 파라미터를 이용해 특정 범주만 전체 원에서 분리할 수 있습니다(예시 코드에서는 Hogs만 0.1로 설정합니다). startangle 파라미터는 각 요소를 출력할 때 시작하는 각도를 표시하는데 시작 위치를 변경할 수 있습니다.

90으로 지정하면 위쪽 가운데 부분이 시작 위치가 되며 시계 반대 방향으로 변경하려면 양수, 시계 방향으로 변경하려면 음수 값을 지정합니다.

출력 방향은 counterclock 파라미터로 지정합니다. True 또는 지정하지 않는 경우는 시계 방향으로 False로 지정하면 시계 반대 방향으로 출력됩니다.

입력

```
labels = ['Frogs', 'Hogs', 'Dogs', 'Logs']
sizes = [15, 30, 45, 10]
colors = ['yellowgreen', 'gold', 'lightskyblue', 'lightcoral']
explode = (0, 0.1, 0, 0)

# 그래프 크기 지정
plt.figure(figsize = (15, 6))
```

```
# 그래프 출력
plt.pie(sizes, explode = explode, labels = labels, colors = colors,
        autopct = '%1.1f%%', shadow = True, startangle = 90)

# 원을 그림
plt.axis('equal')
```

출력

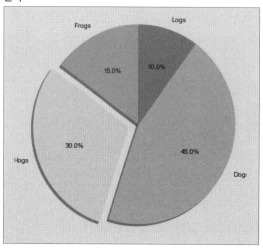

버블 차트

scatter 함수로 버블 차트를 그려봅시다.

입력

```
N = 25

# 무작위로 X, Y 데이터 생성
x = np.random.rand(N)
y = np.random.rand(N)

# color 번호
colors = np.random.rand(N)

# 버블의 크기를 다양하게 함
area = 10 * np.pi * (15 * np.random.rand(N)) ** 2

# 그래프 크기 지정
plt.figure(figsize = (15, 6))

# 그래프 출력
plt.scatter(x, y, s = area, c = colors, alpha = 0.5)
plt.grid(True)
```

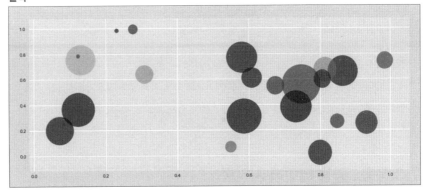

판다스도 plot 메서드로 그래프를 그릴 수 있습니다. 예를 들어 데이터 이름 뒤에 `.plot(kind='bar')`라고 표기하면 세로 막대 그래프를 그립니다. kind='barh' 옵션으로 가로 막대 그래프를, kind='pie' 옵션으로 원 그래프를 그릴 수 있습니다. 필요할 때 사용해 보기 바랍니다.

이번 절의 연습문제 외에도 앞 절에서 다룬 데이터를 이용해 다양한 그래프를 그릴 수 있습니다. 실제로 어떤 그래프를 만들 수 있는지 실습해 봅시다.

Let's Try

연습문제 외에도 다른 데이터를 이용해 다양한 그래프를 그려 봅시다. 각기 다른 목적에 맞게 어떤 그래프를 그릴 수 있을까요?

지금까지 파이썬의 시각화 기능을 소개하고 실습해 보았습니다. 데이터 분석과 데이터 시각화가 주목 받고 있는 요즘에는 다양한 데이터 시각화 도구들(Tableau, 엑셀, PowerBI 등)이 사용됩니다. 비즈니스 현장에서 이런 도구들을 점점 많이 사용하는 추세이기에 파이썬 같은 프로그래밍 언어로 시각화 작업을 하는 상황은 줄어드는 분위기입니다.

그러나 시각화 보고서를 자동화하거나, 응용 프로그램과 연계, 그래프를 생성할 때 필요한 세세한 설정 등에는 프로그래밍 방식이 더 유연하게 대응할 수 있습니다.

Practice

[연습문제 7-1]
3장의 수학 성적 데이터 student-mat.csv에서 학교를 선택한 이유(reason)를 원 그래프로 그리고 각 비율을 산출해보세요.

[연습문제 7-2]
연습문제 7-1 데이터에서 higher(대학교 진학 의향. 값은 yes 또는 no)를 기준으로 응답별

최종 학기 수학 성적 G3 평균을 막대 그래프로 나타내세요. 그래프에서 무엇인가 발견할 수 있는 사실이 있나요?

[연습문제 7-3]
같은 데이터에서 통학시간(traveltime)을 기준으로 최종 학기 수학 성적 G3 평균을 가로 막대 그래프로 나타내세요. 출력 결과에서 발견할 수 있는 사실이 있나요?

해답은 부록 2

7.3 응용 : 금융 데이터 시각화

Keyword 캔들 차트

이번 절에서는 금융 데이터를 활용해 보겠습니다. 금융 분야에 특화된 내용이므로 이 부분은 건너뛰어도 무방하며 연습문제는 없습니다.

7.3.1 시각화 대상 금융 데이터

다음과 같은 금융 데이터를 활용합니다.

입력

```
# 날짜 데이터 설정. freq='T'로 1분마다 데이터 생성
idx = pd.date_range('2015/01/01', '2015/12/31 23:59', freq='T')

# 난수 발생. 1이나 -1을 발생시킴
dn = np.random.randint(2, size = len(idx)) * 2 - 1

# 랜덤워크(무작위로 수치가 증가 또는 감소하는 데이터) 생성
# np.cumprod는 누적곱셈 계산
# (첫 번째 원소 * 두 번째 원소 * 세 번째 원소 * ... 와 같이 차례대로 원소를 누적해서 곱함)
rnd_walk = np.cumprod(np.exp(dn * 0.0002)) * 100

# resample('B')로 데이터를 영업일 단위로 리샘플링
# ohlc 메서드로 open, high, low, close라는 4개의 데이터로 구분
df = pd.Series(rnd_walk, index=idx).resample('B').ohlc()
```

실행하면 다음과 같은 그래프가 나타납니다. 이번에는 판다스로 시각화해 봅시다. 수치는 무작위로 생성되었기 때문에 실제 결과와 책에 나오는 그래프는 다를 수 있습니다.

입력

```
df.plot(figsize = (15,6), legend = 'best', grid = True)
```

출력

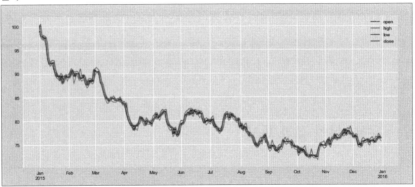

7.3.2 캔들 차트 생성 라이브러리

이번에는 캔들 차트를 그려봅시다. Plotly 라이브러리가 필요한데 부록 1을 참고해 설치하기 바랍니다.

Plotly의 캔들 차트 기능을 이용해 아래와 같은 그래프를 출력합니다. 그래프를 확대할 수도 있고 커서를 올리면 숫자가 표시되는 등 여러모로 편리합니다.

입력

```
# plotly 모듈 임포트
from plotly.offline import init_notebook_mode, iplot
from plotly import figure_factory as FF

# 주피터 노트북용 설정
init_notebook_mode(connected=True)

# 캔들 차트 설정
fig = FF.create_candlestick(df.open, df.high, df.low, df.close, dates = df.index)
iplot(fig)
```

출력

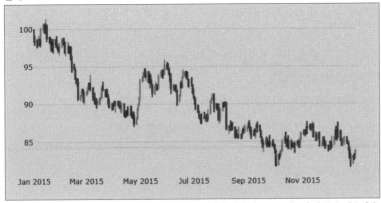

※ 무작위로 생성되므로 실제 결과와 책에 나오는 그래프가 다를 수 있습니다.

데이터 시각화를 다루는 《Data Visualization with Python and JavaScript》[A-16] 같은 책도 읽어보기 바랍니다. 파이썬이 아니라 자바스크립트로 구현하는 내용도 있지만 데이터 시각화 작업에 도움이 됩니다. 《Python 사용자를 위한 Jupyter 실천 입문》[A-16]은 주피터 노트북 사용법을 자세하게 소개하며 데이터 시각화에 관한 내용도 충실합니다.

7.4 응용: 분석 결과 제시

Keyword 자료 작성

지금까지 프로그래밍 중심으로 데이터 분석에 관한 기술을 살펴보았습니다. 데이터 시각화에 관련해서도 막대 그래프나 선 그래프를 그리는 법, 레이블을 붙이는 방법 같은 기술적인 설명을 주로 했습니다. 데이터를 이해할 목적으로 분석할 때는 특별히 그래프 형태나 디자인에 신경 쓰지 않고 기본적인 설정만으로도 충분합니다. 그러나 다른 사람에게 분석 결과를 보고할 때는 어떻게 내용을 전달해야 할지 고민해야 합니다. 분식 결과를 다른 사람들에게 전달하는 방법과 보고서를 작성힐 때 지켜야 할 기본적인 사항에 대해 살펴봅시다.

7.4.1 보고서를 만들 때 주의할 점

상사에게 보고하거나, 고객에게 제안하는 등 다양한 상황에서 분석 결과를 보고해야 합니다. 보고서를 만들 때는 다음에 소개하는 내용이 가장 중요합니다.

- 분석의 목적과 무엇을 보여주려 하는지 확실하게 결정한다.
- 분석 결과를 누구에게 전달하려 하는지 고려한다.
- 자료를 만들거나 파워 포인트로 작업하기 전에 먼저 생각한다.
- 분석 결과를 통해 구체적으로 어떤 대책과 행동을 촉구하고 싶은지 생각한다.
- 그러한 대책과 행동으로 얼마나 이익을 볼 수 있는지, 비용은 감소할 것인지 고민한다.
- 어떤 내용을 말하려 하는지 목차부터 확실하게 정리한다(전체적인 내용 제시).
- 결론부터 먼저 제시한다(두괄식으로 정리한다).
- 너무 많은 정보는 지양하고 불필요한 내용은 삭제한다.
- 하고 싶은 말을 짧게 요약하고, 바로 이어서 근거 데이터(표)를 시각화하여 제시한다.
- 스토리를 생각한다.

그 밖에도 보고서에 3D 그래프는 삽입하지 않는 편이 좋지만 그것도 상황에 따라 다르므로 누구에게 전달할지 먼저 생각해보는 것이 중요합니다.

또한 앞에서도 언급했듯이 데이터 시각화는 엑셀이나 다른 도구(Tableau)를 활용할 수 있습니다. 이 책에서는 파이썬 매트플롯립을 이용했지만 비즈니스 현장에서 매트플롯립을 고집할 필요는 없습니다. 데이터가 너무 크지 않다면 엑셀이 빠르게 시각화할 수 있고 성능도 뛰어납니다. 상황에 맞게 적절하게 도구를 선택하기 바랍니다.

짧은 내용이었지만 결과 보고서를 만들 때 고려할 기본적인 사항에 대해 살펴보았습니다. 더 자세한 내용은 생략하겠습니다. 이 주제를 더 공부하고 싶은 분들은 참고문헌 A-17을 확인하기 바랍니다. 이 책들은 보고서를 작성하는 방법이 주제라기보다는 기술 습득의 관점에서 내용을 다뤘습니다. 이상으로 7장 데이터 시각화를 마칩니다. 수고하셨습니다.

다음은 금융 시계열 데이터와 마케팅의 구매 데이터를 다루는 종합문제입니다. 지금까지 배운 기술을 활용해볼 수 있는 문제들입니다. 일부 문제는 설명하지 않았던 방법을 이용해야 하므로 힌트를 참고하면서 스스로 자료를 찾아 해결하기 바랍니다. 초보자에게는 조금 어려울 수 있지만 문제를 해결하는 과정에서 지금까지 배웠던 내용이 도움이 된다는 사실을 실감할 수 있을 것입니다.

Practice

7장 종합문제

[종합문제 7-1 시계열 데이터 분석]

판다스와 사이파이를 이용해 시계열 데이터를 분석해 봅시다.

1. 데이터 입력과 확인: 아래의 사이트에서 dow_jones_index.zip을 다운로드하고 dow_jones_index.data 데이터를 읽어 들인 후 처음 다섯 행을 출력하세요. 또한 데이터의 각 컬럼 정보를 확인하고 NaN이 있는지 확인하세요.

   https://archive.ics.uci.edu/ml/machine-learning-databases/00312/dow_jones_index.zip

2. 데이터 가공: open, high, low, close 등의 컬럼 데이터에는 숫자 앞에 $ 기호가 붙어 있습니다. 이 기호를 제거하세요. 또한 날짜와 시간을 date 형으로 읽어들이지 않은 경우 date 형으로 바꾸세요.

3. close 컬럼에서 각 stock별로 요약통계량을 산출하세요.

4. close 컬럼에서 각 stock의 상관행렬을 계산하고 씨본의 heatmap 함수를 이용해 상관행렬 히트맵을 그리세요.(힌트: 판다스의 corr 메서드를 이용합니다.)

5. 4번에서 계산한 상관행렬 중에서 상관계수가 가장 높은 stock 조합을 추출하세요. 또한 그중 가장 상관계수가 높은 쌍을 추출하고 시계열 그래프를 그리세요.

6. 판다스 rolling 메서드를 이용해 stock별로 close의 과거 5기(5주간) 이동평균 시계열 데이터를 생성하세요.

7. 판다스 shift 메서드를 사용해 stock별로 close의 전 기간(1주전) 대비 비율을 로그시 계열 데이터로 계산하세요. 그중 가장 표준편차가 큰 stock과 작은 stock을 추출해 로그 변화비율 그래프를 그리세요.

※문제 6, 7은 209쪽 칼럼에서 보충 설명합니다. 참고하세요.

[종합문제 7-2 마케팅 분석]

다음은 마케팅 분석에서 자주 다루는 구매 데이터입니다. 일반 사용자가 아닌 법인의 구매 데이터이며 분석하는 방식은 기본적으로 동일합니다.

1. 아래 URL에서 데이터를 판다스로 읽어 들입니다. (50만 건 이상의 비교적 큰 데이터이 므로 시간이 조금 걸립니다).

   http://archive.ics.uci.edu/ml/machine-learning-databases/00352/Online%20Retail.xlsx
   ※ 힌트: pd.ExcelFile을 사용해 시트를 .parse('Online Retail')으로 지정하세요.

   CustomerID 데이터가 있는 행 데이터만 분석 대상이므로 해당되는 데이터만 추출하세 요. InvoiceNo 칼럼 데이터에서 숫자 앞에 붙은 C는 구매 취소를 의미하므로 값이 C인 행의 데이터도 제거하세요. 그 밖에 불필요한 데이터도 적절하게 제거하고 정리된 데이 터를 대상으로 분석하세요.

2. 데이터에는 구매 날짜와 상품명, 수량, 횟수, 구매자 ID 등의 칼럼이 있습니다. 고유한 구 매자 수(CustomerID), 장바구니 수(고유한 InvoiceNo 번호), 상품 종류(StockCode 기반 과 Description 기반 고유 번호) 수를 구하세요.

3. 데이터에 Country 칼럼이 있습니다. 이 칼럼을 기준으로 각 나라별 구매 금액 합계(단 위당 금액 × 수량 합계)을 구하고, 내림차순으로 정렬한 후 상위 다섯 개 국가를 출력하 세요.

4. 3에서 구한 상위 다섯 개 국가에서 국가별 매출(총액)의 월별 시계열 추이를 그래프로 나 타내세요.

5. 3에서 추출한 상위 다섯 개 국가에서 국가별 매출 상위 5개 제품을 추출하고 원 그래프를 그리세요. 제품은 Description 기준으로 집계합니다.

이동평균시계열 데이터와 로그시계열 데이터

시계열 데이터$(\cdots, y_{t-1}, y_t, y_{t+1}, \cdots)$에서 과거 n기의 이동평균 데이터는 과거 5기 데이터의 평균이므로 다음 공식과 같습니다.

$$ma_t = \sum_{s=t-n+1}^{t} \frac{y_s}{n} \qquad \text{(식 7-4-1)}$$

시계열 데이터의 전기(1주 전) 대비 비율인 로그시계열 데이터는 $\log \frac{y_t}{y_{t-1}}$로 계산됩니다. 증감율 $r_t = \frac{y_t - y_{t-1}}{y_t}$이 작을 때 $r_t \approx \log \frac{y_t}{y_{t-1}}$ 관계가 성립합니다. 이는 x가 충분히 작을 때 성립하고, $\log(1+x) \approx x$에서 유도됩니다. 증감율 데이터$(r_1, \cdots, r_N)$의 변동성은 표준편차입니다.

$$\sqrt{\frac{1}{N} \sum_{t=1}^{N} (r_t - \frac{1}{N} \sum_{t=1}^{N} r_t)^2} \qquad \text{(식 7-4-2)}$$

이는 주가 변동의 크기를 나타내는 지표로 이용됩니다.

08

머신러닝 기초 (지도학습)

8장부터는 머신러닝을 배워봅시다. 머신러닝은 어떤 목적을 달성하기 위해 필요한 지식이나 행동을 데이터를 이용해 기계에게 학습시키는 기술입니다. 크게 지도학습과 비지도학습, 강화학습으로 구분되는데 8장에서는 지도학습에 대해 자세하게 살펴보겠습니다. 머신러닝의 원리와 기본적인 모델 구축 방법을 이해하고 제대로 실행할 수 있도록 합시다.

목표

머신러닝의 체계와 전반적인 내용을 학습한다. 지도학습 모델(다중 회귀분석, 로지스틱 회귀분석, 리지회귀, 라소회귀, 의사결정 나무, k-NN, SVM)을 구축하고 올바르게 평가할 수 있다.

8.1 머신러닝 개요

Keyword 머신러닝, 지도학습, 비지도학습, 강화학습, 목표변수, 설명변수, 회귀, 분류, 군집, 주성분 분석, 장바구니 분석, 동적계획법, 몬테카를로 방법, TD 학습[1]

지도학습에 대해 살펴봅시다. 지도학습은 비즈니스 현장에서 가장 많이 활용되는 머신러닝 기술입니다. 머신러닝의 원리와 모델을 구축하는 기본적인 방법을 이해하고 올바르게 실행할 수 있도록 합시다. 지도학습을 설명하기 전에 우선 비지도학습을 포함한 머신러닝의 개요를 살펴보겠습니다.

8.1.1 머신러닝이란

머신러닝(machine learning)은 어떤 목적을 달성하기 위해 기계가 데이터를 이용해 어떤 지식이나 행동을 학습하도록 하는 기술입니다. 크게 지도학습(supervised learning)과, 비지도학습(unsupervised learning), 강화학습(reinforcement learning)으로 구분됩니다. 경우에 따라서는 지도학습과 비지도학습 2가지로만 분류하거나 반지도학습을 더해 4가지로 구분할 때도 있습니다.

지도학습과 비지도학습

기계가 지식이나 행동을 학습하도록 하는 데 사용하는 데이터를 훈련 데이터라고 합니다. 훈련 데이터가 목표변수와 설명변수를 포함하는지에 따라 지도학습과 비지도학습으로 나눕니다. 단적으로 말해 정답 데이터(목표변수)를 포함하면 지도학습, 그렇지 않으면 비지도학습입니다.

① 지도학습
설명변수(X)를 이용해 목표변수(Y)를 예측하는 모델을 구축하는 방법입니다. 훈련 데이터는 목표변수와 설명변수를 포함합니다. 모델에 설명변수를 입력하고 모델로부터 출력된 결과가 목표변수와 비슷해지도록 모델의 파라미터를 조정하면서 학습하는 방식입니다. 예를 들어 메일의 제목과 내용(설명변수)으로 스팸 메일 여부(목표변수)를 판정하거나 주식 매매 현황(설명변수)에서 주가(목표변수)를 예측할 때 사용합니다.

② 비지도학습
입력 데이터에 숨어 있는 패턴이나 시사점을 발견하는 방법입니다. 훈련 데이터에 목표변수(Y)는 없습니다. 데이터를 몇 개의 유사한 그룹으로 분류하는 군집분석, 원본 데이터의 정보를 잃지 않으면서 데이터의 차원(변수의 개수)을 축소하는 주성분 분석(Principle Component Analysis, PCA) 등의 방법이 있습니다. 데이터를 이

1
(옮긴이) 시간차 학습 (Temporal Difference learning)이라고도 불리며 강화학습 문제에서 몬테카를로 방법과 동적계획법을 조합하는 방식. *https://ko.wikipedia. org/wiki/시간차_학습*

해하기 위한 탐색적 분석이나 데이터의 차원 감소(dimensional reduction) 등에 활용합니다. 다음 장에서 자세하게 설명하겠습니다. 지도학습 방식의 차원 감소 방법도 있지만 이 책에서는 비지도학습 방식의 차원 감소만 설명하겠습니다.

다음 그림은 지도학습과 비지도학습의 차이점을 설명합니다. 왼쪽이 지도학습입니다. 레이블(○과 ×표)이 표시되어 있고 ○과 ×로 나누는 것이 목적입니다. 예를 들어, 2개의 변수 x1과 x2를 포함하는 데이터에 새로운 데이터가 나타나면 해당 데이터가 ○인지 ×인지 예측합니다. 오른쪽 그림은 비지도학습입니다. 레이블은 없고 주어진 데이터에서 시사점(데이터를 점선으로 둘러싸인 2개의 그룹으로 분류할 수 있다는 통찰)을 찾아 내려고 합니다.

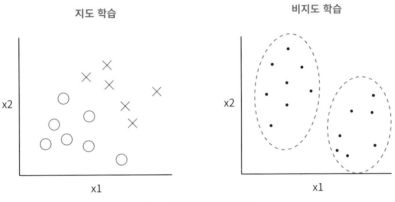

그림 8-1-1 지도학습과 비지도학습

강화학습

강화학습은 프로그램(기계)의 행동 결과에 대해 보상하고 이를 통해 기계가 행동 규칙을 학습하도록 하는 방법입니다. 지도학습에서는 하나하나의 행동에 정답 데이터가 필요합니다. 그러나 예를 들어 대전 상대가 있는 게임과 같은 상호작용 환경에서 행동 규칙을 학습시킬 때 모든 상황에 대해 정답 데이터를 부여하기 어렵습니다.

그래서 행동 결과에 보상을 주는 방식으로 행동 규칙을 학습시키는 강화 학습은 최근 지도학습으로는 해결하기 곤란한 사례에 적용할 수 있는 학습 방식으로 주목 받고 있습니다.

머신러닝 적용

책에서는 준비된 데이터에 머신러닝을 적용하는 것부터 시작하지만 실제 현장에서는 '기초 통계량 계산', '히스토그램이나 산점도 작성' 등의 과정을 거치며 데이터를 관찰하고 이해해야 합니다. 데이터 자체의 품질이 머신러닝 결과에 큰 영향을 미칠

수 있기 때문입니다. 또한 이러한 확인 작업 과정에서 데이터에 관한 유용한 통찰을 얻을 수도 있습니다. 머신러닝은 그 자체가 목적이 아니라 어디까지 하나의 수단임을 유의합시다.

> **Point**
> 데이터 분석 실무에 들어가서는 머신러닝을 적용하기 전에 먼저 기본적인 통계량을 산출하고 산점도를 그려 데이터의 경향성과 전체적인 특징을 파악합시다.

머신러닝을 처음 배우는 사람들은 《머신 러닝 부트캠프 with 파이썬》(길벗, 2018), 《파이썬 라이브러리를 활용한 머신러닝》(한빛미디어, 2019)[A-18] 같은 책이나, 온라인에 공개되어 있는 *Python Data Science Handbook*(*https://github.com/jakevdp/PythonDataScienceHandbook*, 번역서는 《데이터 사이언스 핸드북》(위키북스, 2017))이 도움됩니다. 비즈니스 관점에서 머신러닝을 활용하려면 참고문헌 A-19에서 소개하는 책을 참고하기 바랍니다.

또, 한 권의 책으로 머신러닝 모델 구현에 관한 모든 내용을 다룰 수 없기 때문에 잘 모르는 부분(모델 튜닝, 파라미터 설정 등)이 나올 때는 사이킷런 공식 문서(*http://scikit-learn.org/stable/index.html*)를 확인하는 것이 중요합니다. 공식 문서는 내용이 많아 모두 읽기는 쉽지 않습니다. 하지만 모델의 세세한 파라미터 설명 등이 정리되어 있으니 필요할 때마다 참고하기 바랍니다.

> **Point**
> 머신러닝 모델에 관한 자세한 내용은 공식 문서를 참고합시다.

8.1.2 지도학습

지도학습은 훈련 데이터를 이용해 데이터에 포함된 특정 변수를 예측하는 모델을 구축하는 방법입니다. 앞에서 설명한 것처럼 훈련 데이터 중에서 예측하려는 변수를 목표변수(정답, 응답변수, 타깃변수, 종속변수라고도 합니다), 목표변수를 설명하기 위한 변수를 설명변수(다른 말로 특징, 예측변수, 독립변수라고도 합니다)라고 합니다.

$y = f(x)$ 함수가 있을 때 y가 목표변수, x가 설명변수, 함수가 모델입니다. 예를 들어 어떤 브랜드 제품의 구매자가 미래 시점에 이 브랜드를 구매할지 여부(목표변수)를 예측하려 한다면, 과거의 다양한 데이터(고객 특성, 구매 빈도, 관련 브랜드의 구매 여부 등)를 설명변수로 활용합니다.

지도학습 알고리즘

지도학습은 목표변수의 데이터 형식에 따라 두 가지로 구분할 수 있습니다. 목표변수가 주가와 같은 수치라면 회귀(regression), 남성·여성 혹은 유아·초등학생·학생·성인과 같은 범주라면 분류(classification) 문제라고 구분합니다. 예를 들어 조금 전의 브랜드 구매 여부는 구매, 비구매라는 두 개의 범주로 나누어지는 분류 문제입니다.

지도학습 알고리즘으로는 다중회귀(multiple linear regression), 로지스틱회귀(logistic regression), k최근접이웃법(k-Nearest Neighbors), 의사결정나무(Decision Tree), 서포트 벡터 머신(Support Vector Machine), 랜덤 포레스트(Random Forest), 그레이디언트 부스팅(Gradient Boosting) 등이 있습니다. 이러한 알고리즘은 회귀에 사용될 때도 있고 분류에 사용되는 경우도 있으므로 주의합시다. 로지스틱회귀는 회귀라는 이름을 쓰지만 분류에 사용됩니다. 의사결정나무는 분류에 사용될 경우에는 분류나무, 회귀에 사용될 경우 회귀나무라고 합니다. 나중에 다시 개별적으로 설명하겠습니다.

알고리즘 선택에 따라 구축할 모델의 성능이 결정됩니다. 학습 결과의 해석이 중요하다면 다중회귀, 로지스틱회귀, 의사결정나무 등 비교적 간단한 알고리즘을 선택합니다. 서포트 벡터 머신, 랜덤 포레스트 등은 설명하기 어렵고 비전문가가 이해하기도 쉽지 않습니다('의사결정나무'도 비전문가에게는 어려울 수 있습니다). 해석의 용이성이 중요한지 예측의 성능이 중요한지는 상황에 따라 판단합니다.

8.1.3 비지도학습

비지도학습은 목표변수가 없고 데이터 그 자체에 주목해 데이터에 잠재된 패턴이나 시사점을 발견하는 방법입니다.

비지도학습 방법

대표적인 비지도학습은 데이터를 유사한 그룹으로 나누는 군집분석입니다. 예를 들어 소비자를 특정한 취향을 가진 그룹으로 나누는 마케팅 분석에 이용됩니다. 군집분석은 데이터 자체의 특징을 찾기 때문에 일종의 탐색적 분석입니다. 군집분석으로 데이터를 나누고 끝나는 것이 아니라 실제 비즈니스 현장과 비교해 결과를 해석하는 것이 중요합니다. 탐색적 데이터 분석은 완전하게 자동화시키기 어렵고 사람의 판단이 중요한 역할을 담당합니다.

이외에도 주성분 분석(Principle Component Analysis)이나 장바구니 분석(Market Basket Analysis) 같은 방법도 있습니다. 주성분 분석은 데이터의 정보를 잃지 않으면서 변수의 개수를 축소하는 방법입니다. 장바구니 분석은 POS(Point of Sales) 구매 데이터를 분석할 때 활용되는데, 'A 제품을 구입하는 사람은 높은 확률로 B 제품도 구입한다'와 같은 연관 규칙(관련성이 강한 사건의 조합)를 찾는 방법입니다.

《경영을 위한 데이터마이닝》(한경사, 2009)[A-20]에서는 지도학습을 "목적 지향적 데이터 마이닝", 비지도학습을 "탐색적 데이터 마이닝"으로 구분하고 비즈니스 현장에서 머신러닝과 데이터 마이닝이 어떻게 사용되는지 설명합니다. 비즈니스 관점에서 머신러닝에 대해 더 깊이 이해하고 싶은 분들에게 추천합니다.

8.1.4 강화학습

강화학습은 보상을 극대화하기 위한 행동 규칙을 기계에게 학습시키는 기술입니다. 보상은 기계가 행동한 결과가 목적과 일치하도록 설계됩니다. 즉, 목적에 맞는 행동 결과에는 높은 보상을, 그렇지 않은 행동 결과에는 낮은 보상이 주어지도록 설계합니다. 지도학습처럼 하나하나의 행동에 대한 정답 데이터가 없는 대신 어떤 행동을 하면 더 큰 보상을 받을 수 있는지 학습시킵니다. 강화학습에서는 기계(에이전트)가 기존 환경이나 다른 에이전트와 상호작용을 하는 과정에서 학습이 진행됩니다.

예를 들어 "아기(에이전트)는 걸음마를 가르치지 않아도 자신이 처한 환경에서 시행착오를 거치며 걸을 수 있게 된다", "자동차(에이전트)가 다른 자동차(다른 에이전트)와 충돌 없이 주행할 수 있게 된다" 등이 강화학습의 예입니다.

강화학습 알고리즘

강화학습은 에이전트가 탐색적으로 환경과 상호작용하는 과정에서 학습이 진행되기 때문에 탐색-지식 이용 딜레마(Exploration-Exploitation Dilemma)를 어떻게 처리하느냐가 중요한 문제입니다. 과거 행동에서 배운 결과를 근거로 '가장 좋은 행동'을 취하면 새로운 행동을 발견하지 못하게 되고(이용에 치중함), '더 좋은 행동'을 찾아 새로운 행동만 취한다면 과거의 경험을 살릴 수 없으므로(탐색에 치중함), 탐색과 이용의 균형을 찾는 것이 중요합니다.

강화학습 알고리즘으로는 동적계획법, 몬테카를로 방법, TD 학습 등이 있습니다. 동적계획법은 명시적인 지식이 있다는 것을 전제하고, 몬테카를로 방법은 환경에 대한 완전한 지식이 필요하지 않고 경험만이 필요한 방법입니다. 이 책에서는 강화학습의 개념만 소개하도록 하겠습니다. 더 깊이 공부하고 싶은 분들은 앞에서 등장한 용어를 확인하면서 리처드 서튼(Richard S. Sutton)의 책 《단단한 강화학습》(제이펍, 2020)[A-21]이나, OpenAI(*https://gym.openai.com/*)를 활용하기 바랍니다.

8.1.5 라이브러리 임포트

2장에서 소개한 각종 라이브러리와 함께 머신러닝 라이브러리 사이킷런도 이용합니다. 부록 1을 참고해 아나콘다를 설치했다면 사이킷런이 이미 설치되어 있습니다.

3.4 "단순회귀분석"에서도 사이킷런을 사용했습니다. 사이킷런 공식 문서(*https://scikit-learn.org/stable/*)에 자세한 사용 방법이 있으므로 확인하기 바랍니다. 사이킷런 라이브러리에는 머신러닝용 클래스뿐만 아니라 몇 가지 예제 데이터도 포함되어 있습니다. 다음 코드와 같이 임포트하고 진행합니다.

입력

```
# 데이터 가공, 조작, 분석 라이브러리
import numpy as np
import numpy.random as random
import scipy as sp
from pandas import Series, DataFrame
import pandas as pd

# 시각화 라이브러리
import matplotlib.pyplot as plt
import matplotlib as mpl
import seaborn as sns
%matplotlib inline

# 머신러닝 라이브러리
import sklearn

# 소수점 세 번째 자리까지 표시
%precision 3
```

출력

```
'%.3f'
```

8.2 다중회귀

Keyword 목표변수, 설명변수, 다중공선성, 변수 선택

지도학습 중에서 먼저 다중회귀(multiple lienar regression)에 대해 살펴봅시다. 3장에서 단순회귀는 설명변수가 하나였습니다. 같은 원리를 확장해 설명변수가 여러 개일 때가 다중회귀입니다. 다중회귀를 이용해 설명변수의 계수(회귀계수)를 추정하고 예측값을 계산할 수 있습니다. 회귀계수는 회귀모형이 예측한 값과 데이터의 실젯값(목표변수)과의 차이를 제곱하고 모두 더한 값이 최소가 되도록 만드는 값으로 추정합니다. 다음 그림은 다중회귀를 설명합니다.

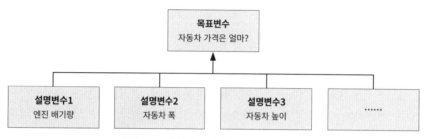

그림 8-2-1 다중회귀는 설명 변수가 여러 개입니다.

8.2.1 자동차 가격 데이터 읽어 들이기

이제 실습해 봅시다. 자동차의 가격을 속성 데이터(자동차의 넓이, 높이 등)를 이용
해 예측하는 다중회귀 모델을 구축합니다. 다음 URL에 공개된 데이터를 이용하겠
습니다.

http://archive.ics.uci.edu/ml/machine-learning-databases/autos/imports-85.data

입력

```
# 임포트
import requests, zipfile
import io

# 자동차 가격 데이터 가져오기
url = 'http://archive.ics.uci.edu/ml/machine-learning-databases/autos/imports-85.data'
res = requests.get(url).content

# 데이터를 DataFrame 객체로 읽어 들이기
auto = pd.read_csv(io.StringIO(res.decode('utf-8')), header=None)

# 데이터 컬럼에 레이블 설정
auto.columns =['symboling','normalized-losses','make','fuel-type' ,'aspiration','num-of-doors',
                'body-style','drive-wheels','engine-location','wheel-base','length','width','height',
                'curb-weight','engine-type','num-of-cylinders','engine-size','fuel-system','bore',
                'stroke','compression-ratio','horsepower','peak-rpm','city-mpg','highway-mpg','price']
```

위의 코드를 실행하면 변수 auto에 판다스의 DataFrame 객체가 자동차 가격 데이터
로 저장됩니다. 어떤 데이터인지 확인해 봅시다.

입력

```
print('자동차 데이터 형태:{}'.format(auto.shape))
```

출력

```
자동차 데이터 형태:(205, 26)
```

205행 26열 형태의 데이터라는 것을 알 수 있습니다. 이어서 head() 메서드로 처음
다섯 행 데이터를 출력해봅시다.

```
auto.head()
```

	symboling	normalized-losses	make	fuel-type	aspiration	num-of-doors
0	3	?	alfa-romero	gas	std	two
1	3	?	alfa-romero	gas	std	two
2	1	?	alfa-romero	gas	std	two
3	2	164	audi	gas	std	four
4	2	164	audi	gas	std	four

5 rows × 26 columns

body-style	drive-wheels	engine-location	wheel-base	...	engine-size	fuel-system
convertible	rwd	front	88.6	...	130	mpfi
convertible	rwd	front	88.6	...	130	mpfi
hatchback	rwd	front	94.5	...	152	mpfi
sedan	fwd	front	99.8	...	109	mpfi
sedan	4wd	front	99.4	...	136	mpfi

bore	stroke	compression-ratio	horsepower	peak-rpm	city-mpg	highway-mpg	price
3.47	2.68	9.0	111	5000	21	27	13495
3.47	2.68	9.0	111	5000	21	27	16500
2.68	3.47	9.0	154	5000	19	26	16500
3.19	3.40	10.0	102	5500	24	30	13950
3.19	3.40	8.0	115	5500	18	22	17450

데이터에서 자동차 가격은 price입니다. 자동차의 속성을 이용해 가격을 예측하는 모델을 구축할 것이므로 price 이외의 변수를 이용해 price를 예측하는 모델을 만듭니다. 모든 설명변수를 이용해 price를 예측하려면 조금 복잡하므로 3개의 설명변수 horsepower, width, height만을 사용합니다. 즉, horsepower, width, height 설명변수를 이용해 price 목표변수를 예측하는 모델을 만듭니다.

8.2.2 데이터 정리

데이터에 불필요한 부분이 섞여 있는 경우가 많습니다. 우선은 데이터의 내용을 확인하고 분석에 적절한 데이터로 정리해야 합니다.

불필요한 데이터 제거

앞에서 head()를 이용해 데이터 중에 ? 기호가 있다는 사실을 발견했습니다. 대부분의 머신러닝 알고리즘은 수치형 데이터를 이용하므로 ?와 같이 수치가 아닌 데이터를 제거하는 전처리 작업이 필요합니다.

horsepower, width, height 변수로 price를 예측하기 위해서는 이들 변수에서 ? 데이터를 제거해야 합니다. 우선 ? 기호를 결측값으로 변환하고, 이 값을 포함하는 행 데이터를 제거합니다. horsepower, width, height, price 데이터에 ? 기호가 얼마나 포함되어 있는지는 다음 코드를 통해 확인할 수 있습니다.

입력

```
# 각 컬럼 데이터에 포함된 ? 개수 확인
auto = auto[['price','horsepower','width','height']]
auto.isin(['?']).sum()
```

출력

```
price          4
horsepower     2
width          0
height         0
dtype: int64
```

price와 horsepower 컬럼 데이터에 ?가 들어 있으므로 6장에서 배웠던 판다스를 이용해 제거합시다. 다음과 같은 코드로 ?가 있는 행 데이터를 제거합니다. 실행 결과 행의 개수가 줄어든 것을 확인할 수 있습니다.

입력

```
# ?를 NaN으로 전환하고 NaN이 있는 행 데이터 제거
auto = auto.replace('?', np.nan).dropna()
print('자동차 데이터 형태:{}'.format(auto.shape))
```

출력

```
자동차 데이터 형태: (199, 4)
```

형 변환

데이터의 형(type)을 확인합시다.

입력

```
print('데이터 형 확인(형 변환 전)\n{}\n'.format(auto.dtypes))
```

출력

```
데이터 형 확인(형 변환 전)
price          object
horsepower     object
width          float64
height         float64
dtype: object
```

확인 결과 price와 horsepower가 수치형이 아닙니다. to_numeric을 이용해 수치형으로 변환해 둡니다.

입력

```
auto = auto.assign(price=pd.to_numeric(auto.price))
auto = auto.assign(horsepower=pd.to_numeric(auto.horsepower))
print(' 데이터 형 확인(형 변환 후)\n{}'.format(auto.dtypes))
```

출력

```
데이터 형 확인(형 변환 후)
price          int64
horsepower     int64
width          float64
height         float64
dtype: object
```

상관관계 확인

이상의 작업으로 설명변수와 목표변수의 모든 행 데이터는 결측값 없이 수치형 데이터로 변환되었습니다. 이어서 각 변수의 상관관계를 확인합시다. corr를 이용합니다.

입력

```
auto.corr()
```

출력

	price	horsepower	width	height
price	1.000000	0.810533	0.753871	0.134990
horsepower	0.810533	1.000000	0.615315	-0.087407
width	0.753871	0.615315	1.000000	0.309223
height	0.134990	-0.087407	0.309223	1.000000

목표변수 price 이외의 3개 변수에 주목하면 width와 horsepower의 상관관계가 0.6 정도로 다소 높다는 것을 알 수 있습니다. 상관관계를 확인해보는 이유는 상관관계가 높은 변수들을 다중회귀의 모델에 함께 설명변수로 투입하면 다중공선성 (multicollinearity)[B-27]이 발생할 가능성이 있기 때문입니다.

다중공선성은 변수 간의 상관관계가 높아 회귀계수의 분산이 커지고, 결과적으로 회귀계수의 통계적 유의성이 없어지는 현상입니다. 이런 문제를 피하기 위해 보통은 상관관계가 높은 변수 그룹을 대표하는 변수만을 다중회귀모델에 투입합니다. 예제에서는 실습이므로 너무 엄밀하게 하지 않고 width, horsepower, height 모두 모델을 구축하는 데 사용하겠습니다.

8.2.3 모델 구축과 평가

데이터가 준비되었으면 모델을 구축해 봅시다. 다중회귀 모델을 만들고 성능을 평가하는 코드를 작성합니다. 코드에서 설명변수를 X, 목표변수를 y로 설정합니다.

머신러닝 모델을 구축할 때는, 일반적으로 '훈련 데이터'로 모델을 구축하고 별도의 '테스트 데이터'를 모델에 적용해 정확도를 계산하는 방식으로 모델의 성능을 평가합니다. 이를 위해 사이킷런의 model_selection 모듈의 train_test_split 함수를 이용해 데이터를 무작위로 훈련 데이터와 테스트 데이터로 나눕니다. 어떤 비율로 나눌지는 test_size로 지정합니다. 코드에서는 test_size를 0.5로 지정하고 절반씩 나눴습니다(0.4로 지정하면 4대 6으로 나눕니다).

random_state는 난수 생성 방법을 제어합니다. 여기에서는 random_state를 0으로 지정했습니다. 이렇게 random_state를 특정한 숫자로 고정하면 여러 번 실행해도 데이터를 동일하게 분리합니다. 값을 지정하지 않으면 실행할 때마다 데이터가 다르게 분류되고 모델의 평가 결과도 달라집니다. 따라서 모델의 성능을 평가할 때는 random_state를 임의의 값으로 지정하고 평가 결과를 재현 가능하도록 설정하는 것이 대단히 중요합니다.

다중회귀모델은 LinearRegression 클래스를 이용해 구축합니다. model = LinearRegression()으로 인스턴스를 생성하고 훈련 데이터를 model.fit(X_train,y_train) 구문으로 읽어 들이면 학습이 완료됩니다. 학습을 시키면 결정계수와 회귀계수, 절편을 확인할 수 있습니다. 결정계수는 예측된 값이 실제 목표변수 값과 얼마나 가까운지 나타내는 수치입니다. 3장에서 이미 배웠습니다.

머신러닝의 목적은 모델이 범용성을 갖도록 구축하는 것입니다(모델이 새로운 데이터를 잘 예측하는 것). 훈련 데이터에 잘 맞추면 좋은 모델이 될 것 같지만 실제로는 훈련 데이터를 잘 예측해도 테스트 데이터는 잘 예측하지 못하는 일이 자주 발생합니다. 이런 현상을 과적합(overfitting) 혹은 과학습이라고 하며 모델을 구축하는 단계에서 주의 깊게 검증해야 합니다. 결정계수는 score 메서드로 추출할 수 있습니다.

입력

```
# 데이터 분할(훈련 데이터와 테스트 데이터)을 위한 임포트
from sklearn.model_selection import train_test_split

# 다중회귀 모델 구축을 위한 임포트
from sklearn.linear_model import LinearRegression

# 목표변수로 price를 지정, 설명변수로는 price 외의 다른 변수를 지정
X = auto.drop('price', axis=1)
y = auto['price']

# 훈련 데이터와 테스트 데이터로 분할
X_train, X_test, y_train, y_test = train_test_split(X, y, test_size=0.5, random_state=0)

# 다중회귀 클래스 초기화와 학습
model = LinearRegression()
model.fit(X_train,y_train)

# 결정계수 출력
print('결정계수(train):{:.3f}'.format(model.score(X_train,y_train)))
print('결정계수(test):{:.3f}'.format(model.score(X_test,y_test)))

# 회귀계수와 절편 출력
print('\n회귀계수\n{}'.format(pd.Series(model.coef_, index=X.columns)))
print('절편: {:.3f}'.format(model.intercept_))
```

```
결정계수(train):0.733
결정계수(test):0.737

회귀계수
horsepower     81.651078
width        1829.174506
height        229.510077
dtype: float64
절편: -128409.046
```

성능 평가 결과는 train(훈련 데이터)에서 0.733, test(테스트 데이터)에서 0.737입니다. 학습할 때의 점수와 테스트 점수가 비슷하기 때문에 과적합이 발생하지 않았다고 판단할 수 있습니다.

8.2.4 모델 구축 및 모델 평가 과정 정리

지금까지 다중회귀모델을 구축하고 성능을 평가했습니다. 이후에 살펴볼 의사결정나무와 SVM 등도 기본적으로는 같은 흐름으로 진행됩니다. 모델 구축과 평가 과정을 다음과 같이 정리할 수 있습니다.

- 1단계. 모델 구축을 위한 클래스의 인스턴스 생성: model = LinearRegression()
- 2단계. 데이터를 설명변수와 목표변수로 나눔: X와 y
- 3단계. 훈련 데이터와 테스트 데이터로 분할: train_test_split(X, y test_size = 0.5, random_state = 0)
- 4단계. 훈련 데이터를 이용해(학습): model.fit(X_train, y_train)
- 5단계. 모델 성능을 테스트 데이터로 평가: model.score(X_test, y_test)

여기에서는 모델을 구축할 때 사용할 설명변수로 3개의 변수 horsepower, width, height를 임의로 선택했지만 통계적으로 선택하는 방법도 있습니다. 변수증가법(전진선택법), 변수감소법(후진선택법), 스텝와이즈(Stepwise)법 등이 있고, 선택하는 기준으로는 RMSE(Root Mean Squared Error), AIC, 베이지안 정보량 기준(BIC) 등이 있습니다. 절대적으로 좋은 방법은 없고 모델의 범용성, 비즈니스에 대한 배경지식을 고려해 선택합니다. 자세한 내용은 생략하니 더 공부하고 싶은 분들은 찾아보기 바랍니다.

> **Let's Try**
> 변수증가법, 변수감소법, 스텝와이즈법에 대해 조사해 보세요.

[연습문제 8-1]

8-2-1의 자동차 가격 데이터를 이용합니다. 데이터에서 목표변수를 price로, 설명변수로 width, engine-size를 이용해 다중회귀 모델을 구축하세요. 이때 train_test_split으로 훈련 데이터와 테스트 데이터를 절반씩 분할해 모델을 구축하고, 테스트 데이터를 이용해 모델의 성능 평가 점수를 구하세요. train_test_split에서 random_state 옵션을 0으로 지정합니다.

해답은 부록 2

연습문제 8-1 데이터에서 목표변수를 price로 두고 위의 예와 같은 설명변수를 사용해 다중회귀 모델을 구축하세요. 다른 설명변수도 투입해보고 모델의 결과가 어떻게 변하는지 관찰해 봅시다. 결과가 다르다면 그 원인을 생각해 봅시다.

8.3 로지스틱회귀

Keyword 로지스틱회귀, 교차엔트로피오차 함수, 오즈비(Odds Ratio)

앞에서 살펴본 대로 다중회귀모델은 설명변수가 하나 이상이며 목표변수는 수치 데이터였습니다. 이러한 변수를 수치형 변수라고 합니다.

로지스틱회귀(logistic regression)는 목표변수가 숫자가 아닌 제품 구매 여부, 어느 회사가 망할까 망하지 않을까 같은 범주형 데이터를 다루는 알고리즘입니다. 이처럼 범주 형태의 변수를 범주형 변수라고 합니다.

데이터가 어떤 범주에 속할 확률을 계산하는 작업을 분류(classification)라고 하며 이런 분류 알고리즘 중의 하나가 로지스틱회귀입니다.

회귀라는 이름을 쓰지만 분류 알고리즘이므로 주의합시다(2분류뿐만 아니라 3분류 이상에서도 사용할 수 있습니다). 목표변수가 수치일 때와는 달리 분류에서는 교차엔트로피 오차(cross entropy error function)라는 목적함수[2]를 이용합니다. 이 함수의 값은 정답 범주를 예측하는 확률이 높을수록 값이 작아집니다.

2
(옮긴이) 모델의 예측값과 실젯값의 차이 값을 계산하는 함수

8.3.1 로지스틱회귀 예

로지스틱회귀를 실행하는 예를 봅시다. 연령과 성별, 직업 등 개인의 속성 데이터를 이용해 수입이 50K(50,000달러) 이상인지 아닌지 예측하는 모델을 구축합니다. 데이터는 다음 URL에서 얻을 수 있습니다.

http://archive.ics.uci.edu/ml/machine-learning-databases/adult/adult.data

우선 아래 예시 코드와 같이 데이터를 읽어 와 컬럼 이름을 설정합니다. 데이터는 32561행 15열 형태이며 결측값은 없습니다. head()로 데이터의 일부분을 확인하면 workclass와 education 등의 범주형 변수와 age, education_num 등의 수치형 변수가 섞여 있다는 것을 알 수 있습니다.

입력

```
# 데이터 수집
url = 'http://archive.ics.uci.edu/ml/machine-learning-databases/adult/adult.data'
res = requests.get(url).content

# 수집한 데이터를 DataFrame 객체로 읽어 들이기
adult = pd.read_csv(io.StringIO(res.decode('utf-8')), header=None)

# 데이터 컬럼에 레이블 설정
adult.columns =['age','workclass','fnlwgt','education','education-num','marital-status',
                'occupation','relationship','race','sex','capital-gain',
                'capital-loss','hours-per-week',
                'native-country','flg-50K']

# 데이터 형태와 결측값 개수 출력
print('데이터 형태:{}'.format(adult.shape))
print('결측값 수:{}'.format(adult.isnull().sum().sum()))

# 데이터의 처음 다섯 행 출력
adult.head()
```

(출력 결과는 공간 문제 때문에 다음 페이지에 표시합니다)

8.3.2 데이터 정리

데이터에서 목표변수는 수입이 50K 이상인지 아닌지를 나타내는 flg-50K입니다. 데이터 값은 <=50K와 >50K인데 이 상태로는 알고리즘을 적용할 수 없기 때문에 0 또는 1의 값을 갖는 변수를 생성합니다. 먼저 <=50K와 >50K인 데이터가 어느 정도 있는지 확인해봅시다.

입력

```
adult.groupby('flg-50K').size()
```

출력

```
flg-50K
   <=50K    24720
    >50K     7841
dtype: int64
```

<=50K이 24,720행, >50K이 7,841행이라는 것을 알 수 있습니다.

```
데이터 형태: (32561, 15)
결측값 개수:0
```

	age	workclass	fnlwgt	education	education-num	marital-status
0	39	State-gov	77516	Bachelors	13	Never-married
1	50	Self-emp-not-inc	83311	Bachelors	13	Married-civ-spouse
2	38	Private	215646	HS-grad	9	Divorced
3	53	Private	234721	11th	7	Married-civ-spouse
4	28	Private	338409	Bachelors	13	Married-civ-spouse

occupation	relationship	race	sex	capital-gain	capital-loss
Adm-clerical	Not-in-family	White	Male	2174	0
Exec-managerial	Husband	White	Male	0	0
Handlers-cleaners	Not-in-family	White	Male	0	0
Handlers-cleaners	Husband	Black	Male	0	0
Prof-specialty	Wife	Black	Female	0	0

hours-per-week	native-country	flg-50K
40	United-States	<=50K
13	United-States	<=50K
40	United-States	<=50K
40	United-States	<=50K
40	Cuba	<=50K

다음은 >50K인 데이터는 1, 아니면 0인 값을 갖는 변수 fin_flg를 생성합니다. 이를
위해 1장에서 활용한 lambda와 map을 사용합니다. 변수를 생성하고 위의 결과와 새
로운 변수의 집계 결과가 같은지 확인합시다.

입력

```
# flg-50K 컬럼 값이 >50K이면 1, 아니면 0인 fin_flg 변수 추가 생성
adult['fin_flg'] = adult['flg-50K'].map(lambda x: 1 if x ==' >50K' else 0)
adult.groupby('fin_flg').size()
```

출력

```
fin_flg
0    24720
1     7841
dtype: int64
```

<=50K과 >50K의 행 개수가 0과 1의 행 개수와 일치합니다.

8.3.3 모델 구축과 평가

이제 로지스틱회귀 모델을 구축합시다. 설명변수는 수치형 변수인 age, fnlwgt, education-num, capitalgain, capital-loss입니다. 목표변수는 1과 0 값을 갖는 변수 fin_flg입니다.

모델을 구축하기 위해 LogisticRegression 클래스를 사용합니다. 훈련 데이터와 테스트 데이터로 나누거나 score 메서드로 모델을 평가하는 방법은 다중회귀의 경우와 동일합니다.

입력

```
from sklearn.linear_model import LogisticRegression
from sklearn.model_selection import train_test_split

# 설명변수와 목표변수 설정
X = adult[['age','fnlwgt','education-num','capital-gain','capital-loss']]
y = adult['fin_flg']

# 훈련 데이터와 테스트 데이터로 분할
X_train, X_test, y_train, y_test = train_test_split(X, y, test_size=0.5, random_state=0)

# 로지스틱회귀 클래스 초기화와 학습
model = LogisticRegression()
model.fit(X_train,y_train)

print('정확도(train):{:.3f}'.format(model.score(X_train, y_train)))
print('정확도(test):{:.3f}'.format(model.score(X_test, y_test)))
```

출력

```
정확도(train):0.797
정확도(test):0.798
```

결과를 보면 훈련 데이터와 테스트 데이터 모두 약 79%의 정확도를 얻어 과적합은 발생하지 않은 것으로 판단할 수 있습니다.

학습이 끝난 모델의 각 변수(age, fnlwgt, education-num, capital-gain, capital-loss)의 계수를 coef_ 속성 값으로 확인해 봅시다.

입력

```
model.coef_
```

출력

```
array([[-1.185e-02, -4.379e-06, -2.774e-03,  3.274e-04,  7.532e-04]])
```

오즈비(Odds Ratio, OR)[3]는 아래와 같이 계산할 수 있습니다. 오즈비는 각 계수가 1 증가할 때 모델의 예측 확률에 어느 정도 영향을 미치는지 나타내는 지표입니다(영향이 없을 때는 값이 1근처 입니다).

입력

```
np.exp(model.coef_)
```

출력

```
array([[0.988, 1.   , 0.997, 1.   , 1.001]])
```

3
(옮긴이) 오즈비는 특정 사건이 일어날 확률(성공)과 일어나지 않을 확률(실패)의 비율을 의미합니다. 일반적으로 성공할 확률이 실패할 확률의 몇 배인지 계산합니다. 오즈비가 1보다 크면 성공할 확률이 실패할 확률보다 크고 1보다 작으면 성공할 확률이 실패할 확률보다 작다는 것을 의미합니다.

8.3.4 스케일링을 통한 예측 정확도 향상

예측 정확도를 높이는 방법 중 하나로 스케일링이 있습니다. 모델에서는 5개의 변수 age, fnlwgt, education-num, capital-gain, capital-los를 설명변수로 사용하는데 변수들의 단위와 크기가 모두 다릅니다. 이 상태에서는 모델을 학습할 때 단위가 큰 변수로부터 영향을 많이 받고 단위가 작은 변수의 영향이 줄어들 위험이 있습니다.

이런 문제를 방지하기 위해 설명변수를 표준화합니다. 표준화는 스케일링의 일종으로 데이터의 각 값에서 각 변수의 평균을 빼고 표준편차로 나눕니다. 이렇게 표준화를 하면 변수들의 단위 효과가 사라지고 각 수치의 크기가 미치는 영향이 동일해집니다(표준화된 값이 0이면 평균, 1이면 평균보다 1 표준편차만큼 큰 값입니다). 데이터 표준화를 위해 StandardScaler 클래스를 사용합니다.

입력

```
# 표준화를 위한 클래스 임포트
from sklearn.preprocessing import StandardScaler
from sklearn.model_selection import train_test_split

# X와 y 설정
X = adult[['age','fnlwgt','education-num','capital-gain','capital-loss']]
y = adult['fin_flg']

# 훈련 데이터와 테스트 데이터로 분할
X_train, X_test, y_train, y_test = train_test_split(X, y, test_size=0.5, random_state=0)

# 표준화 처리
sc = StandardScaler()
sc.fit(X_train)
X_train_std = sc.transform(X_train)
X_test_std = sc.transform(X_test)

# 로지스틱회귀 클래스 초기화와 학습
model = LogisticRegression()
model.fit(X_train_std,y_train)

# 정확도 출력
print('정확도(train):{:.3f}'.format(model.score(X_train_std, y_train)))
print('정확도(test):{:.3f}'.format(model.score(X_test_std, y_test)))
```

```
정확도(train):0.811
정확도(test):0.810
```

결과에서 보듯이 표준화하지 않은 경우에 비해 정확도가 상승했습니다. 이와 같이 설명변수의 척도를 조정해 머신러닝 알고리즘이 더 잘 작동하도록 만들 수 있습니다. 변수를 표준화할 때 주의할 점은 훈련 데이터의 평균과 표준편차를 사용해야 한다는 것입니다. 테스트 데이터는 미래에 획득할 미지의 데이터라고 간주하므로 테스트 데이터를 사용하면 안 됩니다.

Practice

[연습문제 8-2]

sklearn.datasets 모듈의 load_breast_cancer 함수를 사용해 유방암 데이터를 읽어 들이고 목표변수를 cancer.target, 그리고 cancer.data를 설명변수로 투입하는 로지스틱회귀 모델을 구축하세요. train_test_split (random_state = 0)으로 훈련 데이터와 테스트 데이터로 나누고 테스트 데이터로 평가한 점수를 구하세요.

[연습문제 8-3]

연습문제 8-2와 동일한 설정, 동일한 데이터에서 변수를 표준화한 뒤 모델을 구축해 보세요. 구축한 모델의 성능과 8-2 문제의 결과를 비교해 보세요.

해답은 부록 2

8.4 정규화 항이 있는 회귀: 리지회귀, 라소회귀

Keyword 정규화, 라소회귀, 리지회귀

이번 절에서는 라소회귀(Lasso Regression)와 리지회귀(Ridge Regression)를 살펴보겠습니다. 이 두 가지 회귀모델은 입력 값이 조금만 달라도 출력 값이 크게 변하는 상황에서 다중회귀모델에 비해 과적합이 덜 발생하는 특징이 있습니다.

8.4.1 라소회귀, 리지회귀의 특징

다중회귀에서는 예측값과 목표변수의 오차 제곱합이 최소가 될 때의 회귀계수를 추정합니다. 반면 라소회귀와 리지회귀는 오차 제곱합을 최소화하면서도 회귀계수 자체가 커지는 것을 방지하는 장치가 있습니다. 일반적으로 회귀계수가 큰 모델은 입력값이 약간만 변해도 출력값이 크게 변합니다. 즉, 함수의 입출력 관계가 민감하거나 복잡한 모델입니다. 이러한 모델은 훈련 데이터에는 잘 맞지만 새로운 데이터는 잘 예측하지 못하는 과적합이 발생할 위험이 높아집니다. 그래서 회귀계수를 추정할 때, 비용함수(cost function)[4]에 모델의 복잡성을 나타내는 항을 추가하고 이 식이 최소가 되도록 회귀계수를 추정하는 모델이 라소회귀 또는 리지회귀입니다.

라소회귀에서 회귀계수를 추정할 때 비용함수를 수식 8-4-1과 같이 정의합니다. 이때 두 번째 항을 정규화 항이라고 합니다. $q = 1$이면 라소회귀, $q = 2$이면 리지회귀입니다(M: 변수의 개수, w: 가중치 또는 계수, λ: 정규화 파라미터). 정규화 항은 모델의 복잡성을 억제하는 역할을 합니다. 일반적으로 정규화(regularization)는 모델의 복잡성을 줄이기 위한 다양한 방법을 의미하는 용어입니다.

$$\sum_{i=1}^{n}(y_i - f(x_i))^2 + \lambda \sum_{j=1}^{M}|w_j|^q \qquad \text{(식 8-4-1)}$$

4
(옮긴이) 실제 값과 예측 값의 차이를 계산하는 함수, 일반적으로 비용함수에 정규화 항을 더한 함수를 목적함수라고 합니다.

정의된 식에서 변수의 개수 M이 증가할수록, 가중치가 커질수록 비용함수의 두 번째 항 값이 커져 벌점(penality)으로 작용한다는 것을 알 수 있습니다. 다중회귀는 분석하는 사람이 투입하는 설명변수의 개수를 조정해 모델의 복잡성을 줄이지만 라소회귀, 리지회귀는 파라미터의 크기를 모델 스스로 제어하면서 모델의 복잡성을 조정합니다. 훈련 데이터에서의 모델 점수와 테스트 데이터에서의 점수에 차이가 있을 때 정규화 항을 포함시켜 모델의 범용성을 높일 수 있습니다. 사이킷런의 로지스틱회귀는 기본값으로 정규화 항이 비용함수에 포함되어 있지만 별도의 이름을 붙이지는 않습니다.

8.4.2 다중회귀와 리지회귀 비교

다중회귀 모델을 구축할 때 사용한 자동차 가격 데이터(auto)를 이용해 리지회귀 모델을 만들고 다중회귀 모델과의 차이를 확인해 봅시다. 사용할 데이터의 처음 다섯 행을 출력합니다.

입력

```
auto.head()
```

출력

	price	horsepower	width	height
0	13495	111	64.1	48.8
1	16500	111	64.1	48.8
2	16500	154	65.5	52.4
3	13950	102	66.2	54.3
4	17450	115	66.4	54.3

sklearn.linear_model 모듈의 Ridge 클래스를 사용해 리지회귀 모델을 구축할 수 있습니다. 다음 예시 코드는 LinearRegression 클래스를 사용한 다중회귀 모델(linear)과 Ridge 클래스를 사용한 리지회귀 모델(ridge)을 구축하고 결과를 비교합니다.

```
# 리지회귀용 클래스
from sklearn.linear_model import Ridge
from sklearn.model_selection import train_test_split

# 훈련 데이터와 테스트 데이터로 분할
X = auto.drop('price', axis=1)
y = auto['price']
X_train, X_test, y_train, y_test = train_test_split(X, y, test_size=0.5, random_state=0)

# 모델 구축과 평가
linear = LinearRegression()
ridge = Ridge(random_state=0)

for model in [linear, ridge]:
    model.fit(X_train,y_train)
    print('{}(train):{:.6f}'.format(model.__class__.__name__ , model.score(X_train,y_train)))
    print('{}(test):{:.6f}'.format(model.__class__.__name__ , model.score(X_test,y_test)))
```

출력

```
LinearRegression(train):0.733358
LinearRegression(test):0.737069
Ridge(train):0.733355
Ridge(test):0.737768
```

두 모델의 성능은 매우 비슷합니다. 훈련 데이터에서는 다중회귀 모델의 정확도가 높고 테스트 데이터에서는 리지회귀 모델의 정확도가 더 높은 이유는 정규화 항의 효과라고 추측됩니다.

Practice

[연습문제 8-4]

연습문제 8-1 데이터를 이용해 라소회귀 모델을 만들고 모델의 성능을 평가하세요. sklearn _linear 모듈의 Lasso 클래스를 사용합니다. Lasso 클래스에는 다양한 파라미터 값이 있으니 찾아 보기 바랍니다. 구체적인 내용은 아래의 공식 문서를 참고하세요.

https://scikit-learn.org/stable/modules/generated/sklearn.linear_model.Lasso.html#

sklearn.linear_model.Lasso

해답은 부록 2

8.5 의사결정나무

Keyword 의사결정나무, 불순도, 엔트로피, 정보이득

이번 절에서는 의사결정나무(Decision Tree) 모델에 대해 배워봅시다. 의사결정나무는 어떤 목적에 도달하기 위해 데이터의 각 속성에 따라 조건 분기를 반복하면서 범주를 나누는 방법입니다. 목표변수가 범주일 경우 분류나무, 수치일 때는 회귀나무라고 합니다.

8.5.1 버섯 데이터 세트

실습을 위해 다음 URL에서 다운 받을 수 있는 버섯 데이터 세트를 사용합니다. 버섯은 독버섯과 식용버섯으로 구분됩니다.

http://archive.ics.uci.edu/ml/machine-learning-databases/mushroom/agaricus-lepiota.data

버섯이 독버섯인지 아닌지를 분류하는 것이 목적입니다. 데이터의 설명변수는 버섯의 갓 모양, 냄새, 주름의 크기와 색상 등 총 20종류 이상입니다. 갓 모양이 원추형인지 아닌지, 주름 색상이 검은 색인지 빨간색인지, 버섯의 크기 등 설명변수의 조건에 따라 분기하고 최종적으로 독버섯인지 아닌지 분류합니다. 실습 데이터에서는 독버섯 여부처럼 목표변수가 범주형 변수이므로 분류나무 사례입니다.

이와 같이 목표(독버섯 여부)에 도달하기 위해 데이터의 각 변수에서 조건 분기를 반복하고 범주화하는 방식이 의사결정나무 알고리즘입니다. 목표에 이르는 다양한 경로가 나무처럼 보여 의사결정나무라는 이름으로 불립니다.

먼저 버섯 데이터 세트를 읽어 들이고 처음 일부분을 출력해 데이터를 확인합시다.

입력

```
# 데이터 수집
url = 'http://archive.ics.uci.edu/ml/machine-learning-databases/mushroom/agaricus-lepiota.data'
res = requests.get(url).content

# 수집한 데이터를 DataFrame 객체로 읽어 들이기
mushroom = pd.read_csv(io.StringIO(res.decode('utf-8')), header=None)

# 데이터 컬럼에 레이블 설정
mushroom.columns =['classes','cap_shape','cap_surface','cap_color','odor','bruises',
                   'gill_attachment','gill_spacing','gill_size','gill_color','stalk_shape',
                   'stalk_root','stalk_surface_above_ring','stalk_surface_below_ring',
                   'stalk_color_above_ring','stalk_color_below_ring','veil_type','veil_color',
                   'ring_number','ring_type','spore_print_color','population','habitat']

# 처음 다섯 행 출력
mushroom.head()
```

	classes	cap_shape	cap_surface	cap_color	odor	bruises	gill_attachment
0	p	x	s	n	t	p	f
1	e	x	s	y	t	a	f
2	e	b	s	w	t	l	f
3	p	x	y	w	t	p	f
4	e	x	s	g	f	n	f

5 rows × 23 columns

gill_spacing	gill_size	gill_color	...	stalk_surface_below_ring	stalk_color_above_ring
c	n	k	...	s	w
c	b	k	...	s	w
c	b	n	...	s	w
c	n	n	...	s	w
w	b	k	...	s	w

stalk_color_below_ring	veil_type	veil_color	ring_number	ring_type	spore_print_color
w	p	w	o	p	k
w	p	w	o	p	n
w	p	w	o	p	n
w	p	w	o	p	k
w	p	w	o	e	n

population	habitat
s	u
n	g
n	m
s	u
a	g

각 변수에 대한 정보는 아래의 URL에서 확인할 수 있습니다.

http://archive.ics.uci.edu/ml/machine-learning-databases/mushroom/agaricus-lepiota.names

1	cap-shape	갓 모양(bell=b, conical=c, convex=x, flat=f, knobbed=k, sunken=s)
2	cap-surface	갓 표면(fibrous=f, grooves=g, scaly=y, smooth=s)
3	cap-color	갓 색깔(brown=n, buff=b, cinnamon=c, gray=g, green=r, pink=p, purple=u, red=e, white=w, yellow=y)
4	odor	냄새(almond=a, anise=l, creosote=c, fishy=y, foul=f, musty=m, none=n, pungent=p, spicy=s)
5	bruises	멍(bruises) 유무(bruises=t, no=f)
6	gill-attachment	주름 여부(attached=a, descending=d, free=f, notched=n)

7	gill-spacing	주름 간격(close=c, crowded=w, distant=d)
8	gill-size	주름 크기(broad=b, narrow=n)
9	gill-color	주름 색(black=k, brown=n, buff=b, chocolate=h, gray=g, green=r, orange=o, pink=p, purple=u, red=e, =w, yellow=y)
10	stalk-shape	줄기 모양(enlarging=e, tapering=t)
11	stalk-root	줄기 뿌리(bulbous=b, club=c, cup=u, equal=e, rhizomorphs=z, rooted=r, missing=?)
12	stalk-surface-above-ring	턱받이 위 줄기 형태(fibrous=f, scaly=y, silky=k, smooth=s)
13	stalk-surface-below-ring	턱받이 아래 줄기 형태(fibrous=f, scaly=y, silky=k, smooth=s)
14	stalk-color-above-ring	턱받이 위 줄기 색(brown=n, buff=b, cinnamon=c, gray=g, orange=o, pink=p, red=e, white=w, yellow=y)
15	stalk-color-below-ring	턱받이 아래 줄기 색(brown=n, buff=b, cinnamon=c, gray=g, orange=o, pink=p, red=e, white=w, yellow=y)
16	veil-type	피막(veil) 종류(partial=p, universal=u)
17	veil-color	피막 색(brown=n, orange=o, white=w, yellow=y)
18	ring-number	턱받이 수(none=n, one=o, two=t)
19	ring-type	턱받이 종류(cobwebby=c, evanescent=e, flaring=f, large=l, none=n, pendant=p, sheathing=s, zone=z)
20	spore-print-color	포자문 색(black=k, brown=n, buff=b, chocolate=h, green=r, orange=o, purple=u, white=w, yellow=y)
21	population	서식 분포 유형(abundant=a, clustered=c, numerous=n, scattered=s, several=v, solitary=y)
22	habitat	서식지(grasses=g, leaves=l, meadows=m, paths=p, urban=u, waste=w, woods=d)

목표변수는 classes입니다. 이 값이 p면 독버섯, e면 식용버섯입니다. 하나의 행 데이터에는 하나의 버섯에 대한 속성(cap_shape, cap_surface 등)이 포함됩니다. 예를 들어, 첫 번째 행의 버섯은 classes가 p이므로 독버섯이고 cap_shape(갓 모양)는 x(convex/볼록한 형)입니다.

아래 예시 코드를 실행하면 데이터는 8124행 23열이며 결측값은 없다는 것을 확인할 수 있습니다.

입력

```
print('데이터 형태:{}'.format(mushroom.shape))
print('결측값 수:{}'.format(mushroom.isnull().sum().sum()))
```

출력

```
데이터 형태: (8124, 23)
결측값 수: 0
```

8.5.2 데이터 정리

설명변수가 많지만 문제를 단순화하기 위해 4개의 변수 gill_color(주름 색깔), gill_attachment(주름 여부), odor(냄새), cap_color(갓 색깔)만 설명변수로 투입합니다. 이 데이터들은 앞에서 설명한 대로 gill_color가 black일 때는 k, brown일 때는

n값을 갖는 범주형 변수입니다. 의사결정나무에서는 설명변수와 목표변수 모두 수
치형 데이터이어야 하므로 범주형 변수는 수치형으로 변환해야 합니다.

이를 위해 범주형 변수를 더미변수로 만듭니다. 더미변수란 예를 들어 성별 변수
컬럼에 male 또는 female 값이 있는 경우 , 성별로 male과 female 두 개의 컬럼으로 나
누어 표현하는 것을 말합니다. 더 구체적으로 설명하면 성별 변수의 값이 male이면
male 컬럼 값이 1, female 컬럼 값이 0입니다(다른 표현으로 one-hot 인코딩이라고도
합니다). 판다스의 get_dummies 함수를 사용해 더미변수로 만들 수 있습니다.

입력

```
mushroom_dummy = pd.get_dummies(mushroom[['gill_color','gill_attachment','odor','cap_color']])
mushroom_dummy.head()
```

출력

	gill_color_b	gill_color_e	gill_color_g	gill_color_h	gill_color_k	gill_color_n
0	0	0	0	0	1	0
1	0	0	0	0	1	0
2	0	0	0	0	0	1
3	0	0	0	0	0	1
4	0	0	0	0	1	0

5 rows × 26 columns

gill_color_o	gill_color_p	gill_color_r	gill_color_u	...	cap_color_b	cap_color_c
0	0	0	0	...	0	0
0	0	0	0	...	0	0
0	0	0	0	...	0	0
0	0	0	0	...	0	0
0	0	0	0	...	0	0

cap_color_e	cap_color_g	cap_color_n	cap_color_p	cap_color_r	cap_color_u	cap_color_w
0	0	1	0	0	0	0
0	0	0	0	0	0	0
0	0	0	0	0	0	1
0	0	0	0	0	0	1
0	1	0	0	0	0	0

cap_color_y
0
0
0
0
1

출력 결과 데이터의 컬럼 이름은 원본 데이터의 변수 이름과 값의 조합입니다. 예를 들어 출력 결과 데이터의 gill_color_k 값이 1이면 원본 데이터의 gill_color 변수 값이 k라는 뜻입니다. 더미변수는 범주형 변수를 수치형 데이터로 변환하는 가장 간단한 방법입니다.

목표변수 classes도 새로운 변수 flg로 변환해 둡니다. 범주를 나타내는 목표변수도 데이터 형식은 수치형이어야 합니다. classes 변수 값이 p인 경우 1, 그렇지 않으면 0을 갖는(lambda 함수 부분) 새로운 변수 flg를 만듭니다. map 함수로 모든 원소(셀)에 동일한 함수를 적용합니다. 지금까지의 작업으로 0 또는 1 값을 갖는 수치형 목표변수를 생성했고 다른 범주형 변수도 더미변수로 변환시켰으므로, 이제 의사결정나무 모델을 구축할 준비가 끝났습니다.

입력

```
# 목표변수도 수치화(0/1)함
mushroom_dummy['flg'] = mushroom['classes'].map(lambda x: 1 if x =='p' else 0)
```

8.5.3 엔트로피: 불순도 지표

모델을 구축하기 전에 불순도(impurity) 관점에서 의사결정나무 알고리즘을 살펴봅시다. 불순도는 독버섯 분류 상태를 나타내는 지표입니다. 불순도가 높다면 범주를 잘 분류하지 못한 상태라는 의미입니다. 예를 들어 cap_color가 c이면 TRUE(1) 아니면 FALSE(0)으로 표시하고 독버섯 여부를 교차표를 만들어 집계해봅시다. 아래 표에서 행은 cap_color가 c이면 (1) 아니면 (0)이라는 것을 의미하고 열은 독버섯이면 (1) 아니면 (0)을 나타내는 교차분석 결과입니다.

입력

```
mushroom_dummy.groupby(['cap_color_c', 'flg'])['flg'].count().unstack()
```

출력

flg	0	1
cap_color_c		
0	4176	3904
1	32	12

위의 표에서 cap_color가 c(cap_color_c가 1)일 때, 독버섯(flg가 1)은 12개이고 식용버섯(flg가 0)은 32개입니다. 또한 cap_color가 c가 아닐 때 (cap_color_c가 0), 독버섯(flg가 1)은 3,904개, 식용버섯(flg가 0)은 4,176개라는 사실을 알 수 있습니다. 이 결과를 보면, cap_color가 c인지 아닌지에 대한 정보는 독버섯을 구분하는 데 별

로 도움이 되지 않습니다. 왜냐하면 어느 쪽을 선택해도 독버섯이 일정한 비율로 포함되기 때문입니다. 한편, 또 다른 변수 gill_color가 b인지 아닌지를 TRUE (1) 혹은 FALSE (0)로 나타낸 경우의 교차분석 결과는 다음과 같습니다.

입력

```
mushroom_dummy.groupby(['gill_color_b', 'flg'])['flg'].count().unstack()
```

출력

```
        flg      0       1
gill_color_b
0             4208.0  2188.0
1                NaN  1728.0
```

위의 표에서는 gill_color가 b(gill_color_b가 1)일 때 독버섯(flg가 1)은 1,728개, 식용버섯(flg가 0)은 0개(값이 없으므로 NaN)입니다. 또한 gill_color가 b가 아닐 때 (gill_color_b가 0) 독버섯(flg가 1)은 2,188개, 식용버섯(flg가 0)은 4,208개입니다.

앞선 사례의 분기 조건과 비교하면 gill_color가 b인지 아닌지에 대한 정보는 분류 능력이 높고(불순도가 낮은 분류 상태) 유익한 조건이라는 사실을 알 수 있습니다.

여기에서는 변수 2개(cap_color_c와 gill_color_b)만 따져 보았지만 다른 많은 변수가 있으므로 각 변수에 대해 위와 같은 조건 분기를 생각해 볼 수 있습니다. 이와 같이 의사결정나무는 다수의 변수 중 어떤 변수에서 가장 효과적으로 분기할 수 있는지를 발견하는 알고리즘이고 각 분기 조건의 질(효과성)은 불순도로 결정합니다. 불순도 지표로는 엔트로피(entropy)가 많이 이용됩니다. 엔트로피의 정의는 다음 식 $H(S)$와 같습니다. S는 데이터 집합, n은 범주 개수, p는 각 범주에 속하는 데이터 비율입니다.

$$H(S) = -\sum_{i=1}^{n}(p_i \log_2 p_i) \qquad \text{(식 8-5-1)}$$

이번 예에서는 범주가 2개(독버섯 여부)이고 식용버섯 비율이 p1, 독버섯 비율이 p2입니다. 첫 번째 예로 어떤 분기 조건에서 독버섯과 식용버섯이 동일한 비율로 분류된 상태를 생각해 봅시다. $p1 = p2 = 0.5$이므로 엔트로피는 위의 수식에 따라 다음과 같이 계산할 수 있습니다. 밑이 2인 로그함수(np.log2)를 사용합니다.

입력

```
- (0.5 * np.log2(0.5) + 0.5 * np.log2(0.5))
```

출력

```
1.0
```

출력 결과로부터 엔트로피가 1.0이라는 것을 확인했습니다. 실제로 데이터가 가장 골고루 섞여 있을 때 엔트로피는 1.0입니다. 독버섯과 식용버섯이 동일한 비율(0.5)로 섞여 있으므로 전혀 분류하지 못한 상태라는 의미입니다. 다음은 식용버섯의 비율 p1 = 0.001 독버섯 비율 p2 = 0.999일 때를 생각해 봅시다.

입력

```
- (0.001 * np.log2(0.001) + 0.999 * np.log2(0.999))
```

출력

```
0.011407757737461138
```

결과에서 보듯이 엔트로피는 0에 가깝습니다. 이 상태에서 데이터는 거의 독버섯이라고 특정할 수 있기 때문에 엔로토피는 작아집니다. 정리하면 엔트로피가 1.0에 가까우면 잘 분류되지 않은 상태, 0.0에 가까우면 잘 분류된 상태입니다. 예제에서는 범주가 2개이므로 엔트로피 식은 다음과 같이 표현할 수 있습니다.

입력

```
def calc_entropy(p):
    return - (p * np.log2(p) + (1 - p) * np.log2(1 - p) )
```

p는 확률이고 0에서 1 사이의 값을 가지므로 p와 엔트로피를 그래프로 표현하면 다음과 같습니다. 엔트로피의 최댓값은 1, 최솟값은 0이라는 것을 확인할 수 있습니다.

입력

```
# p값을 0.001에서 0.999까지 0.01 단위로 이동
p = np.arange(0.001, 0.999, 0.01)

# 그래프 출력
plt.plot(p, calc_entropy(p))
plt.xlabel('prob')
plt.ylabel('entropy')
plt.grid(True)
```

출력

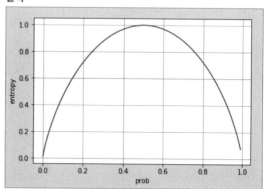

여기까지 엔트로피가 데이터 분류에서 불순도를 나타낸다는 것을 살펴보았습니다. 버섯 데이터에서 엔트로피를 계산해 봅시다. 데이터 세트는 8124행이었습니다. 목표변수 flg가 범주형 데이터이므로 데이터의 개수를 세어봅시다.

입력

```
mushroom_dummy.groupby('flg')['flg'].count()
```

출력

```
flg
0    4208
1    3916
Name: flg, dtype: int64
```

출력 결과로 식용버섯(0)은 4,208개, 독버섯(1)은 3,916개라는 것을 알 수 있습니다. 따라서 식용버섯의 비율은 0.518(=4208/8124) 독버섯의 비율은 0.482(=3916/8124)이므로 엔트로피 초깃값은 0.999입니다.

입력

```
entropy_init = - (0.518 * np.log2(0.518) + 0.482 * np.log2(0.482))
print('독버섯 데이터 엔트로피 초깃값: {:.3f}'.format(entropy_init))
```

출력

```
독버섯 데이터 엔트로피 초깃값: 0.999
```

8.5.4 정보이득: 분기 조건의 효용성 측정

엔트로피가 1에 가까울수록 분류되지 않는 상태, 0에 가까울수록 잘 분류된 상태입니다. 그다음 생각해야 할 것은 어떤 설명변수에서 분기하면 불순도(버섯 데이터의 처음 엔트로피 값은 0.999)를 더 작게 만들 수 있는지 판단하는 문제입니다. 이를 위해 필요한 개념이 정보이득(information gain)입니다. 정보이득은 어떤 변수를 기준으로 데이터를 분할할 때 분할 전후의 엔트로피 감소 정도를 나타내는 지표입니다. 앞에서와 마찬가지로 2개의 변수 cap_color_c와 gill_color_b 중에서 어떤 변수가 분기 조건으로 효과적인지 정보이득을 근거로 판단합니다.

우선 cap_color 변수로 분기하고 분할된 데이터의 독버섯 비율로 엔트로피를 계산해 봅시다.

입력

```
mushroom_dummy.groupby(['cap_color_c', 'flg'])['flg'].count().unstack()
```

출력

flg	0	1
cap_color_c		
0	4176	3904
1	32	12

입력

```
# cap_color가 c가 아닐 경우 엔트로피
p1 = 4176 / (4176 + 3904)
p2 = 1 - p1
entropy_c0 = -(p1*np.log2(p1)+p2*np.log2(p2))
print('entropy_c0: {:.3f}'.format(entropy_c0))
```

출력

```
entropy_c0: 0.999
```

입력

```
# cap_color가 c일 경우 엔트로피
p1 = 32/(32+12)
p2 = 1 - p1
entropy_c1 = -(p1*np.log2(p1)+p2*np.log2(p2))
print('entropy_c1: {:.3f}'.format(entropy_c1))
```

출력

```
entropy_c1: 0.845
```

분할하기 전, 전체 엔트로피는 0.999였습니다. 분할하기 전의 데이터를 분할 전 데이터 세트, 분할한 데이터를 분할 후 데이터 세트라고 부릅시다. 정보이득은 '분할 전 데이터 세트의 엔트로피—$\sum${(분할 후 데이터 세트 크기 / 분할 전 데이트 세트 크기) × 분할 후 데이트 세트의 엔트로피}'로 정의합니다. 이 값이 클수록 분할 이후 엔트로피 값이 많이 감소하기 때문에 더 좋은 분기 조건임을 알 수 있습니다. 실제로 $p1 * np.log2(p1)$ {(분할 후 데이터 세트의 크기 / 분할 전 데이터 세트의 크기) × 분할 후 데이터 세트의 엔트로피} 부분을 계산하면 다음과 같습니다.

입력

```
entropy_after = (4176+3904)/8124*entropy_c0 + (32+12)/8124*entropy_c1
print('데이터 분할 후 평균 엔트로피: {:.3f}'.format(entropy_after))
```

출력

```
데이터 분할 후 평균 엔트로피: 0.998
```

계산 결과 데이터 분할 전후 엔트로피의 차이는 0.001이며 엔트로피가 별로 감소하지 않았습니다. cap_color 변수가 별로 좋은 분기 조건이 아니라는 사실이 수치로 증명되었습니다.

입력

```
print('변수 cap_color 기준으로 분할했을 때의 정보이득: {:.3f}'.format(entropy_init - entropy_after))
```

출력

```
변수 cap_color 기준으로 분할했을 때의 정보이득: 0.001
```

한편 gill_color 기준으로 분할했을 때 정보이득을 계산하면 0.269입니다. 앞에서의 분기 조건보다 엔트로피를 더 크게 감소시켰기 때문에 더 좋은 분기 조건입니다. 아래 예시 코드에서 주목해야 할 점은 gill_color가 b인 경우의 엔트로피 계산입니다. 엔트로피는 엄밀하게 말하면 값이 있는 범주만을 계산에 포함합니다. gill_color가 b인 경우, flg 변수 값이 0인 데이터는 없기 때문에 엔트로피를 계산할 때 포함하지 않습니다.

입력

```
mushroom_dummy.groupby(['gill_color_b', 'flg'])['flg'].count().unstack()
```

출력

flg	0	1
gill_color_b		
0	4208.0	2188.0
1	NaN	1728.0

입력

```
# gill_color가 b가 아닌 경우 엔트로피
p1 = 4208/(4208+2188)
p2 = 1 - p1
entropy_b0 = - (p1*np.log2(p1) + p2*np.log2(p2))

# gill_color가 b인 경우 엔트로피
p1 = 0/(0+1728)
p2 = 1 - p1
entropy_b1 = - (p2*np.log2(p2))

entropy_after = (4208+2188)/8124*entropy_b0 + (0+1728)/8124*entropy_b1
print('변수 gill_color 기준으로 분할했을 때의 정보이득: {:.3f}'.format(entropy_init - entropy_after))
```

출력

```
변수 gill_color 기준으로 분할했을 때의 정보이득: 0.269
```

이상으로 의사결정나무 생성 과정(분기에 사용할 변수 결정 방법)을 살펴보았습니다. 정보이득이 가장 큰 변수를 기준으로 데이터를 분할하고 다시 같은 방식으로 정보이득이 최대가 되는 분기 조건을 탐색해 가는 것이 의사결정나무의 동작 방식입니다. 이 책에서는 엔트로피를 불순도 지표로 사용해 설명했지만 이외에도 지니 불순도(Gini impurity), 분류 오차(classification error) 같은 지표로도 설명할 수 있습니다. 지니 불순도는 3장 종합문제에서 나온 지니 계수와 관련이 있습니다. 자세한 내용은 생략하니 흥미가 있는 분들은 더 찾아 보기 바랍니다.

8.4 "정규화 항이 있는 회귀: 라소회귀, 리지회귀"에서 모델의 복잡도에 대해 설명했는데 의사결정나무의 경우 모델의 복잡도는 분기 횟수로 결정됩니다. 많이 분기하면 복잡한 모델이 된다는 것을 기억해 둡시다.

8.5.5 의사결정 모델 구축

의사결정나무 알고리즘을 살펴보았으므로 이제 실제로 모델을 구축해 봅시다. sklearn.tree 모듈의 DecisionTreeClassifier 클래스를 이용합니다. 아래 예시 코드에서는 DescriptionTreeClasifier 구문에서 파라미터 criterion에 'entropy'를 지정해 분기 조건을 결정하는 지표로 엔트로피를 설정합니다.

입력

```
from sklearn.tree import DecisionTreeClassifier
from sklearn.model_selection import train_test_split

# 데이터 분할
X = mushroom_dummy.drop('flg', axis=1)
y = mushroom_dummy['flg']
X_train, X_test, y_train, y_test = train_test_split(X, y, random_state=0)

# 의사결정나무 클래스 초기화와 학습
model = DecisionTreeClassifier(criterion='entropy', max_depth=5, random_state=0)
model.fit(X_train,y_train)

print('정확도(train):{:.3f}'.format(model.score(X_train, y_train)))
print('정확도(test):{:.3f}'.format(model.score(X_test, y_test)))
```

출력

```
정확도(train):0.883
정확도(test):0.894
```

테스트 데이터에서 정확도가 89%입니다. 의사결정나무의 분기 횟수를 결정하는 파라미터 max_depth가 5로 지정되었습니다. 이 값이 크면 당연히 최대 분기 횟수도 증가합니다. 정확도를 높이기 위해 더 복잡한 모델을 원한다면 더 많이 분기하는 나무를 만들면 됩니다(단, 너무 많이 분기하면 과적합 위험이 있으므로 주의합시다). 의사결정나무는 다른 모델을 구축할 때 거의 필수적인 변수의 표준화 작업을 거치지 않아도 결과는 같습니다.

의사결정나무 결과를 시각화할 수도 있습니다(다음의 예시 코드를 실행하려면 pydotplus와 graphviz 패키지가 필요한데 설치하는 과정이 다소 까다롭기 때문에 이 책에서는 생략합니다). 시각화된 결과는 조건 분기가 반복되는 이진 트리 형태입니다. 그림에서 사각형 박스는 위에서부터 읽습니다. 제일 위의 변수($X[0]$, X 설명변수 gill_color_b)가 0.5보다 큰 경우 오른쪽 False로 분기되고, 분할 후의 샘플 수는 1,302개, 엔트로피는 0입니다. 즉, gill_color_b 값이 1($X[0] <= 0.5$는 False)인 경우 독버섯으로 분류된다는 의미입니다.

입력

```
# 참고 프로그램
# pydotplus와 graphviz를 설치해야 합니다. (이 책에서는 설치 방법을 다루지 않습니다)
from sklearn import tree
import pydotplus
from sklearn.externals.six import StringIO
from IPython.display import Image

dot_data = StringIO()
tree.export_graphviz(model, out_file=dot_data)
graph = pydotplus.graph_from_dot_data(dot_data.getvalue())
Image(graph.create_png())
```

출력

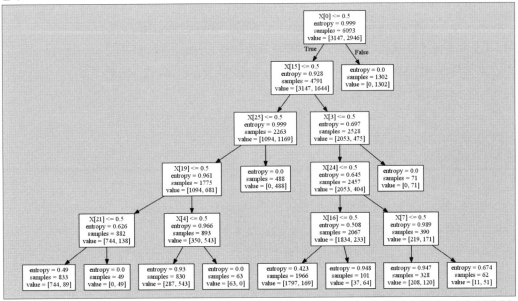

※ pydotplus와 graphviz를 설치하고 실행했을 때의 결과입니다.

이 책의 의사결정나무 부분은 《비즈니스를 위한 데이터 과학》(한빛미디어, 2014) [A-19]의 내용을 참조했습니다. 이해하기 쉽도록 설명하고 있어 추천하는 책입니다.

[연습문제 8-5]

sklearn.datasets 모듈 load_breast_cancer 함수로 유방암 데이터를 읽어 들인 후, 목표
변수는 cancer.target, 설명변수는 cancer.data로 의사결정나무 모델을 구축하고 훈련 데
이터 평가 점수와 테스트 데이터 평가 점수를 확인하세요. 또한 최대 분기 횟수 같은 파라미
터를 변경하고 실행한 후 결과를 비교해보세요.

해답은 부록 2

8.6 k-NN(k최근접이웃법)

Keyword k-NN, 게으른 학습, 메모리 기반 학습

이번 절에서는 k-NN(k-Nearest Neighbor, k최근접이웃법)에 대해 살펴봅시다. 예
를 들어 어떤 그룹 A와 B가 있고 각 그룹에 속한 사람들의 속성을 알고 있을 때, 어
떤 그룹에도 속하지 않는 새로운 사람이 나타났다고 합시다. 새로운 사람이 A와 B
중 어떤 그룹에 속할지 판단할 때, 새로운 사람과 속성이 가까운 k명의 사람을 선정
하고 k명의 사람이 A와 B 중에서 어디에 속하는지 확인한 뒤 더 많이 소속된 그룹
에 새로운 사람도 소속된다고 결정하는 방법이 k-NN입니다. 이때 k는 판단에 이용
하는 인원 수입니다.

k-NN은 게으른 학습(lazy learning), 메모리 기반 학습(memory-based learning)
이라고도 하는데 훈련 데이터를 메모리에 저장해 두기만 하고 새로운 데이터가 입
력될 때 예측을 위한 모형이 구축되기 때문입니다(실제적인 학습은 예측이 필요할
때까지 연기되므로 지연 학습이라고도 함).

그림 8-6-1으로 k-NN을 이해해 봅시다. 원 기호가 A 그룹, 사각형 기호가 B 그룹
이고 삼각형 기호가 어느 그룹에 속
할지 판단해야 합니다. $k = 3$일 때
A 그룹 소속이 2명, B 소속이 1명이
므로 삼각형 기호는 A 그룹에 속하는
것으로 판정합니다. $k = 7$이면 A 그
룹 소속이 3명, B 그룹 소속이 4명이
므로 삼각형 기호는 B 그룹에 속하
게 됩니다. 이처럼 k 값에 따라 결과
가 달라지므로 주의합시다. k-NN은
마케팅 분야에서는 유사 타깃(Look-
Alike) 모델이라고 하며 속성이 비

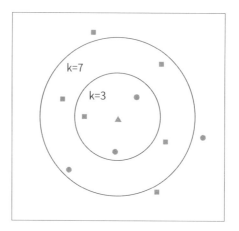

그림 8-6-1 k-NN 원리

숫한 사람들을 분류해 각 그룹의 특성에 맞게 마케팅 전략을 수립할 때 활용됩니다. k-NN은 회귀, 분류에 모두 사용할 수 있습니다.

8.6.1 k-NN 모델 구축

이제 k-NN 모델을 구축해봅시다. `sklearn.neighbors` 모듈 `KNeighborsClassifier` 클래스를 사용하겠습니다. 실습 데이터는 유방암 데이터 세트를 사용합니다. 이 데이터는 `load_breast_cancer` 함수로 얻을 수 있습니다.

실습에서는 k값을 1에서 20까지 변화시켜 훈련 데이터와 테스트 데이터에서의 정확도 변화를 확인합니다. k가 작을 때는 정확도 차이가 있지만 6~8 정도에서는 훈련 데이터와 테스트 데이터의 정확도가 비슷해지고 k 값을 더 늘려도 모델의 정확도 차이에는 큰 변화가 없습니다. 모델의 정확도가 더 이상 개선되지 않는다면 k 값을 더 늘일 필요가 없으므로 실습에서는 6~8 정도로 설정합니다. 이번 실습은 분류 모델 구축 사례이며 회귀의 경우 `KNeighborsRegressor` 클래스를 사용합니다.

입력

```
# 데이터와 모델을 구축하기 위한 라이브러리 임포트
from sklearn.datasets import load_breast_cancer
from sklearn.neighbors import KNeighborsClassifier
from sklearn.model_selection import train_test_split

# 데이터세트 읽어 들이기
cancer = load_breast_cancer()

# 훈련 데이터와 테스트 데이터 분할
# stratify는 층화추출[4]
X_train, X_test, y_train, y_test = train_test_split(
    cancer.data, cancer.target, stratify = cancer.target, random_state=0)

# 그래프 생성을 위한 리스트 생성
training_accuracy = []
test_accuracy =[]

# 학습
for n_neighbors in range(1,21):
    model = KNeighborsClassifier(n_neighbors=n_neighbors)
    model.fit(X_train,y_train)
    training_accuracy.append(model.score(X_train, y_train))
    test_accuracy.append(model.score(X_test, y_test))

# 그래프 출력
plt.plot(range(1,21), training_accuracy, label='Training')
plt.plot(range(1,21), test_accuracy, label='Test')
plt.ylabel('Accuracy')
plt.xlabel('n_neighbors')
plt.legend()
```

4
(옮긴이) Stratified sampling. 모집단을 동질적인 층으로 구분하고 각 층에서 표본을 추출하는 방법.

출력

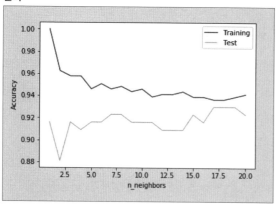

Let's Try

k-NN 회귀에서는 어떻게 계산하는지 찾아 봅시다.

Practice

[연습문제 8-6]

8.5 "의사결정나무"의 버섯 데이터를 이용해 k-NN 모델을 구축하고 검증해보세요. K값을 변경하면서 결과를 확인해보세요.

[연습문제 8-7]

3장의 학생 시험 결과 데이터(student-mat.csv)에서 목표변수로 G3, 설명변수로 아래에서 정의하는 X(학생의 속성 데이터 사용)를 이용해 k-NN의 k 파라미터를 변경하면서 가장 적절한 k를 관찰해 봅시다. 목표변수는 수치형이며 회귀 문제이므로 KNeighborsRegressor를 이용합니다. 회귀의 경우 출력 값은 k-NN에서 k개 데이터의 평균이 됩니다.

입력

```
student = pd.read_csv('student-mat.csv', sep=';')
X = student.loc[:, ['age','Medu','Fedu','traveltime','studytime'
                    ,'failures','famrel','freetime','goout'
                    ,'Dalc','Walc','absences','G1','G2']].values
```

해답은 부록 2

8.7 서포트 벡터 머신

Keyword 서포트벡터, 마진

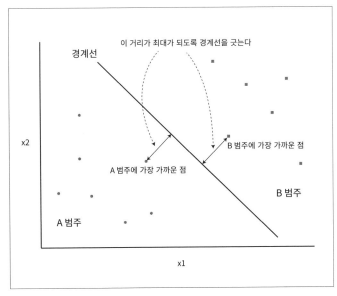

그림 8-7-1 서포트 벡터 머신

서포트 벡터 머신(Support Vector Machine, SVM)은 범주를 분류하는 경계선을 마진(margin)이 최대가 되도록 긋는 방법입니다. 예를 들어 그림 8-7-1과 같이 두 개의 그룹으로 나누는 경계선을 그을 때 선을 긋는 방법은 다양합니다. 이때 각 그룹에서 경계선에 가까운 점(서포트 벡터)과의 거리(마진)가 최대가 되도록 선을 긋는 방법이 서포트 벡터 머신입니다. 엄밀하게 말하면 원본 데이터를 더 높은 차원의 공간으로 변환시킨 후 경계선을 학습하는 방식인데 자세한 내용은 생략합니다.

8.7.1 서포트 벡터 머신 모델 구축

모델을 구축해 봅시다. `sklearn.svm` 모듈 LinearSVC 클래스를 사용합니다. k-NN 모델을 구축할 때 사용한 유방암 데이터 세트를 사용합니다.

입력

```
# SVM 라이브러리
from sklearn.svm import LinearSVC

# 훈련 데이터와 테스트 데이터로 분할하는 라이브러리
from sklearn.model_selection import train_test_split

# 데이터 읽어 들이기
cancer = load_breast_cancer()

# 훈련 데이터와 테스트 데이터로 분할
X_train, X_test, y_train, y_test = train_test_split(
    cancer.data, cancer.target, stratify = cancer.target, random_state=0)

# 클래스 초기화와 학습
model = LinearSVC()
model.fit(X_train,y_train)
```

```
# 훈련 데이터와 테스트 데이터에서의 점수
print('정확도(train):{:.3f}'.format(model.score(X_train, y_train)))
print('정확도(test):{:.3f}'.format(model.score(X_test, y_test)))
```

출력

```
정확도(train):0.930
정확도(test):0.930
```

서포트 벡터 머신은 변수를 표준화하면 성능이 좋아질 수 있습니다. 실제로 해보면 다음과 같은 결과를 얻습니다.

입력

```
# 데이터 읽어 들이기
cancer = load_breast_cancer()

# 훈련 데이터와 테스트 데이터로 분할
X_train, X_test, y_train, y_test = train_test_split(
    cancer.data, cancer.target, stratify = cancer.target, random_state=0)

# 표준화
sc = StandardScaler()
sc.fit(X_train)
X_train_std = sc.transform(X_train)
X_test_std = sc.transform(X_test)

# 클래스 초기화와 학습
model = LinearSVC()
model.fit(X_train_std,y_train)

# 훈련 데이터와 테스트 데이터에서의 점수
print('정확도(train):{:.3f}'.format(model.score(X_train_std, y_train)))
print('정확도(test):{:.3f}'.format(model.score(X_test_std, y_test)))
```

출력

```
정확도(train):0.993
정확도(test):0.951
```

Let's Try

서포트 벡터 머신으로 회귀모델을 만들 경우(연속형 수치변수를 예측) 어떤 클래스로 모델을 구축할 수 있는지 찾아 봅시다.

이상으로 다양한 지도학습 모델 구축 방법을 모두 살펴보았습니다. 각 모델 구축 과정과 머신러닝 모델의 평가 방식(훈련 데이터에 사용하지 않는 데이터로 평가)에 대해 이해했는지 확인해 봅시다.

[연습문제 8-8]

유방암 데이터 세트를 이용해 `sklearn.svm` 모듈의 SVC 클래스로 `cancer.target`을 예측하는 모델을 구축해 보세요. `model = SVC(kernel = 'rbf', random_state = 0, C = 2)`로 지정하고 실행합니다. 모델 구축 후 훈련 데이터와 테스트 데이터로 나누고 변수를 표준화한 뒤 모델의 평가 점수를 확인해 보세요.

해답은 부록 2

8장 종합문제

[종합문제 8-1 지도학습 용어(1)]

지도학습에서 사용되는 용어들의 역할과 의미를 기술하세요. 어떤 상황에서 활용되는지 인터넷이나 참고문헌을 이용해 조사해 보세요.

- 회귀
- 분류
- 지도학습
- 다중회귀 분석
- 로지스틱회귀 분석
- 정규화
- 리지회귀
- 라소회귀
- 의사결정나무
- 엔트로피
- 정보이득
- k-NN
- SVM
- 공짜 점심은 없다(The No Free Lunch Theorem)

[종합문제 8-2 의사결정나무]

`sklearn.datasets` 모듈 `load_iris` 함수로 붓꽃 데이터 세트를 읽어 들인 후, 목표변수로 `iris.target`, 설명변수로 `iris.data`를 지정하고 의사결정나무 모델을 구축한 뒤 모델의 성능을 평가해 보세요.

[종합문제 8-3 공짜 점심은 없다]

지금까지 수학 성적 데이터, 유방암 데이터 등 다양한 데이터를 사용했습니다. 이 데이터세트를 이용해 로지스틱회귀, SVM, k-NN 등 지금까지 배운 모델을 구축한 후 어떤 모델의 성능이 가장 좋은지 확인하고 데이터에 따라 가장 좋은 모델이 다른 이유를 생각해 보기 바랍니다. 이런 현상을 '공짜 점심은 없다'라고 표현하는데 모든 데이터에 절대적으로 가장 좋은 모델은 없다는 의미입니다.

해답은 부록 2

09

머신러닝 기초 (비지도 학습)

9장에서는 비지도학습을 자세히 살펴보겠습니다. 비지도학습은 목표변수를 사용하지 않고 학습하는 모델입니다. 구체적으로 '군집분석', '주성분 분석', '장바구니 분석'에 대해 설명합니다. 다양한 비지도 학습 알고리즘과 실행 방법을 이해합시다.

목표

비지도 학습 모델(군집분석, 주성분 분석, 장바구니 분석)을 구축하고 평가할 수 있다.

9.1 비지도학습

Keyword 군집분석, 주성분 분석, 장바구니 분석, 연관 규칙

비지도 학습은 8장에서 설명했듯이 목표변수가 없는 학습 모델입니다. 더 좋은 모델을 구축하기 위해 지도학습 모델과 함께 사용되거나 데이터에 잠재된 구조 또는 시사점을 발견하는 탐색적 분석에 활용됩니다. 다양한 비지도학습 알고리즘과 실행 방법을 이해합시다.

9.1.1 비지도학습 모델 종류

다음은 주요한 비지도학습 모델입니다. 각 모델의 개념과 실행 방법을 알아 봅시다.

군집분석(Clustering)
데이터를 일부 유사한 그룹으로 분류하는 방법입니다. 마케팅에서는 고객 세분화(고객 분류)와 타기팅(마케팅 대상 범위 축소)에 적용합니다.

수성분 분석(Principal component analysis, PCA)
데이터의 변수가 많은 경우 차원을 줄이는 방법입니다. 원본 데이터의 정보를 가능한 한 잃지 않으면서 변수 개수를 줄일 때 사용합니다. 이 책에서는 비지도학습 방식의 차원 감소만 다룹니다.

장바구니 분석(Market Basket Analysis, 연관 규칙)
슈퍼마켓이나 편의점, 인터넷 쇼핑몰 데이터 분석에 자주 활용됩니다. 함께 판매된 상품 정보를 이용해 어떤 상품이 많이 팔리는지, 어떤 상품이 함께 팔리는지 같은 문제를 분석합니다.

9.1.2 라이브러리 임포트

머신러닝 사이킷런을 비롯해 8장에서 사용한 라이브러리를 다시 이용합니다. 다음과 같이 임포트하고 진행합니다.

입력

```
# 데이터 가공·처리·분석 라이브러리
import numpy as np
import numpy.random as random
import scipy as sp
from pandas import Series, DataFrame
import pandas as pd
```

출력

```
'%.3f'
```

```
# 시각화 라이브러리
import matplotlib.pyplot as plt
import matplotlib as mpl
import seaborn as sns
%matplotlib inline

# 머신러닝 라이브러리
import sklearn

# 소수점 세 번째 자리까지 표시
%precision 3
```

9.2 군집분석

Keyword 군집분석, k-means, k-means++ 엘보우법, 실루엣 계수, 비계층적 군집분석, 계층적 군집분석, 하드 클러스터링, 소프트 클러스터링

먼저 군집분석을 살펴봅시다. 군집분석에서 다루는 데이터는 지도학습과 달리 목표변수를 포함하지 않습니다. 즉, 군집분석은 목표변수와 설명변수의 관계를 나타내는 모델을 구축하는 것이 아니라 데이터 자체에 숨겨진 구조와 시사점을 발견하는 모델입니다. 따라서 분석가가 탐색적 분석의 처음 단계에서 군집분석을 활용할 수 있습니다.

9.2.1 k-means

군집분석의 목적은 데이터를 비슷한 그룹으로 나누는 것입니다. 예를 들어 자동차에 관한 정보를 가진 데이터를 군집분석하면 경차와 트럭은 여러 속성이 다르기 때문에 다른 특징을 가진 별개의 군집으로 나누어집니다. 가장 널리 사용되는 군집분석은 k-means입니다. 그림 9-2-1은 어떤 속성 데이터(수익, 차입금)를 k-means 방법으로 군집분석한 결과, 세 개의 그룹으로 고객이 나누어지는 결과를 보여줍니다. 그림을 보는 사람에게는 명확하게 느껴지는 군집이지만 k-means는 다음과 같은 방식으로 구현합니다.

- **1단계** 입력 데이터를 좌표 위에 점으로 표시한다.
- **2단계** 무작위로 세 개의 데이터를 선택하고 좌표 위에 표시한다.
- **3단계** 선택한 각 점을 군집 1, 군집 2, 군집 3의 중심점으로 지정한다.
- **4단계** 입력 데이터의 각 점들을, 앞에서 지정한 세 개의 중심점 중 가장 가까운 것을 선택해, 그 번호를 자신의 소속 군집 번호로 한다.

- **5단계.** 모든 입력 데이터의 소속 군집이 정해지면 각 군집의 중심(평균)을 계산한다.
- **6단계.** 5단계에서 구한 세 개의 중심을 새 군집의 중심점으로 설정한다.
- **7단계.** 4단계에서 6단계까지 반복한다. 반복 제한 횟수에 도달하거나 중심점의 이동 거리가 충분히 작아지면 종료한다.

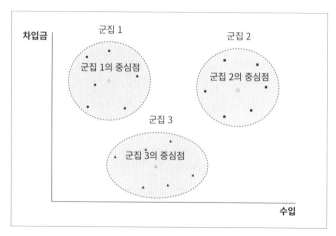

그림 9-2-1 k-means

사이킷런으로 k-means를 실행하려면 `sklearn.cluster` 모듈의 `KMeans` 클래스를 사용합니다. `KMeans` 클래스의 초기화 파라미터(`init='random'`)를 생략하면 k-means++가 됩니다. k-means++는 k-means의 초기 중심점을 가능한 한 넓은 범위에서 선택하는 방법으로, k-means보다 안정적인 결과를 얻을 수 있습니다. k-means는 초기 중심값을 무작위로 선정하므로 초기 중심점 위치에 편향이 발생할 가능성이 있습니다. 이러한 문제를 해결하기 위해 k-means++를 이용합니다. 그 밖에도 중심점을 평균(centroid)이 아니라 중앙값(medoid)으로 지정하는 k-medoids도 있습니다. 평균은 데이터에 실제로 존재하지 않는 값이지만 k-medoids는 중앙값을 사용하므로 중심 위치가 가상의 수치가 되는 것을 방지합니다. 또한 이상값의 영향을 덜 받는 것도 장점입니다.

> **Let's Try**
>
> k-means, k-means++, k-medoids에 대해 찾아봅시다. 각 방법의 장단점과 실행 방법을 찾아봅시다.

9.2.2 k-means 군집 분석

사이킷런을 이용해 k-means 군집분석을 실행해 봅시다.

훈련 데이터 생성

훈련 데이터는 `sklearn.datasets` 모듈 `make_blobs` 함수로 생성합니다. `make_blobs` 함수로 세로축, 가로축에서 표준편차가 1.0인 정규분포를 따르는 난수를 얻습니다. 주로 군집분석 용도로 샘플 데이터를 생성할 때 이 함수를 사용합니다.

다음 예시 코드에서는 난수를 생성하기 위한 시드 값으로 random_state를 10으로 지정합니다. 시드 값을 매번 변경하면 코드를 실행할 때마다 데이터의 분포 상태가 바뀝니다. make_blobs 함수는 인수를 지정하지 않으면 -10~+10 범위의 2차원 좌표에서 무작위로 수치 세트 100개를 생성합니다. 마지막으로 생성한 난수를 매트플롯립으로 시각화합니다.

입력

```
# k-means를 사용하기 위해 임포트
from sklearn.cluster import KMeans

# 데이터를 생성하기 위해 임포트
from sklearn.datasets import make_blobs

# 샘플 데이터 생성
# 주의: make_blobs은 두 개의 값을 반환하므로
# 한쪽은 사용하지 않는 _로 입력 받음
X, _ = make_blobs(random_state=10)

# 그래프 출력
# color 옵션으로 색 지정 가능
plt.scatter(X[:,0],X[:,1],color='black')
```

출력

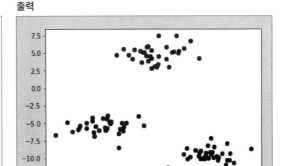

KMeans 클래스를 이용한 군집분석

k-means 모델을 이용해 데이터를 여러 군집으로 나눈 후 군집에 번호를 부여하는 코드는 다음과 같습니다. 군집 번호는 0부터 시작하는 정수입니다.

먼저 KMeans 클래스를 초기화하고 객체를 만듭니다. 파라미터는 init = 'random', n_clusters = 3으로 설정합니다. init는 클래스 초기화 명령어이고 random으로 설정하면 k-means++가 아니라 k-means 방법을 사용하게 됩니다. n_clusters에는 군집 수를 지정합니다.

KMeans 클래스의 객체를 만든 후 fit 메서드를 실행해 군집의 중심을 계산하고 predict 메서드로 각 데이터의 군집 번호를 결정합니다. fit과 predict를 연속적으로 실행하는 fit_predict도 있지만 구축한 모델을 저장해야 할 경우 fit 메서드만 실행하는 것이 좋습니다.

입력

```
# KMeans 클래스 초기화
kmeans = KMeans(init='random',n_clusters=3)

# 군집 중심점 계산
kmeans.fit(X)
```

```
# 군집번호 예측
y_pred = kmeans.predict(X)
```

군집분석 결과 확인

k-means 학습 결과를 그래프로 확인해 봅시다. 6장에서 배운 판다스로 그래프를 그립니다. 먼저 concat로 데이터를 결합합니다. x 좌표, y 좌표, 군집 번호를 차례대로 가로 방향으로 결합하기 위해 axis = 1로 지정합니다.

군집 번호별로 데이터를 추출하고 색을 지정해 시각화합니다. 이미 설정한 대로 세 개의 그룹으로 데이터가 나뉘어 있는 것을 확인할 수 있습니다.

입력

```
# concat로 데이터를 가로 방향으로 결합(axis=1 지정)
merge_data = pd.concat([pd.DataFrame(X[:,0]), pd.DataFrame(X[:,1]),
pd.DataFrame(y_pred)], axis=1)

# 위의 데이터에 X축을 eature1, Y축을 eature2, 군집번호를 cluster로 컬럼 이름 설정
merge_data.columns = ['feature1','feature2','cluster']

# 군집 결과를 시각화
ax = None
colors = ['blue', 'red', 'green']
for i, data in merge_data.groupby('cluster'):
    ax = data.plot.scatter(x='feature1', y='feature2', color=colors[i],
                                    label=f'cluster{i}', ax=ax)
```

출력

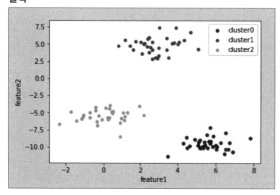

9.2.3 금융 마케팅 데이터를 이용한 군집분석

금융 마케팅 데이터를 이용해 군집분석하고 분석 결과를 활용하는 방법을 살펴봅시다.

분석 요구사항

이번에는 은행의 정기예금 계좌 신청 여부를 변수로 포함하는 데이터를 활용합니다. 데이터에는 캠페인 현황, 고객 속성 등의 정보도 포함되어 있습니다. 이 은행에서 "우리 회사 고객에 대한 분석을 요청합니다"는 제안을 하며 관련 데이터를 제공했다고 가정해 봅시다.

지도학습 방식이라면 정기예금 계좌 신청 여부가 목표변수인 모델을 구축할 수 있지만 은행의 분석 요구사항에 목표변수를 특정하고 있지는 않습니다. 실제 데이터 분석 현장에서 목표변수가 특정되지 않는 일은 흔합니다. 분석가가 데이터를 파악하기 위한 첫 단계로 비지도학습(군집분석)을 진행할 수 있습니다.

분석 대상 데이터 다운로드와 읽어 들이기

분석 대상 데이터는 아래의 URL에서 배포하는 학습용 데이터에 포함된 bank-full.csv 파일입니다.

http://archive.ics.uci.edu/ml/machine-learning-databases/00222/bank.zip

다운로드해 압축을 풉니다. 3장에서도 동일한 방법으로 ZIP 파일을 다운로드해 압축을 풀었습니다.

입력

```
# 웹 사이트에서 데이터를 다운로드한 후 zip 파일 압축을 풀기 위한 라이브러리 임포트
import requests, zipfile
import io

# 데이터가 있는 url 지정
zip_file_url = 'http://archive.ics.uci.edu/ml/machine-learning-databases/00222/
bank.zip'

# 데이터 수집하고 압축을 품
r = requests.get(zip_file_url, stream=True)
z = zipfile.ZipFile(io.BytesIO(r.content))
z.extractall()
```

분석 대상 데이터 bank-full.csv를 읽어 들입니다. 데이터의 컬럼 구분 기호는 sep로 설정합니다. 처음 다섯 행 데이터를 head 명령으로 출력하면 다음과 같습니다.

입력

```
# 데이터 읽어 들이기
bank= pd.read_csv('bank-full.csv', sep=';')

# 처음 다섯 행 데이터 출력
bank.head()
```

	age	job	marital	education	default	balance	housing	loan	contact
0	58	management	married	tertiary	no	2143	yes	no	unknown
1	44	technician	single	secondary	no	29	yes	no	unknown
2	33	entrepreneur	married	secondary	no	2	yes	yes	unknown
3	47	blue-collar	married	unknown	no	1506	yes	no	unknown
4	33	unknown	single	unknown	no	1	no	no	unknown

day	month	duration	campaign	pdays	previous	poutcome	y
5	may	261	1	−1	0	unknown	no
5	may	151	1	−1	0	unknown	no
5	may	76	1	−1	0	unknown	no
5	may	92	1	−1	0	unknown	no
5	may	198	1	−1	0	unknown	no

zip 파일에 포함된 bank-names.txt에 각 변수에 관한 설명이 있습니다. 아래 표는 일부 내용만 발췌한 것입니다. Input variables이 설명변수, Output variable이 목표변수이지만 실습할 때는 목표변수를 예측하지 않으므로 신경 쓰지 않아도 됩니다. age, balance 등의 연속형 수치 변수 외에 job, education 같은 범주형 변수도 있습니다.

설명변수(Input variables):

은행 고객 데이터(bank client data):		
1	age	연령(numeric)
2	Job	직종(categorical: "admin.","unknown","unemployed","management","housemaid","entrepreneur","student","blue-collar","self-mployed","retired","technician","services")
3	marital	결혼여부(categorical: "married","divorced","single"; note: "divorced" means divorcedor widowed)
4	education	교육수준(categorical: "unknown","secondary","primary","tertiary")
5	default	채무불이행여부(binary: "yes","no")
6	balance	연간평균잔고(유로)(numeric)
7	housing	주택담보대출여부(binary: "yes","no")
8	loan	개인대출여부(binary: "yes","no")

과거 캠페인 관련 연락 정보(related with the last contact of the current campaign):		
9	contact	연락 방법(categorical: "unknown","telephone","cellular")
10	day	마지막 연락 일(numeric)
11	month	마지막 연락 월(categorical: "jan", "feb", "mar", ..., "nov", "dec")
12	duration	마지막 연락 시의 통화시간 정보, 초 단위(numeric)

기타 정보(other attributes):		
13	campaign	캠페인을 위한 연락 횟수(numeric, includes last contact)
14	pdays	캠페인을 포함해 과거 마지막 연락에서부터의 경과일(numeric, -1 means client was notpreviously contacted)
15	previous	캠페인 전 연락 횟수(numeric)
16	poutcome	이전 캠페인의 결과(categorical: "unknown","other","failure","success")

목표변수(Output variables):

목표변수		
17	y	정기예금 여부(binary: "yes","no")

데이터 정리와 표준화

데이터의 행 개수, 변수 개수, 결측값 등을 확인합니다. 아래 코드를 실행해보면 데이터는 45,211행 17열이고 결측값은 없습니다.

입력

```
print('데이터 형식(X,y):{}'.format(bank.shape))
print('결측 값 수:{}'.format(bank.isnull().sum().sum()))
```

출력

```
데이터 형식(X, y): (45211, 17)
결측값 수: 0
```

군집분석을 설명하기 위해 age(나이), balance(연평균 잔고), campaign(캠페인을 위한 연락 횟수), previous(캠페인 전 연락 횟수) 변수만 사용합니다. 변수들의 단위가 다르므로 지도학습과 마찬가지로 변수를 표준화하는 전처리 작업을 수행하고, 이렇게 함으로써 단위가 큰 변수에 좌우되지 않도록 합니다.

입력

```
from sklearn.preprocessing import StandardScaler

# 데이터 컬럼 선택
bank_sub = bank[['age','balance','campaign','previous']]

# 표준화
sc = StandardScaler()
sc.fit(bank_sub)
bank_sub_std = sc.transform(bank_sub)
bank_sub.info()
```

```
<class 'pandas.core.frame.DataFrame'>
RangeIndex: 45211 entries, 0 to 45210
Data columns (total 4 columns):
age        45211 non-null int64
balance    45211 non-null int64
campaign   45211 non-null int64
previous   45211 non-null int64
dtypes: int64(4)
memory usage: 1.4 MB
```

군집 분류

데이터를 표준화한 후 k-means로 군집을 나눕니다. 군집의 수는 6으로 지정합니다. 군집 수를 결정하는 방법은 나중에 설명하겠습니다. 군집을 분류하고 kmeans 객체의 labels_ 속성으로 각 데이터의 소속 군집 번호를 배열 데이터로 추출할 수 있습니다.

다음 예시는 군집 번호를 판다스 Series 객체로 변환해 군집별 데이터 개수를 계산하고 각 군집을 막대그래프로 나타내는 코드입니다.

입력

```python
# KMeans 클래스 초기화
kmeans = KMeans(init='random', n_clusters=6, random_state=0)

# 군집 중심 계산
kmeans.fit(bank_sub_std)

# 군집 번호를 판다스 Series 객체로 변환
labels = pd.Series(kmeans.labels_, name='cluster_number')

# 군집 번호와 데이터 개수 출력
print(labels.value_counts(sort=False))

# 그래프 출력
ax = labels.value_counts(sort=False).plot(kind='bar')
ax.set_xlabel('cluster number')
ax.set_ylabel('count')
```

출력

```
0    14406
1    23608
2     3842
3     1373
4     1282
5      700
Name: cluster_number, dtype: int64

Text(0,0.5,'count')
```

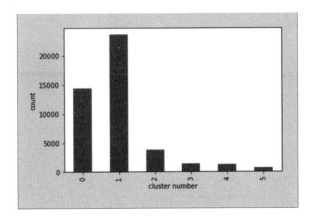

출력 결과를 보면 군집 0과 군집 1의 데이터 개수가 비교적 많다는 것을 알 수 있습니다.

9.2.4 엘보우법으로 군집 수 추정

앞에서 군집의 수를 6으로 지정했는데 군집의 수를 결정하는 엘보우(elbow)법을 살펴봅시다. 엘보우법은 군집의 중심점과 군집에 속하는 각 점 간의 거리 총합에 주목합니다. 군집의 수가 1개에서 적절한 수까지 증가하면 각 점도 더 가까운 군집에 속하게 되므로 거리 총합은 군집의 수와 비례해서 감소합니다.

적절한 개수 이상으로 군집의 수가 증가하면 거리의 총합이 감소하는 정도가 완만해집니다. 이렇게 군집 수가 증가함에 따라 중심점과 각 점 사이의 거리 총합이 감소하는 기울기가 급격하게 변하는 지점을 적절한 군집 수로 판단하는 방법이 엘보우법입니다.

우선 "훈련 데이터 생성" 첫 부분(254쪽)에서 make_blobs 함수로 생성한 데이터 X에 엘보우법을 적용해 봅시다. 거리의 총합은 KMeans 객체 inertia_속성에서 추출합니다. 군집 수 1에서 10까지 거리의 총합을 그래프로 나타낸 것이 262쪽의 그림입니다. 결과를 보면 군집의 수가 3을 초과하면 세로축의 감소폭이 급격하게 줄어듭니다. 따라서 적절한 군집 수를 3으로 추정할 수 있습니다. 이와 같이 거리의 총합은 이상적인 군집 수를 경계로 세로축 값의 기울기가 크게 변합니다. 이 모양이 팔꿈치(elbow)처럼 보여서 엘보우법이라고 부릅니다.

입력

```
# 엘보우법으로 추정. 군집 수를 1에서 10까지 증가시켜 거리의 종합 계산
dist_list =[]
for i in range(1,10):
    kmeans= KMeans(n_clusters=i, init='random', random_state=0)
    kmeans.fit(X)
```

```
        dist_list.append(kmeans.inertia_)

# 그래프 출력
plt.plot(range(1,10), dist_list,marker='+')
plt.xlabel('Number of clusters')
plt.ylabel('Distortion')
```

출력

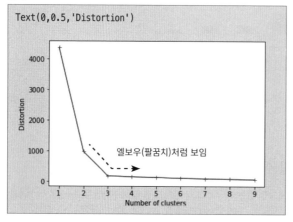

금융 기관 마케팅 데이터에도 엘보우법을 적용해 봅시다. 군집의 수를 1에서 20까지 증가시키고 거리의 총합을 그래프로 그려 봅시다.

입력

```
# 엘보우법을 이용한 추정. 군집 수를 1에서 20까지 증가시켜 거리의 총합 계산
dist_list =[]
for i in range(1,20):
    kmeans= KMeans(n_clusters=i, init='random', random_state=0)
    kmeans.fit(bank_sub_std)
    dist_list.append(kmeans.inertia_)

# 그래프 출력
plt.plot(range(1,20), dist_list,marker='+')
plt.xlabel('Number of clusters')
plt.ylabel('Distortion')
```

출력

```
Text(0,0.5,'Distortion')
```

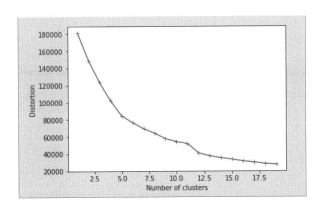

앞에서 make_blobs 함수로 생성한 데이터만큼 분명하지는 않은데, 대략 군집 수 5~6 부근에서 감소폭이 완만해지는 것을 볼 수 있습니다. 엘보우법으로 명확하게 구분되지 않을 경우 실루엣 계수(silhouette coefficient)를 산출하거나, 데이터가 생성된 분야에 대한 배경 지식을 바탕으로 변수를 변경하고 다시 엘보우법을 적용하거나, 해석이 가능한 범위의 군집 수로 결정할 수도 있습니다.

Let's Try

실루엣 계수에 대해 찾아 봅시다.

9.2.5 군집분석 결과 해석

k-means 군집분석에 대한 설명에 이어 이제부터는 군집분석 결과를 해석하는 방법을 살펴봅시다. 우선 금융 마케팅 데이터와 앞에서 얻은 군집분석 결과를 결합합시다. 원본 데이터의 오른쪽 열에 분류된 군집 번호 cluster_number 변수를 추가합니다.

입력

```
# 금융기관 데이터에 군집 번호 데이터 결합
bank_with_cluster = pd.concat([bank, labels], axis=1)

# 처음 다섯 행 출력
bank_with_cluster.head()
```

출력

	age	job	marital	education	default	balance	housing	loan	contact
0	58	management	married	tertiary	no	2143	yes	no	unknown
1	44	technician	single	secondary	no	29	yes	no	unknown
2	33	entrepreneur	married	secondary	no	2	yes	yes	unknown
3	47	blue-collar	married	unknown	no	1506	yes	no	unknown
4	33	unknown	single	unknown	no	1	no	no	unknown

day	month	duration	campaign	pdays	previous	poutcome	y	cluster_number
5	may	261	1	-1	0	unknown	no	0
5	may	151	1	-1	0	unknown	no	0
5	may	76	1	-1	0	unknown	no	1
5	may	92	1	-1	0	unknown	no	0
5	may	198	1	-1	0	unknown	no	1

이제 군집별 연령층을 확인해봅시다. 6장에서 배운 구간화와 피봇 기능을 활용합니다. 기준 변수는 군집 번호(cluster_number)와 연령(age)입니다. 연령은 15세부터 5세 단위로 분할해 나가다가 마지막 구간은 65세 이상 100세 미만으로 분할합니다.

입력

```
# 구간 분할 간격 설정
bins = [15,20,25,30,35,40,45,50,55,60,65,100]

# 위의 기준으로 금융기관 데이터를 분할하고, qcut_age 변수에 각 데이터의 연령층 설정
qcut_age = pd.cut(bank_with_cluster.age, bins, right=False)

# 군집 번호와 연령층 결합
df = pd.concat([bank_with_cluster.cluster_number, qcut_age], axis=1)

# 군집 번호와 연령층 기준으로 집계하고 연령층을 컬럼으로 설정
cross_cluster_age = df.groupby(['cluster_number', 'age']).size().unstack().fillna(0)
cross_cluster_age
```

출력

cluster_number	age [15, 20)	[20, 25)	[25, 30)	[30, 35)	[35, 40)	[40, 45)	[45, 50)	[50, 55)
0	0	0	0	0	0	1023	4490	3833
1	45	705	3965	8221	6731	3941	0	0
2	1	20	230	788	956	718	598	328
3	0	20	129	327	306	186	145	117
4	0	11	74	240	219	203	156	140
5	1	6	66	164	137	114	81	70

[55, 60)	[60, 65)	[65, 100)
3475	850	735
0	0	0
170	29	4
71	38	34
155	48	36
51	9	1

다음 코드는 구간 분할된 각 연령층에 속한 사람 수를 계산합니다.

입력

```
# 구간 분할한 데이터의 수 세기
hist_age = pd.value_counts(qcut_age)
hist_age
```

출력

```
[30, 35)    9740
[35, 40)    8349
[40, 45)    6185
[45, 50)    5470
[50, 55)    4488
[25, 30)    4464
[55, 60)    3922
[60, 65)     974
[65, 100)    810
[20, 25)     762
[15, 20)      47
Name: age, dtype: int64
```

수치만으로는 파악하기 어렵기 때문에 군집 내의 연령층 비율을 그래프로 나타내 봅시다. 이런 경우 비율이 높을수록 색이 짙어지는 히트맵이 좋습니다. seaborn 라이브러리의 heatmap 함수를 사용합니다. 또한 apply와 lambda를 이용해 연령층의 비율을 계산합니다.

입력

```
sns.heatmap(cross_cluster_age.apply(lambda x : x/x.sum(), axis=1), cmap='Blues')
```

출력

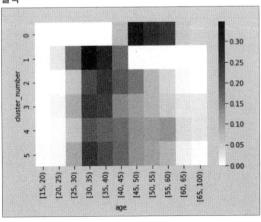

히트맵에서 0군집은 45~60세 비율이 높은 반면, 1군집은 30~40세 비중이 높습니다. 이 두 군집은 특정 나이에 치중된 군집이라고 말할 수 있습니다.

직업을 나타내는 변수 job도 살펴봅시다. job은 age와 달리 범주형 변수입니다. 우선 군집별로 집계합니다. 군집에 따라서는 인원수가 0인 직업도 있는데 NaN을 0으로 대체합니다.

```
cross_cluster_job = bank_with_cluster.groupby(['cluster_number', 'job']).size().unstack().fillna(0)
cross_cluster_job
```

출력

cluster_number	job	admin.	blue-collar	entrepreneur	housemaid	management	retired
0		1408	2906	528	651	2723	2005
1		3005	5385	698	409	4932	55
2		392	862	146	108	896	60
3		193	239	42	21	335	53
4		109	175	54	36	417	77
5		64	165	19	15	155	14

self-employed	services	student	technician	unemployed	unknown
476	1072	3	2048	432	154
820	2474	812	4256	687	75
139	371	42	701	91	34
42	113	53	244	33	5
71	69	22	192	49	11
31	55	6	156	11	9

다음은 히트맵을 그려보겠습니다.

입력

```
sns.heatmap(cross_cluster_job.apply(lambda x : x/x.sum(), axis=1),cmap='Reds')
```

출력

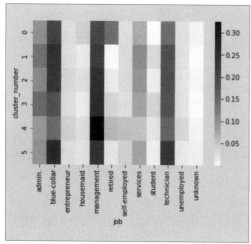

히트맵을 보면 4군집은 특별히 관리자 비율이 높고, 1군집은 노동자(블루칼라) 비율이 다소 높다는 것을 알 수 있습니다.

지금까지의 결과를 보면 1군집은 30~40세 비율이 높고 노동자 직군이 약간 많은 그룹으로 해석할 수 있습니다. 실무에서는 더 많은 변수를 갖고 조사하게 됩니다. 단, 무의미하게 반복적으로 분석하고 시각화하기보다는 분석 결과를 토대로 어떠한 대책을 세울지 고려하면서 먼저 계획을 수립하는 것이 좋습니다.

이상으로 군집 결과를 해석하는 방법에 대한 간략한 소개를 마칩니다.

9.2.6 k-means 이외의 방법

마지막으로 군집분석 체계에 대해 살펴봅시다. k-means는 비계층적 군집분석에 속하는데 비해 계층적 군집분석(hierarchical clustering) 방법도 있습니다. 사이킷런 sklearn.cluster 모듈의 AgglomerativeClustering 클래스로 실행할 수 있습니다. 계층적 군집분석에 대해서는 덴드로그램(dendrogram, 계통수)이라는 용어와 함께 더 찾아보기 바랍니다.

군집분석을 소프트 클러스터링과 하드 클러스터링으로 분류할 수도 있습니다. k-means는 하드 클러스터링의 일종입니다. 각 데이터는 하나의 군집에만 소속됩니다. 반면 소프트 클러스터링은 각 군집에 소속될 확률을 계산합니다. 예를 들면 1군집에 속할 확률은 70%, 2군집에 속할 확률은 30%와 같은 방식입니다.

고객의 취미와 기호에 따라 군집을 나눈다면 하드 클러스터링보다 소프트 클러스터링이 더 적당하다고 할 수 있습니다. 목적에 따라 구분해서 사용합시다. 소프트 클러스터링은 sklearn.mixture 모듈의 GaussianMixture 클래스을 이용해 실행합니다.

Let's Try

계층적, 비계층적 군집분석에 대해 알아 봅시다. 또한 소프트 클러스터링과 하드 클러스터링의 차이와 접근 방식도 찾아보고 대표적인 알고리즘을 조사하고 실행해 봅시다.

Practice

[연습문제 9-1]

sklearn.datasets 모듈의 make_blobs 함수를 사용해 random_state = 52 (숫자에 특별한 의미는 없습니다)로 데이터를 생성하고 그래프를 그려보세요. 군집도 나눠 봅시다. 몇 개의 그룹으로 나눌 수 있나요? 군집 번호에 색을 칠하고 그래프를 그려보세요

해답은 부록 2

Let's Try

앞서 나온 "데이터 정리와 표준화" 항목의 bank_sub_std 데이터에서 군집 수 4로 k-means

를 실행하면 어떤 결과가 나오나요? 연습문제 9-1과 마찬가지로 군집 번호를 붙이고 각 군집을 분석해 특징을 파악해 봅시다. 또한 군집 수를 8로 지정하면 어떻게 될까요? 또한 age, balance, campaign, previous 이외의 변수를 선택하면 어떻게 될까요?

9.3 주성분 분석

Keyword PCA, 고윳값, 고유벡터, 차원감소, 선형판별분석

이번 절에서는 주성분 분석(principle component analysis, PCA)을 배워보겠습니다. 일반적으로 데이터는 많은 변수를 포함합니다. 금융 마케팅 데이터에도 직업이나 연령 등 다양한 변수가 있었습니다. 설명변수와 목표변수와의 관계를 하나씩 보는 것도 중요하지만 설명변수 개수가 많으면 데이터를 이해하는 데 한계가 있습니다.

주성분 분석은 원본 데이터의 정보를 최대한 손실 없이 변수의 개수를 줄일 수 있기 때문에 탐색적 분석 또는 예측 모델 구축을 위한 전처리 방법 중 하나로 널리 사용됩니다. 이번에 살펴보는 주성분 분석은 비지도학습 방식의 차원 감소이며 지도학습에서의 차원 감소(선형판별분석)도 있으므로 관심 있는 분들은 더 찾아보기 바랍니다.

9.3.1 주성분 분석

간단한 데이터를 이용해 주성분 분석에 대해 알아 봅시다. 다음 예시는 RandomState 객체를 이용해 두 개의 변수로 구성된 데이터세트를 생성하고 각 변수를 표준화해 그래프로 출력하는 코드입니다. 먼저 np.Random.RandomState(1) 구문으로 시드값(난수 초기값)을 1로 지정하고 RandomState를 생성합니다. 그 다음 rand와 randn 함수로 2개의 난수를 생성합니다. 두 변수의 상관계수는 0.889로서 매우 강한 상관관계가 있고, 표준화되었기 때문에 두 변수 모두 평균이 0, 분산이 1이라는 사실에 주목하기 바랍니다.

입력

```
from sklearn.preprocessing import StandardScaler

# RandomState 객체 생성
sample = np.random.RandomState(1)

# 두 개의 난수 생성
X = np.dot(sample.rand(2, 2), sample.randn(2, 200)).T
```

```
# 표준화
sc = StandardScaler()
X_std = sc.fit_transform(X)

# 상관계수 계산 및 그래프 출력
print('상관계수{:.3f}:'.format(sp.stats.pearsonr(X_std[:, 0], X_std[:, 1])[0]))
plt.scatter(X_std[:, 0], X_std[:, 1])
```

출력

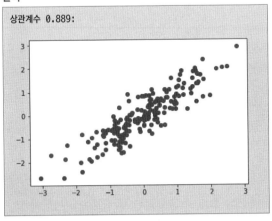

주성분 분석 실행

주성분 분석을 실행하기 위해 sklearn.decomposition 모듈의 PCA 클래스를 이용합니다. 객체를 초기화할 때 변수를 몇 차원으로 축소할지, 즉 추출하려는 주성분의 수를 n_components로 지정하는데 원래 변수의 개수보다 작은 수로 설정합니다(예를 들어 30개의 변수를 5개의 변수로 줄임). 여기에서는 원본 데이터와 같이 2로 지정합니다. fit 메서드를 실행해 주성분 추출에 필요한 정보를 계산합니다(구체적으로 고윳값과 고유 벡터가 계산됩니다).

입력

```
# 임포트
from sklearn.decomposition import PCA

# 주성분 분석
pca = PCA(n_components=2)
pca.fit(X_std)
```

출력

```
PCA(n_components=2)
```

학습 결과 확인

PCA 객체의 학습 결과를 확인합시다.

components_, explained_variacne_, explained_variance_ratio_ 속성을 확인합시다.

① components_ 속성

components_속성은 고유 벡터라고도 불리며 주성분 분석을 통해 발견된 새로운 변수(특징) 공간의 축 방향을 나타냅니다. 구체적인 결괏값은 다음과 같습니다. 벡터 [-0.707, -0.707]이 제1 주성분, [-0.707, 0.707]이 제2 주성분 방향이 됩니다.

입력

```
print(pca.components_)
```

출력

```
[[-0.707 -0.707]
 [-0.707  0.707]]
```

② explained_variance_ 속성

explained_variance_속성은 각 주성분의 분산을 나타냅니다. 아래 결과를 보면 추출된 두 개의 주성분 분산이 1.889, 0.111입니다. 두 분산의 총합이 2.0인 것은 우연이 아니며 (표준화된) 변수가 원래 갖고 있던 분산의 합과 주성분 분산의 합은 일치합니다. 즉, 분산 정보는 유지됩니다.

입력

```
print('각 주성분의 분산:{}'.format(pca.explained_variance_))
```

출력

```
각 주성분의 분산:[1.899 0.111]
```

③ explained_variance_ratio_ 속성

explained_variance_ratio_속성은 각 주성분이 갖는 분산의 비율입니다. 첫 번째 값 0.945는 1.889/(1.889+0.111)로 계산되었고 제1 주성분이 원본 데이터의 정보 94.5%를 유지한다는 의미입니다.

입력

```
print('각 주성분의 분산 비율:{}'.format(pca.explained_variance_ratio_))
```

출력

```
각 주성분의 분산 비율:[0.945 0.055]
```

숫자만으로는 이해하기 어려우므로 그래프를 그려봅시다. 출력 이미지에서 화살표가 주성분 분석으로 얻어진 새로운 변수(특징) 공간의 축 방향입니다. 분산이 최대가 되는 방향이 제1 주성분으로 결정되고, 제2 주성분 벡터와 직교한다는 것을 알 수 있습니다. 벡터 [-0.707, -0.707]이 제1 주성분, [-0.707, 0.707]이 제2 주성분 방향 입니다.

입력

```
# 파라미터 설정
arrowprops=dict(arrowstyle='->',
                linewidth=2,
                shrinkA=0, shrinkB=0)

# 화살표를 그리기 위한 함수
def draw_vector(v0, v1):
    plt.gca().annotate('', v1, v0, arrowprops=arrowprops)

# 원본 데이터 그래프
plt.scatter(X_std[:, 0], X_std[:, 1], alpha=0.2)

# 주성분 분석의 두 개 축을 화살표로 나타냄
for length, vector in zip(pca.explained_variance_, pca.components_):
    v = vector * 3 * np.sqrt(length)
    draw_vector(pca.mean_, pca.mean_ + v)

plt.axis('equal');
```

출력

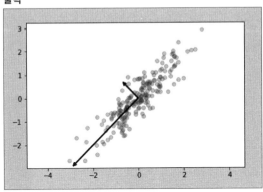

《파이썬 라이브러리를 활용한 머신러닝》(한빛미디어, 2019), 《데이터 과학 입문》 (한빛미디어, 2014), 《데이터 사이언스 핸드북》(위키북스, 2017)(온라인 공개판 *https://github.com/jakevdp/PythonDataScienceHandbook*) 등 참고문헌 A-22, A-23에 서 소개하는 책들이나 B-19, B-20의 참고 URL로 공부하면 주성분 분석을 이해하는 데 도움이 됩니다.

원본 데이터의 산점도에서 분산이 최대가 되는 방향의 벡터가 제1 주성분이고 그 다음으로 분산이 큰 방향의 벡터가 제2 주성분입니다. 제1 주성분과 제2 주성분은 직교(orthogonal)합니다.

여기에서 원본 데이터의 각 값(점)에서 제1 주성분과 직각을 이루는 선을 그리고 교차점을 생각해 봅시다. 그러면 원래 두 개의 변수로 구성된 값을 제1 주성분 축에 매핑하고 하나의 변수(차원)를 제거할 수 있습니다. 그림을 보면서 이해해 봅시다. 예를 들어 점 $(x1, y1)$은 $a1$이 되고 2차원을 1차원으로 축소할 수 있습니다.

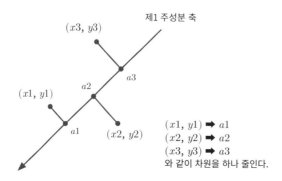

$(x1, y1) \Rightarrow a1$
$(x2, y2) \Rightarrow a2$
$(x3, y3) \Rightarrow a3$
와 같이 차원을 하나 줄인다.

그림 9-3-1

자세한 내용은 생략하지만 주성분 계산에 고유 벡터가 사용됩니다. 아래 그림과 같이 원본 데이터는 고유 벡터와의 연산에 의해 다른 행렬로 변환됩니다.

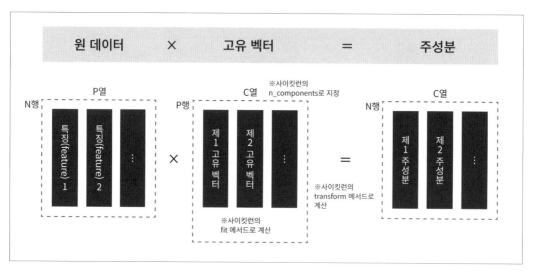

그림 9-3-2

차원 감소를 이해하기 위해 다음 그림을 참고합시다. 3차원 그래프로서 점의 위치에 따라 색의 농도를 구분해 그렸습니다.

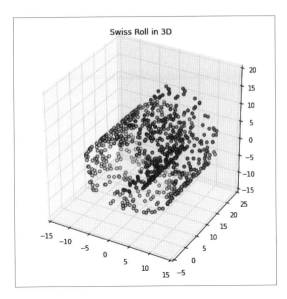

그림 9-3-3 *http://sebastianraschka.com/Articles/2014_kernel_pca.html*에서 인용

주성분 분석을 이용해 3차원 데이터를 2차원으로 줄이면 그림 9-3-4와 같습니다. 가로축 PC1이 제1 주성분, 세로축 PC2가 제2 주성분입니다. 3차원 데이터의 구조가 남아 있을 뿐만 아니라 원래의 위치도 반영된다는 사실을 값(점)의 색을 통해 확인할 수 있습니다. 이와 같이 주성분 분석은 원래의 정보를 남기면서도 차원을 감소시킵니다.

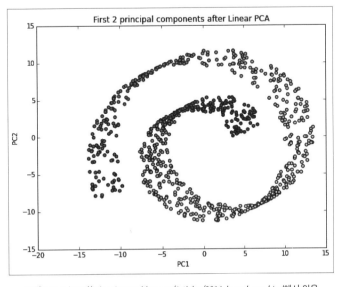

그림 9-3-4 *http://sebastianraschka.com/Articles/2014_kernel_pca.html*에서 인용

9.3.2 주성분 분석 실습

앞에서 주성분 분석을 실행하는 방법을 설명했습니다. 이제 주성분 분석을 활용한 차원 감소가 어떤 상황에서 필요한지 구체적으로 살펴봅시다. 설명을 위해 유방암 데이터를 사용합니다.

유방암 데이터는 sklearn.datasets의 load_breast_cancer 함수로 읽어 들입니다. 아래의 예시 코드는 데이터를 읽어 들여 목표변수(cancer.target)의 값이 malignant(악성)인가 benign(양성)인가에 따라 각 설명변수의 분포를 시각화합니다. 대부분의 히스토그램은 malignant과 benign 데이터가 겹쳐 있어, 이 상태로는 악성/양성 여부를 구분하기 위한 경계선을 긋기 어려워 보입니다.

입력

```python
# 유방암 데이터를 읽어 들이기 위해 임포트
from sklearn.datasets import load_breast_cancer

# 유방암 데이터 입력
cancer = load_breast_cancer()

# 데이터를 malignant(악성)과 benign(양성)으로 구분
# malignant(악성)은 cancer.target이 0
malignant = cancer.data[cancer.target==0]

# benign(양성)은 cancer.target이 1
benign = cancer.data[cancer.target==1]

# malignant(악성)는 파란색, benign(양성)은 오렌지 색을 칠해 히스토그램 생성
# 그래프는 각 설명변수(mean radius, mean texture 등)와
# 목표변수와의 관계를 나타내는 히스토그램
fig, axes = plt.subplots(6,5,figsize=(20,20))
ax = axes.ravel()
for i in range(30):
    _,bins = np.histogram(cancer.data[:,i], bins=50)
    ax[i].hist(malignant[:,i], bins, alpha=.5)
    ax[i].hist(benign[:,i], bins, alpha=.5)
    ax[i].set_title(cancer.feature_names[i])
    ax[i].set_yticks(())

# 레이블 설정
ax[0].set_ylabel('Count')
ax[0].legend(['malignant','benign'],loc='best')
fig.tight_layout()
```

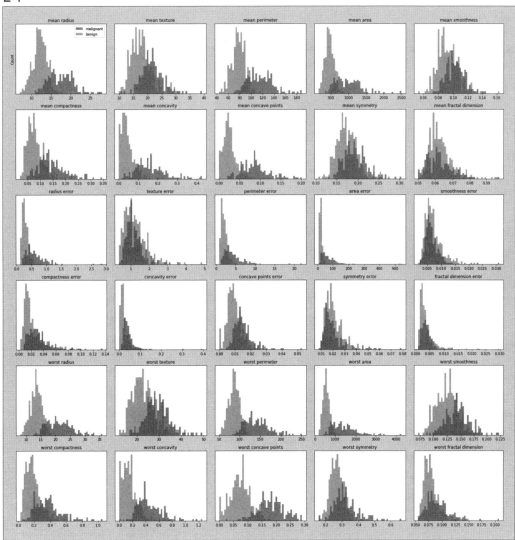

이 상태에서 20개가 넘은 변수의 개수(차원)를 줄여 봅시다. 우선 설명변수를 표준화하고 주성분 분석을 실행합니다. 추출 주성분의 수(n_component)는 2로 지정합니다.

다음 예시 코드를 실행하고 explained_variance_ratio_ 속성 값을 추출하면 변수의 개수는 2개로 줄었고 원래 정보의 약 63%(=0.443+0.19)가 제1 주성분과 제2 주성분에 집약되어 있다는 것을 알 수 있습니다.

입력

```
# 표준화
sc = StandardScaler()
X_std = sc.fit_transform(cancer.data)
```

```
# 주성분 분석
pca = PCA(n_components=2)
pca.fit(X_std)
X_pca = pca.transform(X_std)

# 출력
print('X_pca shape:{}'.format(X_pca.shape))
print('Explained variance ratio:{}'.format(pca.explained_variance_ratio_))
```

출력

```
X_pca shape:(569, 2)
Explained variance ratio:[0.443 0.19 ]
```

출력 결과에서 X_pca shape:(569, 2)는 주성분 분석 후 데이터가 569행 2열(2개의 변수)이 되었다는 의미입니다. 주성분의 수를 2로 지정했기 때문에 2개의 변수로 줄었습니다.

이렇게 차원을 감소시킨 데이터를 시각화합시다. 시각화를 위해 제1 주성분과 제2 주성분 데이터에 설명변수에 해당하는 목표변수를 결합하고 양성 데이터와 악성 데이터를 분리합니다.

입력

```
# 컬럼에 레이블을 지정. 1번째가 제1 주성분, 2번째가 제2 주성분
X_pca = pd.DataFrame(X_pca, columns=['pc1','pc2'])

# 위의 데이터에 목표변수(cancer.target)를 가로 방향으로 결합
X_pca = pd.concat([X_pca, pd.DataFrame(cancer.target, columns=['target'])], axis=1)

# 악성과 양성을 분리
pca_malignant = X_pca[X_pca['target']==0]
pca_benign = X_pca[X_pca['target']==1]
```

이 데이터를 시각화하면 어떻게 될까요? 다음 그림이 결과입니다. malignant(악성)을 연한 파란색, benign(양성)을 짙은 파란색으로 지정하고 그래프를 그립니다. 그러면 악성과 양성의 경계선이 보입니다.

입력

```
# 악성 샘플 데이터를 그래프로 출력
ax = pca_malignant.plot.scatter(x='pc1', y='pc2', color='red', label='malignant');

# 양성 샘플 데이터를 그래프로 출력
pca_benign.plot.scatter(x='pc1', y='pc2', color='blue', label='benign', ax=ax);
```

출력

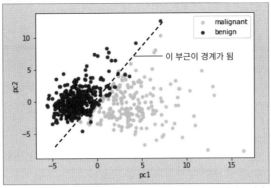

※ 실제 출력 결과에는 경계선이 보이지 않습니다.

그래프의 결과만 보면 단 두 개의 주성분으로 목표변수의 범주를 거의 분리할 수 있다는 사실을 알 수 있습니다. 변수가 많아 어떤 변수 중심으로 분석할지 애매할 때는 주성분 분석을 이용해 (1) 각 주성분과 목표변수와의 관계를 명확하게 밝히고 (2) 각 주성분과 원래 변수의 관계로부터 원래 변수와 목표변수와의 관계를 해석하는 방식으로 데이터를 이해할 수 있습니다. 또한 주성분 분석은 예측 모델을 구축하기 위해 변수의 개수를 줄여야 할 때(차원 감소) 활용할 수 있다는 사실도 기억해 두기 바랍니다.

Practice

[연습문제 9-2]

sklearn.datasets 모듈의 load_iris 함수로 붓꽃 데이터를 읽어 들이고 iris.data를 주성분 분석하세요. 추출 주성분 수는 2로 지정합니다. 또한 제2 주성분까지의 데이터와 목표변수(iris.target)와의 관계를 시각화하고 나타난 결과에 대해 생각해 봅시다.

해답은 부록 2

9.4 장바구니 분석과 연관 규칙

Keyword 연관 규칙, 지지도, 신뢰도, 리프트 값

이번 절에서는 비지도학습의 하나인 장바구니 분석(Market Basket Analysis)을 배워봅시다.

9.4.1 장바구니 분석

장바구니 분석은 A 상품을 구입하면 B 상품도 구매한다는 식의 상품 간 구매 관련성을 분석하는 것입니다. 슈퍼마켓에서 계산대를 통과하는 하나의 장바구니가 분

석의 기본 단위이므로 이러한 용어로 불리게 되었습니다. 연관 규칙 분석이라고 부르기도 합니다.

장바구니 분석을 통해 "A 상품을 구입하는 사람은 B 상품도 구입한다"와 같이 상품들의 구매 관계에 관한 규칙을 연관 규칙(Association Rule)이라고 합니다.

자주 언급되는 연관 규칙에는 맥주와 기저귀 사례가 있습니다. 기저귀를 구입하는 남성 고객이 맥주도 함께 구입하는 경향이 있다는 사실이 예상 외의 상품 조합이었기 때문에 유명해졌습니다.

어떤 상품들로 묶어야 소비자에게 함께 판매하기 쉬운지는 제조업체와 소매업자가 관심을 갖는 주제이기 때문에 발견된 규칙은 마케팅 캠페인 계획 수립, 간단한 추천 시스템 등에서 활용됩니다. 지지도(support), 신뢰도(confidence), 리프트 값(lift) 등, 연관 규칙의 효용성을 측정하는 기초적인 지표에 대해서도 살펴보겠습니다.

9.4.2 장바구니 분석을 위한 샘플 데이터 입력

7장 종합문제에서 다뤘던 구매 이력 데이터를 사용해 장바구니 분석에 대해 구체적으로 살펴봅시다. 데이터는 다음 URL에서 다운로드할 수 있는 Online Retail.xlsx 파일입니다. 파일을 다운로드하고 현재 작업 디렉터리(폴더)에 저장해 둡니다(3장 74쪽 참고)(다음 URL에 접속해 다운로드합니다. 리눅스 환경에서는 wget 명령어로 다운로드할 수 있습니다).

http://archive.ics.uci.edu/ml/machine-learning-databases/00352/Online%20Retail.xlsx

구매 이력 데이터는 트랜잭션 데이터[1]입니다. 그래서 변수 이름을 영문 약자 trans로 만들고 데이터를 입력했습니다. head 명령어로 처음 다섯 행 데이터를 출력하면 다음과 같습니다.

PC 환경에 따라서는 xlrd 모듈을 이용할 필요가 있는데, pip3 install xlrd를 실행해 설치하기 바랍니다.[2]

입력

```
trans = pd.read_excel('Online Retail.xlsx', sheet_name='Online Retail')
trans.head()
```

1
구매 이력 데이터에서 InvoiceNo는 일종의 청구번호와 같은 것으로, 하나의 InvoiceNo는 여러 상품 정보를 가질 수 있습니다. 즉, InvoiceNo가 동일한 상품은 한 번의 거래에서 함께 구매했다는 의미입니다. 동일한 InvoiceNo 세트가 하나의 트랜잭션(거래)입니다.

2
(옮긴이) xlrd는 파이썬에서 엑셀 데이터를 읽어 들일 때 필요한 패키지다. 아나콘다에 포함되어 있다.

출력

	InvoiceNo	StockCode	Description	Quantity	InvoiceDate
0	536365	85123A	WHITE HANGING HEART T-LIGHT HOLDER	6	2010-12-01 08:26:00
1	536365	71053	WHITE METAL LANTERN	6	2010-12-01 08:26:00
2	536365	84406B	CREAM CUPID HEARTS COAT HANGER	8	2010-12-01 08:26:00
3	536365	84029G	KNITTED UNION FLAG HOT WATER BOTTLE	6	2010-12-01 08:26:00
4	536365	84029E	RED WOOLLY HOTTIE WHITE HEART.	6	2010-12-01 08:26:00

UnitPrice	CustomerID	Country
2.55	17850.0	United Kingdom
3.39	17850.0	United Kingdom
2.75	17850.0	United Kingdom
3.39	17850.0	United Kingdom
3.39	17850.0	United Kingdom

데이터 정리와 확인

데이터에서 InvoiceNo의 첫 번째 문자는 해당 트랜잭션의 상태를 나타냅니다. 5가 정상적인 데이터, C가 취소, A는 불명확한 데이터입니다. 우선 InoivceNo의 첫 번째 문자를 추출해 별도의 cancel_flg 변수를 만듭니다. 그 다음에 cancel_flg별 데이터 개수를 집계합니다. 실무에서 집계 기준은 분석 목적과 데이터 관리 상태에 따라 다르므로 충분히 확인합시다.

입력

```
# InoivceNo의 첫 번째 문자를 추출해 cancel_flg 생성
trans['cancel_flg'] = trans.InvoiceNo.map(lambda x:str(x)
[0])
# cancel_flg의 그룹을 나누고 집계
trans.groupby('cancel_flg').size()
```

출력

```
cancel_flg
5    532618
A         3
C      9288
dtype: int64
```

정상 데이터(5)이면서 CustomerID가 있는 데이터만을 분석합니다. 필요한 데이터만 추출하려면 다음 예시 코드와 같이 실행합니다. 만약 아래의 코드가 이해되지 않는다면 7장에서 설명한 판다스를 복습하거나 검색 엔진에서 'pandas 필터링'으로 검색해 보기 바랍니다.

입력

```
trans = trans[(trans.cancel_flg == '5') & (trans.CustomerID.notnull())]
```

9.4.3 연관 규칙

데이터가 준비되었다면 연관 규칙에 대해 알아봅시다. 우선 구매 횟수 상위 5개 상품의 번호를 확인합시다. 상품번호는 stockCode 컬럼입니다. 판다스 Series 객체의

value_counts 메서드를 이용하면 각 범주별로 데이터 개수를 내림차순으로 출력할 수 있습니다. 출력 결과를 head 명령어로 상위 5개를 표시하면 다음과 같습니다.

입력

```
# StockCode별로 데이터 개수를 집계하고
# 상위 5개를 출력
trans['StockCode'].value_counts().head(5)
```

출력

```
85123A    2035
22423     1724
85099B    1618
84879     1408
47566     1397
Name: StockCode, dtype: int64
```

다음은 상위 5개 상품 중에서 1위인 85123A와 3위인 85099B에 관한 연관 규칙과 지지도, 신뢰도, 리프트 값을 알아 봅시다.

지지도(support)

연관 규칙에서 지지도는 어떤 상품(여기에서는 85123A)과 다른 상품(85099B)이 함께 구매된 장바구니의 수(InvoiceNo 수), 또는 해당 장바구니 수가 전체에서 차지하는 비율입니다.

상품 85123A를 구입하면 상품 85099B도 구매한다는 연관 규칙의 지지도를 계산해 봅시다. 먼저 트랜잭션 데이터(구매 데이터)에 등장하는 장바구니 수(InvoiceNo 수)를 계산합니다.

첫째, 모든 InvoiceNo를 추출해 trans_all에 저장합니다.

집합형 데이터이브로 InvoiceNo를 중복이 없는 상태로 유지할 수 있습니다.

다음은 두 상품을 모두 포함하는 장바구니만을 추출해 trans_ab에 저장합니다. 이를 위해 각 상품을 포함하는 InvoiceNo를 추출해 trans_a와 trans_b를 생성하고 둘의 교집합을 만듭니다.

set은 중복 없이 고유한 원소만을 갖되 정렬되지 않은 객체입니다. 집합을 다룰 때 이용합니다. 교집합은 양쪽에 공통으로 존재하는 원소를 추출해 만듭니다. 두 개의 set 객체에 연산자 &를 적용해 교집합을 만듭니다.

입력

```
# 모든 InvoiceNo를 추출하고 trans_all에 저장
trans_all = set(trans.InvoiceNo)

# 상품 85123A를 구입한 구매 데이터를 trans_a에 저장
trans_a = set(trans[trans['StockCode']=='85123A'].InvoiceNo)
print(len(trans_a))

# 상품 85099B를 구입한 구매 데이터를 trans_b에 저장
```

```
trans_b = set(trans[trans['StockCode']=='85099B'].InvoiceNo)
print(len(trans_b))

# 상품 85123A와 85099B를 동시에 구입한 구매 데이터를 trans_ab에 저장
trans_ab = trans_a&trans_b
print(len(trans_ab))
```

출력

```
1978
1600
252
```

연관 규칙의 지지도는 규칙에 포함된 두 상품을 모두 포함하는 장바구니의 수, 또는
전체에서 차지하는 비율입니다. 다음과 같이 계산할 수 있습니다.

입력

```
# 두 상품을 포함하는 trans_ab의 수를 출력
print('두 상품을 모두 포함하는 장바구니 수: {}'.format(len(trans_ab)))
print('두 상품을 모두 포함하는 장바구니가 전체에서 차지하는 비율: {:.3f}'.format(len(trans_ab)/len(trans_all)))
```

출력

```
두 상품을 포함하는 장바구니 수: 252
두 상품을 모두 포함하는 장바구니가 전체에서 차지하는 비율: 0.014
```

지지도 0.014는 상대적인 값이며 높은지 낮은지 일률적으로 말할 수 없습니다. 일
반적으로 지지도가 낮으면 유용하지 않은 규칙이기 때문에, 발견한 규칙을 활용할
지 말지 판단할 때 이 지지도를 기준으로 삼습니다.

규칙 자체의 지지도뿐만 아니라 규칙을 구성하는 상품에 대한 지지도도 계산할
수 있습니다. 예를 들어 상품 85123A의 지지도는 다음과 같이 계산할 수 있습니다.

입력

```
print('상품 85123A를 포함하는 장바구니 수: {}'.format(len(trans_a)))
print('상품 85123A를 포함하는 장바구니가 전체에서 차지하는 비율: {:.3f}'.format(len(trans_a)/len(trans_all)))
```

출력

```
상품 85123A를 포함하는 장바구니 수: 1978
상품 85123A를 포함하는 장바구니가 전체에서 차지하는 비율: 0.107
```

규칙 자체의 지지도가 필요한지, 규칙을 구성하는 상품의 지지도가 필요한지, 분석
목적을 명확하게 설정한 뒤 어떤 지지도를 계산할지 결정합시다.

신뢰도(confidence)

신뢰도는 어떤 상품 A의 구입 횟수를 기준으로 상품 A와 상품 B를 동시에 구매하는 비율이 어느 정도인지를 나타냅니다. 상품 85123A를 구입하면 상품 85099B도 구입한다는 규칙의 신뢰도는 다음과 같이 계산할 수 있습니다.

입력

```
print('신뢰도: {:.3f}'.format(len(trans_ab)/len(trans_a)))
```

출력

```
신뢰도: 0.127
```

반대로 상품 85099B를 구입하면 상품 85123A를 구매한다는 규칙의 신뢰도는 다음과 같습니다.

입력

```
print('신뢰도: {:.3f}'.format(len(trans_ab)/len(trans_b)))
```

출력

```
신뢰도: 0.158
```

신뢰도가 높으면 함께 판매될 가능성이 높은 상품이므로 연결판매(cross selling)를 계획한다면 신뢰도를 기준으로 행사 상품을 선택하는 방식으로 연관 규칙을 활용할 수 있습니다. 단, 신뢰도만으로는 불충분하기 때문에 일반적으로 다음에 설명할 리프트 값도 함께 고려합니다.

리프트 값(lift)

상품 A를 구입하면 상품 B도 구매한다는 연관 규칙에서 리프트 값은 규칙의 신뢰도를 상품 B의 지지도로 나눈 값입니다. 즉, 전체 장바구니에서 상품 B의 구매율과 상품 A와 상품 B를 함께 구매한 비율을 비교한 수치가 리프트 값입니다.

당연히 리프트 값이 1.0보다 크면 같이 판매되기 쉽고 1.0보다 작으면 같이 판매되기 어렵다고 해석할 수 있습니다. 상품 85123A를 구입하면 상품 85099B도 구입한다는 규칙의 리프트 값은 다음과 같이 구할 수 있습니다.

입력

```
# 전체 장바구니에서 차지하는 상품 B의 구매 비율 계산
support_b = len(trans_b) / len(trans_all)

# 상품 A를 구매하고 상품 B도 구매한 비율 계산
```

```
confidence = len(trans_ab) / len(trans_a)

# 리프트 값 계산
lift = confidence / support_b
print('lift:{:.3f}'.format(lift))
```

출력

```
lift:1.476
```

신뢰도가 높아도 리프트 값이 1.0 이하이면 고객에게 상품을 추천할 수 있는 근거로
는 부적절할 수 있습니다. 분석의 목적에 맞게 신뢰도와 리프트 값을 조합해 사용합
시다.

　이상으로 장바구니 분석에 대한 설명을 마칩니다. 이번에는 데이터 전체에 대한
연관 규칙을 계산했지만 점포 지역별, 점포 유형별, 고객 군집별 등으로 연관 규칙
을 탐색해보면 유용성이 높은 규칙을 발견할 수도 있다는 사실을 명심합시다.

Let 's try

9.4 "장바구니 분석과 연관 규칙"의 구매 이력 데이터를 사용해 임의의 상품 조합에 대한 지
지도, 신뢰도, 리프트 값을 계산해봅시다.

Practice

9장 종합문제

[종합문제 9-1 연관 규칙]

9.4 "장바구니 분석과 연관 규칙"의 구매 이력 데이터를 사용해 어떤 상품 조합의 지지도가
가장 높은지 확인하세요. 단, 데이터의 수가 1,000보다 큰 상품(StockCode)을 대상으로 분
석하기 바랍니다.

힌트: 상품 조합을 추출할 때 itertools 모듈을 이용하면 편리합니다. 잘 모르겠다면
Python itertools 키워드로 검색해 보세요.

해답은 부록 2

10

모델 검증과 튜닝

지도학습 모델은 새로운 데이터를 모델에 적용했을 때 기대한 만큼의 성능을 보여주어야 합니다. 10장에서는 모델이 새로운 데이터에 어느 정도의 성능을 보이는지 평가하는 검증 방법에 대해 살펴보겠습니다. 또한 이러한 모델의 성능을 향상시키기위한 몇 가지 방법도 소개합니다.

목표

모델을 구축할 때 주의해야 할 점을 이해하고 모델의 평가 지표를 계산할 수 있다. 여러 모델을 결합한 앙상블 학습을 이해하고 대표적인 방법을 사용할 수 있다.

10.1 모델 평가와 정확도를 향상시키는 방법

Keyword 과적합(과학습), 홀드아웃, 교차검증법, k분할교차검증, 혼합행렬, ROC 곡선, 앙상블 학습

머신러닝은 모델 선택 방법, 파라미터, 학습 데이터 개수 등에 따라 결과가 크게 달라질 수 있습니다. 모델의 정확도를 높이기 위해서는 모델 성능을 정확하게 측정하고 튜닝하는 작업이 반드시 필요합니다. 이번 장에서는 모델의 성능을 올바르게 평가하는 방법과 모델 튜닝 방법에 대해 알아보겠습니다.

10.1.1 머신러닝의 과제와 해결 방법

머신러닝을 활용하는 과정에서 다양한 문제에 직면하게 됩니다. 이번 장에서는 구체적인 문제와 해결 방법에 대해 알아봅시다.

① 새로운 데이터에 적합할 수 없는 경우

모델 구축 방식이나 학습 방법에 따라서는 현재의 데이터에 너무 잘 들어맞아 새로운 데이터로는 좋은 결과를 얻지 못할 수 있습니다. 이러한 상황을 과적합(overfitting) 또는 과학습이라고 합니다. 과적합을 방지하기 위해 미리 테스트 데이터를 구분해 두는 홀드아웃과 교차검증 방법을 살펴봅시다.

② 모델의 성능 측정 지표

모델의 성능을 측정하는 다양한 지표들이 있고, 지금까지는 특정 지표만으로 모델이 얼마나 정확하고 좋은지 얘기해 왔습니다만, 애초에 모델의 목표 성능을 정해 놓는 것도 중요합니다. 단순히 어느 한 지표가 좋다고 해서 그 상태에서 모델 구축 작업을 중단하는 것은 바람직하지 않습니다. 이번 장에서는 예측 정확도를 측정하기 위한 개념으로 오차행렬과 ROC 곡선을 소개하겠습니다. 아울러 분류와 회귀 문제에 대한 다양한 평가 지표를 살펴보겠습니다.

③ 정확도가 높은 모델을 구축하기 위해

8장에서는 의사결정나무와 로지스틱회귀 등 다양한 지도학습 예측 모델을 배웠습니다. 모델을 단독으로 사용하지 않고 여러 모델을 조합해 활용하는 앙상블 학습이라는 방법도 있습니다. 앙상블 학습에서는 개별 학습 결과를 조합하는 방식으로 예측합니다. 배깅(Begging), 부스팅(Boosting)이 대표적인 앙상블 학습 방법입니다. 앙상블 학습으로 모델의 정확도를 조금 더 향상시킬 수 있습니다.

10.1.2 라이브러리 임포트

2장에서 소개한 다양한 라이브러리와 함께 머신러닝 라이브러리 사이킷런을 사용합니다. 다음과 같이 임포트하고 진행합니다.

입력

```
# 데이터 가공·조작·분석 라이브러리
import numpy as np
import numpy.random as random
import scipy as sp
from pandas import Series,DataFrame
import pandas as pd

# 시각화 라이브러리
import matplotlib.pyplot as plt
import matplotlib as mpl
import seaborn as sns
%matplotlib inline
sns.set()

# 머신러닝 라이브러리
import sklearn

# 소수점 세 번째 자리까지 표시
%precision 3
```

출력

```
'%.3f'
```

10.2 모델 평가와 퍼포먼스 튜닝

Keyword 과학습, 홀드아웃, 교차검증, k-겹 교차검증, 하이퍼파라미터, SVC, LinerSVC, 그리드 서치, 랜덤 서치, 편향과 분산 트레이드오프, 피처 엔지니어링, 특징선택, 특징추출, 프로파일링 모델, 예측 모델

8장에서는 데이터를 학습과 테스트 용도로 구분하여 모델을 구축하고 검증했습니다. 이렇게 학습에 사용하지 않은 데이터를 준비해 모델의 성능을 확인하는 과정은 매우 중요합니다. 왜냐하면 머신러닝 모델은 현재 보유하고 있는 데이터를 잘 설명하기 위해서만이 아니라 미래에 발생할 새로운 데이터에도 동일한 수준의 예측 성능(일반화 성능)을 보여주어야 하기 때문입니다.

이미 언급했듯이 모델이 학습에 사용된 데이터는 잘 예측하지만 새로운 데이터를 잘 예측하지 못하는 상태를 과적합 또는 과학습이라고 합니다. 이번 절에서는 과적합 발생 여부를 확인하고 모델의 일반화 성능을 평가하는 방법에 대해 살펴봅시다.

먼저 홀드아웃(holdout method)과 교차검증(cross validation) 개념을 살펴보고 교차검증 방법 중에서 k-겹 교차검증(k-fold)과 LOOCV(Leave-One-Out Cross Validation)을 소개하겠습니다. 또한 모델의 일반화 성능을 높이기 위해 데이터의 특징과 모델의 파라미터를 다루는 방법에 대해서도 살펴보겠습니다. 구체적으로

피처 엔지니어링(feature engineering), 차원 감소(dimension reduction), 하이퍼파라미터 튜닝(hyperparameter tuning) 기술을 다룹니다.

10.2.1 홀드아웃과 교차검증

홀드아웃(holdout method)은 8장 지도학습에서 이미 설명했던, 데이터를 학습 데이터와 테스트 데이터로 임의 분할하고 학습 데이터로는 모델을 구축하고 테스트 데이터를 이용해 모델을 검증하는 방식입니다.

지도학습 모델은 일반화 성능이 높아야 합니다. 그래서 학습 데이터를 기존 데이터로, 테스트 데이터를 새로운 데이터로 간주하고 모델의 성능을 평가하는 방법이 홀드아웃입니다. 홀드아웃은 매우 간단하고 데이터가 충분히 많을 경우 실용적입니다. 반면 데이터 수가 많지 않을 경우 두 가지 문제가 발생합니다. 하나는 테스트 데이터가 무작위로 분할되었으나, 때에 따라 우연히 모델의 성능 평가가 높을 수 있습니다. 또 다른 문제는 적은 데이터를 학습용과 테스트용으로 다시 분할하기 때문에 학습 데이터 수가 줄어들어 모델이 충분히 학습하지 못하는 것입니다.

그래서 한정된 데이터를 최대한 활용하고자 고안된 방법이 교차검증(cross validation)입니다. 데이터를 학습용과 검증용으로 교차해서 사용합니다. 대표적인 교차검증은 k-겹 교차검증(k-fold crossvalidation)입니다. 이 방법은 데이터를 무작위로 k개의 블록으로 나눕니다. 그런 다음 k개의 블록 중 하나만 검증용으로 나머지 $k - 1$개를 모델을 학습시키는 데 사용합니다.

아래 그림은 k-겹 교차검증 방법입니다. $k = 5$인 경우로서 데이터를 무작위로 5개의 그룹으로 분할하고 4개의 데이터 그룹을 학습용으로, 나머지 1개의 데이터 그룹을 검증용으로 사용합니다. 이 패턴을 5번 반복하고 그 각각에서 모델 평가 점수를 얻습니다.

그림 10-2-1 k-겹 교차검증 방법

k-겹 교차검증은 k개의 데이터 블록을 이용해 모델을 검증하기 때문에 우연히 하나의 검증 데이터 블록에서 모델의 평가 점수가 높아도 그 영향력을 줄일 수 있습니다. 또한 k번 반복해 검증하므로 검증 데이터를 제외하지 않고 모든 데이터를 모델 학습에 투입하는 점도 홀드아웃과 비교되는 장점입니다.

k-겹 교차검증을 응용한 방법이 LOOCV(Leave-One-Out Cross Validation)입니다. 이 방법에서는 k를 샘플 데이터 개수만큼 지정합니다. k-겹 교차검증과 마찬가지로 1개의 데이터를 검증용으로 이용하고 나머지 데이터를 모두 학습용으로 사용해 k번 반복합니다. 데이터 수가 적을 때 활용할 수 있습니다.

k-겹 교차검증 실습

k-겹 교차검증을 실습해 봅시다. 8장에서 배운 의사결정나무 모델을 k-겹 교차검증합니다. 실습 데이터는 유방암 데이터(cancer 데이터)입니다. k-겹 교차검증 실행 결과는 sklearn.model_selection 모듈의 cross_val_score 함수를 사용해 확인할 수 있습니다. 이 함수의 파라미터는 순서대로 알고리즘(의사결정나무를 사용하고 분기 조건 지표는 엔트로피를 이용), 설명변수, 목표변수, 분할 수(k)를 지정합니다. 분할 수(k)가 cv=5이므로 함수의 반환값인 scores 배열은 5개의 점수(정확도)를 포함합니다. 이 값이 출력 결과에서 1번째 줄 Cross validation scores입니다.

모델을 종합적으로 평가하기 위해 5개의 출력 결과 점수 평균과 표준편차를 계산합니다. 기본적으로 여러 개의 모델을 만들고 k-겹 교차검증을 했을 때는 k번 교차검증한 점수의 평균이 높은 모델을 선택하는데 표준편차가 클 때는 평균 점수에서 표준편차를 뺀 점수 기준으로 모델을 선택해도 괜찮습니다.

입력

```python
# 필요한 라이브러리 임포트
from sklearn.datasets import load_breast_cancer
from sklearn.tree import DecisionTreeClassifier
from sklearn.model_selection import cross_val_score

# 유방암 데이터 읽어 들이기
cancer = load_breast_cancer()

# 의사결정나무 클래스 초기화
tree = DecisionTreeClassifier(criterion='entropy', max_depth=3, random_state=0)

# k-겹 교차검증 실행
scores = cross_val_score(tree, cancer.data, cancer.target, cv=5)

# 결과 출력
print('Cross validation scores: {}'.format(scores))
print('Cross validation scores: {:.3f}+-{:.3f}'.format(scores.mean(), scores.std()))
```

```
Cross validation scores: [0.904 0.912 0.956 0.939 0.956]
Cross validation scores: 0.933+-0.022
```

Practice

[연습문제 10-1]

유방암 데이터를 이용해 의사결정나무 이외 다른 모델(로지스틱회귀분석, SVM 등)을 구축
하고 각 모델의 성능 평가 점수를 k-겹 교차검증으로 계산하세요.

해답은 부록 2

10.2.2 모델 튜닝: 하이퍼파라미터 튜닝

모델의 일반화 성능을 향상시키기 위한 방식으로, 알고리즘이 고유하게 갖는 하이
퍼파라미터를 튜닝하는 방법인 그리드 서치(grid search)에 대해 살펴봅시다.

8장에서 배웠듯이 각 모델 알고리즘에는 고유한 파라미터가 있습니다. 이 파라미
터는 회귀계수와 같이 비용함수를 최소화하기 위해 추정해야 하는 변수가 아니라
분석가가 모델을 구현할 때 미리 상황에 맞게 지정하는 값입니다. 이 파라미터를 따
로 구분해서 하이퍼파라미터라고 부릅니다.

의사결정나무라면 분기 횟수, 리지회귀에서는 정규화 정도를 결정하는 파라미터
가 하이퍼파라미터입니다. 그리드 서치는 모델의 모든 하이퍼파라미터 조합을 교
차검증해 모델의 성능을 가장 높이는 하이퍼파라미터 조합을 구하는 방법입니다.

그리드 서치

사이킷런에 포함된 클래스를 사용하면 간단하게 그리드 서치를 수행할 수 있습니
다. 그러나 원리를 이해하기 위해 클래스를 사용하지 않고 코드를 작성해 봅시다.
서포트 벡터 머신을 이용해 실습하겠습니다. 서포트 벡터 머신의 하이퍼파라미터
에는 gamma와 C가 있습니다. 이 2개의 하이퍼파라미터를 다르게 지정하고 각 모델을
평가합니다. 다른 머신러닝 모델의 하이퍼파라미터에 대해서는 사이킷런 공식 사
이트(*http://scikit-learn.org/stable/index.html*)를 참고하기 바랍니다.

다음 예시 코드는 np.logspace(-3, 2, num = 6)만큼 모델을 반복적으로 구축하고
가장 높은 성능을 보이는 모델의 gamma와 C 조합을 구합니다. logspace은 로그(밑이
생략되었을 때는 밑이 10인 상용로그임) 값으로서 지정된 범위의 값을 배열로 생성
합니다. 이번 예제에서는 10의 -3승에서 10의 2승 사이의 범위를 6등분한 배열 - 구
체적으로 [0.001, 0.01, 0.1, 1, 10, 100]만큼 반복합니다. 즉, gamma와 C를 이 배열의
조합으로 지정해 모델을 구축하고 홀드아웃 방법으로 모델을 평가합니다. 코드를

실행하면 최고 점수를 받은 모델과 이 모델의 gamma와 C가 출력됩니다. 또한 각 하이퍼파라미터의 점수를 나타내는 히트맵도 생성됩니다.

8장에서는 서포트 벡터 머신의 한 종류인 LinearSVC을 사용했지만 여기에서는 SVC를 이용합니다. 이 두 가지 모두 서포트 벡터 머신이지만 관심있는 분들은 두 방법 간의 차이에 대해 찾아보기 바랍니다.

입력

```python
# 라이브러리 임포트
from sklearn.svm import SVC
from sklearn.model_selection import train_test_split

# 유방암 데이터 읽어 들이기
cancer = load_breast_cancer()

# 훈련 데이터와 테스트 데이터로 분할
X_train, X_test, y_train, y_test = train_test_split(cancer.data,
                                                    cancer.target,
                                                    stratify = cancer.target,
                                                    random_state=0)

# 모든 하이퍼파라미터 조합으로 모델 구축 및 검증
scores = {}
for gamma in np.logspace(-3, 2, num=6):
    for C in np.logspace(-3, 2, num=6):
        svm = SVC(gamma=gamma, C=C)
        svm.fit(X_train,y_train)
        scores[(gamma, C)] = svm.score(X_test, y_test)

# 검증 결과를 scores에 저장
scores = pd.Series(scores)

# 출력
print('최고 점수: {:.2f}'.format(scores.max()))
print('최고 점수에서의 하이퍼파라미터(gamma, C): {}'.format(scores.idxmax()))

# 히트맵 출력, 세로축은 gamma, 가로축은 C
sns.heatmap(scores.unstack())
```

출력

```
최고 점수: 0.91
최고 점수에서의 하이퍼파라미터 (gamma, C): (0.001, 1.0)
```

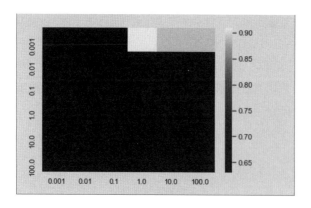

결과를 보면 모델의 최고 점수는 0.91, 최고 점수를 얻은 모델의 하이퍼파라미터 gamma는 0.001, C는 1.0입니다.

모듈의 함수를 사용한 그리드 서치 실행

이제 sklearn.model_selection 모듈의 GridSearchCV 클래스를 이용해 동일한 작업을 진행해 봅시다. 데이터를 학습용과 테스트 데이터로 분할할 때까지는 앞의 실습 코드와 동일합니다. 달라지는 지점은 학습용 데이터를 GridSearchCV 클래스의 fit 메서드에 전달하는 부분입니다. 이 부분부터 하이퍼파라미터를 조합한 여러 모델을 평가하고 가장 성능이 좋은 모델 구축까지 완료합니다. 가장 좋은 모델의 하이퍼파라미터 조합과 모델 평가 점수는 모델의 속성 값에서 추출할 수 있습니다.

한 가지 주의할 사항은 GridSearchCV 클래스의 fit 메서드를 실행하면 기본적으로 k-겹 교차검증(엄밀하게 말하면 k-겹 교차검증보다 조금 개선된 방법)을 이용한다는 점입니다. 따라서 GridSearchCV 클래스의 초기화 파라미터 cv는 5로 지정했습니다.

입력

```
# 임포트
from sklearn.model_selection import GridSearchCV
from sklearn.svm import SVC

# 유방암 데이터 읽어 들이기
cancer = load_breast_cancer()

# 훈련 데이터와 테스트 데이터 분할
X_train, X_test, y_train, y_test = train_test_split(cancer.data,
                                                    cancer.target,
                                                    stratify = cancer.target,
                                                    random_state=0)

# GridSearchCV 클래스에 전달할 파라미터 값 지정
```

```
param_grid = { 'C': np.logspace(-3, 2, num=6)
             ,'gamma':np.logspace(-3, 2, num=6)}

# GridSearchCV 클래스 초기화
gs = GridSearchCV(estimator=SVC(),
                  param_grid=param_grid,
                  cv=5)

# 모든 하이퍼파라미터 조합으로 모델 검증 및 베스트 모델 구축
gs.fit(X_train,y_train)

# 출력
print('Best cross validation score: {:.3f}'.format(gs.best_score_))
print('Best parameters: {}'.format(gs.best_params_))
print('Test score: {:.3f}'.format(gs.score(X_test,y_test)))
```

출력

```
Best cross validation score: 0.925
Best parameters: {'C': 1.0, 'gamma': 0.001}
Test score: 0.909
```

출력 결과에서 1번째 줄은 그리드 서치로 찾아 낸 모델의 평가 점수(0.925), 2번째 줄은 해당 모델에서의 하이퍼파라미터 조합 값, 마지막 줄은 테스트 데이터에서의 평가 점수(0.909)입니다.

그리드 서치로 찾아낸 모델의 평가 점수는 학습 데이터의 k-겹 교차검증으로 얻은 평가 점수이며, 이 점수와 테스트 데이터에서의 평가 점수가 비슷하기 때문에 과적합은 발생하지 않은 것으로 판단할 수 있습니다.

사이킷런은 랜덤서치라는 방법도 제공합니다. 자세한 내용은 sklearn.model_selection 모듈의 RandomizedSearchCV 클래스 사용 방법을 참고하기 바랍니다. 조금 더 뛰어나다고 알려진 SMBO(sequential model-based optimization)도 있습니다.

Let's Try

랜덤서치와 Hyperopt에 대해 찾아 봅시다.

Practice

[연습문제 10-2]
유방암 데이터를 이용해 의사결정나무 모델 방식으로 그리드 서치를 수행하고 각 모델을 교차검증해보세요. 그리트 서치를 활용해 튜닝할 모델의 하이퍼파라미터는 나무의 깊이 (분기 횟수), 잎 노드가 포함하는 최소 샘플 데이터 개수입니다. 코드에서는 param_grid = {'max_depth': [2, 3, 4, 5], 'min_samples_leaf': [2, 3, 4, 5]}로 지정하세요.

해답은 부록 2

10.2.3 모델 튜닝: 특징 튜닝

이번 절에서는 모델의 성능을 튜닝할 때 중요하게 고려하는 특징(feature)을 다루는 방법에 대해 다음 두 개의 관점에서 살펴보겠습니다.

- 학습부족(underfitting)
- 과학습(overfitting)

> **Point**
>
> 여기에서 설명하는 내용은 "편향과 분산의 트레이드오프"라는 제목으로 다른 전문 서적에서도 다룹니다. 더 자세히 알고 싶은 분들은 해당 키워드로 찾아보기 바랍니다.

학습이 부족한 경우

모델에 과적합은 발생하지 않지만 모델의 정확도도 낮을 때, 즉 모델의 일반화 성능이 좋지 않을 경우(underfitting)에는 일반적으로 특징(변수, 차원)을 늘이는 방법을 검토합니다. 예를 들어 새로운 데이터를 수집해 새로운 특징을 추가하거나 특징 간의 비율을 계산해서 새로운 특징으로 추가하는 방법을 모색합니다. 그 밖에 데이터의 수를 인위적으로 늘리는 방법(오버샘플링)도 있으므로 관심 있는 분들은 찾아보기 바랍니다.

과적합인 경우

과적합이 의심되면 학습이 부족한 경우와는 반대로 특징을 줄이는 방법을 검토합니다. 데이터 개수에 비해 특징의 수가 많으면 모델의 일반화 성능을 측정할 때 오차가 커집니다. 이를 차원의 저주라고 부릅니다.

특징의 수를 줄이는 것을 차원 감소(dimension reduction)라고 합니다. 차원 감소는 두 가지로 분류됩니다. 하나는 특징의 부분 집합을 선택하는 특징선택(feature selection), 다른 하나는 원래의 특징 공간 축을 다른 공간 축으로 변환하는 특징추출(feature extraction)입니다. 9장에서 배웠던 주성분 분석(PCA)이 특징추출의 기본적인 방법으로 널리 알려져 있습니다. 특징선택에 대한 자세한 내용은 생략하겠습니다. `sklearn.model_selection` 모듈의 RFE 클래스와 RFECV 클래스로 실행할 수 있다는 점만 얘기해 놓겠습니다.

데이터에서 특징을 추출, 생성, 변환하는 방법을 피처 엔지니어링(feature engineering)이라고 합니다.

피처 엔지니어링은 이미지, 음성, 자연어, 구매 이력, 주가와 같이 데이터의 구조에 따라, 금융, 의료, 유통, 마케팅, 인사, 광고, 제조와 같이 업종에 따라 다양한 방

1
(옮긴이) 특징선택은
다수의 특징 중에서
일부만 선택해 특징
개수를 줄이므로 어떤
특징이 모델 결과에
영향을 미치는지
설명하기 쉽습니다.
반면 특징추출은 원래의
특징들을 조합해 변환하
므로 어떤 특징이 모델에
어떻게 영향을 미쳤는지
설명하기 어렵습니다.

식으로 발전되어 왔습니다. 각종 현장에 축적된 지식을 반영하는 일도 중요하게 생각합시다. 또한 차원 감소 방식 중에서 모델에 대한 해석이 중요한 경우, 일반적으로 특징선택을 이용하는 편이 좋습니다.[1] 《파이썬 라이브러리를 활용한 머신러닝》 (한빛미디어, 2019)[A-22]도 읽어 보기 바랍니다.

10.2.4 모델의 종류

다음은 모델의 유형에 대해 살펴보겠습니다. 지금까지는 모델을 구축할 때 사용한 데이터의 배경, 특히 데이터의 생성 기간에 대해 특별히 신경쓰지 않았습니다. 지도 학습 모델을 구축하려면 설명변수와 목표변수가 필요한데 변수의 생성 기간에 따라 프로파일링 모델과 예측 모델로 구분하기도 합니다.

프로파일링 모델은 설명변수와 목표변수가 같은 기간에 생성되는 데이터를 이용합니다. 영업사원을 지난해 영업 성적 상위 10%와 기타 그룹으로 나누고 같은 기간 동안 영업사원의 활동 내역을 설명변수로 설정하는 것과 같은 사례입니다.

한편, 예측 모델은 설명변수와 목표변수의 생성 기간이 다릅니다. 보통 목표변수보다 이전에 생성된 설명변수를 이용해 모델을 구축합니다. 예를 들어, 직원들의 입사 후 12개월 동안의 활동 내역을 설명변수로 설정하고 입사 후 13~18개월 사이에 퇴직 유무를 목표변수로 설정합니다. 영업, 마케팅, 인사 분야에서 우량 고객 예측, 브랜드 구매 이탈 예측, 브랜드 스위처(brand swicher) 예측, 신규 상품 구매자 예측, 퇴직자 예측, 고성과자 예측을 할 때 기본적으로 설명변수와 목표변수를 예측 모델 방식으로 설정합니다.

그 밖에 주가 예측 모델도 있습니다. 목표변수가 미래 정보이므로 모델을 구축할 때 설명변수에 미래 정보를 포함시키면 예측하는 의미가 없어지므로 주의합시다. 동일한 머신러닝 알고리즘이라도 분석의 목적이 데이터를 탐색적으로 이해하는 것인지 아니면 예측 모델을 구축하는 것인지에 따라 필요한 데이터가 다르다는 것을 이해합시다.

10.3 모델 성능 평가 지표

Keyword 오차행렬, 정확도, 정밀도, 재현율, 조화평균, F1 점수, ROC 곡선, AUC, MSE, MAE, MedAE, R^2 점수

이번 절에서는 모델을 평가하는 지표를 살펴봅시다. 모델의 성능은 다양한 평가 지표를 이용해 측정할 수 있습니다. 여기에서는 분류 모델의 평가 지표인 정밀도 (precision), 재현도(recall), F1 점수(F1-measure), AUC(Area Under Curve)를 소개하고 이러한 평가 지표를 이해하기 위해 필요한 오차행렬(confusion matrix)과 ROC(Receiver Operating Characteristic) 곡선에 대해서도 살펴보겠습니다. 마지막

으로 회귀 알고리즘에 대한 평가 지표에 대해서도 간략하게 소개하겠습니다.

10.3.1 분류 모델 평가: 오차행렬과 연관 지표

모델을 평가할 때 지금까지는 주로 정확도에 초점을 맞추었지만 정확도 외에도 여러 가지가 지표가 있습니다. 측정 지표를 살펴보기 전에 우선 오차행렬(confusion matrix)에 대해 알아봅시다. 오차행렬은 분류 모델을 평가할 때 사용하는데 모델의 예측값과 실젯값의 관계를 나타냅니다. 아래 그림을 보면 4개의 값이 있습니다. 열 데이터는 긍정 예측값(positive)과 부정 예측값(negative)이고 행 데이터는 실제 긍정값과 실제 부정값입니다. 예측값을 기준으로 positive인지 negative인지 결정하고 예측값과 실젯값의 일치 여부에 따라 true 또는 false로 나눕니다.

	긍정 예측값	부정 예측값
실제 긍정값	True positive(TP)	False negative(FN)
실제 부정값	False positive(FP)	True negative(TN)

예를 들어, 예측값이 긍정, 실젯값도 긍정이면 True positive, 예측이 부정, 실젯값도 부정이면 True negative가 됩니다. 이 2개의 값은 예측이 정확한 사례입니다. 다른 경우(False positive나 False negative)는 예측이 틀린 사례입니다.

　설명만으로는 이해하기 어려울 수 있으니 다음 예제를 살펴봅시다.

오차행렬 예제

8장과 9장에서 다룬 유방암 데이터(cancer 데이터)를 사용해 오차행렬을 만들어 봅시다. 우선 서포트 벡터 머신으로 분류 모델을 구축합니다. 이 분류 모델은 유방암 여부를 0(malignant/악성) 또는 1(benign/양성)값으로 반환합니다. 0과 1은 단순한 레이블이고 숫자의 크기는 중요하지 않습니다.

입력

```
# 임포트
from sklearn.svm import SVC

# 유방암 데이터 읽어 들이기
cancer = load_breast_cancer()

# 훈련 데이터와 테스트 데이터로 분할
X_train, X_test, y_train, y_test = train_test_split(cancer.data,
                                                    cancer.target,
                                                    stratify=cancer.target,
                                                    random_state=66)
```

출력

```
SVC train score: 0.979
SVC test score: 0.909
```

```
# 클래스 초기화 및 학습
model = SVC(gamma=0.001,C=1)
model.fit(X_train,y_train)

# 출력
print('{} train score: {:.3f}'.format(model.__class__.__name__, model.score(X_train,y_train)))
print('{} test score: {:.3f}'.format(model.__class__.__name__ , model.score(X_test,y_test)))
```

이어서 오차행렬을 만듭니다. 오차행렬은 sklearn.metrics 모듈의 confusion_matrix 함수로 만들 수 있습니다. 출력되는 값의 순서는 앞의 그림대로 열은 예측값(y_pred), 행은 실젯값(y_test)이 부정·긍정의 순서로 나열됩니다.

입력

```
# 임포트
from sklearn.metrics import confusion_matrix

# 테스트 데이터를 이용해 예측값 계산
y_pred = model.predict(X_test)

m = confusion_matrix(y_test, y_pred)
print('Confution matrix:\n{}'.format(m))
```

출력

```
Confution matrix:
[[48 5]
 [ 8 82]]
```

이 결과를 표로 만들면 다음과 같습니다.

	예측(0)	예측(1)
실젯값(0)	48	5
실젯값(1)	8	82

오차행렬을 이용해 정확도(accuracy), 정밀도(precision), 재현도(recall), F1 점수(f1 score)에 대해 알아 봅시다.

정확도

정확도는 전체 데이터에서 예측값이 맞을 비율입니다. 지금까지는 사이킷런에서 각 클래스의 score 메서드로 계산했지만 오차행렬을 이용해 다음과 같이 계산할 수 있습니다. score 메서드 결과와 일치한다는 것을 확인합시다.

입력

```
accuracy = (m[0, 0] + m[1, 1]) / m.sum()
print('정확도: {:.3f}'.format(accuracy))
```

출력

정확도: 0.909

계산식에서 알 수 있듯이 목표변수를 0으로 예측하고 실젯값도 0인 데이터 개수

(48)와, 1로 예측하고 실젯값도 1인 데이터 개수(82)의 합계(48+82=130)를 행렬 전체의 데이터 개수(143)로 나눈 값입니다. 전체적으로 얼마나 정확하게 1과 0을 예측했는지 나타내는 지표가 정확도입니다.

정밀도, 재현도, F1 점수

정밀도와 재현도는 각기 다른 관점에서 모델을 평가합니다.

정밀도는 1로 예측한 값 중에서 실젯값도 1인 비율입니다. 이상 탐지 시스템이 경고음을 낸 횟수와 실제 이상 현상이 발생한 횟수의 비율을 생각해보기 바랍니다. 위의 예에서 1로 예측한 경우는 5+82=87, 그중에서 실젯값도 1인 사례는 82이므로 82/87로 계산하면 약 0.943입니다.

재현도는 실젯값이 1인 데이터 중에서 올바르게 1로 예측된 비율입니다. 예를 들어 질병 진단 시스템에서 재현도가 100%라면 실제 질병 데이터를 모두 질병이라고 예측한 상태입니다. 위의 예에서 실젯값이 1인 사례는 8+82=90, 그중에서 1로 예측된 사례는 82이므로 82/90으로 약 0.911입니다.

F1 점수는 정밀도와 재현도의 조화 평균입니다. 정밀도와 재현도 중 무엇이 더 중요한지 결정하지 않은 시점에서 모델을 종합적으로 평가하는 경우에 사용됩니다. 조화 평균은 2/(1/0.943+1/0.911)으로 약 0.927입니다. 조화 평균은 통계학 책의 첫 부분에 소개되므로 자세한 내용을 알고 싶은 분들은 더 찾아보기 바랍니다. 이와 같은 세 개의 지표를 오차행렬을 이용해 나타내면 다음과 같습니다.

입력

```
# 정밀도 계산
precision = (m[1,1])/m[:, 1].sum()

# 재현도 계산
recall = (m[1,1])/m[1, :].sum()

# F1 점수 계산
f1 = 2 * (precision * recall)/(precision + recall)

print('정밀도: {:.3f}'.format(precision))
print('재현도: {:.3f}'.format(recall))
print('F1 값: {:.3f}'.format(f1))
```

출력

```
정밀도: 0.943
재현도: 0.911
F1 값: 0.927
```

이 값들은 사이킷런 함수를 이용해 더 간단하게 구할 수 있습니다. 앞의 입력 코드는 개념을 이해할 수 있도록 한 줄씩 계산식을 코딩했지만 개념에 익숙해졌다면 아래와 같이 코딩해서 구하는 편이 좋습니다. 출력 결과와 이전 코드의 결과와 일치한다는 것을 확인하기 바랍니다.

입력

```
from sklearn.metrics import precision_score, recall_score, f1_score

print('정밀도:{:.3f}'.format(precision_score(y_test, y_pred)))
print('재현도:{:.3f}'.format(recall_score(y_test, y_pred)))
print('F1값:{:.3f}'.format(f1_score(y_test, y_pred)))
```

출력

```
정밀도: 0.943
재현도: 0.911
F1 값: 0.927
```

Practice

[연습문제 10-3]

연습문제 13-2의 유방암 데이터를 이용해 서포트 벡터 머신 이외의 모델(로지스틱회귀, 의사결정나무 등)을 구축하고 오차행렬표를 만드세요. 또한 모델을 테스트 데이터에 적용하고 정확도, 정밀도, 재현도, F1 점수를 사이킷런 함수를 이용해 구하세요.

해답은 부록 2

10.3.2 분류 모델 평가:ROC 곡선과 AUC

오차행렬은 예측 결과가 긍정과 부정으로 분류되었다는 것을 전제합니다. 그러나 모델을 평가하는 시점에서 분석가가 예측값을 긍정인지 부정인지 판단하기 위한 적절한 임곗값(보통은 확률 0.5를 기준으로 설정함)을 결정하지 못한 경우도 있습니다. 분류 모델이 출력하는 예측 확률값과 실젯값(1 또는 0)과의 관계를 이용해 모델의 성능을 평가할 때 ROC 곡선과 AUC를 활용합니다.

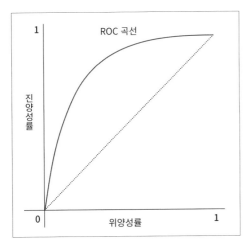

그림 10-3-1

ROC 곡선

ROC 곡선은 세로축에 진양성률(true positive rate, tpr), 가로축에 위양성률(false positive rate, fpr) 값을 표시하는 곡선입니다.

진양성률은 실제 긍정값 개수와 긍정값으로 예측된 개수의 비율(재현도와 동일)이고, 위양성률은 실제 부정값 개수와 부정값으로 예측된 개수의 비율입니다. 예측 확률 수치를 예측 레이블(긍정 또는 부정)로 변환할 때의 임곗값(기준값)을 0.0과 1.0 사이에서 조금씩 변화시키고 진양성률과 위양성률의 관계를 그래프로 그린 것이 ROC 곡선입니다.

예측 확률을 임곗값을 기준으로 나누고 예측 레이블 생성

임곗값을 변화시켜 ROC 곡선을 그린다는 표현을 유방암 데이터를 이용해 확인해봅시다. 다음 예시 코드는 로지스틱회귀 모델을 구축하는 LogisticRegression 클래스의 predict_proba 메서드를 이용해 암이 악성인지(malignant: 0) 양성인지(benign: 1) 예측하는 확률을 계산합니다. predict_proba 메서드의 출력값은 0 또는 1과 같은 레이블이 아니라 각 범주(레이블)로 분류될 확률값 배열입니다. 여기에서는 악성(malignant: 0)을 긍정값, 양성(benign: 1)를 부정값으로 생각합니다.

입력

```
# 임포트
from sklearn.linear_model import LogisticRegression

# 유방암 데이터 읽어 들이기
cancer = load_breast_cancer()

# 훈련 데이터와 테스트 데이터로 분할
X_train, X_test, y_train, y_test = train_test_split(cancer.data,
                                                    cancer.target,
                                                    stratify = cancer.target,
                                                    random_state=66)

# LogisticRegression 클래스 초기화 및 학습
model = LogisticRegression(random_state=0,solver='liblinear')
model.fit(X_train, y_train)

# 테스트용 데이터 예측 확률 계산
results = pd.DataFrame(model.predict_proba(X_test), columns=cancer.target_names)

# 처음 다섯 행 데이터 출력
results.head()
```

출력

	malignant	benign
0	0.003754	0.996246
1	0.000525	0.999475
2	0.027703	0.972297
3	0.007188	0.992812
4	0.003222	0.996778

예측 확률값을 기준으로 예측 레이블을 분류(malignant: 0, benign: 1)할 때 단순하게 50%(0.5)를 기준(임곗값)으로 판단할 수도 있지만 실제로는 모델의 사용 목적, 긍정값의 자연 발생률 등을 고려해 임곗값을 설정합니다. 임곗값을 바꾸면 당연히 긍정값으로 예측되는 데이터 개수도 바뀌므로, 정확도, 정밀도, 재현도도 달라집니다. 예를 들어, 임곗값을 4개의 값 0.4, 0.3, 0.15, 0.05로 설정한 경우를 생각해 봅시다. 긍정값인 양성(benign) 범주를 예측할 확률에 주목합시다. 아래 코드는 양성 예측 확률이 임곗값을 초과하면 1, 그렇지 않으면 0이 할당되는 변수를 만듭니다.

```
# 양성(benign) 범주 예측 확률이 0.4, 0.3, 0.15, 0.05 일 때 각 칼럼(변수)에 1을 지정
for threshold in [0.4, 0.3, 0.15, 0.05]:
    results[f'flag_{threshold}'] = results['benign'].map(lambda x: 1 if x > threshold else 0)

# 처음 10행 데이터 출력
results.head(10)
```

출력

	malignant	benign	flag_0.4	flag_0.3	flag_0.15	flag_0.05
0	0.003754	0.996246	1	1	1	1
1	0.000525	0.999475	1	1	1	1
2	0.027703	0.972297	1	1	1	1
3	0.007188	0.992812	1	1	1	1
4	0.003222	0.996778	1	1	1	1
5	0.008857	0.991143	1	1	1	1
6	0.006012	0.993988	1	1	1	1
7	0.003220	0.996780	1	1	1	1
8	0.917849	0.082151	0	0	0	1
9	0.817335	0.182665	0	0	1	1

출력 결과에서 9행과 10행째(인덱스 8, 9행)를 보면 예측 확률과 예측 결과 변수(레이블)와의 관계가 이해하기 쉽습니다. 이와 같이 예측 확률과 임곗값을 이용해 예측 결과 변수를 생성하면 실젯값과의 오차행렬표를 만들어 위양성률과 진양성률을 (임곗값별로) 계산할 수 있습니다.

ROC 곡선 그래프 그리기

4개의 임곗값만으로는 ROC 곡선의 일부만 표현할 수 있습니다. 아래 코드는 임곗값을 0.01~0.99 사이에서 50개 만들어 위양성 비율과 진양성 비율을 그래프로 나타낼 수 있습니다. labels로 얻은 결과가 앞에서 확인한 예측 결과 변수입니다.

입력

```
# 임곗값을 0.01 ~ 0.99 사이에서 50개를 만들고 위양성 비율과 진양성 비율 계산
rates = {}
for threshold in np.linspace(0.01, 0.99, num=50):
    labels = results['benign'].map(lambda x: 1 if x > threshold else 0)
    m = confusion_matrix(y_test, labels)
    rates[threshold] = {'false positive rate': m[0,1] / m[0, :].sum(),
                        'true positive rate': m[1,1] / m[1, :].sum()}

# 가로축은 false positive rate, 세로축은 true positive rate로 그래프 그리기
pd.DataFrame(rates).T.plot.scatter('false positive rate', 'true positive rate')
```

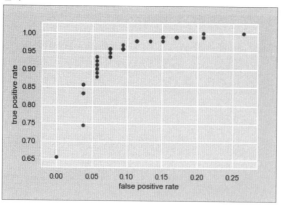

ROC 곡선과 AUC

ROC 곡선을 이해하기 위해 직접 그래프를 그려보았습니다. 이는 사이킷런 클래스를 이용해서도 나타낼 수 있습니다. sklearn.metrics 모듈 roc_curve 함수를 사용합니다. 마찬가지로 유방암 데이터를 이용해 서포트 벡터 머신 모델을 구축해 예측 확률(y_pred)을 구합니다.

입력

```
# 임포트
from sklearn import svm
from sklearn.metrics import roc_curve, auc

# 유방암 데이터 읽어 들이기
cancer = load_breast_cancer()

# 훈련 데이터와 테스트 데이터로 분할
X_train, X_test, y_train, y_test = train_test_split(
    cancer.data, cancer.target, test_size=0.5, random_state=66)

# SVC를 이용한 예측 확률 계산
model = svm.SVC(kernel='linear', probability=True, random_state=0)
model.fit(X_train, y_train)

# 예측 확률 입력
y_pred = model.predict_proba(X_test)[:,1]
```

예측 확률(y_pred)을 구하면 실젯값(y_test)과 함께 sklearn.metrics 모듈 roc_curve 함수에 전달합니다. 그러면 위양성 비율(fpr)과 진양성 비율(tpr)을 나타내는 배열을 반환값으로 얻어 그래프를 그립니다. 실제 계산과 그래프 출력은 다음 단락에서 진행합니다.

AUC 계산

ROC 곡선을 그리고 AUC까지 계산해 봅시다. AUC는 sklearn.metrics 모듈 auc 함수에 fpr과 tpr을 순서대로 전달하고 계산합니다.

ROC 곡선은 AUC 계산에 사용한 fpr과 tpr 배열을 사용해 그립니다. 실선 아래의 면적이 AUC입니다. 50%의 확률로 무작위로 예측할 때의 ROC 곡선(점선)도 함께 나타냅니다.

입력

```
# 위양성 비율과 진양성 비율 계산
fpr, tpr, thresholds = roc_curve(y_test, y_pred)

# AUC 산출
auc = auc(fpr, tpr)

# ROC 곡선 그리기
plt.plot(fpr, tpr, color='red', label='ROC curve (area = %.3f)' % auc)
plt.plot([0, 1], [0, 1], color='black', linestyle='--')

plt.xlim([0.0, 1.0])
plt.ylim([0.0, 1.05])
plt.xlabel('False positive rate')
plt.ylabel('True positive rate')
plt.title('Receiver operating characteristic')
plt.legend(loc=\"best\")
```

출력

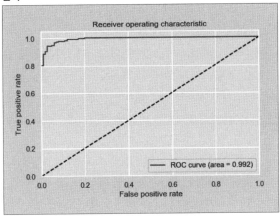

이상적인 ROC 곡선과 AUC

ROC 곡선은 임곗값을 (1.0 이상의 값에서) 서서히 감소시켰을 때 원점에서 진양성 비율만 증가하는 형태가 이상적입니다. 즉, 원점에서 좌표 (0, 1) 방향으로 수직 이동 후 좌표 (1, 1) 방향으로 수평 이동하는 모양입니다. 반대로 예측 확률이 무작위적이라면 진양성 비율과 위양성 비율도 함께 증가할 것이므로 ROC 곡선은 원점을 지나는 기울기 1인 직선이 됩니다. 머신러닝으로 구축된 모델은 일반적으로 무작위 확률의 경우와 이상적인 곡선 사이에 그려지며 왼쪽 위로 더 부풀어 오른 곡선 모양이 됩니다.

AUC는 ROC 곡선의 모양에 기반한 모델 평가 지표로서 ROC 곡선과 가로축으로 둘러싸인 그래프의 면적입니다. AUC는 이상적인 곡선에서 1.0, 예측 확률이 무작위일 때는 0.5입니다. 위의 결과에서는 AUC가 0.992이므로 무작위 확률과 비교하면 상당히 높은 성능을 가진 모델이라는 것을 알 수 있습니다. ROC 곡선과 AUC에 대해서는 참고문헌 A-24, A-25에서 소개하는 《데이터 예측을 위한 머신 러닝》(에이콘출판, 2017) 등의 책을 읽어 보면 도움이 됩니다. 여유가 있는 분들은 참고하기 바랍니다.

오차행렬의 작성, ROC 곡선의 형태 비교 그리고 정밀도, 재현율, F1 점수, AUC 크기 비교는 모델을 선택할 때 기초적인 근거가 됩니다. 단, 그러한 지표들은 선택할 수 있는 여러 모델 사이에서 어떤 모델이 더 우수한지 수치적으로 비교해 줄 뿐 모델 선택의 절대적인 기준은 아닙니다. 따라서 머신러닝 모델을 이용해 얻어야 하는 비즈니스 성과와 목적이 무엇인지 이해하고 모델을 선택해야 하며 단순히 지표만 보고 판단하지 않도록 유의합시다.

불균형 데이터일 때 AUC를 활용하는 방법

마지막으로 AUC의 중요성에 대해 살펴보겠습니다. 10.3.2에서 임곗값이 불명확한 단계에서는 오차행렬표를 만들 수 없다는 점을 지적했습니다.

AUC는 불균형 데이터(imbalanced data)에도 활용할 수 있습니다. 예를 들어 슈퍼마켓에서 A 상품을 사는 사람이 전체 고객의 5%라고 합시다. 예측 모델은 예측 확률이 높은 상위 5명이 A 상품을 구매할 것으로 예측했지만 실제로는 상위 5명(예측 변수 값이 1)이 구매하지 않았을 때 오차행렬표는 다음과 같습니다. 전체가 100명이라고 합시다.

	예측(0)	예측(1)
실젯값(0)	90	5
실젯값(1)	5	0

이 경우 정밀도는 0%이지만 정확도는 90%입니다. 모델의 성능을 정확도로만 평가하면 위의 모델은 좋아 보입니다. 그러나 예측하려는 사람은 비구매자가 아니라 구매자인데 정밀도가 0%이면 의미 없는 모델입니다.

'구매자가 5명, 비구매자가 95명' 같이 각 범주에 해당하는 샘플 데이터 개수가 불균형한 상황에서 정확도는 적절한 지표가 아닙니다. 반면 AUC는 각 범주의 데이터 개수가 fpr(위양성비율)과 tpr(진양성비율)의 분모가 되어 데이터 개수 편차가 제거됩니다. 즉, AUC는 불균형 데이터를 이용해 구축한 모델 평가에도 활용할 수 있는 지표입니다.

2
(옮긴이) 분류하는 범주가 3개 이상인 경우

10.3.3 회귀 모델 평가지표

지금까지 분류 모델 평가 지표에 대해 배웠습니다. 이번 절에서는 회귀 모델 평가 지표를 소개하겠습니다. 회귀 모델은 훈련 데이터의 목표변수가 주가나 물건 가격과 같이 수치이므로 비교적 직관적인 지표를 이용해 모델을 평가할 수 있습니다. 주요 평가 지표는 다음과 같습니다.

평균제곱오차(Mean Squared Error, MSE)
예측값과 실젯값의 차이(잔차) 제곱을 개별 데이터마다 더한 값을 잔차제곱합(sum of squared error, SSE)이라고 합니다. 이 값을 데이터 개수로 나눈 것이 평균제곱오차(MSE)입니다. MSE는 간단하고 이해하기 쉬워서 다양한 알고리즘의 성능 평가에 사용됩니다.

평균절대오차(Mean Absolute Error, MAE)
잔차의 절댓값을 모두 더하고 데이터 개수로 나눈 값이 평균절대오차(MAE)입니다. MSE와 비교하면 잔차가 제곱되지 않은 만큼 예측에서 벗어난 값의 영향을 덜 받는 특징이 있습니다.

Median Absolute Error(MedAE)
잔차 절댓값들의 중앙값이 MedAE입니다. MAE보다 예측에서 벗어난 값의 영향을 덜 받는 강건한 평가지표입니다.

결정계수(R^2)

결정계수는 테스트 데이터의 평균값으로 각 데이터를 예측했을 때의 잔차제곱합 (sum of squared total, SST)과 예측 모델의 잔차제곱합(sum of squared errors, SSE) 의 비율이며 $R^2 = 1 - SSE/SST$로 정의됩니다. 평균값으로 예측하는 경우에 비해 제곱 오차를 얼마나 감소시키는지 나타내는 지표입니다. 오차가 모두 없어지면 1.0, 평균으로 예측할 때와 동일하면 0.0입니다. 일반적으로 0~1 사이의 값을 가지지만 음수가 될 수도 있으므로 유의합시다.

회귀모델 평가 실습

Housing 데이터를 이용해 회귀 모델을 구축하고 평가 지표를 구해봅시다.

Housing 데이터 세트는 보스턴 외곽 지역의 특성(범죄율, 소득층 비율 등)과 주택 가격 중앙값(MEDV)을 변수로 포함합니다. 데이터의 처음 다섯 행을 출력한 결과는 다음과 같습니다.

입력

```
# 임포트
from sklearn.datasets import load_boston

# Housing 데이터 세트 읽어 들이기
boston = load_boston()

# DataFrame에 데이터 저장
X = pd.DataFrame(boston.data, columns=boston.feature_names)

# 주택가격 중앙값(MEDV)데이터 준비
y = pd.Series(boston.target, name='MEDV')

# X와 y를 결합하고 첫 다섯 행 출력
X.join(y).head()
```

출력

	CRIM	ZN	INDUS	CHAS	NOX	RM	AGE	DIS	RAD	TAX
0	0.00632	18.0	2.31	0.0	0.538	6.575	65.2	4.0900	1.0	296.0
1	0.02731	0.0	7.07	0.0	0.469	6.421	78.9	4.9671	2.0	242.0
2	0.02729	0.0	7.07	0.0	0.469	7.185	61.1	4.9671	2.0	242.0
3	0.03237	0.0	2.18	0.0	0.458	6.998	45.8	6.0622	3.0	222.0
4	0.06905	0.0	2.18	0.0	0.458	7.147	54.2	6.0622	3.0	222.0

PTRATIO	B	LSTAT	MEDV
15.3	396.90	4.98	24.0
17.8	396.90	9.14	21.6
17.8	392.83	4.03	34.7
18.7	394.63	2.94	33.4
18.7	396.90	5.33	36.2

아래의 코드는 MEDV가 목표변수인 다중회귀모델(LinearRegression), 리지회귀모델(Ridge), 의사결정나무(회귀나무) 모델(DecisionTreeRegressor), 선형 서포트 벡터 회귀(LinearSVR) 모델을 구축하고 각 모델의 MAE, MSE, MedAE, R^2 값을 구합니다. 홀드아웃 방법으로 평가합니다.

입력

```
# 임포트
from sklearn.preprocessing import StandardScaler
from sklearn.model_selection import cross_val_score
from sklearn.linear_model import LinearRegression, Ridge
from sklearn.tree import DecisionTreeRegressor
from sklearn.svm import LinearSVR
from sklearn.metrics import mean_squared_error, mean_absolute_error, median_absolute_error, r2_score

# 훈련 데이터와 테스트 데이터로 분할
X_train, X_test, y_train, y_test = train_test_split(X, y, test_size=0.5, random_state=0)

# 표준화
sc = StandardScaler()
sc.fit(X_train)
X_train = sc.transform(X_train)
X_test = sc.transform(X_test)

# 모델 설정
models = {
    'LinearRegression': LinearRegression(),
    'Ridge': Ridge(random_state=0),
    'DecisionTreeRegressor': DecisionTreeRegressor(random_state=0),
    'LinearSVR': LinearSVR(random_state=0)
}

# 평가 점수 계산
scores = {}
for model_name, model in models.items():
    model.fit(X_train, y_train)
    scores[(model_name, 'MSE')] = mean_squared_error(y_test, model.predict(X_test))
    scores[(model_name, 'MAE')] = mean_absolute_error(y_test, model.predict(X_test))
    scores[(model_name, 'MedAE')] = median_absolute_error(y_test, model.predict(X_test))
    scores[(model_name, 'R2')] = r2_score(y_test, model.predict(X_test))

# 출력
pd.Series(scores).unstack()
```

출력

	MAE	MSE	MedAE	R2
DecisionTreeRegressor	3.064822	24.590435	1.900000	0.675653
LinearRegression	3.627793	25.301662	2.903830	0.666272
LinearSVR	3.275385	26.799616	2.092362	0.646514
Ridge	3.618201	25.282890	2.930524	0.666520

위의 결과에서 의사결정나무 모델은 R^2가 가장 높고, MAE와 MSE도 가장 낮아 좋은 모델처럼 보입니다.

예제에서는 홀드아웃으로 평가 지표를 계산했지만 교차검증으로 평가 지표를 구할 수 있습니다. k-겹 교차검증은 cross_val_score 함수의 인수 scoring을 설정해 반환값을 변경할 수 있습니다. 자세한 내용은 사이킷런 공식 문서를 참고하기 바랍니다.

10.4 앙상블 학습

Keyword 배깅, 복원추출, 부트스트래핑, 부스팅, 아다부스트, 랜덤 포레스트, 그레이디언트 부스팅, 변수중요도, Partial Dependence Plots

8장에서 다양한 지도학습 모델(의사결정나무, 로지스틱회귀, 서포트 벡터 머신 등)을 배웠습니다. 이번에는 여러 모델을 결합해 예측하는 앙상블 학습(ensemble learning)을 살펴봅시다. 앙상블 학습에서는 배깅(bagging), 부스팅(boosting) 방법을 이용합니다. 배깅과 부스팅 알고리즘 중에서 잘 알려진 랜덤 포레스트(Random Forest)와 그레이디언트 부스팅(Gradient Boosting)을 설명하겠습니다.

앙상블 학습을 활용하면 개별 알고리즘을 튜닝하는 정도로는 넘어설 수 없는 성능에 도달할 수도 있습니다. 정밀도가 중요한 상황에서는 앙상블 학습이 하나의 중요한 선택지가 될 수 있습니다. 앙상블 학습은 '백지장도 맞들면 낫다'는 속담에 비유할 수 있습니다.

10.4.1 배깅

배깅(bootstrap aggregating, bagging)은 훈련 데이터(n행)에서 임의의 n행 데이터를 복원 추출(중복추출)해 새로운 훈련 데이터를 반복적으로 생성하고(부트스트랩이라고 합니다), 반복해서 꺼낸 각 데이터세트를 이용해 하나하나 모델을 만든 뒤, 이 모델들의 결과를 결합해 예측하는 방법입니다. 각 모델의 결과를 결합한다는 말은 분류 모델에서는 다수결, 회귀 모델에서는 결과의 평균을 계산한다는 의미입니다. 원본 훈련 데이터와는 조금씩 다른 훈련 데이터로 모델을 구축하기 때문에 모델이 과적합되는 경향이 있을 때 배깅을 이용해 일반화 성능을 향상시킬 수 있습니다. 아래 그림을 보면 배깅 과정을 이해하기 쉽습니다. 그림에서 모델은 지금까지 배운 k-NN, 회귀모델 등을 의미합니다.

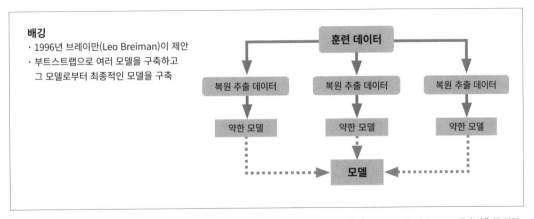

배깅
- 1996년 브레이만(Leo Breiman)이 제안
- 부트스트랩으로 여러 모델을 구축하고 그 모델로부터 최종적인 모델을 구축

훈련 데이터

복원 추출 데이터 → 약한 모델

복원 추출 데이터 → 약한 모델

복원 추출 데이터 → 약한 모델

모델

그림 10-4-1 배깅 원리. *https://image.slidesharecdn.com/random-120310022555-phpapp02/95/-14-28.jpg?cb=1331347003*에서 인용 및 편집

배깅 실습

다음 예시 코드에서 배깅을 실습해 봅시다. 유방암 데이터를 이용해 배깅 k-NN 모델을 구축합니다. sklearn.ensemble 모듈 BaggingClassifier 클래스를 사용합니다. 회귀용 클래스는 사이킷런 공식 문서를 참고하기 바랍니다.

입력

```
# 임포트
from sklearn.ensemble import BaggingClassifier
from sklearn.neighbors import KNeighborsClassifier
from sklearn.model_selection import train_test_split

# 유방암 데이터 읽어 들이기
cancer = load_breast_cancer()

# 훈련 데이터와 테스트 데이터로 분할
X_train, X_test, y_train, y_test = train_test_split(
    cancer.data, cancer.target, stratify = cancer.target, random_state=66)

# k-NN 모델과 배깅 설정
models = {
    'kNN': KNeighborsClassifier(),
    'bagging': BaggingClassifier(KNeighborsClassifier(), n_estimators=100, random_state=0)
}

# 모델 구축
scores = {}
for model_name, model in models.items():
    model.fit(X_train, y_train)
    scores[(model_name, 'train_score')] = model.score(X_train, y_train)
    scores[(model_name, 'test_score')] = model.score(X_test, y_test)

# 결과 출력
pd.Series(scores).unstack()
```

	test_score	train_score
bagging	0.937063	0.950704
kNN	0.923077	0.948357

위 예제에서는 인수 n_estimators을 100으로 지정하고 배깅으로 k-NN 모델 100개를 만듭니다. 훈련 데이터 점수(train_score)는 거의 동일하지만 테스트 데이터 점수 (test_score)는 상승하는 것을 확인할 수 있습니다.

BaggingClassifier 클래스에는 max_samples(기본값은 1.0), max_features(기본값은 1.0) 파라미터가 있습니다. 전자는 부트스트랩할 때 원본 데이터에서 몇 %를 추출할지 지정합니다. 0.5라면 원래 데이터가 100개 있을 때 50개의 표본을 추출합니다. 후자는 설명변수를 어느 정도 선택할지 지정하며, 0.5면 모든 변수 중 절반을 이용해 모델을 만듭니다.

모델에 과적합이 발생한다면 원본 데이터를 일부만 사용하거나 복원 추출된 샘플 데이터별로 다른 설명변수를 사용하면 과적합을 방지하는 데 효과적일 수 있다는 사실을 기억해 둡시다.

Let's Try

BaggingClassifier 파라미터에 대해 찾아 봅시다.

Practice

[연습문제 10-5]

붓꽃 데이터를 이용해 배깅 방식으로 목표변수(iris.target)를 예측하는 모델을 구축하고 검증해봅시다. 어떤 파라미터를 조정해야 할까요? 직접 찾아보고 실행해 봅시다.

해답은 부록 2

10.4.2 부스팅

배깅은 부트스트랩으로 추출된 복수의 샘플 데이터를 이용해 여러 모델을 구축합니다. 반면, 부스팅(boosting)는 훈련 데이터와 모델이 순차적으로 생성되고 구축됩니다.

조금 더 자세히 설명하면, 우선 원본 학습 데이터를 이용해 첫 번째 모델을 구축합니다. 이 모델로 예측값과 실젯값을 비교해 예측이 들어맞는 샘플과 잘못 예측된 샘플 데이터를 파악합니다. 그 다음 모델 구축 단계에서는 잘못 예측되었던 샘플 데이터가 학습 데이터로 추출될 확률이 더 높도록 조정하고 새로운 학습 데이터를 생성합니다. 이러한 과정을 반복하며 순차적으로 여러 개의 모델을 구축합니다. 최종

적으로 여러 모델의 예측값을 조합해 모델의 일반화 성능을 향상시킵니다. 부스팅
은 학습이 부족한(underfitting) 모델일 때 효과적인 방법으로 알려져 있습니다.

아래 그림은 순차적으로 모델을 구축하는 과정입니다.

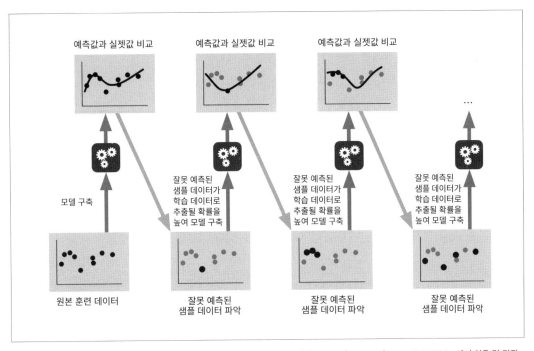

그림 10-4-2 부스팅 모델 구축. *https://cdn-ak.f.st-hatena.com/images/fotolife/S/St_Hakky/20170728/20170728171209.jpg*에서 인용 및 편집

부스팅 예제

부스팅을 실습해 봅시다. 부스팅 방법으로 의사결정나무 모델(DecisionTree-
Regressor)을 구축합니다. sklearn.ensemble 모듈 AdaBoostRegressor 클래스를 사용
해 부스팅을 실행합니다. LPBoost, BrownBoost, LogitBoost 같은 여타 부스팅 알고
리즘도 있으므로 관심 있는 분들은 알고리즘 용어나 '부스팅' 키워드로 검색해 찾아
보기 바랍니다.

입력

```
# 임포트
from sklearn.tree import DecisionTreeRegressor
from sklearn.ensemble import AdaBoostRegressor

# housing 데이터 읽어 들이기
boston = load_boston()
X_train, X_test, y_train, y_test = train_test_split(
    boston.data, boston.target, random_state=66)
```

```
# 의사결정나무와 AdaBoostRegressor 파라미터 설정
models = {
    'tree': DecisionTreeRegressor(random_state=0),
    'AdaBoost': AdaBoostRegressor(DecisionTreeRegressor(), random_state=0)
}

# 모델 구축
scores = {}
for model_name, model in models.items():
    model.fit(X_train, y_train)
    scores[(model_name, 'train_score')] = model.score(X_train, y_train)
    scores[(model_name, 'test_score')] = model.score(X_test, y_test)

# 결과 출력
pd.Series(scores).unstack()
```

출력

	test_score	train_score
AdaBoost	0.922829	0.999522
tree	0.721430	1.000000

의사결정나무 모델만 사용했을 때 테스트 데이터 점수는 약 0.721이지만 AdaBoost Regressor 클래스를 사용한 앙상블 학습에서는 테스트 데이터 점수가 약 0.922로 크게 증가했습니다. 앙상블 학습은 정밀도가 중요한 상황에서는 매우 강력한 선택지가 될 수 있다는 것을 기억해 둡시다.

단, 이번에 실습한 아다부스트(AdaBoost) 결과는 다소 과적합(훈련 데이터와 테스트 데이터 점수에 차이가 있음)되는 경향이 있다는 점에 유의합시다.

Let's Try

AdaBoostRegressor 파라미터에 대해 찾아봅시다. 과적합을 방지하기 위해 파라미터를 어떻게 지정해야 할까요?

Practice

[연습문제 10-6]
붓꽃 데이터를 대상으로 아다부스트(AdaBoostRegressor 클래스)를 이용해 목표변수(iris.target)를 예측하는 모델을 구축하고 검증합시다. 어떤 파라미터를 조정해야 할까요? 찾아보고 실행해 봅시다.

해답은 부록 2

10.4.3 랜덤 포레스트, 그레이디언트 부스팅

이번에는 배깅과 부스팅 알고리즘 중에서 대표적인 방법을 하나씩 알아봅시다. 배깅에서는 랜덤 포레스트(Random Forest), 부스팅에서는 그레이디언트 부스팅(Gradient Boosting)에 대해 살펴보겠습니다. 두 방법 모두 의사결정나무 모델을 기반으로 합니다. 간단한 수준으로 앙상블 학습을 이용한다면 대개 이 두 가지 알고리즘을 선택합니다. 머신러닝 초보자라면 10.3.1 "오차행렬과 연관 지표"와 10.3.2 "ROC 곡선과 AUC"를 확실히 이해한 후, 실제 모델을 구축할 때는 먼저 이 두 가지 알고리즘으로 시작하면 좋을 것입니다.

모델이 예측한 결과를 해석하는 것이 더 중요한 경우에는 로지스틱회귀와 의사결정나무와 같이 더 간단한 모델을 선택하는 편이 더 좋을 수도 있다는 사실을 유의합시다.

랜덤 포레스트와 그레이디언트 부스팅 실습

랜덤 포레스트와 그레디언 부스팅을 실습해 봅시다. Housing 데이터를 사용합니다.

입력

```
# 임포트
from sklearn.ensemble import RandomForestRegressor, GradientBoostingRegressor

# Housing 데이터 읽어 들이기
boston = load_boston()

# 훈련 데이터와 테스트 데이터로 분할
X_train, X_test, y_train, y_test = train_test_split(
    boston.data, boston.target, random_state=66)

# 랜덤 포레스트와 그레이디언트 부스팅 설정
models = {
    'RandomForest': RandomForestRegressor(random_state=0),
    'GradientBoost': GradientBoostingRegressor(random_state=0)
}

# 모델 구축
scores = {}
for model_name, model in models.items():
    model.fit(X_train, y_train)
    scores[(model_name, 'train_score')] = model.score(X_train, y_train)
    scores[(model_name, 'test_score')] = model.score(X_test, y_test)

# 결과 출력
pd.Series(scores).unstack()
```

	test_score	train_score
GradientBoost	0.926076	0.977138
RandomForest	0.894637	0.979374

변수 중요도

위의 결과로부터 Housing 데이터에서는 그레이디언트 부스팅 모델의 성능이 높다는 것을 알 수 있습니다.

앞에서 앙상블 학습 모델은 결과를 만들어 내는 과정이 해석하기 어렵다고 설명했습니다. 보완적으로 모델을 구축하는 과정에서 어떤 변수가 중요한지 정량적으로 파악할 수 있습니다. 각 객체의 feature_importances_ 속성에서 변수 중요도 (feature importance)를 추출할 수 있습니다. 다음과 같은 코드로 실행합니다.

입력

```
# feature_importmnces 속성 추출
s = pd.Series(models['RandomForest'].feature_importances_,
              index=boston.feature_names)

# 추출한 값을 내림차순으로 출력
s.sort_values(ascending=False).plot.bar(color='C0')
```

출력

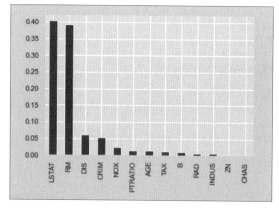

변수 중요도는 8장에서 설명한 정보이득을 활용해 계산됩니다. 따라서 변수 중요도를 회귀계수와 같은 방식으로 해석할 수는 없습니다. 다만 어떤 변수가 더 중요한지 모델 구축 과정에서 상대적인 크기로 보여줍니다. 특정 변수가 중요할 것이라는 직관과 일치하는 결과가 나오는 경우도 작지 않으니 꼭 확인하는 습관을 갖도록 합시다.

또한 중요한 변수만 선정해 설명변수와 목표변수의 관계를 깊이 탐구해보면 특정 변수가 모델 구축 과정에서 왜 중요했었는지 이해할 수도 있습니다. 이 책에서는 다루지 않지만 설명변수 값의 크기와 예측값의 크기 관계를 시각화하는 Partial Dependence Plots(PDP) 함수도 있습니다. 사이킷런에서 이 함수를 사용할 수 있으며 자세한 내용은 사이킷런 공식 웹사이트(*https://scikit-learn.org/stable/modules/partial_dependence.html*)를 참고하세요.

10.4.4 향후 학습을 위한 참고문헌 소개

마지막으로 향후 학습을 위한 참고 도서를 소개합니다. 구체적인 정보는 참고문헌 A-25에 정리되어 있습니다. 참고문헌에서 아래쪽의 책들은 조금 난이도가 있으며 조금 더 이론적 지식을 학습하고 싶은 분들에게 추천합니다. 책을 학습하려면 어느 정도 수학적 배경 지식이 필요하지만 이 책을 읽은 후라면 학습하는 데 무리가 없을 것입니다.

참고문헌 A-25에서 소개하는 책들은 비교적 수식으로 원리를 설명하고 비즈니스적인 관점에서 기술되어 있지는 않습니다. 반면 참고문헌 A-26에는 비즈니스 현장에서 데이터 과학을 활용하는 관점에서 서술되어 있으므로 꼭 참고하기 바랍니다.

Practice

[연습문제 10-7]

붓꽃 데이터를 이용해 랜덤 포레스트와 그레이디언트 부스팅 방법으로 목표변수(iris. target)를 예측하는 모델을 구축하고 검증해보세요. 어떤 파라미터를 조정해야 할까요? 조사해 보고 실행해 봅시다.

해답은 부록 2

Practice

10장 종합문제

[종합문제 10-1 지도학습 용어(2)]

다음 용어의 의미와 역할에 대해 설명하세요.

- 과학습
- 홀드아웃
- 교차검증
- 그리드서치
- 특징
- 특징선택
- 특징추출
- 오차행렬
- ROC 곡선
- 정밀도
- 재현도
- 정확도
- F1 점수
- 진양성 비율(True Positive Rate)
- 위양성 비율(False Positive Rate)
- AUC
- 부트스트랩
- 앙상블 학습
- 배깅
- 부스팅
- 랜덤 포레스트

유방암 데이터를 이용해 예측 모델(로지스틱 회귀, SVM, 의사결정나무, k-NN, 랜덤 포레스트, 그레이디언트 부스팅)을 구축하고 교차검증(5겹) 방법으로 가장 좋은 모델을 선정해보세요.

해답은 부록 2

11

종합연습문제

드디어 마지막 장입니다. 지금까지 배운 다양한 데이터 과학 지식(데이터 읽어 들이기, 가공, 머신러닝 모델링, 검증 등)을 제대로 학습했는지 종합연습문제를 풀어 확인하기 바랍니다. 해답은 부록 2에 있습니다.

목표

문제 해결에 필요한 방법을 찾아 적절하게 사용할 수 있다.

11.1 종합연습문제

```
# 라이브러리 임포트
import numpy as np
import numpy.random as random
import scipy as sp
from pandas import Series,DataFrame
import pandas as pd
import time

# 시각화 라이브러리
import matplotlib.pyplot as plt
import matplotlib as mpl
import seaborn as sns
%matplotlib inline

# 머신러닝 라이브러리
import sklearn

# 소수점 세 번째 자리까지 표시
%precision 3
```

출력

```
'%.3f'
```

11.1.1 종합연습문제(1)

Keyword 지도학습, 이미지 인식, 다중 클래스 분류, 오차행렬

사이킷런 sklearn.datasets 패키지에 포함된 손글씨 숫자 데이터를 읽어 들이고 각 숫자(0~9)를 예측하는 모델을 구축합시다. 손글씨로 쓴 0~9 사이의 숫자 이미지 데이터를 활용합니다. 다음 예시 코드는 데이터를 읽고 샘플 숫자 이미지 데이터를 표시합니다.

숫자 레이블(목표변수)은 digits.target이고 데이터의 특징(설명변수)은 digits.data입니다. 이 데이터를 훈련 데이터와 테스트 데이터로 나누어 모델을 구축하고 오차행렬 결과를 출력해보세요. 여러 번 실행해도 데이터가 동일하게 분할되도록 train_test_split 파라미터를 random_state=0으로 설정합니다. 몇 개의 모델을 구축하고 비교해 보세요. 어떤 모델을 선택할 수 있나요?

입력

```
# 분석 대상 데이터
from sklearn.datasets import load_digits
```

```
digits = load_digits()

# 이미지 출력
plt.figure(figsize=(20,5))
for label, img in zip(digits.target[:10], digits.images[:10]):
    plt.subplot(1,10,label+1)
    plt.axis('off')
    plt.imshow(img,cmap=plt.cm.gray_r,interpolation='nearest')
    plt.title('Number:{0}'.format(label))
```

출력

11.1.2 종합연습문제(2)

Keyword 지도학습, 회귀, 여러 모델 비교

다음 데이터를 읽어 들여 전복의 나이를 예측하는 모델을 구축합시다. 목표변수는 Rings입니다. 전복 나이 예측 관련해 참고할 만한 유용한 정보를 담고 있는 사이트를 B-26에 정리했습니다.

http://archive.ics.uci.edu/ml/machine-learning-databases/abalone/abalone.data

11.1.3 종합연습문제(3)

Keyword 지도학습, 분류, 마케팅 분석, 검증, 오차행렬, 정확도, 정밀도, 재현도, F1 점수, ROC 곡선, AUC

9장의 금융기관 데이터(bank-full.csv)를 읽어 들이고 다음 질문에 답하세요

http://archive.ics.uci.edu/ml/machine-learning-databases/00222/bank.zip

[문제1]
수치형 데이터(age, balance, day, duration, campaign, pdays, previous)의 기본적인 통계량(데이터 행 수, 최댓값, 최솟값, 표준편차 등)을 계산하세요.

[문제2]
변수 job, marital, education, default, housing, loan 기준으로 예금을 신청한 사람과 신청하지 않은 사람의 수를 계산하세요.

[문제 3]

y(예금 신청 여부)가 목표변수인 예측 모델을 구축하세요. 로지스틱회귀, SVM, 의사결정나무, k-NN, 랜덤 포레스트 등 여러 종류의 모델을 구축해보세요. 테스트 데이터는 미리 구분해 놓습니다(train_test_split 파라미터는 random_state=0으로 설정합니다). 모델 구축 후 각 모델을 검증합시다. 테스트 데이터에서의 정확도, 정밀도, 재현도, F1 점수, 오차행렬을 출력하세요. 어떤 모델을 사용하시겠습니까?

[문제 4]

문제 3에서 구축한 모델들의 ROC 곡선을 그려 AUC를 산출한 후 각 모델을 비교해보세요.

11.1.4 종합연습문제(4)

Keyword 지도학습, 비지도학습, 하이브리드 학습

8장의 load_breast_cancer를 이용해 예측 정확도를 향상시킨 모델을 구축해봅시다. 테스트 데이터를 미리 분할해 두고 검증에 활용합니다. 이때 train_test_split 파라미터는 random_state=0으로 지정합니다. 코드는 다음과 같습니다.

입력

```
# 표준화를 위한 모듈
from sklearn.preprocessing import StandardScaler

# 로지스틱회귀
from sklearn.linear_model import LogisticRegression
from sklearn.metrics import confusion_matrix

from sklearn.model_selection import train_test_split
from sklearn.datasets import load_breast_cancer

cancer = load_breast_cancer()
X_train, X_test, y_train, y_test = train_test_split(
    cancer.data, cancer.target, stratify = cancer.target, random_state=0)

# 표준화
sc = StandardScaler()
sc.fit(X_train)
X_train_std = sc.transform(X_train)
X_test_std = sc.transform(X_test)

from sklearn.metrics import confusion_matrix
model = LogisticRegression()
clf = model.fit(X_train_std,y_train)
print("train:",clf.__class__.__name__ ,clf.score(X_train_std,y_train))
print("test:",clf.__class__.__name__ , clf.score(X_test_std,y_test))
```

```
pred_y = clf.predict(X_test_std)
confusion_m = confusion_matrix(y_test,pred_y)

print("Confution matrix:\n{}".format(confusion_m))
```

```
train: LogisticRegression 0.990610328638
test: LogisticRegression 0.958041958042
Confution matrix:
[[50  3]
 [ 3 87]]
```

데이터를 표준화하고 모델에 적용하면 테스트 데이터에서 정확도가 95.8%였습니다. 더 나은 결과를 만들어 내기 위한 방법을 생각해봅시다.

11.1.5 종합연습문제(5)

Keyword 시계열 데이터, 결측 데이터 처리, 이동(shift), 히스토그램, 지도학습

2001년 1월 2일부터 2016년 12월 30일까지의 환율 데이터(달러/엔 환율 JPYUSD와 유로/달러 환율 USDEUR)를 이용해 아래 문제에 답하세요. DEXJPUS와 DEXUSEU는 JPYUSD과 USDEUR으로 생각합니다.

부록 1을 참고해 pandas-datareader을 설치하고 대상이 되는 기간의 환율 데이터를 읽어 들입니다.

입력

```
import pandas_datareader.data as pdr

start_date = '2001-01-02'
end_date = '2016-12-30'

fx_jpusdata = pdr.DataReader("DEXJPUS","fred",start_date,end_date)
fx_useudata = pdr.DataReader("DEXUSEU","fred",start_date,end_date)
```

[문제 1]

데이터에는 공휴일과 휴일로 인한 결측값(NaN)이 있습니다. 결측값이 발생한 날과 가장 가까운 직전 날짜의 데이터로 이 결측값들을 대체하세요. 단, 년/월 데이터가 없는 경우에는 그대로 두세요(날짜 데이터를 다시 생성하고 분석할 수 있지만 이번에는 이런 작업을 하지 않습니다).

[문제 2]

데이터의 각 통계량을 확인하고 시계열 그래프를 그리세요.

[문제 3]

당일과 전일의 차이를 계산하고 변화율 [(당일 - 전일) / 전일 데이터]를 히스토그램으로 나타내세요.

[문제 4]

미래 가격(예: 다음날)을 예측하는 모델을 구축해봅시다. 2016년 11월 데이터를 훈련 데이터로 사용합니다. 당일 가격을 목표변수로 설정하고 전일, 전전일, 3일 이전 가격 데이터를 활용해 선형회귀 모델을 구축한 뒤 2016년 12월 데이터를 테스트 데이터로 검증하세요. 다른 년도 데이터를 선택해 모델을 구축하고 검증하면 어떤 결과가 나오나요?

11.1.6 종합연습문제(6)

Keyword 시계열 데이터, 회귀분석

미국 항공기 비행 데이터를 이용해 다음 질문에 답하세요. 단, 1980년대 데이터만 다룹니다(PC 사양이 높다면 모든 년도의 데이터를 분석해도 좋습니다).

https://bit.ly/37jcP2L

데이터를 다운로드하는 데 시간이 조금 걸릴 수 있습니다. 데이터는 zip 파일 형식으로 압축되어 있으며 대략 4GB 정도 용량입니다. 다운을 받은 후 적절한 폴더에서 압축을 풉니다. 1987년 1월부터 2012년 12월 데이터까지 총 303개의 csv 파일이 나타납니다.

[문제 1]

데이터에서 년도별(YEAR)×월별(MONTH)로 평균 지연시간(DEP_DELAY)을 계산하세요. 결과를 통해 무엇인가 발견할 수 있는 사실이 있나요?

[문제 2]

문제 1에서 산출된 결과에서 1월부터 12월까지의 시계열 데이터를 선 그래프로 그리세요. 년도별로 비교할 수 있도록 하나의 그래프에 1987년~1989년 데이터 그래프가 년도별로 늘어선 형태로 나타내세요.

[문제 3]

각 항공사(UNIQUE_CARRIER)별 평균 지연시간을 계산하세요. 출발지(ORIGIN), 목적지(DEST)를 기준으로 평균 지연시간을 계산하세요.

[문제 4]

지연시간을 예측하는 예측 모델을 구축해 봅시다. 목표변수는 DEP_DELAY, 설명변수는 ARR_DELAY와 DISTANCE인 모델을 구축합시다.

11.1.7 참고: 공개 데이터 활용

공개 데이터를 활용해 데이터를 분석해 봅시다. 정해진 분석 목표나 과제는 없지만 분석하는 과정에서 문제를 발견하고 목표를 설정하는 것도 중요합니다. 다음과 같은 점을 유의하며 분석해 봅시다.

- 어떤 데이터를 분석해야 하나요? 데이터 분석의 목적과 목표는 무엇인가요?
- 데이터에 어떤 특징이나 경향성이 있나요? 먼저 기본적인 통계량을 구해 보고 어떤 가설을 세울 수 있을지 생각해 봅시다.
- 분석 목적이나 가설이 정해졌다면 어떤 방식으로 접근할까요? 분석을 통해 검증해보세요.
- 데이터 분석에 익숙하지 않는 사람들(중학교 수준의 수학 실력을 갖고 있다고 가정)에게 분석 결과를 설명한다면 어떠한 형태의 보고서(그래프와 통찰 등을 포함)을 작성해야 할까요?

참고 도서 A-35는 분석 과제를 정하는 것이 얼마나 중요한지 설명합니다. 흥미가 있는 분들은 읽어 보기 바랍니다.

데이터 샘플

- UCI DATA

  http://archive.ics.uci.edu/ml/

- Microsoft Research Open Data

  https://msropendata.com/

- movielens

  http://grouplens.org/datasets/movielens/

- Titanic Dataset:

  https://web.stanford.edu/class/archive/cs/cs109/cs109.1166/problem12.html

- Github data set

  https://github.com/awesomedata/awesome-public-datasets

- Netflix Prize Data Set

  http://academictorrents.com/details/9b13183dc4d60676b773c9e2cd6de5e5542cee9a

그 밖에도 캐글(Kaggle)과 같은 데이터 과학 대회도 있으므로 실력을 키우고 싶다면 도전해 보기 바랍니다. 최종 분석 결과물을 제출하지 못한다고 해도 다양한 참가자들이 자신만의 기술과 접근 방법을 공유하기 때문에 데이터 분석을 공부하는 데 도움을 받을 수 있습니다.

부록

실습환경 구축 방법
연습문제 해답
참고문헌과 참고 URL

부록 1 실습환경 구축

책의 내용을 실습하기 위한 컴퓨터 환경에 대해 설명합니다. 데이터 분석이나 프로그래밍은 공부는 직접 실습해 보는 과정이 대단히 중요합니다. 책의 실습 코드를 눈으로만 읽지 말고 실습 환경을 구축해 반드시 코드를 실행해 가면서 공부하기 바랍니다.

A.1.1 아나콘다(Anaconda)

이 책의 내용은 파이썬으로 실습하므로 파이썬을 설치하고 라이브러리(넘파이, 사이파이 등)를 준비해야 합니다. 또한 예시 코드 파일은 주피터 노트북(Jupyter Notebook) 파일이므로 이 파일을 실행하기 위한 환경도 필요합니다. 필요한 것들을 개별적으로 다운 받아 설치할 수도 있지만 시간이 많이 걸립니다. 여기에서는 아나콘다를 이용해 필요한 것을 한번에 다운 받습니다. 아나콘다는 데이터 과학에 필요한 파이썬 모듈과 라이브러리를 포함하는 패키지이며 데이터 과학에 필요한 것들을 한번에 설치할 수 있어서 편리합니다.

A.1.2 아나콘다 패키지 다운 받기

아나콘다를 다운 받기 위해 다음의 URL로 접속합니다.

https://www.anaconda.com/

화면 위에서 [products]-[Indivisual Edition]을 선택한 다음 [Download] 버튼을 클릭합니다.

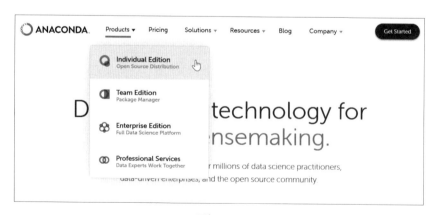

그림 A1-2-1

[Download] 버튼을 클릭하면 OS를 선택하는 영역으로 이동합니다. 사용하는 OS에 따라 다운 받을 파일이 다릅니다. OS 버전에 맞춰 파일을 다운로드합니다.

그림 A1-2-2

A.1.3 아나콘다 설치

아나콘다를 설치합니다. OS(윈도우, 맥OS, 리눅스)에 따라 설치 과정이 다르므로 OS에 맞춰 진행합니다.

윈도우

1단계

윈도우에서는 간단하게 설치할 수 있습니다. 다운 받은 아나콘다 패키지를 더블클릭하고 실행합니다. 그림 A1-3-1과 같은 화면이 나오면 지시대로 진행합니다.

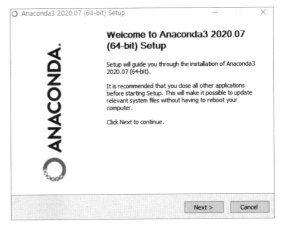

그림 A1-3-1

2단계

화면에서 설치 폴더를 선택합니다(그림 A1-3-2). 특별히 따로 지정할 폴더가 없다면 초기 설정 그대로 진행해도 괜찮습니다. 여기에서 설치되는 폴더와 경로를 복사(메모)해 두세요. 다음 과정에서 사용합니다.

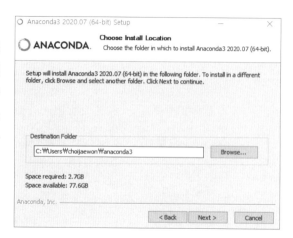

그림 A1-3-2

3단계

그림 A1-3-3 화면에서 다음 체크박스를 체크하고 진행합니다.

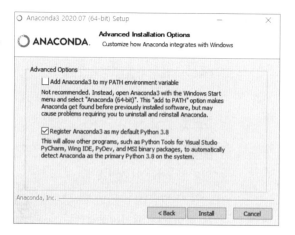

그림 A1-3-3

4단계

설치가 완료되면 환경 변수를 설정합니다. PC 화면 왼쪽 밑에 있는 시작 버튼 옆의 검색 상자에 '환경'을 입력하면 나타나는 [환경 변수 편집]을 선택합니다.

그림 A1-3-4

그림A1-3-5

5단계

[시스템 속성]의 [고급] 탭에서 [환경 변수] 버튼을 클릭합니다. [환경 변수] 창이 뜨면 위쪽에 있는 〈유저명〉에 대한 사용자 변수에서 'Path'를 클릭하고 [편집] 버튼을 누릅니다.

그림 A1-3-6

6단계

[환경 변수 편집] 창에서 [새로 만들기]를 클릭하고 다음의 두 개를 등록합니다.

• 2단계에서 복사한 아나콘다 설치 폴더
• 아나콘다 설치 폴더 뒤에 ₩Scripts를 붙인 경로

이 두 경로를 등록하고 각 경로를 선택한 후 [위로 이동] 버튼을 눌러 목록의 위쪽으로 이동합니다. 끝나면 [확인]을 클릭합니다.

7단계

패스 등록 후 주피터 노트북을 실행
합니다. 윈도우 시작 버튼을 클릭하
고 [Anaconda3 (64-bit)] - [Jupyter Note
book]을 선택하면 주피터 노트북이 브
라우저에서 실행됩니다.

그림 A1-3-7

8단계

웹 브라우저에 그림과 같은 주피터 노트
북 화면이 나타납니다. 처음에는 작업
폴더 내용이 표시됩니다. 초기 설정 작
업 폴더는 윈도우 10에서는 C:\Users
\〈유저명〉입니다. 여기에 책의 예제 파
일을 저장합니다.

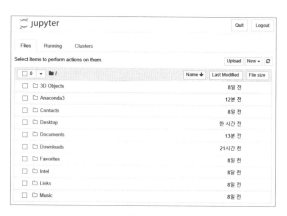

그림 A1-3-8

9단계

[DataScience] 폴더를 만들고 폴더 안에
예제 코드 파일을 저장합니다. 파일을
클릭하면 책의 내용이 보이고 실행할 수
있는 상태로 전환됩니다.

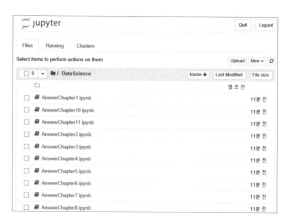

그림 A1-3-9

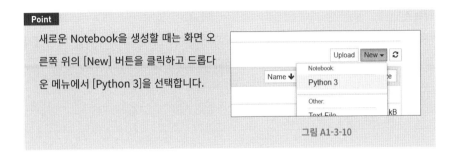

그림 A1-3-10

맥OS

윈도우와 거의 같은 방법으로 설치합니다. 다운 받은 패키지를 더블클릭하면 설치
가 시작되며 화면의 지시대로 진행합니다.

그림 A1-3-10

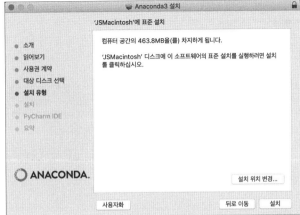

그림 A1-3-12

PATH는 자동으로 등록되며 별도의 작업이 필요 없습니다. 설치가 끝나면 터미널을
켜고 명령어를 입력합니다.

터미널

```
$ jupyter notebook
```

그러면 웹 브라우저로 주피터 노트북이 실행됩니다. 맥OS에서는 〈하드디스크〉
₩유저₩〈유저명〉이 작업 디렉터리로 표시됩니다. 여기에 책의 예제 파일을 저장
해 놓습니다.

리눅스

아나콘다 패키지를 다운 받은 후 터미널을 열어서 다운 받은 파일이 있는 디렉터리로 이동합니다. 이동은 다음과 같은 명령어로 실행합니다.

터미널
```
$ cd <다운 받은 파일이 있는 디렉터리명>
```

이동한 후 chmod 명령어로 실행 권한을 부여합니다.

터미널
```
$ chmod u+x <다운 받은 파일명>
```

이어서 다음과 같이 실행합니다.

터미널
```
$ bash <다운 받은 파일명>
```

이후 설치가 시작되고 화면의 지시를 따라 진행합니다. 중간에 "Do you wish the installer to prepend the Anaconda3 install location to PATH in your 〈디렉터리〉/.bashrc?"라고 물으면 "yes"를 입력하고 진행합니다.

설치가 끝나면 컴퓨터를 다시 시작하고 터미널에서 다음과 같이 명령어를 입력하면 주피터 노트북이 실행됩니다.

터미널
```
$ jupyter notebook
```

A.1.4 pandas-datareader 및 Plotly 설치

아나콘다를 설치하면 책의 예제 파일이 대부분 실행되지만, 다음 라이브러리는 아나콘다에 포함되어 있지 않기에 추가로 설치해야 합니다.

- pandas-datareader(6장에서 활용)
- Plotly(7장에서 활용)

pandas-datareader 및 Plotly는 같은 방법으로 설치할 수 있습니다. 윈도우에서는 PC 화면 왼쪽 밑 시작 버튼 옆의 검색 상자에 cmd를 입력하면 나타나는 '명령 프롬프트'를 선택해 명령 프롬프트를 실행합니다. 맥OS와 리눅스에서는 터미널을 실행시키고 아래의 명령어를 입력합니다.

[pandas-datareader를 설치하는 경우]

터미널

```
$ pip install pandas-datareader
```

[Plotly를 설치하는 경우]

터미널

```
$ pip install Plotly
```

> **Point**
>
> 새로운 Notebook을 생성할 때는 오른쪽 위의 [New] 버튼을 클릭하고 [Python 3]을 클릭합니다.

부록 2 연습문제 해답

A.2.1 1장 연습문제

[연습문제 1-1]

입력(해답 예1)

```
sampl_str = "Data Science"

for i in range(0,len(sampl_str)):
    print(sampl_str[i])
```

출력

```
D
a
t
a

S
c
i
e
n
c
e
```

입력(해답 예2)

```
for i in sampl_str:
    print(i)
```

출력

```
D
a
t
a

S
c
i
e
```

```
n
c
e
```

입력(해답 예3: 행을 바꾸지 않을 때)

```
for i in sampl_str:
    print(i,end = " ")
```

출력

```
D a t a   S c i e n c e
```

[연습문제 1-2]

입력(해답 예1: 일반적인 방법)

```
s = 0
for x in range(1,51):
    s += x
    # s = s + x 도 가능
print(s)
```

출력

```
1275
```

입력(해답 예2: sum을 이용)

```
print(sum(range(1,51)))
```

출력

```
1275
```

입력(해답 예3: for문 이용)

```
print(sum(x for x in range(1,51)))
```

출력

```
1275
```

종합문제 해답

[종합문제 1-1 소수 판정] 1

입력

```
n_list = range(2, 10 + 1)

for i in range(2, int(10 ** 0.5) + 1):
    # 2, 3, ... 순서대로 나눌 수 있는지 확인
    n_list = [x for x in n_list if (x == i or x % i != 0)]

for j in n_list:
    print(j)

calc_prime_num(10)
```

출력

```
2
3
5
7
```

[종합문제 1-1 소수 판정] 2

입력

```
# 함수 정의
def calc_prime_num(N):
    n_list = range(2, N + 1)
```

출력

```
2
3
5
```

```
    for i in range(2, int(N ** 0.5) + 1):
        # 2, 3, ... 순서대로 나눌 수 있는지 확인
        n_list = [x for x in n_list if (x == i or x % i != 0)]

    for j in n_list:
        print(j)

# 계산 실행
calc_prime_num(10)
```

A.2.2 2장 연습문제

다음 라이브러리를 임포트합니다.

입력

```
import numpy as np
import numpy.random as random
import scipy as sp
import pandas as pd
from pandas import Series, DataFrame

# 시각화 라이브러리
import matplotlib.pyplot as plt
import matplotlib as mpl
import seaborn as sns
%matplotlib inline

# 소수점 세 번째 자리까지 표시
%precision 3
```

출력

```
'%.3f'
```

[연습문제 2-1]

입력

```
numpy_sample_data = np.array([i for i in range(1,51)])
print(numpy_sample_data.sum())
```

출력

```
1275
```

[연습문제 2-2]

입력

```
# seed를 설정해 동일한 난수 생성
random.seed(0)

# 표준정규분포(평균 0, 분산 1인 정규분포)를 따르는 난수 10개 생성
norm_random_sample_data = random.randn(10)

print("최솟값:",norm_random_sample_data.min())
print("최댓값:",norm_random_sample_data.max())
print("합계:",norm_random_sample_data.sum())
```

출력

```
최솟값: -0.977277879876
최댓값: 2.2408931992
합계: 7.38023170729
```

[연습문제 2-3]

입력

```
m = np.ones((5,5),dtype='i') * 3
print(m.dot(m))
```

출력

```
[[45 45 45 45 45]
 [45 45 45 45 45]
 [45 45 45 45 45]
 [45 45 45 45 45]
 [45 45 45 45 45]]
```

[연습문제 2-4]

입력

```
a = np.array([[1,2,3],[1,3,2],[3,1,2]])
print(np.linalg.det(a))
```

출력

```
-12.0
```

[연습문제 2-5]

입력

```
import scipy.linalg as linalg

a = np.array([[1,2,3],[1,3,2],[3,1,2]])

# 역행렬
print("역행렬")
print(linalg.inv(a))

# 고윳값과 고유벡터
eig_value, eig_vector = linalg.eig(a)

print("고윳값")
print(eig_value)
print("고유벡터")
print(eig_vector)
```

출력

```
역행렬
[[-0.333  0.083  0.417]
 [-0.333  0.583 -0.083]
 [ 0.667 -0.417 -0.083]]
고윳값
[ 6.000+0.j -1.414+0.j 1.414+0.j]
고유벡터
[[-0.577 -0.722  0.16 ]
 [-0.577 -0.143 -0.811]
 [-0.577  0.677  0.563]]
```

[연습문제 2-6]

입력

```
from scipy.optimize import newton

# 함수 정의
def sample_function1(x):
    return (x**3 + 2*x + 1)

# 계산 실행
print(newton(sample_function1,0))

# 확인
print(sample_function1(newton(sample_function1,0)))
```

출력

```
-0.45339765151640365
3.3306690738754696e-16
```

[연습문제 2-7]

입력

```
attri_data1 = {
        'ID':['1','2','3','4','5']
        ,'Sex':['F','F','M','M','F']
        ,'Money':[1000,2000,500,300,700]
        ,'Name':['Suji','Minji','Taeho','Jinsung','Suyoung']
}

attri_data_frame1 = DataFrame(attri_data1)

# 이 부분부터 해답
attri_data_frame1[attri_data_frame1.Money>=500]
```

출력

	ID	Money	Name	Sex
0	1	1000	Suji	F
1	2	2000	Minji	F
2	3	500	Taeho	M
4	5	700	Suyoung	F

[연습문제 2-8]

입력

```
attri_data_frame1.groupby("Sex")["Money"].mean()
```

출력

```
Sex
F    1233.333333
M     400.000000
Name: Money, dtype: float64
```

[연습문제 2-9]

입력

```
attri_data2 = {
        'ID':['3','4','7']
        ,'Math':[60,30,40]
        ,'English':[80,20,30]
}

attri_data_frame2 = DataFrame(attri_data2)
# 이 부분부터 해답
merge_data = attri_data_frame1.merge(attri_data_frame2)
merge_data.mean()
```

출력

```
ID         17.0
Money      400.0
English     50.0
Math        45.0
dtype: float64
```

[연습문제 2-10]

입력

```
x = np.linspace(-10, 10,100)
plt.plot(x, 5*x + 3)
plt.xlabel("X value")
plt.ylabel("Y value")
plt.grid(True)
```

출력

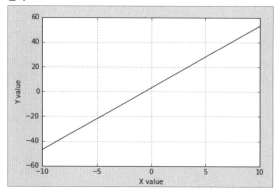

[연습문제 2-11]

입력

```
x = np.linspace(-10, 10,100)
plt.plot(x, np.sin(x))
plt.plot(x, np.cos(x))

plt.grid(True)
```

출력

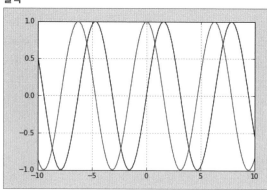

[연습문제 2-12]

입력(1,000개의 균등분포 난수를 2회 생성하는 코드)

```
import math

def uni_hist(N):
    # 균등분포 난수 발생
    x = np.random.uniform(0.0, 1.0, N)
    y = np.random.uniform(0.0, 1.0, N)

    plt.subplot(2, 1, 1)
    plt.hist(x)
    plt.title("No1:histogram")

    plt.subplot(2, 1, 2)
    plt.hist(y)
    plt.title("No2:histogram")
```

출력

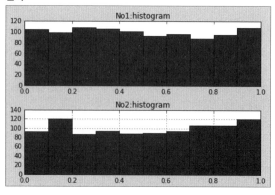

```
        plt.grid(True)

        # 그래프 제목 겹침 방지 자동 레이아웃 설정
        plt.tight_layout()

uni_hist(1000)
```

입력(100개의 균등분포 난수를 2회 생성하는 코드)

```
# N=100
uni_hist(100)
```

출력

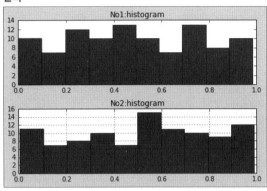

입력(10,000개의 균등분포 난수를 2회 생성하는 코드)

```
# N = 10000
uni_hist(10000)
```

출력

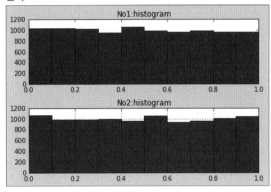

두 쌍의 균등분포 난수에서 N이 커질수록 막대 그래프의 차이가 줄어들고 균등해진 다는 것을 알 수 있습니다.

종합문제해답

[종합문제 2-1 몬테카를로 방법] 1

입력

```
import math

N = 10000
```

```python
# 균등분포 난수 생성
x = np.random.uniform(0.0, 1.0, N)
y = np.random.uniform(0.0, 1.0, N)
```

[종합문제 2-1 몬테카를로 방법] 2

난수를 발생시켜 계산하므로 계산 결과가 책의 내용과 약간 다를 수 있습니다.

입력

```python
# 원 내부에 들어가는 x와 y
inside_x = []
inside_y = []

# 원 외부로 나가는 x와 y
outside_x = []
outside_y = []

count_inside = 0
for count in range(0, N):
    d = math.hypot(x[count],y[count])
    if d < 1:
        count_inside += 1
        # 원 안에 들어갈 때의 x와 y 조합
        # append는 리스트에 원소를 추가하는 메서드
        inside_x.append(x[count])
        inside_y.append(y[count])
    else:
        # 원 외부로 나갈 때의 x와 y 조합
        outside_x.append(x[count])
        outside_y.append(y[count])

print("원 내부에 속하는 수:",count_inside)
```

출력

원 내부에 속하는 수: 7891

입력(그래프를 그리는 경우)

```python
# 그래프 크기
plt.figure(figsize=(5,5))

# 원을 그리기 위한 데이터
circle_x = np.arange(0,1,0.001)
circle_y = np.sqrt(1- circle_x * circle_x)

# 원 그래프 생성
plt.plot(circle_x, circle_y)

# 원 내부에 속하는 것은 red
plt.scatter(inside_x,inside_y,color="r")
# 원 외부에 속하는 것은 blue
plt.scatter(outside_x,outside_y,color="b")

plt.xlabel("x")
plt.ylabel("y")
plt.grid(True)
```

출력

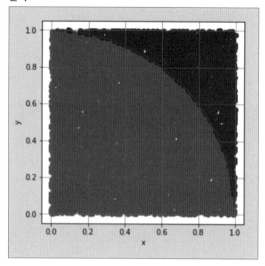

[종합문제 2-1 몬테카를로 방법] 3

입력

```
print ("원주율 근삿값:",4.0 * count_inside / N)
```

출력

```
원주율 근삿값 : 3.1564
```

A.2.3 3장 연습문제

다음 라이브러리를 임포트합니다.

입력

```
import numpy as np
import numpy.random as random
import scipy as sp
import pandas as pd
from pandas import Series, DataFrame

# 시각화 라이브러리
import matplotlib.pyplot as plt
import matplotlib as mpl
import seaborn as sns
sns.set()
%matplotlib inline

# 소수점 세 번째 자리까지 표시
%precision 3
```

출력

```
'%.3f'
```

[연습문제 3-1]

입력

```
# cd ./chap3 명령어로 studet-por.csv와 student-mat.csv가 있는 디렉터리로 이동하고 아래 코드를 실행
student_data_por = pd.read_csv('student-por.csv', sep=';')
student_data_por.describe()
```

출력

	age	Medu	Fedu	traveltime	studytime	failures	famrel
count	649.000000	649.000000	649.000000	649.000000	649.000000	649.000000	649.000000
mean	16.744222	2.514638	2.306626	1.568567	1.930663	0.221880	3.930663
std	1.218138	1.134552	1.099931	0.748660	0.829510	0.593235	0.955717
min	15.000000	0.000000	0.000000	1.000000	1.000000	0.000000	1.000000
25%	16.000000	2.000000	1.000000	1.000000	1.000000	0.000000	4.000000
50%	17.000000	2.000000	2.000000	1.000000	2.000000	0.000000	4.000000
75%	18.000000	4.000000	3.000000	2.000000	2.000000	0.000000	5.000000
max	22.000000	4.000000	4.000000	4.000000	4.000000	3.000000	5.000000

	freetime	goout	Dalc	Walc	health	absences	G1
	649.000000	649.000000	649.000000	649.000000	649.000000	649.000000	649.000000
	3.180277	3.184900	1.502311	2.280431	3.536210	3.659476	11.399076
	1.051093	1.175766	0.924834	1.284380	1.446259	4.640759	2.745265
	1.000000	1.000000	1.000000	1.000000	1.000000	0.000000	0.000000
	3.000000	2.000000	1.000000	1.000000	2.000000	0.000000	10.000000
	3.000000	3.000000	1.000000	2.000000	4.000000	2.000000	11.000000
	4.000000	4.000000	2.000000	3.000000	5.000000	6.000000	13.000000
	5.000000	5.000000	5.000000	5.000000	5.000000	32.000000	19.000000

	G2	G3
	649.000000	649.000000
	11.570108	11.906009
	2.913639	3.230656
	0.000000	0.000000
	10.000000	10.000000
	11.000000	12.000000
	13.000000	14.000000
	19.000000	19.000000

[연습문제 3-2]

입력

```
student_data_math = pd.read_csv('student-mat.csv', sep=';')

student_data_merge = pd.merge(student_data_math
                    , student_data_por
                    , on=['school', 'sex', 'age', 'address', 'famsize', 'Pstatus', 'Medu'
                    , 'Fedu', 'Mjob', 'Fjob', 'reason', 'nursery', 'internet']
                    , suffixes=('_math', '_por'))
student_data_merge.describe()]
```

출력

	age	Medu	Fedu	traveltime_math	studytime_math	failures_math
count	382.000000	382.000000	382.000000	382.000000	382.000000	382.000000
mean	16.586387	2.806283	2.565445	1.442408	2.034031	0.290576
std	1.173470	1.086381	1.096240	0.695378	0.845798	0.729481
min	15.000000	0.000000	0.000000	1.000000	1.000000	0.000000
25%	16.000000	2.000000	2.000000	1.000000	1.000000	0.000000
50%	17.000000	3.000000	3.000000	1.000000	2.000000	0.000000
75%	17.000000	4.000000	4.000000	2.000000	2.000000	0.000000
max	22.000000	4.000000	4.000000	4.000000	4.000000	3.000000

8 rows × 29 col

famrel_math	freetime_math	goout_math	Dalc_math	...	famrel_por	freetime_por	goout_por
382.000000	382.000000	382.000000	382.000000	...	382.000000	382.000000	382.000000
3.939791	3.222513	3.112565	1.473822	...	3.942408	3.230366	3.117801
0.921620	0.988233	1.131927	0.886229	...	0.908884	0.985096	1.133710
1.000000	1.000000	1.000000	1.000000	...	1.000000	1.000000	1.000000
4.000000	3.000000	2.000000	1.000000	...	4.000000	3.000000	2.000000
4.000000	3.000000	3.000000	1.000000	...	4.000000	3.000000	3.000000
5.000000	4.000000	4.000000	2.000000	...	5.000000	4.000000	4.000000
5.000000	5.000000	5.000000	5.000000	...	5.000000	5.000000	5.000000

Dalc_por	Walc_por	health_por	absences_por	G1_por	G2_por	G3_por
382.000000	382.000000	382.000000	382.000000	382.000000	382.000000	382.000000
1.476440	2.290576	3.575916	3.672775	12.112565	12.238220	12.515707
0.886303	1.282577	1.404248	4.905965	2.556531	2.468341	2.945438
1.000000	1.000000	1.000000	0.000000	0.000000	5.000000	0.000000
1.000000	1.000000	3.000000	0.000000	10.000000	11.000000	11.000000
1.000000	2.000000	4.000000	2.000000	12.000000	12.000000	13.000000
2.000000	3.000000	5.000000	6.000000	14.000000	14.000000	14.000000
5.000000	5.000000	5.000000	32.000000	19.000000	19.000000	19.000000

입력(보충설명)

```
# 보충설명: 동일한 변수명이지만 데이터 소스가 다르기 때문에 같은 데이터가 아님
# student_data_merge.traveltime_math와 student_data_merge.traveltime_por 데이터가 같지 않은(==) 행의 개수 확인
sum(student_data_merge.traveltime_math==student_data_merge.traveltime_por)
```

출력

```
377
```

[연습문제 3-3]

입력(보충설명)

```
sns.pairplot(student_data_merge[['Medu', 'Fedu', 'G3_math']])
plt.grid(True)
```

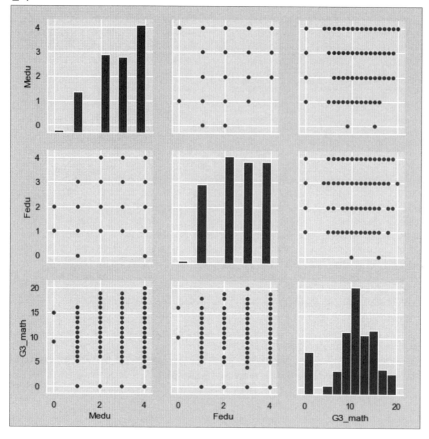

출력된 그래프를 보면 Medu와 Fedu이 증가하면 G3 점수도 커지는 것처럼 보이지만 큰 차이가 나지 않기 때문에 특별한 경향성은 없는 것 같습니다.

[연습문제 3-4]

입력

```
student_data_por = pd.read_csv('student-por.csv', sep=';')

# 선형회귀 인스턴스 생성
reg = linear_model.LinearRegression()

# 설명변수는 "1학기 성적"
X = student_data_por.loc[:, ['G1']].values

# 목표변수는 "최종 성적"
Y = student_data_por['G3'].values

# 예측 모델 계산
reg.fit(X, Y)
```

출력

```
회귀계수: [0.973]
절편: 0.8203984121064565
결정계수: 0.6829156800171085
```

```
# 회귀계수
print('회귀계수:', reg.coef_)

# 절편
print('절편:', reg.intercept_)

# 결정계수, 기여율이라고도 부른다
print('결정계수:', reg.score(X, Y))
```

[연습문제 3-5]

입력

```
# 산점도
plt.scatter(X, Y)
plt.xlabel('G1 grade')
plt.ylabel('G3 grade')

# 선형회귀선 추가
plt.plot(X, reg.predict(X))
plt.grid(True)
```

출력

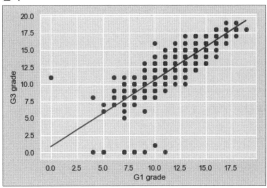

[연습문제 3-6]

입력

```
입력(회귀계수, 절편, 결정계수 구하기)
from sklearn import linear_model

# 선형회귀 인스턴스 생성
reg = linear_model.LinearRegression()

# 설명변수는 "결석일 수"
X = student_data_por.loc[:, ['absences']].values

# 목표변수는 "최종 성적"
Y = student_data_por['G3'].values

# 예측 모델 구축
reg.fit(X, Y)

# 회귀계수
print('회귀계수:', reg.coef_)

# 절편
print('절편:', reg.intercept_)

# 결정계수, 기여율이라고도 부른다
print('결정계수:', reg.score(X, Y))
```

출력

```
회귀계수: [-0.064]
절편: 12.138800862687443
결정계수: 0.008350131955637385
```

입력(산점도와 회귀직선을 시각화)

```
# 산점도
plt.scatter(X, Y)
plt.xlabel('absences')
plt.ylabel('G3 grade')

# 선형회귀선 추가
plt.plot(X, reg.predict(X))
plt.grid(True)
```

출력

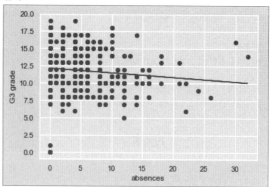

그래프에서 추세가 오른쪽 밑으로 감소(결석일 수가 많을수록 G3의 결과가)하는 것
처럼 보이지만 결정계수가 매우 낮아 참고로만 사용할 수 있는 정도의 수준입니다.

종합문제해답 1

[종합문제 3-1 통계 기초와 시각화] 1

입력(데이터 읽기와 확인)

```
# 우선 데이터를 읽어 처음 다섯 행 출력
wine = pd.read_csv('http://archive.ics.uci.edu/ml/machine-learning-databases/wine-quality/
                   winequality-red.csv', sep=';')
wine.head()
```

출력

	fixed acidity	volatile acidity	citric acid	residual sugar	chlorides	free sulfur dioxide
0	7.4	0.70	0.00	1.9	0.076	11.0
1	7.8	0.88	0.00	2.6	0.098	25.0
2	7.8	0.76	0.04	2.3	0.092	15.0
3	11.2	0.28	0.56	1.9	0.075	17.0
4	7.4	0.70	0.00	1.9	0.076	11.0

total sulfur dioxide	density	pH	sulphates	alcohol	quality
34.0	0.9978	3.51	0.56	9.4	5
67.0	0.9968	3.20	0.68	9.8	5
54.0	0.9970	3.26	0.65	9.8	5
60.0	0.9980	3.16	0.58	9.8	6
34.0	0.9978	3.51	0.56	9.4	5

데이터의 변수는 아래와 같은 의미입니다.

- fixed acidity: 주석산 농도
- volatile acidity: 초산 농도

- citric acid: 구연산 농도

- residual sugar: 잔류 설탕 농도

- chlorides: 염화물 농도

- free sulfur dioxide: 유리 아황산 농도

- total sulfur dioxide: 아황산 농도

- density: 밀도

- pH: pH

- sulphates: 황산염 농도

- alcohol: 알코올 도수

- quality: 0에서 10의 사이의 품질 점수

여기에서 wine_data.csv로 파일을 저장하려면 다음과 같은 코드를 실행합니다.

입력

```
file_name = 'wine_data.csv'
wine.to_csv(file_name)
```

이어서 요약 통계량을 산출합니다.

입력(데이터 읽기와 확인)

```
wine.describe()
```

출력

	fixed acidity	volatile acidity	citric acid	residual sugar	chlorides
count	1599.000000	1599.000000	1599.000000	1599.000000	1599.000000
mean	8.319637	0.527821	0.270976	2.538806	0.087467
std	1.741096	0.179060	0.194801	1.409928	0.047065
min	4.600000	0.120000	0.000000	0.900000	0.012000
25%	7.100000	0.390000	0.090000	1.900000	0.070000
50%	7.900000	0.520000	0.260000	2.200000	0.079000
75%	9.200000	0.640000	0.420000	2.600000	0.090000
max	15.900000	1.580000	1.000000	15.500000	0.611000

free sulfur dioxide	total sulfur dioxide	density	pH	sulphates	alcohol
1599.000000	1599.000000	1599.000000	1599.000000	1599.000000	1599.000000
15.874922	46.467792	0.996747	3.311113	0.658149	10.422983
10.460157	32.895324	0.001887	0.154386	0.169507	1.065668
1.000000	6.000000	0.990070	2.740000	0.330000	8.400000
7.000000	22.000000	0.995600	3.210000	0.550000	9.500000
14.000000	38.000000	0.996750	3.310000	0.620000	10.200000
21.000000	62.000000	0.997835	3.400000	0.730000	11.100000
72.000000	289.000000	1.003690	4.010000	2.000000	14.900000

	quality
	1599.000000
	5.636023
	0.807569
	3.000000
	5.000000
	6.000000
	6.000000
	8.000000

[종합문제 3-1 통계 기초와 시각화] 2

입력(데이터 읽기와 확인)

```
sns.pairplot(wine)
```

출력

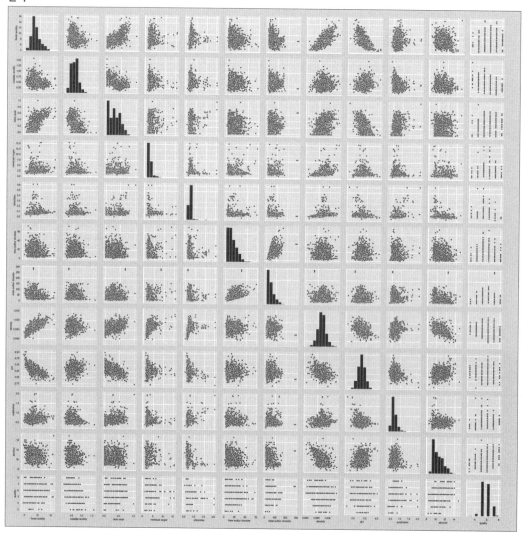

출력된 산점도를 보면 상관 관계가 있는 것과 없는 것이 보입니다.

종합문제해답 1

[종합문제 3-2 로렌츠 곡선과 지니계수] 1

입력

```
student_data_math_F = student_data_math[student_data_math.sex=='F']
student_data_math_M = student_data_math[student_data_math.sex=='M']

# 오름차순 정렬
sorted_data_G1_F = student_data_math_F.G1.sort_values()
sorted_data_G1_M = student_data_math_M.G1.sort_values()

# 그래프 생성 데이터
len_F = np.arange(len(sorted_data_G1_F))
len_M = np.arange(len(sorted_data_G1_M))

# 로렌츠 곡선
plt.plot(len_F/len_F.max(), len_F/len_F.max(), label='E') # 완전평등
plt.plot(len_F/len_F.max(), sorted_data_G1_F.cumsum()/sorted_data_G1_F.sum(), label='F')
plt.plot(len_M/len_M.max(), sorted_data_G1_M.cumsum()/sorted_data_G1_M.sum(), label='M')
plt.legend()
plt.grid(True)
```

출력

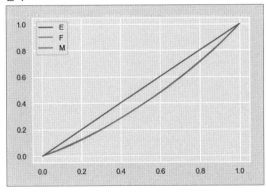

[종합문제 3-2 로렌츠 곡선과 지니계수] 2

입력

```
# 지니계수 계산을 위한 함수
def heikinsa(data):
    subt = []
    for i in range(0, len(data)-1):
        for j in range(i+1, len(data)):
            subt.append(np.abs(data[i] - data[j]))
    return float(sum(subt))*2 / (len(data) ** 2)
```

```
def gini(heikinsa, data):
    return heikinsa / (2 * np.mean(data))

print('남성의 수학 성적 지니계수:', gini(heikinsa(np.array(sorted_data_G1_M)),
                                        np.array(sorted_data_G1_M)))
print('여성의 수학 성적 지니계수:', gini(heikinsa(np.array(sorted_data_G1_F)),
                                        np.array(sorted_data_G1_F)))
```

출력

```
남성의 수학 성적 지니계수: 0.17197351667939903
여성의 수학 성적 지니계수: 0.1723782950865341
```

A.2.4 4장 연습문제

다음 라이브러리를 임포트합니다.

입력

```
import numpy as np
import numpy.random as random
import scipy as sp
import pandas as pd
from pandas import Series, DataFrame

# 시각화 라이브러리
import matplotlib.pyplot as plt
import matplotlib as mpl
import seaborn as sns
%matplotlib inline

# 소수점 세 번째 자리까지 표시
%precision 3
```

출력

```
'%.3f'
```

[연습문제 4-1]

입력

```
# 동전 던지기 데이터
# 주의 : 배열은 순서가 있기 때문에 엄밀하게 말하면 집합이 아니지만 집합으로 간주합니다
# 0:head , 1:tail
coin_data = np.array([0,1])

# 동전 1,000회 던지기
N = 1000

# seed 고정
random.seed(0)

# choice 사용
count_all_coin = random.choice(coin_data, N)
```

```
# 각 숫자가 추출된 비율 계산
for i in [0,1]:
    print(i,'가 나올 확률',len(count_all_coin[count_all_coin==i]) / N)
```

출력

```
0 이 나올 확률 0.496
1 이 나올 확률 0.504
```

[연습문제 4-2]

X: A가 당첨될 사건

Y: B가 당첨될 사건

위처럼 설정하면 아래와 같이 계산할 수 있습니다.

$$P(X \cap Y) = P(Y|X)P(X) = \frac{99}{999} * \frac{100}{1000} = \frac{1}{1110}$$ (식 A2-3-1)

[연습문제 4-3]

각 사건은 아래와 같습니다.

A: 질병(X) 걸림

B: 양성 반응 보임

위와 같이 설정하면 아래 각 식의 의미는 다음과 같습니다.

$P(B|A)$: 질병 X에 걸린 사람이 양성 반응을 보임

$P(A)$: 질병 X에 걸린 사람 비율

$P(B|A^c)$: 질병 X에 걸리지 않은 사람이 양성 반응 보임

$P(A^c)$: 질병 X에 걸리지 않은 사람 비율

베이즈 정리를 이용하면 구하는 값은 다음과 같이 계산됩니다.

$$P(A|B) = \frac{P(B|A) * P(A)}{P(B)}$$ (식 A2-3-2)

$$= \frac{P(B|A) * P(A)}{P(B|A)P(A) + P(B|A^c)P(A^c)} = 0.032$$

입력(실제 계산 예)	출력
`0.99*0.001/(0.99*0.001+0.03*0.99)`	`0.032`

[연습문제 4-4]

입력

```
N = 10000
# normal version
normal_sample_data = [np.random.normal(0, 1, 100).mean() for _ in range(N)]

plt.hist(normal_sample_data)
plt.grid(True)
```

출력

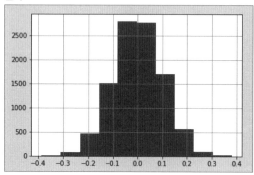

[연습문제 4-5]

입력

```
N = 10000
# normal version
normal_sample_data = [np.random.lognormal(0, 1, 100).mean() for _ in range(N)]

plt.hist(normal_sample_data)
plt.grid(True)
```

출력

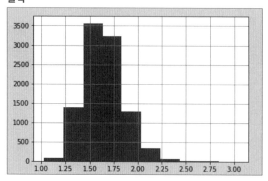

[연습문제 4-6]

입력(히스토그램 출력)

```
student_data_math = pd.read_csv('student-mat.csv', sep=';')
plt.hist(student_data_math.G1)
plt.grid(True)
```

출력

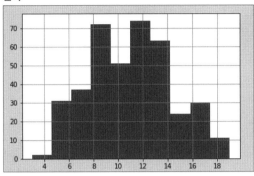

입력(커널밀도함수 출력)

```
student_data_math.G1.plot(kind='kde',style='k--')
plt.grid(True)
```

출력

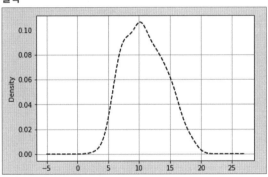

[연습문제 4-7]

입력

```
for df, c in zip([5,25,50], 'bgr'):
    x = random.chisquare(df, 1000)
    plt.hist(x, 20, color=c)
```

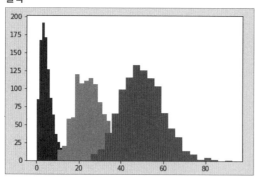

[연습문제 4-8]

입력

```
x = random.standard_t(100, 1000)
plt.hist(x)
plt.grid(True)
```

출력

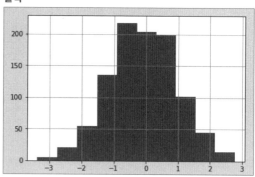

[연습문제 4-9]

입력

```
for df, c in zip([(10,30), (20,25)], 'bg'):
    x = random.f(df[0], df[1], 1000)
    plt.hist(x, 100, color=c)
```

출력

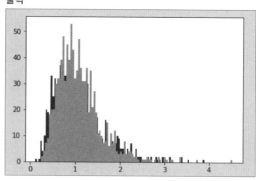

[연습문제 4-10]

표본평균

$$\overline{X} = \frac{1}{n} \sum_{i=1}^{n} X_i$$

(식 A2-4-1)

에 관해

$$E[\overline{X}] = \mu \qquad \text{(식 A2-4-2)}$$

이면 불편성이 있다고 합니다. 여기에서

$$E[\overline{X}] = E[\frac{1}{n}\sum_{i=1}^{n} X_i] = \frac{1}{n}E[\sum_{i=1}^{n} X_i] \qquad \text{(식 A2-4-3)}$$

이 성립하고, 문제에서 $E[\overline{X_i}] = \mu$으로 치환되므로

$$E[\overline{X}] = \mu \qquad \text{(식 A2-4-4)}$$

이 되기 때문에 불편성이 있다고 말할 수 있습니다.

[연습문제 4-11]

동전의 앞면이 나올 확률을 θ, 뒷면이 나올 확률을 $1 - \theta$라고 합니다. 가능도함수는

$$L(\theta) = \theta^3(1 - \theta)^2 \qquad \text{(식 A2-4-4)}$$

이 되고 이 함수를 미분해 최댓값을 구하면 θ가 0.6일 때 최대이므로 이 값이 최대 가능도추정값이 됩니다. 아래와 같이 그래프를 그려 대략적인 값을 알 수 있습니다.

입력

```
# 가능도함수
def coin_likeh_fuc(x):
    return (x**3) * ((1-x)**2)

x = np.linspace(0, 1, 100)
plt.plot(x,coin_likeh_fuc(x))
plt.grid(True)
```

출력

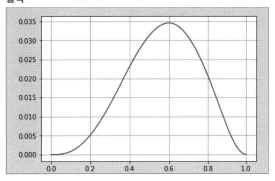

[연습문제 4-12]

주어진 식에서 양변에 로그를 취해 로그가능도로 치환하면

$$n \log(\lambda) - (\lambda) \sum_{i=1}^{n} x_i \qquad \text{(식 A2-4-5)}$$

이 되므로 이 식을 미분해 풀면

$$\frac{n}{\sum_{i=1}^{n} x_i}$$

(식 A2-4-6)

를 얻고 이 값이 최대가능도추정값이 됩니다.

[연습문제 4-13]

입력(데이터를 읽어 G2 평균 확인)

```
student_data_math = pd.read_csv('student-mat.csv',sep=';')
student_data_por = pd.read_csv('student-por.csv',sep=';')
student_data_merge = pd.merge(student_data_math
                            ,student_data_por
                            ,on=['school','sex','age','address','famsize','Pstatus','Medu'
                                 ,'Fedu','Mjob','Fjob','reason','nursery','internet']
                            ,how='inner'
                            ,suffixes=('_math', '_por'))

from scipy import stats

print('G2 수학 성적 평균:',student_data_merge.G2_math.mean())
print('G2 포르투갈어 성적 평균:',student_data_merge.G2_por.mean())

t, p = stats.ttest_rel(student_data_merge.G2_math, student_data_merge.G2_por)
print( 'p값 =',p )
```

출력

```
G2 수학 성적 평균: 10.712041884816754
G2 포르투갈어 성적 평균: 12.238219895287958
P값 = 4.0622824801348043e-19
```

입력(G3 평균 확인)

```
print('G3 수학 성적 평균: ',student_data_merge.G3_math.mean())
print('G3 포르투갈어 성적 평균: ',student_data_merge.G3_por.mean())

t, p = stats.ttest_rel(student_data_merge.G3_math, student_data_merge.G3_por)
print( 'p값 = ',p)
```

출력

```
G3 수학 성적 평균: 10.387434554973822
G3 포르투갈어 성적 평균: 12.515706806282722
P값 = 5.561492113688385e-21
```

G2, G3 모두 유의차가 1% 미만이므로 '차이가 있다'고 결론 내릴 수 있습니다.

종합문제해답 1

[종합문제 4-1 검정] 1

입력

```
print('수학 결석일 수 평균:',student_data_merge.absences_math.mean())
print('포르투갈어 결석일 수 평균:',student_data_merge.absences_por.mean())

t, p = stats.ttest_rel(student_data_merge.absences_math, student_data_merge.absences_por)
print('p값 = ',p )
```

출력

```
수학 결석일 수 평균: 5.319371727748691
포르투갈어 결석일 수 평균: 3.6727748691099475
P값 = 2.3441656888384195e-06
```

유의차가 1% 미만이므로 '차이가 있다'고 결론 내릴 수 있습니다.

[종합문제 4-1 검정] 2

입력(G3 평균 확인)

```
print('수학 공부 시간 평균: ',student_data_merge.studytime_math.mean())
print('포르투칼어 공부 시간 평균: ',student_data_merge.studytime_por.mean())

t, p = stats.ttest_rel(student_data_merge.studytime_math, student_data_merge.studytime_por)
print( 'p값 = ',p)
```

출력

```
수학 공부 시간 평균: 2.0340314136125652
포르투칼어 공부 시간 평균: 2.0392670157068062
P값 = 0.5643842756976525
```

유의차가 5% 이상이므로 '차이가 있다'고 말할 수 없습니다.

A.2.5 5장 연습문제

다음 라이브러리를 임포트합니다.

입력

```
import numpy as np
import numpy.random as random
import scipy as sp
from pandas import Series,DataFrame
import pandas as pd

# 시각화 라이브러리
import matplotlib.pyplot as plt
```

출력

```
'%.3f'
```

```
import matplotlib as mpl
import seaborn as sns
%matplotlib inline

# 소수점 세 번째 자리까지 표시
%precision 3
```

[연습문제 5-1]

입력

```
sample_names = np.array(['a','b','c','d','a'])
random.seed(0)
data = random.randn(5,5)

print(sample_names)
print(data)
```

출력

```
['a' 'b' 'c' 'd' 'a']
[[ 1.764  0.4    0.979  2.241  1.868]
 [-0.977  0.95  -0.151 -0.103  0.411]
 [ 0.144  1.454  0.761  0.122  0.444]
 [ 0.334  1.494 -0.205  0.313 -0.854]
 [-2.553  0.654  0.864 -0.742  2.27 ]]
```

입력(데이터 추출)

```
data[sample_names == 'b']
```

출력

```
array([[-0.977,  0.95 , -0.151, -0.103,  0.411]])
```

[연습문제 5-2]

입력

```
data[sample_names != 'c']
```

출력

```
array([[ 1.764,  0.4  ,  0.979,  2.241,  1.868],
       [-0.977,  0.95 , -0.151, -0.103,  0.411],
       [ 0.334,  1.494, -0.205,  0.313, -0.854],
       [-2.553,  0.654,  0.864, -0.742,  2.27 ]])
```

[연습문제 5-3]

입력

```
x_array= np.array([1,2,3,4,5])
y_array= np.array([6,7,8,9,10])

cond_data = np.array([False,False,True,True,False])
# 조건제어
print(np.where(cond_data,x_array,y_array))
```

출력

```
[ 6  7  3  4 10]
```

[연습문제 5-4]

입력

```
np.sqrt(sample_multi_array_data2)
```

출력

```
array([[0.   , 1.   , 1.414, 1.732],
       [2.   , 2.236, 2.449, 2.646],
       [2.828, 3.   , 3.162, 3.317],
       [3.464, 3.606, 3.742, 3.873]])
```

[연습문제 5-5]

입력

```
print('최댓값: ',sample_multi_array_data2.max())
print('최솟값: ',sample_multi_array_data2.min())
print('합계: ',sample_multi_array_data2.sum())
print('평균: ',sample_multi_array_data2.mean())
```

출력

```
최댓값: 15
최솟값: 0
합계: 120
평균: 7.5
```

[연습문제 5-6]

입력

```
print('대각성분의 합:',np.trace(sample_multi_array_data2))
```

출력

```
대각성분의 합: 30
```

[연습문제 5-7]

입력

```
np.concatenate([sample_array1,sample_array2])
```

출력

```
array([[ 0,  1,  2,  3],
       [ 4,  5,  6,  7],
       [ 8,  9, 10, 11],
       [ 0,  1,  2,  3],
       [ 4,  5,  6,  7],
       [ 8,  9, 10, 11]])
```

[연습문제 5-8]

입력

```
np.concatenate([sample_array1,sample_array2],axis=1)
```

출력

```
array([[ 0,  1,  2,  3,  0,  1,  2,  3],
       [ 4,  5,  6,  7,  4,  5,  6,  7],
       [ 8,  9, 10, 11,  8,  9, 10, 11]])
```

[연습문제 5-9]

입력

```
np.array(sample_list)+3
```

출력

```
array([4, 5, 6, 7, 8])
```

[연습문제 5-10]

입력

```
from scipy import interpolate

# 선형보간
f = interpolate.interp1d(x, y,'linear')
plt.plot(x,f(x),'-')
plt.grid(True)
```

출력

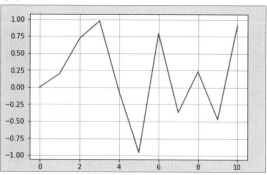

[연습문제 5-11]

입력

```
# 스플라인 2차 보간을 추가하고 합침
f2 = interpolate.interp1d(x, y,'quadratic')

# 곡선을 그리기 위해 x값을 촘촘하게
xnew = np.linspace(0, 10, num=30, endpoint=True)

# 시각화
plt.plot(x, y, 'o', xnew, f(xnew), '-', xnew, f2(xnew), '--')

# 범례
plt.legend(['data', 'linear', 'quadratic'], loc='best')
plt.grid(True)
```

출력

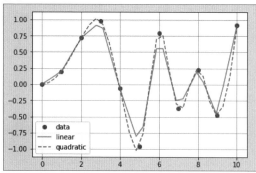

[연습문제 5-12]

입력

```
# 스플라인 2,3차 보간을 추가하고 합침
f2 = interpolate.interp1d(x, y,'quadratic')
f3 = interpolate.interp1d(x, y,'cubic')
```

```
# 곡선을 그리기 위해 x 값을 촘촘하게
xnew = np.linspace(0, 10, num=30, endpoint=True)

# 시각화
plt.plot(x, y, 'o', xnew, f(xnew), '-', xnew, f2(xnew), '--', xnew, f3(xnew), '--')

# 범례
plt.legend(['data', 'linear','quadratic','cubic'], loc='best')
plt.grid(True)
```

출력

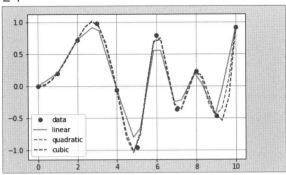

[연습문제 5-13]

입력

```
# 특잇값 분해 함수 linalg.svd
U, s, Vs = sp.linalg.svd(B)
m, n = B.shape

S = sp.linalg.diagsvd(s,m,n)

print('U.S.V* = \n',U@S@Vs)
```

출력

```
U.S.V* =
[[ 1.  2.  3.]
 [ 4.  5.  6.]
 [ 7.  8.  9.]
 [10. 11. 12.]]
```

[연습문제 5-14]

입력

```
# 정방행렬을 LU 분해함
(LU,piv) = sp.linalg.lu_factor(A)

L = np.identity(3) + np.tril(LU,-1)
U = np.triu(LU)
P = np.identity(3)[piv]

# 해를 구함
sp.linalg.lu_solve((LU,piv),b)
```

출력

```
array([-1.,  2.,  2.])
```

입력(확률)

```
np.dot(A,sp.linalg.lu_
solve((LU,piv),b))
```

출력

```
array([1., 1., 1.])
```

[연습문제 5-15]

입력

```
from scipy import integrate

def calc1(x):
    return (x+1)**2

# 계산 결과와 추정오차
integrate.quad(calc1, 0, 2)
```

출력

```
(8.667, 0.000)
```

[연습문제 5-16]

입력

```
import math
from numpy import cos

integrate.quad(cos, 0, math.pi/1)
```

출력

```
(0.000, 0.000)
```

[연습문제 5-17]

입력

```
def f(x):
    y = 5*x - 10
    return y

x = np.linspace(0,4)
plt.plot(x,f(x))
plt.plot(x,np.zeros(len(x)))
plt.grid(True)
```

출력

입력(해 구하기)

```
from scipy.optimize import fsolve

x = fsolve(f,2)
print(x)
```

출력

```
[2.]
```

[연습문제 5-18]

입력(그래프 생성)

```
def f2(x):
    y = x**3 - 2 * x**2 - 11 * x + 12
    return y

x = np.linspace(-5,5)
plt.plot(x,f2(x))
plt.plot(x,np.zeros(len(x)))
plt.grid(True)
```

출력

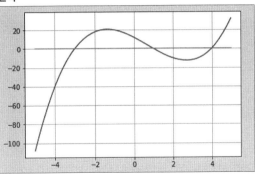

그래프를 보면 해는 -3, 1, 4 부근에 있다는 것을 알 수 있습니다.

입력(해 구하기: -3 근처)

```
from scipy.optimize import fsolve

x = fsolve(f2,-3)
print(x)
```

출력

```
[-3.]
```

입력(해 구하기: 1 근처)

```
x = fsolve(f2,1)
print(x)
```

출력

```
[1.]
```

입력(해 구하기: 4 근처)

```
x = fsolve(f2,4)
print(x)
```

출력

```
[4.]
```

종합문제해답 1

[종합문제 5-1 솔레스키 분해]

입력

```
L = sp.linalg.cholesky(A)

t = sp.linalg.solve(L.T.conj(), b)
x = sp.linalg.solve(L, t)

print(x)
```

출력

```
[-0.051  2.157  2.01   0.098]
```

입력(확인)

```
np.dot(A,x)
```

출력

```
array([ 2., 10.,  5., 10.])
```

넘파이를 이용해 계산할 수 있습니다.

입력(넘파이)

```
L = np.linalg.cholesky(A)

t = np.linalg.solve(L, b)
x = np.linalg.solve(L.T.conj(), t)
```

출력

```
[-0.051  2.157  2.01   0.098]
```

입력(확인)

```
np.dot(A,x)
```

출력

```
array([ 2., 10.,  5., 10.])
```

종합문제해답 2

[종합문제 5-2 적분]

입력

```
from scipy import integrate
import math

integrate.dblquad(lambda x, y: 1/(np.sqrt(x+y)*(1+x+y)**2), 0, 1, lambda x: 0, lambda x: 1-x)
```

출력

```
(0.285, 0.000)
```

종합문제해답 3

[종합문제 5-3 최적화문제]

입력

```
from scipy.optimize import minimize

# 목표변수
def func(x):
    return x ** 2 + 1

# 조건식
def cons(x):
    return (x + 1)

cons = (
    {'type': 'ineq', 'fun': cons}
)
x = -10 # 초깃값은 적당히

result = minimize(func, x0=x, constraints=cons, method='SLSQP')
print(result)
```

```
    fun: 1.0
    jac: array([1.49e-08])
message: 'Optimization terminated successfully.'
   nfev: 5
    nit: 2
   njev: 2
 status: 0
success: True
      x: array([0.])
```

입력(확인)

```
print('Y:',result.fun)
print('X:',result.x)
```

출력

```
Y: [1.]
X: [0.]
```

A.2.6 6장 연습문제

다음 라이브러리를 임포트합니다.

입력(확인)

```
import numpy as np
import numpy.random as random
import scipy as sp
import pandas as pd
from pandas import Series,DataFrame

# 시각화 라이브러리
import matplotlib.pyplot as plt
import matplotlib as mpl
import seaborn as sns
%matplotlib inline

# 소수점 세 번째 자리까지 표시
%precision 3
```

출력

```
'%.3f'
```

[연습문제 6-1]

입력(확인)

```
hier_data_frame1['Daegu']
```

출력

key1	color key2	Yellow	Blue
c	1	0	3
d	2	4	7
	1	8	11

[연습문제 6-2]

입력

```
# city열 합계
hier_data_frame1.mean(level='city', axis=1)
```

출력

	city	Daegu	Daejeon	Gangneung
key1	key2			
c	1	1.5	1.0	2.0
d	2	5.5	5.0	6.0
	1	9.5	9.0	10.0

[연습문제 6-3]

입력

```
# key2행 합계
hier_data_frame1.sum(level='key2')
```

출력

city	Daegu	Daejeon	Gangneung	Daegu
color	Yellow	Yellow	Red	Blue
key2				
1	8	10	12	14
2	4	5	6	7

[연습문제 6-4]

입력

```
pd.merge(df4, df5, on='ID')
```

출력

	ID	birth_year	city	name	English	index_num	math	sex
0	0	1990	Seoul	Junho	30	0	20	M
1	1	1989	Pusan	Heejin	50	1	30	F
2	3	1997	Gangneung	Minho	50	2	50	F
3	6	1991	Seoul	Mina	70	3	70	M
4	8	1988	Pusan	Sumi	20	4	90	M

[연습문제 6-5]

입력

```
pd.merge(df4, df5, how='outer')
```

출력

	ID	birth_year	city	name	English	index_num	math	sex
0	0	1990	Seoul	Junho	30.0	0.0	20.0	M
1	1	1989	Pusan	Heejin	50.0	1.0	30.0	F
2	2	1992	Daegu	Mijung	NaN	NaN	NaN	NaN
3	3	1997	Gangneung	Minho	50.0	2.0	50.0	F
4	4	1982	Seoul	Steeve	NaN	NaN	NaN	NaN
5	6	1991	Seoul	Mina	70.0	3.0	70.0	M
6	8	1988	Pusan	Sumi	20.0	4.0	90.0	M
7	11	1990	Daegu	Minsu	NaN	NaN	NaN	NaN
8	12	1995	Gangneung	Jinhee	NaN	NaN	NaN	NaN
9	13	1981	Seoul	Daeho	NaN	NaN	NaN	NaN

[연습문제 6-6]

입력

```
pd.concat([df4, df6])
```

출력

	ID	birth_year	city	name
0	0	1990	Seoul	Junho
1	1	1989	Pusan	Heejin
2	2	1992	Daegu	Mijung
3	3	1997	Gangneung	Minho
4	4	1982	Seoul	Steeve
5	6	1991	Seoul	Mina
6	8	1988	Pusan	Sumi
7	11	1990	Daegu	Minsu
8	12	1995	Gangneung	Jinhee
9	13	1981	Seoul	Daeho
0	70	1980	Ilsan	Jinhee
1	80	1999	Gunpo	Yeongho
2	90	1995	Seoul	Jongho
3	120	1994	Changwon	Mijunge
4	150	1994	Jeju	Hyejin

[연습문제 6-7]

입력

```
# cd ./chap3 명령어로 현재 디렉터리를 데이터가 있는 디렉터리로 이동하고 실행합니다.
import pandas as pd
student_data_math = pd.read_csv('student-mat.csv',sep=';')
student_data_math['age_d'] = student_data_math['age'].map(lambda x: x*2)
student_data_math.head()
```

출력

	school	sex	age	address	famsize	Pstatus	Medu	Fedu	Mjob	Fjob
0	GP	F	18	U	GT3	A	4	4	at_home	teacher
1	GP	F	17	U	GT3	T	1	1	at_home	other
2	GP	F	15	U	LE3	T	1	1	at_home	other
3	GP	F	15	U	GT3	T	4	2	health	services
4	GP	F	16	U	GT3	T	3	3	other	other

5 rows × 34 columns

...	freetime	goout	Dalc	Walc	health	absences	G1	G2	G3	age_d
...	3	4	1	1	3	6	5	6	6	36
...	3	3	1	1	3	4	5	5	6	34
...	3	2	2	3	3	10	7	8	10	30
...	2	2	1	1	5	2	15	14	15	30
...	3	2	1	2	5	4	6	10	10	32

[연습문제 6-8]

입력

```
# 분할 간격
absences_bins = [0,1,5,100]

student_data_math_ab_cut_data = pd.cut(student_data_math.absences,absences_bins,right=False)
pd.value_counts(student_data_math_ab_cut_data)
```

출력

```
(5, 100]    151
(1, 5]      129
(0, 1]      115
Name: absences, dtype: int64
```

[연습문제 6-9]

입력

```
student_data_math_ab_qcut_data = pd.qcut(student_data_math.absences,3)
pd.value_counts(student_data_math_ab_qcut_data)
```

출력

```
[0, 2]     183
(6, 75]    115
(2, 6]      97
Name: absences, dtype: int64
```

[연습문제 6-10]

입력

```
student_data_math = pd.read_csv('student-mat.csv',sep=';')
student_data_math.groupby(['school'])['G1'].mean()
```

출력

```
school
GP    10.939828
MS    10.673913
Name: G1, dtype: float64
```

[연습문제 6-11]

입력

```
student_data_math.groupby(['school','sex'])['G1','G2','G3'].mean()
```

school	sex	G1	G2	G3
GP	F	10.579235	10.398907	9.972678
	M	11.337349	11.204819	11.060241
MS	F	10.920000	10.320000	9.920000
	M	10.380952	10.047619	9.761905

연습문제 6-10의 결과와 다르게 출력되는 것은 연습문제 6-10의 결과가 Series형이고 이번 문제의 결과는 DataFrame형이기 때문입니다.

[연습문제 6-12]

입력

```
functions = ['max','min']
student_data_math2 = student_data_math.groupby(['school','sex'])
student_data_math2['G1','G2','G3'].agg(functions)
```

출력

school	sex	G1 max	G1 min	G2 max	G2 min	G3 max	G3 min
GP	F	18	4	18	0	19	0
	M	19	3	19	0	20	0
MS	F	19	6	18	5	19	0
	M	15	6	16	5	16	0

[연습문제 6-13]

입력

```
df2.dropna()
```

출력

	0	1	2	3	4	5
0	0.415247	0.550350	0.557778	0.383570	0.482254	0.142117
1	0.066697	0.908009	0.197264	0.227380	0.291084	0.305750
3	0.469084	0.717253	0.467172	0.661786	0.539626	0.862264
4	0.314643	0.129364	0.291149	0.210694	0.891432	0.583443
11	0.700689	0.894851	0.918055	0.108752	0.502343	0.749123
12	0.393294	0.468172	0.711183	0.725584	0.355825	0.562409
13	0.403318	0.076329	0.642033	0.344418	0.453335	0.916017
14	0.898894	0.926813	0.620625	0.089307	0.362026	0.497475

※ 이하 연습문제 6-15까지 P.176의 df2에 대해 실행한 결과입니다.

[연습문제 6-14]

입력

```
df2.fillna(0)
```

	0	1	2	3	4	5
0	0.415247	0.550350	0.557778	0.383570	0.482254	0.142117
1	0.066697	0.908009	0.197264	0.227380	0.291084	0.305750
2	0.000000	0.481305	0.963701	0.289538	0.662069	0.883058
3	0.469084	0.717253	0.467172	0.661786	0.539626	0.862264
4	0.314643	0.129364	0.291149	0.210694	0.891432	0.583443
5	0.672456	0.111327	0.000000	0.197844	0.361385	0.703919
6	0.943599	0.047140	0.000000	0.222312	0.270678	0.985113
7	0.172857	0.359706	0.000000	0.000000	0.559918	0.181495
8	0.650042	0.845300	0.000000	0.000000	0.706246	0.634860
9	0.696152	0.353721	0.999253	0.000000	0.616951	0.278251
10	0.126199	0.791196	0.856410	0.959452	0.826969	0.000000
11	0.700689	0.894851	0.918055	0.108752	0.502343	0.749123
12	0.393294	0.468172	0.711183	0.725584	0.355825	0.562409
13	0.403318	0.076329	0.642033	0.344418	0.453335	0.916017
14	0.898894	0.926813	0.620625	0.089307	0.362026	0.497475

[연습문제 6-15]

입력

```
df2.fillna(0)(df2.mean())
```

출력

	0	1	2	3	4	5
0	0.415247	0.550350	0.557778	0.383570	0.482254	0.142117
1	0.066697	0.908009	0.197264	0.227380	0.291084	0.305750
2	0.494512	0.481305	0.963701	0.289538	0.662069	0.883058
3	0.469084	0.717253	0.467172	0.661786	0.539626	0.862264
4	0.314643	0.129364	0.291149	0.210694	0.891432	0.583443
5	0.672456	0.111327	0.656784	0.197844	0.361385	0.703919
6	0.943599	0.047140	0.656784	0.222312	0.270678	0.985113
7	0.172857	0.359706	0.656784	0.368386	0.559918	0.181495
8	0.650042	0.845300	0.656784	0.368386	0.706246	0.634860
9	0.696152	0.353721	0.999253	0.368386	0.616951	0.278251
10	0.126199	0.791196	0.856410	0.959452	0.826969	0.591807
11	0.700689	0.894851	0.918055	0.108752	0.502343	0.749123
12	0.393294	0.468172	0.711183	0.725584	0.355825	0.562409
13	0.403318	0.076329	0.642033	0.344418	0.453335	0.916017
14	0.898894	0.926813	0.620625	0.089307	0.362026	0.497475

입력(확인)

```
df2.mean()
```

출력

```
0    0.494512
1    0.510722
2    0.656784
3    0.368386
4    0.525476
5    0.591807
dtype: float64
```

[연습문제 6-16]

입력

```
fx_jpusdata.resample('Y').mean().head()
```

출력

DEXJPUS	
DATE	
2001-12-31	121.568040
2002-12-31	125.220438
2003-12-31	115.938685
2004-12-31	108.150830
2005-12-31	110.106932

[연습문제 6-17]

입력

```
fx_jpusdata_rolling20 = fx_jpusdata.rolling(20).mean().dropna()
fx_jpusdata_rolling20.head()
```

출력

DEXJPUS	
DATE	
2001-02-12	116.6910
2001-02-13	116.6920
2001-02-14	116.6070
2001-02-15	116.5015
2001-02-16	116.4130

종합문제해답

[종합문제 6-1 데이터 처리] 1

입력

```
# cd ./chap3 명령어로 studet-por.csv와 student-mat.csv가 있는 디렉터리로 이동하고 아래의 코드를 실행
student_data_math = pd.read_csv('student-mat.csv',sep=';')

student_data_math.groupby(['age','sex'])['G1'].mean().unstack()
```

출력

sex	F	M
age		
15	10.052632	12.250000
16	10.203704	11.740000
17	11.103448	10.600000
18	10.883721	10.538462
19	10.642857	9.700000
20	15.000000	13.000000
21	NaN	10.000000
22	NaN	6.000000

[종합문제 6-1 데이터 처리] 2

입력

```
tudent_data_math.groupby(['age','sex'])['G1'].mean().unstack().dropna()
```

출력

sex	F	M
age		
15	10.052632	12.250000
16	10.203704	11.740000
17	11.103448	10.600000
18	10.883721	10.538462
19	10.642857	9.700000
20	15.000000	13.000000

A.2.7 7장 연습문제

다음 라이브러리를 이용하므로 미리 임포트합니다.

입력

```
입력
import numpy as np
import numpy.random as random
import scipy as sp
import pandas as pd
from pandas import Series,DataFrame

# 시각화 라이브러리
import matplotlib.pyplot as plt
import matplotlib as mpl
import seaborn as sns
sns.set()
%matplotlib inline

# 소수점 세 번째 자리까지 표시
%precision 3
```

출력

```
'%.3f'
```

[연습문제 7-1]

입력

```
# cd ./chap3 명령어로 현재 디렉터리를 데이터가 있는 디렉터리로 이동하고 실행합니다.
student_data_math = pd.read_csv('student-mat.csv',sep=';')
student_data_math.groupby('reason').size().plot(kind='pie', autopct='%1.1f%%',startangle=90)
plt.ylabel('')
plt.axis('equal')
```

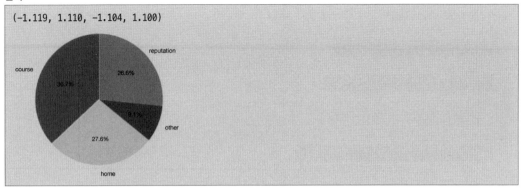

```
(-1.119, 1.110, -1.104, 1.100)
```

[연습문제 7-2]

입력

```python
student_data_math.groupby('higher')['G3'].mean().plot(kind='bar')
plt.xlabel('higher')
plt.ylabel('G3 grade avg')
```

출력

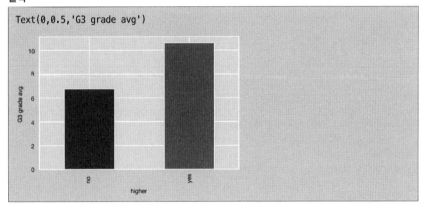

```
Text(0,0.5,'G3 grade avg')
```

대학에 진학하려는 의향이 있는 사람들의 성적이 높다는 것을 알 수 있습니다.

[연습문제 7-3]

입력

```python
student_data_math.groupby(['traveltime'])['G3'].mean().plot(kind='barh')
plt.xlabel('G3 Grade avg')
```

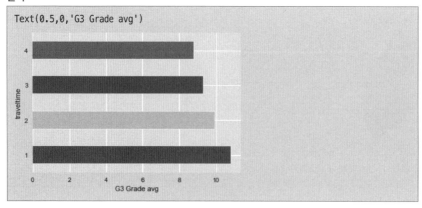

```
Text(0.5,0,'G3 Grade avg')
```

통학시간이 길면 성적이 낮은 경향이 있는 것 같습니다.

종합문제해답 1

[종합문제 7-1 시계열 데이터 분석] 1

입력

```
# 데이터 수집
import requests, zipfile
from io import StringIO
import io

# url
zip_file_url = 'https://archive.ics.uci.edu/ml/machine-learning-databases/00312/dow_jones_index.zip'
r = requests.get(zip_file_url, stream=True)
z = zipfile.ZipFile(io.BytesIO(r.content))
# 압축 풀기
z.extractall()

# 데이터 읽어 들이기
dow_jones_index = pd.read_csv('dow_jones_index.data',sep=',')

# 처음 다섯 행 확인
dow_jones_index.head()
```

출력

	quarter	stock	date	open	high	low	close	volume
0	1	AA	1/7/2011	$15.82	$16.72	$15.78	$16.42	239655616
1	1	AA	1/14/2011	$16.71	$16.71	$15.64	$15.97	242963398
2	1	AA	1/21/2011	$16.19	$16.38	$15.60	$15.79	138428495
3	1	AA	1/28/2011	$15.87	$16.63	$15.82	$16.13	151379173
4	1	AA	2/4/2011	$16.18	$17.39	$16.18	$17.14	154387761

percent_change_price	percent_change_volume_over_last_wk	previous_weeks_volume	next_weeks_open
3.79267	NaN	NaN	$16.71
−4.42849	1.380223	239655616.0	$16.19
−2.47066	−43.024959	242963398.0	$15.87
1.63831	9.355500	138428495.0	$16.18
5.93325	1.987452	151379173.0	$17.33

next_weeks_close	percent_change_next_weeks_price	days_to_next_dividend	percent_return_next_dividend
$15.97	−4.428490	26	0.182704
$15.79	−2.470660	19	0.187852
$16.13	1.638310	12	0.189994
$17.14	5.933250	5	0.185989
$17.37	0.230814	97	0.175029

입력

```
# 데이터 컬럼 정보
dow_jones_index.info()
```

출력

```
<class 'pandas.core.frame.DataFrame'>
RangeIndex: 750 entries, 0 to 749
Data columns (total 16 columns):
quarter                             750 non-null int64
stock                               750 non-null object
date                                750 non-null object
open                                750 non-null object
high                                750 non-null object
low                                 750 non-null object
close                               750 non-null object
volume                              750 non-null int64
percent_change_price                750 non-null float64
percent_change_volume_over_last_wk  720 non-null float64
previous_weeks_volume               720 non-null float64
next_weeks_open                     750 non-null object
next_weeks_close                    750 non-null object
percent_change_next_weeks_price     750 non-null float64
days_to_next_dividend               750 non-null int64
percent_return_next_dividend        750 non-null float64
dtypes: float64(5), int64(3), object(8)
memory usage: 93.8+ KB
```

[종합문제 7-1 시계열 데이터 분석] 2

입력

```
# 형변환 날짜형
dow_jones_index.date = pd.to_datetime(dow_jones_index.date)

# $ 기호 제거
delete_dolchar = lambda x: str(x).replace('$', '')

# 대상은 open,high,low.close,next_weeks_open,next_weeks_close
# 문자형을 숫자형으로 변환
dow_jones_index.open = pd.to_numeric(dow_jones_index.open.map(delete_dolchar))
dow_jones_index.high = pd.to_numeric(dow_jones_index.high.map(delete_dolchar))
dow_jones_index.low = pd.to_numeric(dow_jones_index.low.map(delete_dolchar))
dow_jones_index.close = pd.to_numeric(dow_jones_index.close.map(delete_dolchar))
dow_jones_index.next_weeks_open = pd.to_numeric(dow_jones_index.next_weeks_open.map(delete_dolchar))
dow_jones_index.next_weeks_close = pd.to_numeric(dow_jones_index.next_weeks_close.map(delete_dolchar))

# 재확인
dow_jones_index.head()
```

출력

	quarter	stock	date	open	high	low	close	volume
0	1	AA	2011-01-07	15.82	16.72	15.78	16.42	239655616
1	1	AA	2011-01-14	16.71	16.71	15.64	15.97	242963398
2	1	AA	2011-01-21	16.19	16.38	15.60	15.79	138428495
3	1	AA	2011-01-28	15.87	16.63	15.82	16.13	151379173
4	1	AA	2011-02-04	16.18	17.39	16.18	17.14	154387761

percent_change_price	percent_change_volume_over_last_wk	previous_weeks_volume	next_weeks_open
3.79267	NaN	NaN	16.71
-4.42849	1.380223	239655616.0	16.19
-2.47066	-43.024959	242963398.0	15.87
1.63831	9.355500	138428495.0	16.18
5.93325	1.987452	151379173.0	17.33

next_weeks_close	percent_change_next_weeks_price	days_to_next_dividend	percent_return_next_dividend
15.97	-4.428490	26	0.182704
15.79	-2.470660	19	0.187852
16.13	1.638310	12	0.189994
17.14	5.933250	5	0.185989
17.37	0.230814	97	0.175029

[종합문제 7-1 시계열 데이터 분석] 3

입력

```
# index 세팅
dow_jones_index_stock_index = dow_jones_index.set_index(['date','stock'])

# 데이터프레임 재구성
dow_jones_index_stock_index_unstack = dow_jones_index_stock_index.unstack()

# close 컬럼만을 대상으로 지정
dow_close_data = dow_jones_index_stock_index_unstack['close']

# 요약 통계량
dow_close_data.describe()
```

출력

stock	AA	AXP	BA	BAC	CAT	CSCO	CVX	DD
count	25.000000	25.000000	25.000000	25.000000	25.000000	25.000000	25.000000	25.000000
mean	16.504400	46.712400	73.448000	13.051600	103.152000	17.899200	101.175600	52.873600
std	0.772922	2.396248	3.087631	1.417382	6.218651	1.984095	5.267066	2.367048
min	14.720000	43.530000	69.100000	10.520000	92.750000	14.930000	91.190000	48.350000
25%	16.030000	44.360000	71.640000	11.930000	99.590000	16.880000	97.900000	50.290000
50%	16.520000	46.250000	72.690000	13.370000	103.540000	17.520000	102.100000	52.910000
75%	17.100000	48.500000	74.840000	14.250000	107.210000	18.700000	103.750000	54.630000
max	17.920000	51.190000	79.780000	15.250000	115.410000	22.050000	109.660000	56.790000

8 rows × 30 columns

DIS	GE	...	MRK	MSFT	PFE	PG	T	TRV
25.000000	25.000000	...	25.000000	25.000000	25.000000	25.000000	25.000000	25.000000
41.249600	19.784000	...	34.360400	25.920800	19.821600	64.002000	29.626800	59.160000
1.882473	0.912022	...	1.666357	1.416407	0.915085	1.828795	1.369257	2.649218
37.580000	17.970000	...	31.910000	23.700000	18.150000	60.600000	27.490000	53.330000
39.450000	19.250000	...	33.060000	24.800000	19.190000	62.590000	28.430000	57.920000
41.520000	19.950000	...	34.040000	25.680000	20.110000	64.300000	30.340000	59.210000
42.950000	20.360000	...	35.820000	27.060000	20.530000	65.270000	30.710000	61.180000
43.560000	21.440000	...	37.350000	28.600000	20.970000	67.360000	31.410000	63.430000

UTX	VZ	WMT	XOM
25.000000	25.00000	25.000000	25.000000
84.033200	36.46960	53.912800	82.111600
2.985547	0.93282	1.555639	3.137743
79.080000	34.95000	51.520000	75.590000
82.520000	35.84000	52.540000	79.780000
83.520000	36.31000	53.660000	82.630000
85.320000	37.26000	55.290000	84.500000
89.580000	38.47000	56.700000	87.980000

[종합문제 7-1 시계열 데이터 분석] 4

입력(상관행렬 표시)

```
corr_data = dow_close_data.corr()
corr_data
```

출력

stock stock	AA	AXP	BA	BAC	CAT	CSCO	CVX	DD
AA	1.000000	-0.132094	0.291520	0.432240	0.695727	0.277191	0.470529	0.762246
AXP	-0.132094	1.000000	0.792575	-0.746595	0.255515	-0.593743	0.236456	0.004094
BA	0.291520	0.792575	1.000000	-0.536545	0.627205	-0.465162	0.568946	0.417249
BAC	0.432240	-0.746595	-0.536545	1.000000	-0.131058	0.813696	-0.295246	0.129762
CAT	0.695727	0.255515	0.627205	-0.131058	1.000000	-0.375140	0.889416	0.902856
CSCO	0.277191	-0.593743	-0.465162	0.813696	-0.375140	1.000000	-0.548609	-0.175626

(※이하 생략※)

30 rows × 30 columns

DIS	GE	...	MRK	MSFT	PFE	PG	T	TRV
0.772470	0.740139	...	-0.194258	0.317951	0.111613	-0.162919	0.030825	0.405575
-0.129064	-0.315425	...	0.767470	-0.561235	0.663768	0.670814	0.853905	0.589784
0.350917	0.139263	...	0.591316	-0.441828	0.729025	0.482806	0.802601	0.863653
0.421660	0.568918	...	-0.604937	0.817784	-0.695282	-0.311218	-0.786890	-0.418905
0.712870	0.463054	...	-0.030892	-0.325324	0.666647	-0.226021	0.482533	0.778439
0.067161	0.362102	...	-0.286511	0.953722	-0.784896	0.036368	-0.704006	-0.549185

UTX	VZ	WMT	XOM
0.407474	0.728472	0.171045	0.685739
0.688131	0.239228	0.261840	-0.036042
0.916338	0.566156	0.224755	0.444624
-0.508228	-0.089458	0.131447	0.123588
0.734655	0.890315	-0.170677	0.803195
-0.496793	-0.228347	0.501898	-0.120732

입력(히트맵 출력)

```
sns.heatmap(corr_data)
```

출력

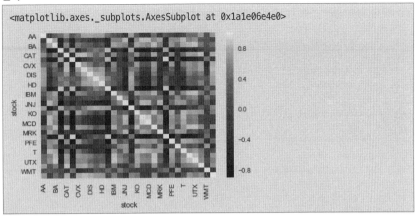

```
<matplotlib.axes._subplots.AxesSubplot at 0x1a1e06e4e0>
```

[종합문제 7-1 시계열 데이터 분석] 5

입력(자기 자신을 제외한 29쌍 중에서 상관관계가 가장 높은 쌍 추출)

```
# initial value
max_corr = 0
stock_1 = ''
stock_2 = ''

for i in range(0,len(corr_data)):
    print(
        corr_data[i:i+1].unstack().sort_values(ascending=False)[[1]].idxmax()[1],
        corr_data[i:i+1].unstack().sort_values(ascending=False)[[1]].idxmax()[0],
        corr_data[i:i+1].unstack().sort_values(ascending=False)[[1]][0]
    )
    if max_corr < corr_data[i:i+1].unstack().sort_values(ascending=False)[[1]][0]:
        max_corr = corr_data[i:i+1].unstack().sort_values(ascending=False)[[1]][0]
        stock_1 = corr_data[i:i+1].unstack().sort_values(ascending=False)[[1]].idxmax()[1]
        stock_2 = corr_data[i:i+1].unstack().sort_values(ascending=False)[[1]].idxmax()[0]

# max_coor 쌍 출력
print('[Max Corr]:',max_corr)
print('[stock_1]:',stock_1)
print('[stock_2]:',stock_2)
```

출력

```
AA DIS 0.7724697655620217
AXP KRFT 0.8735103611554016
BA UTX 0.9163379610743169
BAC HPQ 0.905816768000937
CAT DD 0.9028558103078954
CSCO MSFT 0.9537216645891367
CVX CAT 0.8894156562923723
DD CAT 0.9028558103078954
DIS DD 0.8269258130241479
```

```
GE HD 0.8582069310150247
HD GE 0.8582069310150247
HPQ BAC 0.905816768000937
IBM UTX 0.8975523835362526
INTC BA 0.6910939563691997
JNJ KRFT 0.8612879882611022
JPM GE 0.8304508594360389
KO T 0.8689952415835721
KRFT MCD 0.9299213037922904
MCD KRFT 0.9299213037922904
MMM UTX 0.9136955626526879
MRK JNJ 0.8440270438854454
MSFT CSCO 0.9537216645891367
PFE T 0.8065439446754139
PG MRK 0.7497131367292446
T KO 0.8689952415835721
TRV MMM 0.8917262016156647
UTX BA 0.9163379610743169
VZ CAT 0.8903147891825166
WMT PG 0.7237055485083298
XOM DD 0.8635107559399798
[Max Corr]: 0.9537216645891367
[stock_1]: CSCO
[stock_2]: MSFT
```

입력(시각화)

```
# 페어 트레이닝에서 사용됨
dow_close_data_subsets =dow_close_data[[stock_1,stock_2]]
dow_close_data_subsets.plot(subplots=True,grid=True)
plt.grid(True)
```

출력

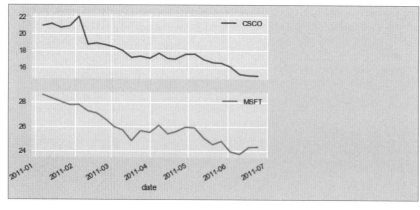

[종합문제 7-1 시계열 데이터 분석] 6

입력

```
dow_close_data.rolling(center=False,window=5).mean().head(10)
```

stock date	AA	AXP	BA	BAC	CAT	CSCO	CVX	DD	DIS	GE
2011-01-07	NaN	NaN	NaN	NaN	NaN	NaN	NaN	NaN	NaN	NaN
2011-01-14	NaN	NaN	NaN	NaN	NaN	NaN	NaN	NaN	NaN	NaN
2011-01-21	NaN	NaN	NaN	NaN	NaN	NaN	NaN	NaN	NaN	NaN
2011-01-28	NaN	NaN	NaN	NaN	NaN	NaN	NaN	NaN	NaN	NaN
2011-02-04	16.290	44.858	70.348	14.328	95.152	21.176	93.656	50.146	39.608	19.550
2011-02-11	16.480	45.336	70.900	14.432	97.114	20.722	94.708	51.110	40.400	20.130
2011-02-18	16.742	45.192	71.494	14.332	99.484	20.250	95.886	52.346	41.254	20.654
2011-02-25	16.920	44.698	71.618	14.322	101.334	19.834	97.550	53.490	41.896	20.870
2011-03-04	17.010	44.670	72.132	14.426	102.806	19.328	99.626	54.206	42.836	20.904
2011-03-11	16.788	44.762	72.184	14.444	102.892	18.508	100.190	54.280	43.280	20.864

10 rows × 30 columns

...	MRK	MSFT	PFE	PG	T	TRV	UTX	VZ	WMT	XOM
...	NaN	NaN	NaN	NaN	NaN	NaN	NaN	NaN	NaN	NaN
...	NaN	NaN	NaN	NaN	NaN	NaN	NaN	NaN	NaN	NaN
...	NaN	NaN	NaN	NaN	NaN	NaN	NaN	NaN	NaN	NaN
...	NaN	NaN	NaN	NaN	NaN	NaN	NaN	NaN	NaN	NaN
...	34.288	28.088	18.498	64.750	28.214	55.236	80.462	35.656	55.470	78.936
...	33.432	27.818	18.596	64.796	28.138	56.368	81.686	35.748	55.792	80.382
...	33.156	27.570	18.766	64.550	28.166	57.626	82.872	35.980	55.906	81.714
...	32.814	27.276	18.866	63.936	28.126	58.546	83.506	36.184	55.110	82.986
...	32.812	26.916	19.168	63.502	28.212	59.220	83.792	36.274	54.184	84.204
...	32.780	26.498	19.202	63.078	28.310	59.514	83.544	36.182	53.496	83.972

[종합문제 7-1 시계열 데이터 분석] 7

입력

```
# 전 주(1기 이동)와의 비율을 계산할 때 shift 이용
# while, for 같은 반복문을 사용하는 것보다 처리가 빠름
log_ratio_stock_close = np.log(dow_close_data/dow_close_data.shift(1))

max_vol_stock = log_ratio_stock_close.std().idxmax()
min_vol_stock = log_ratio_stock_close.std().idxmin()

# 최대 표준편차 및 최소 표준편차 stock
print('max volatility:',max_vol_stock)
print('min volatility:',min_vol_stock)

# 시각화
log_ratio_stock_close[max_vol_stock].plot()
log_ratio_stock_close[min_vol_stock].plot()
plt.ylabel('log ratio')
plt.legend()
plt.grid(True)
```

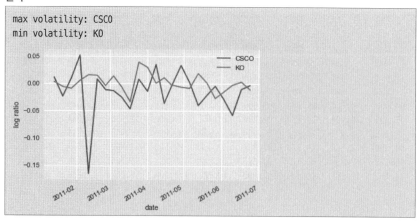

```
max volatility: CSCO
min volatility: KO
```

종합문제해답 2

[종합문제 7-1 마케팅 분석] 1

입력(데이터 읽어 들이기)

```
# 다소 시간이 걸림
file_url = 'http://archive.ics.uci.edu/ml/machine-learning-databases/00352/Online%20Retail.xlsx'
online_retail_data = pd.ExcelFile(file_url)

# 시트 지정
online_retail_data_table = online_retail_data.parse('Online Retail')
online_retail_data_table.head()
```

출력

	InvoiceNo	StockCode	Description	Quantity	InvoiceDate
0	536365	85123A	WHITE HANGING HEART T-LIGHT HOLDER	6	2010-12-01 08:26:00
1	536365	71053	WHITE METAL LANTERN	6	2010-12-01 08:26:00
2	536365	84406B	CREAM CUPID HEARTS COAT HANGER	8	2010-12-01 08:26:00
3	536365	84029G	KNITTED UNION FLAG HOT WATER BOTTLE	6	2010-12-01 08:26:00
4	536365	84029E	RED WOOLLY HOTTIE WHITE HEART.	6	2010-12-01 08:26:00

UnitPrice	CustomerID	Country
2.55	17850.0	United Kingdom
3.39	17850.0	United Kingdom
2.75	17850.0	United Kingdom
3.39	17850.0	United Kingdom
3.39	17850.0	United Kingdom

입력(데이터 확인)

```
online_retail_data_table.info()
```

출력

```
<class 'pandas.core.frame.DataFrame'>
RangeIndex: 541909 entries, 0 to 541908
Data columns (total 8 columns):
InvoiceNo      541909 non-null object
```

```
StockCode       541909 non-null object
Description     540455 non-null object
Quantity        541909 non-null int64
InvoiceDate     541909 non-null datetime64[ns]
UnitPrice       541909 non-null float64
CustomerID      406829 non-null float64
Country         541909 non-null object
dtypes: datetime64[ns](1), float64(2), int64(1), object(4)
memory usage: 33.1+ MB
```

입력(InvoiceNo의 첫 문자 추출)

```
# InvoiceNo의 첫 문자 추출 처리. map과 Lambda 함수 이용
online_retail_data_table['cancel_flg'] = online_retail_data_table.InvoiceNo.map(lambda x:str(x)[0])
online_retail_data_table.groupby('cancel_flg').size()
```

출력

```
cancel_flg
5     532618
A          3
C       9288
dtype: int64
```

입력

```
# C부터 시작하는 데이터는 구매 취소이므로 삭제
# A도 비정상적인 값으로 처리하고 삭제
# 위의 결과로부터 5로 시작하는 데이터만 분석 대상으로 지정
# CustomerID가 있는 데이터만 대상으로 지정
online_retail_data_table = online_retail_data_table[(online_retail_data_table.cancel_flg == '5') &
(online_retail_data_table.CustomerID.notnull())]
```

[종합문제 7-2 마케팅 분석] 2

입력

```
# unique ID
print('구매자 수(고유한 값):',len(online_retail_data_table.CustomerID.unique()))

# unique StockCode
print('상품 코드 수: ',len(online_retail_data_table.StockCode.unique()))

# unique description
# 위의 결과보다 많기 때문에 같은 stockcode에 다른 이름이 붙은 상품이 있음
print('상품 종류 수: ',len(online_retail_data_table.Description.unique()))

# unique bascket
print('장바구니 수: ',len(online_retail_data_table.InvoiceNo.unique()))
```

```
구매자 수(고유한 값): 4339
상품 코드 수: 3665
상품 종류 수: 3877
장바구니 수: 18536
```

[종합문제 7-2 마케팅 분석] 3

입력

```python
# 매출 합계를 구하기 위해 새로운 컬럼 추가(매출=수량×단가)
online_retail_data_table['TotalPrice'] = online_retail_data_table.Quantity * online_retail_data_
table.UnitPrice

# 나라별 매출 합계 금액 산출
country_data_total_p = online_retail_data_table.groupby('Country')['TotalPrice'].sum()

# 매출 합계 기준으로 내림차순으로 정렬하고 TOP 5 추출
top_five_country =country_data_total_p.sort_values(ascending=False)[0:5]

# TOP5 국가
print(top_five_country)

# TOP5 국가 리스트
print('TOP 5 국가 리스트:',top_five_country.index)
```

출력

```
Country
United Kingdom    7.308392e+06
Netherlands       2.854463e+05
EIRE              2.655459e+05
Germany           2.288671e+05
France            2.090240e+05
Name: TotalPrice, dtype: float64
TO P5 국가 리스트: Index(['United Kingdom', 'Netherlands', 'EIRE', 'Germany', 'France'], dtype=
'object', name='Country')
```

[종합문제 7-2 마케팅 분석] 4

입력

```python
# TOP 5만의 데이터 생성
top_five_country_data = online_retail_data_table[online_retail_data_table['Country'].isin(top_five_
country.index)]

# date와 국가별 매출
top_five_country_data_country_totalP =top_five_country_data.groupby(['InvoiceDate','Country'],
as_index=False)['TotalPrice'].sum()

# TOP 5 매출 월별 추이
```

```
# index 설정(날짜와 국가)
top_five_country_data_country_totalP_index=top_five_country_data_country_totalP.set_index(['Invoice
Date', 'Country'])

# 재구성
top_five_country_data_country_totalP_index_uns = top_five_country_data_country_totalP_index.unstack()

# resample로 시계열 데이터를 월별 및 분기별로 변경할 수 있다. 이번에는 월별(M) 합계 산출 후 시각화
top_five_country_data_country_totalP_index_uns.resample('M').sum().plot(subplots=True,figsize=(12,10))

# 그래프가 겹치지 않게
plt.tight_layout()
```

출력

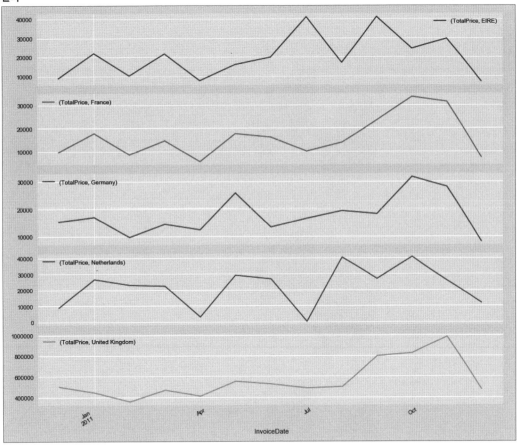

[종합문제 7-2 마케팅 분석] 5

입력

```
for x in top_five_country.index:
    #print('Country:',x)
```

```
country = online_retail_data_table[online_retail_data_table['Country'] == x]
country_stock_data = country.groupby('Description')['TotalPrice'].sum()
top_five_country_stock_data=pd.DataFrame(country_stock_data.sort_values(ascending=False)[0:5])
plt.figure()
plt.pie(
    top_five_country_stock_data,
    labels=top_five_country_stock_data.index,
    counterclock=False,
    startangle=90,
    autopct='%.1f%%',
    pctdistance=0.7
)
plt.ylabel(x)
plt.axis('equal')
#print(top_five_country_stock_data)
```

출력

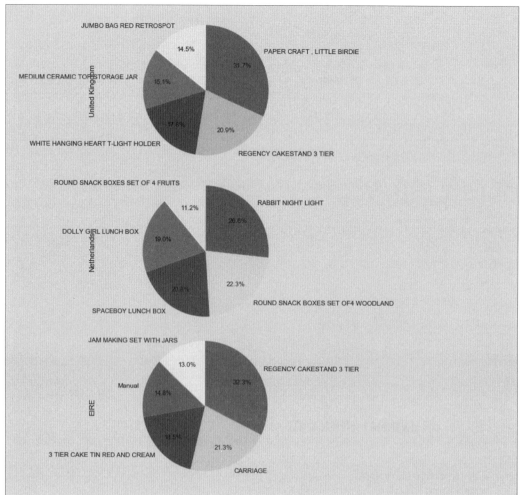

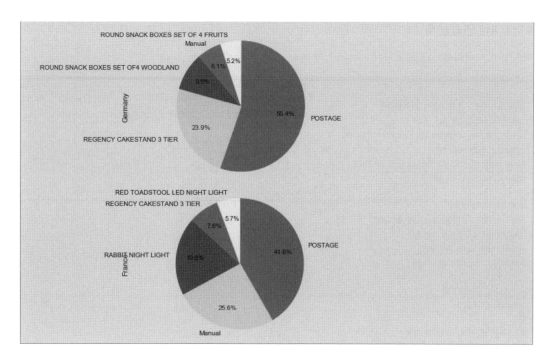

여유가 있는 분들은 아래(Let's Try) 내용을 시도해보기 바랍니다. 해답은 생략합니다.

1
(옮긴이) decilitre
(10분의 1리터) 영어
단어를 줄여 만든 일본식
조어. 고객을 판매순위로
정렬한 뒤 10등분으로
세분화한다는
의미입니다.

> **Let 's Try**
>
> 구매자(CustomerID)별 합계 구매금액을 산출하고 금액 기준으로 내림차순으로 정렬합니다. CustomerID와 합계금액 컬럼이 있는 테이블을 생성합니다. 구매자를 10개의 그룹으로 나눕니다(예: 구매자가 100명이면 10명씩 그룹을 나눕니다). 각 그룹의 합계 구매금액 범위와 구매액 합계를 산출하세요(이 방법을 데실 분석[1]이라고 합니다). 이 결과를 이용해 파레토 법칙(상위 20% 고객이 전체 매출의 80%를 차지)을 확인하기 위해 각 그룹이 매출의 몇 %를 차지하는지 계산합니다.
>
> 마케팅 전략에서는 이와 같이 고객을 세분화하는 것을 세그멘테이션이라고 하며 상위 20%에 초점을 맞춰 전략을 수립하는 것을 타기팅이라고합니다. 다양한 전략이 있을 수 있지만 우량 고객에 초점을 맞추는 것이 투자 대비 효과가 높기 때문에 이러한 접근 방식을 취합니다.
>
> 팁: 6장에서 배운 구간화 분할 방법을 사용합니다.

A.2.8 8장 연습문제

다음 라이브러리를 임포트합니다.

입력

```
# 데이터 가공, 조작, 분석 라이브러리
import numpy as np
import numpy.random as random
import scipy as sp
from pandas import Series,DataFrame
import pandas as pd

# 시각화 라이브러리
import matplotlib.pyplot as plt
import matplotlib as mpl
import seaborn as sns
%matplotlib inline

# 머신러닝 라이브러리
import sklearn

# 소수점 세 번째 자리까지 표시
%precision 3
```

출력

```
'%.3f'
```

[연습문제 8-1]

입력

```
# 자동차 가격 데이터 수집
import requests, zipfile
import io

url = 'http://archive.ics.uci.edu/ml/machine-learning-databases/autos/imports-85.data'
res = requests.get(url).content
auto = pd.read_csv(io.StringIO(res.decode('utf-8')), header=None)
auto.columns =['symboling','normalized-losses','make','fuel-type' ,'aspiration','num-of-doors',
                        'body-style','drive-wheels','engine-location','wheel-base',
                        'length','width','height',
                        'curb-weight','engine-type','num-of-cylinders',
                        'engine-size','fuel-system','bore',
                        'stroke','compression-ratio','horsepower','peak-rpm',
                        'city-mpg','highway-mpg','price']

from sklearn.model_selection import train_test_split
from sklearn.linear_model import LinearRegression

# 데이터 전처리
auto = auto[['price','width','engine-size']]
auto = auto.replace('?', np.nan).dropna()
auto.shape

# 학습용/검증용 데이터로 분할
X = auto.drop('price', axis=1)
```

```
y = auto['price']
X_train, X_test, y_train, y_test = train_test_split(X, y, test_size=0.5, random_state=0)

# 모델 구축 및 평가
model = LinearRegression()
model.fit(X_train,y_train)
print('결정계수(train):{:.3f}'.format(model.score(X_train,y_train)))
print('결정계수(test):{:.3f}'.format(model.score(X_test,y_test)))
```

출력

```
결정계수(train):0.783
결정계수(test):0.778
```

[연습문제 8-2]

입력

```
from sklearn.datasets import load_breast_cancer
from sklearn.preprocessing import StandardScaler
from sklearn.linear_model import LogisticRegression

cancer = load_breast_cancer()
X_train, X_test, y_train, y_test = train_test_split(
    cancer.data, cancer.target, stratify = cancer.target, random_state=0)

model = LogisticRegression(solver='liblinear')
model.fit(X_train,y_train)
print('정확도(train): {:.3f}'.format(model.score(X_train, y_train)))
print('정확도(test): {:.3f}'.format(model.score(X_test, y_test)))
```

출력

```
정확도(train): 0.965
정확도(test): 0.937
```

[연습문제 8-3]

입력

```
sc = StandardScaler()
sc.fit(X_train)
X_train_std = sc.transform(X_train)
X_test_std = sc.transform(X_test)

model = LogisticRegression(solver='liblinear')
model.fit(X_train_std,y_train)
print('정확도(train): {:.3f}'.format(model.score(X_train_std, y_train)))
print('정확도(test): {:.3f}'.format(model.score(X_test_std, y_test)))
```

출력

```
정확도(train): 0.991
정확도(test): 0.958
```

[연습문제 8-4]

입력

```
from sklearn.linear_model import LinearRegression, Lasso
```

```
X = auto.drop('price', axis=1)
y = auto['price']
X_train, X_test, y_train, y_test = train_test_split(X, y, test_size=0.5, random_state=0)

models = {
    'linear': LinearRegression(),
    'lasso1': Lasso(alpha=1.0, random_state=0),
    'lasso2': Lasso(alpha=200.0, random_state=0)
}

scores = {}
for model_name, model in models.items():
    model.fit(X_train,y_train)
    scores[(model_name, 'train')] = model.score(X_train, y_train)
    scores[(model_name, 'test')] = model.score(X_test, y_test)

pd.Series(scores).unstack()
```

출력

	test	train
lasso1	0.778308	0.783189
lasso2	0.782421	0.782839
linear	0.778292	0.783189

[연습문제 8-5]

입력

```
from sklearn.tree import DecisionTreeClassifier

cancer = load_breast_cancer()
X_train, X_test, y_train, y_test = train_test_split(
    cancer.data, cancer.target, stratify = cancer.target, random_state=66)

models = {
    'tree1': DecisionTreeClassifier(criterion='entropy', max_depth=3,random_state=0),
    'tree2': DecisionTreeClassifier(criterion='entropy', max_depth=5, random_state=0),
    'tree3': DecisionTreeClassifier(criterion='entropy', max_depth=10, random_state=0),
    'tree4': DecisionTreeClassifier(criterion='gini', max_depth=3, random_state=0),
    'tree5': DecisionTreeClassifier(criterion='gini', max_depth=5, random_state=0),
    'tree6': DecisionTreeClassifier(criterion='gini', max_depth=10, random_state=0)
}

scores = {}
for model_name, model in models.items():
    model.fit(X_train,y_train)
    scores[(model_name, 'train')] = model.score(X_train, y_train)
    scores[(model_name, 'test')] = model.score(X_test, y_test)

pd.Series(scores).unstack()
```

	test	train
tree1	0.930070	0.971831
tree2	0.902098	0.997653
tree3	0.902098	1.000000
tree4	0.923077	0.974178
tree5	0.895105	1.000000
tree6	0.895105	1.000000

[연습문제 8-6]

입력

```
url = 'http://archive.ics.uci.edu/ml/machine-learning-databases/mushroom/agaricus-lepiota.data'
res = requests.get(url).content

mush = pd.read_csv(io.StringIO(res.decode('utf-8')), header=None)
mush.columns =[
    'classes','cap_shape','cap_surface','cap_color','odor','bruises',
    'gill_attachment','gill_spacing','gill_size','gill_color','stalk_shape',
    'stalk_root','stalk_surface_above_ring','stalk_surface_below_ring',
    'stalk_color_above_ring','stalk_color_below_ring','veil_type','veil_color',
    'ring_number','ring_type','spore_print_color','population','habitat'
]

mush_dummy = pd.get_dummies(mush[['gill_color','gill_attachment','odor','cap_color']])
mush_dummy['flg'] = mush['classes'].map(lambda x: 1 if x =='p' else 0)

from sklearn.neighbors import KNeighborsClassifier

# 설명변수와 목표변수
X = mush_dummy.drop('flg', axis=1)
y = mush_dummy['flg']
X_train, X_test, y_train, y_test = train_test_split(X, y, random_state=50)

training_accuracy = []
test_accuracy =[]
neighbors_settings = range(1,20)
for n_neighbors in neighbors_settings:
    clf = KNeighborsClassifier(n_neighbors=n_neighbors)
    clf.fit(X_train,y_train)
    training_accuracy.append(clf.score(X_train, y_train))
    test_accuracy.append(clf.score(X_test, y_test))

plt.plot(neighbors_settings, training_accuracy, label='training accuracy')
plt.plot(neighbors_settings, test_accuracy, label='test accuracy')
plt.ylabel('Accuracy')
plt.xlabel('n_neighbors')
plt.legend()
```

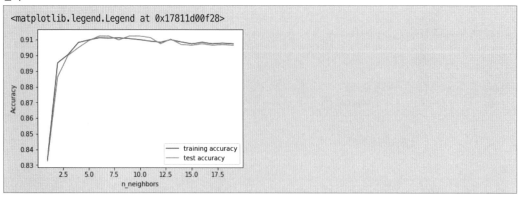

[연습문제 8-7]

입력

```
from sklearn.neighbors import KNeighborsRegressor

X_train, X_test, y_train, y_test = train_test_split(
    X, student.G3, random_state=0)

scores_train = []
scores_test =[]
neighbors_settings = range(1, 20)
for n_neighbors in neighbors_settings:
    model = KNeighborsRegressor(n_neighbors=n_neighbors)
    model.fit(X_train, y_train)
    scores_train.append(model.score(X_train, y_train))
    scores_test.append(model.score(X_test, y_test))

plt.plot(neighbors_settings, training_accuracy,label='Training')
plt.plot(neighbors_settings, test_accuracy,label='Test')
plt.ylabel('R2 score')
plt.xlabel('n_neighbors')
plt.legend()
```

출력

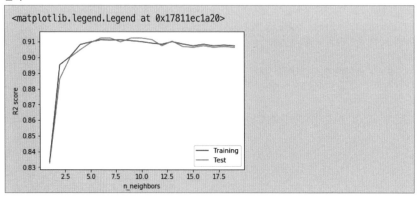

[연습문제 8-8]

입력

```
from sklearn.svm import SVC

cancer = load_breast_cancer()
X_train, X_test, y_train, y_test = train_test_split(
    cancer.data, cancer.target, stratify = cancer.target, random_state=50)

sc = StandardScaler()
sc.fit(X_train)
X_train_std = sc.transform(X_train)
X_test_std = sc.transform(X_test)

model = SVC(kernel='rbf', random_state=0, C=2)
model.fit(X_train_std,y_train)
print('정확도(train): {:.3f}'.format(model.score(X_train_std, y_train)))
print('정확도(test): {:.3f}'.format(model.score(X_test_std, y_test)))
```

출력

```
정확도(train): 0.988
정확도(test): 0.986
```

종합문제해답 1

[종합문제 8-1 지도학습 용어(1)]

해답은 생략합니다. 책의 해당 부분을 다시 확인하고 웹에서 더 찾아보기 바랍니다.

종합문제해답 2

[종합문제 8-2 의사결정나무]

입력

```
from sklearn.datasets import load_iris
from sklearn.tree import DecisionTreeClassifier

iris = load_iris()
X_train, X_test, y_train, y_test = train_test_split(
    iris.data, iris.target, stratify = iris.target, random_state=0)

model = DecisionTreeClassifier(criterion='entropy',max_depth=3, random_state=0)
model.fit(X_train,y_train)

print('정확도(train): {:.3f}'.format(model.score(X_train, y_train)))
print('정확도(test): {:.3f}'.format(model.score(X_test, y_test)))
```

출력

```
정확도(train): 0.964
정확도(test): 0.947
```

종합문제해답 3

[종합문제 8-3 공짜 점심은 없다]

입력

```python
# 필요한 라이브러리 임포트
from sklearn.neighbors import KNeighborsClassifier
from sklearn.tree import DecisionTreeClassifier
from sklearn.linear_model import LogisticRegression
from sklearn.svm import LinearSVC, SVC

# 여기에서는 load_breast_cancer의 유방암 데이터를 이용
cancer = load_breast_cancer()
X_train, X_test, y_train, y_test = train_test_split(
    cancer.data, cancer.target, stratify = cancer.target, random_state=0)

# 표준화
sc = StandardScaler()
sc.fit(X_train)
X_train_std = sc.transform(X_train)
X_test_std = sc.transform(X_test)

# 복수의 모델 설정
models = {
    'knn': KNeighborsClassifier(),
    'tree': DecisionTreeClassifier(random_state=0),
    'logistic': LogisticRegression(random_state=0),
    'svc1': LinearSVC(random_state=0),
    'svc2': SVC(random_state=0)
}

# 점수를 저장하기 위한 빈 딕셔너리 데이터
scores = {}

# 각 모델별 점수 산출
for model_name, model in models.items():
    model.fit(X_train_std, y_train)
    scores[(model_name, 'train')] = model.score(X_train_std, y_train)
    scores[(model_name, 'test')] = model.score(X_test_std, y_test)

# 각 모델의 결과 점수를 출력
pd.Series(scores).unstack()
```

출력

	test	train
knn	0.951049	0.978873
logistic	0.958042	0.990610
svc1	0.951049	0.992958
svc2	0.958042	0.992958
tree	0.902098	1.000000

A.2.9 9장 연습문제

다음 라이브러리를 임포트합니다.

입력

```
# 데이터 가공, 처리, 분석 라이브러리
import numpy as np
import numpy.random as random
import scipy as sp
from pandas import Series,DataFrame
import pandas as pd

# 시각화 라이브러리
import matplotlib.pyplot as plt
import matplotlib as mpl
import seaborn as sns
%matplotlib inline

# 머신러닝 라이브러리
import sklearn

# 소수점 세 번째 자리까지 표시
%precision 3
```

출력

```
'%.3f'
```

[연습문제 9-1]

입력(시각화)

```
from sklearn.datasets import make_blobs
from sklearn.cluster import KMeans

X, y = make_blobs(random_state=52)
plt.scatter(X[:,0], X[:,1], color='black')
```

출력

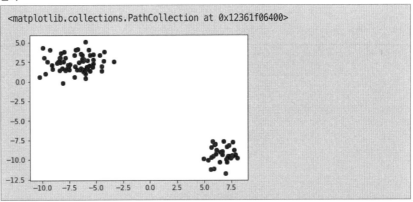

```
<matplotlib.collections.PathCollection at 0x12361f06400>
```

[연습문제 9-2]

입력(주성분 분석)

```
from sklearn.datasets import load_iris
from sklearn.preprocessing import StandardScaler
from sklearn.decomposition import PCA

iris = load_iris()

sc = StandardScaler()
sc.fit(iris.data)
X_std = sc.transform(iris.data)

# 주성분 분석 실행
pca = PCA(n_components=2)
pca.fit(X_std)
X_pca = pca.transform(X_std)

print('주성분 분석 전 데이터 차원: {}'.format(iris.data.shape))
print('주성분 분석 후 데이터 차원: {}'.format(X_pca.shape))
```

출력

```
주성분 분석 전 데이터 차원: (150, 4)
주성분 분석 후 데이터 차원: (150, 2)
```

실행 결과로 추출된 제1 주성분, 제2 주성분에 목표변수를 결합하고 시각화합니다. x축을 제1 주성분, y축을 제2 주성분, 목표변수는 0이 setosa, 1이 versicolor, 2가 virginica입니다. 제1 주성분의 차이로 목표변수를 잘 구분할 수 있다는 것을 알 수 있습니다.

입력(시각화)

```
merge_data = pd.concat([pd.DataFrame(X_pca[:,0]), pd.DataFrame(X_pca[:,1]),
                        pd.DataFrame(iris.target)],axis=1)
merge_data.columns = ['pc1','pc2', 'target']

# 군집 결과 시각화
ax = None
colors = ['blue', 'red', 'green']
for i, data in merge_data.groupby('target'):
    ax = data.plot.scatter(
        x='pc1', y='pc2',
        color=colors[i], label=f'target-{i}', ax=ax
    )
```

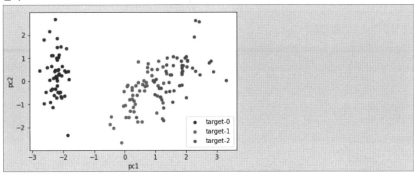

참고로 목표변수와 4개의 설명변수 간의 관계를 시각화합니다. 그래프에서 setosa 만 구분되었다면 다른 변수(petal, length)에서도 임곗값을 정해 구분할 수 있을 것 같습니다. 제1 주성분이 어떤 변수와 상관 관계가 높은지 추가로 분석해 봅시다.

입력(참고)

```
# 목표변수와 4개의 설명변수 간의 관계 시각화
fig, axes = plt.subplots(2,2,figsize=(20,7))

iris_0 = iris.data[iris.target==0]
iris_1 = iris.data[iris.target==1]
iris_2 = iris.data[iris.target==2]

ax = axes.ravel()
for i in range(4):
    _,bins = np.histogram(iris.data[:,i],bins=50)
    ax[i].hist(iris_0[:,i],bins=bins,alpha=.5)
    ax[i].hist(iris_1[:,i],bins=bins,alpha=.5)
    ax[i].hist(iris_2[:,i],bins=bins,alpha=.5)
    ax[i].set_title(iris.feature_names[i])
    ax[i].set_yticks(())
ax[0].set_ylabel('Count')
ax[0].legend(['setosa','versicolor','virginica'], loc='best')
fig.tight_layout()
```

출력

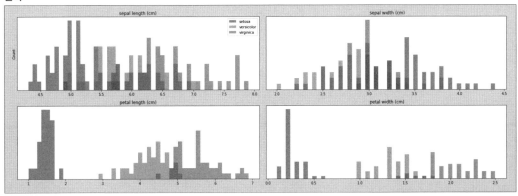

종합문제해답 1

[종합문제 9-1 연관 규칙]

입력

```
# 구매 이력 데이터 읽어 들이기(cd ./chap9 명령어로 현재 디렉터리를 데이터가 있는 디렉터리로 이동하고 실행합니다)
trans = pd.read_excel('Online Retail.xlsx', sheet_name='Online Retail')
trans.head()
```

출력

	InvoiceNo	StockCode	Description	Quantity	InvoiceDate
0	536365	85123A	WHITE HANGING HEART T-LIGHT HOLDER	6	2010-12-01 08:26:00
1	536365	71053	WHITE METAL LANTERN	6	2010-12-01 08:26:00
2	536365	84406B	CREAM CUPID HEARTS COAT HANGER	8	2010-12-01 08:26:00
3	536365	84029G	KNITTED UNION FLAG HOT WATER BOTTLE	6	2010-12-01 08:26:00
4	536365	84029E	RED WOOLLY HOTTIE WHITE HEART.	6	2010-12-01 08:26:00

UnitPrice	CustomerID	Country
2.55	17850.0	United Kingdom
3.39	17850.0	United Kingdom
2.75	17850.0	United Kingdom
3.39	17850.0	United Kingdom
3.39	17850.0	United Kingdom

입력(집계 대상 데이터만 추출)

```
trans['cancel_flg'] = trans.InvoiceNo.map(lambda x:str(x)[0])
trans = trans[(trans.cancel_flg == '5') & (trans.CustomerID.notnull())]
```

임의의 StockCode 2개의 조합에 대한 지지도를 계산하려면 itertools을 이용합니다. 조합을 추출할 때 유용한 모듈입니다.

입력

```
import itertools

# 행 수가 1,000보다 큰 StockCode 추출
indexer = trans.StockCode.value_counts() > 1000
Items = trans.StockCode.value_counts()[indexer.index[indexer]].index

# 집계 대상 데이터에 포함된 InvoiceNo 수 계산(지지도 계산 시 분모)
trans_all = set(trans.InvoiceNo)

# 대상 Items에 포함된 임의의 2개 StockCode에 대한 지지도 계산
results={}
for element in itertools.combinations(Items, 2):
    trans_0 = set(trans[trans['StockCode']==element[0]].InvoiceNo)
    trans_1 = set(trans[trans['StockCode']==element[1]].InvoiceNo)
    trans_both = trans_0&trans_1
    support = len(trans_both) / len(trans_all)
    results[element] = support
```

```
maxKey = max([(v,k) for k,v in results.items()])[1]
print('지지도가 최대인 StockCode 조합: {}'.format(maxKey))
print('지지도 최댓값: {:.4f}'.format(results[maxKey]))
```

```
지지도가 최대인 StockCode 조합: (20725, 22383)
지지도 최댓값: 0.0280
```

결과에서 지지도가 가장 높은 StockCode 조합은 20725과 22383이고 지지도는 2.8%라는 것을 알 수 있습니다.

A.2.10 10장 연습문제

다음 라이브러리를 임포트합니다.

입력

```
# 중간부터 사용하기 위해 임포트합니다.
# 데이터 가공, 조작, 분석, 라이브러리
import numpy as np
import numpy.random as random
import pandas as pd

# 시각화 라이브러리
import matplotlib.pyplot as plt
import matplotlib as mpl
import seaborn as sns
%matplotlib inline

# 머신러닝 라이브러리
import sklearn

# 소수점 세 번째 자리까지 표시
%precision 3
```

출력

```
'%.3f'
```

[연습문제 10-1]

입력

```
from sklearn.datasets import load_breast_cancer
from sklearn.model_selection import cross_val_score
from sklearn.linear_model import LogisticRegression

cancer = load_breast_cancer()
model = LogisticRegression(random_state=0,solver='liblinear')
```

```
scores = cross_val_score(model, cancer.data, cancer.target, cv=5)

print('Cross validation scores:{}'.format(scores))
print('Cross validation scores:{:.2f}+-{:.2f}'.format(scores.mean(), scores.std()))
```

출력

```
Cross validation scores:[0.93 0.939 0.973 0.947 0.965]
Cross validation scores:0.95+-0.02
```

[연습문제 10-2]

입력

```
from sklearn.model_selection import GridSearchCV
from sklearn.tree import DecisionTreeClassifier
from sklearn.datasets import load_breast_cancer
from sklearn.model_selection import train_test_split

# 데이터 읽어 들이기
cancer = load_breast_cancer()
X_train, X_test, y_train, y_test = train_test_split(
    cancer.data, cancer.target, stratify = cancer.target, random_state=0)

# 파라미터 설정
param_grid = {'max_depth': [2, 3, 4, 5], 'min_samples_leaf': [2, 3, 4, 5]}
model = DecisionTreeClassifier(random_state=0)
grid_search = GridSearchCV(model, param_grid, cv=5)
grid_search.fit(X_train,y_train)

print('테스트 데이터에서의 점수: {:.2f}'.format(grid_search.score(X_test, y_test)))
print('최대 점수에서의 파라미터: {}'.format(grid_search.best_params_))
print('최대 점수에서의 ross-validation score: {:.2f}'.format(grid_search.best_score_))
```

출력

```
테스트 데이터에서의 점수: 0.92
최대 점수에서의 파라미터: {'max_depth': 4, 'min_samples_leaf': 5}
최대 점수에서의 ross-validation score: 0.94
```

[연습문제 10-3]

입력

```
from sklearn.model_selection import train_test_split
from sklearn.datasets import load_breast_cancer
from sklearn.linear_model import LogisticRegression
from sklearn.metrics import confusion_matrix, accuracy_score, precision_score, recall_score, f1_score

cancer = load_breast_cancer()
X_train, X_test, y_train, y_test = train_test_split(
    cancer.data, cancer.target, stratify = cancer.target, random_state=0)
```

```
model = LogisticRegression(random_state=0,max_iter=2500)
model.fit(X_train,y_train)
y_pred = model.predict(X_test)

print('Confution matrix: \n{}'.format(confusion_matrix(y_test, y_pred)))
print('정확도: {:.3f}'.format(accuracy_score(y_test, y_pred)))
print('정밀도: {:.3f}'.format(precision_score(y_test, y_pred)))
print('재현도: {:.3f}'.format(recall_score(y_test, y_pred)))
print('F1값: {:.3f}'.format(f1_score(y_test, y_pred)))
```

출력

```
Confution matrix:
[[49  4]
 [ 5 85]]
정확도: 0.937
정밀도: 0.955
재현도: 0.944
F1값: 0.950
```

[연습문제 10-4]

입력

```
#참고 URL:http://scikit-learn.org/stable/auto_examples/model_selection/plot_roc.html#sphx-glr-
autoexamples-model-selection-plot-roc-py

from sklearn import svm, datasets
from sklearn.metrics import roc_curve, auc
from sklearn.model_selection import train_test_split
from sklearn.preprocessing import label_binarize
from sklearn.multiclass import OneVsRestClassifier

# 데이터 읽어 들이기
iris = datasets.load_iris()
X = iris.data
y = iris.target

# 정답 데이터를 one-hot 코드로 변경
y = label_binarize(y, classes=[0, 1, 2])
X_train, X_test, y_train, y_test = train_test_split(X, y, test_size=0.5, random_state=0)

# multi-class classification model
model = OneVsRestClassifier(svm.SVC(kernel='linear', probability=True, random_state=0))
y_score = model.fit(X_train, y_train).predict_proba(X_test)

# 3개의 클래스를 1차원 데이터로 만들고 ROC 곡선 생성 및 AUC 계산
fpr, tpr, _ = roc_curve(y_test.ravel(), y_score.ravel())
roc_auc = auc(fpr, tpr)

# 시각화
plt.figure()
```

```
plt.plot(fpr, tpr, color='red', label='average ROC (area = {:.3f})'.format(roc_auc))
plt.plot([0, 1], [0, 1], color='black', linestyle='--')
plt.xlim([0.0, 1.0])
plt.ylim([0.0, 1.05])
plt.xlabel('False Positive Rate')
plt.ylabel('True Positive Rate')
plt.title('ROC')
plt.legend(loc='best')
```

출력

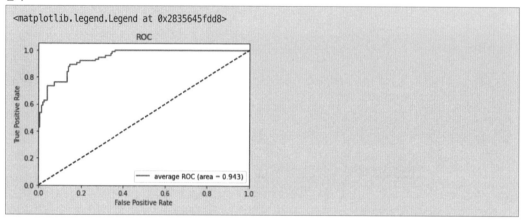

[연습문제 10-5]

입력

```
# 필요한 라이브러리 임포트
from sklearn.ensemble import BaggingClassifier
from sklearn.neighbors import KNeighborsClassifier
from sklearn.model_selection import train_test_split
from sklearn.datasets import load_iris

# 붓꽃 데이터 읽어 들이기
iris = load_iris()

# 훈련 데이터와 테스트 데이터로 분할
X_train, X_test, y_train, y_test = train_test_split(
    iris.data, iris.target, stratify = iris.target, random_state=0)

# 배깅 모델 구축
model = BaggingClassifier(
            KNeighborsClassifier(),
            n_estimators=10,
            max_samples=0.5,
            max_features=0.5)

# 모델 적합
model.fit(X_train, y_train)
```

출력

```
정확도(train): BaggingClassifier 0.929
정확도(test): BaggingClassifier 0.974
```

※ 사용자 PC 환경에 따라 실습 결과가
책과 약간 달라질 수 있습니다.

```
# 각 모델 점수
print('정확도(train): {} {:.3f}'.format(model.__class__.__name__ , model.score(X_train, y_train)))
print('정확도(test): {} {:.3f}'.format(model.__class__.__name__ , model.score(X_test, y_test)))
```

[연습문제 10-6]

입력

```
from sklearn.ensemble import AdaBoostClassifier
from sklearn.model_selection import train_test_split
from sklearn.datasets import load_iris

iris = load_iris()
X_train, X_test, y_train, y_test = train_test_split(
    iris.data, iris.target, stratify = iris.target, random_state=0)

model = AdaBoostClassifier(n_estimators=50, learning_rate=1.0)
model.fit(X_train, y_train)
print('정확도(train): {} {:.3f}'.format(model.__class__.__name__ , model.score(X_train, y_train)))
print('정확도(test): {} {:.3f}'.format(model.__class__.__name__ , model.score(X_test, y_test)))
```

출력

```
정확도(train): AdaBoostClassifier 0.955
정확도(test): AdaBoostClassifier 0.947
```

[연습문제 10-7]

입력

```
from sklearn.ensemble import RandomForestClassifier, GradientBoostingClassifier
from sklearn.model_selection import train_test_split
from sklearn.datasets import load_iris

iris = load_iris()
X_train, X_test, y_train, y_test = train_test_split(
    iris.data, iris.target, stratify = iris.target, random_state=0)

models = {
    'RandomForest': RandomForestClassifier(random_state=0),
    'GradientBoost': GradientBoostingClassifier(random_state=0)
}

scores = {}
for model_name, model in models.items():
    model.fit(X_train, y_train)
    scores[(model_name, 'train_score')] = model.score(X_train, y_train)
    scores[(model_name, 'test_score')] = model.score(X_test, y_test)

pd.Series(scores).unstack()
```

출력

	test_score	train_score
GradientBoost	0.973684	1.000000
RandomForest	0.947368	1.000000

종합문제해답 1

[종합문제 10-1 지도학습 용어(2)]

해답은 생략합니다. 책의 해당 부분을 다시 확인하고 웹에서 더 찾아보기 바랍니다.

종합문제해답 2

[종합문제 10-2 교차검증]

입력

```
from sklearn.datasets import load_breast_cancer
from sklearn.model_selection import train_test_split
from sklearn.linear_model import LogisticRegression
from sklearn.svm import LinearSVC
from sklearn.tree import DecisionTreeClassifier
from sklearn.neighbors import KNeighborsClassifier
from sklearn.ensemble import RandomForestClassifier, GradientBoostingClassifier
from sklearn.model_selection import cross_val_score

cancer = load_breast_cancer()
X_train, X_test, y_train, y_test = train_test_split(
    cancer.data, cancer.target, stratify = cancer.target, random_state=0)

models = {
    'KNN': KNeighborsClassifier(),
    'LogisticRegression': LogisticRegression(random_state=0,solver='liblinear'),
    'DecisionTree': DecisionTreeClassifier(random_state=0),
    'SVM': LinearSVC(random_state=0),
    'RandomForest': RandomForestClassifier(random_state=0),
    'GradientBoost': GradientBoostingClassifier(random_state=0)
}

scores = {}
for model_name, model in models.items():
    model.fit(X_train, y_train)
    scores[(model_name, 'train_score')] = model.score(X_train, y_train)
    scores[(model_name, 'test_score')] = model.score(X_test, y_test)
```

출력

	test_score	train_score
DecisionTree	0.902098	1.000000
GradientBoost	0.958042	1.000000
KNN	0.916084	0.946009
LogisticRegression	0.937063	0.964789
RandomForest	0.944056	0.997653
SVM	0.930070	0.922535

※ LinearSVC 모델에서 ConvergenceWarning 경고가 나타나는데
LinearSVC(random_state=0, max_iter='숫자') 문구로 파라미터를 변경할 수 있습니다.

이번에는 그레디언트 부스팅 점수가 0.958로 가장 높습니다.

A.2.11 11장 종합연습문제

다음 라이브러리를 임포트합니다.

입력

```python
import numpy as np
import numpy.random as random
import scipy as sp
from pandas import Series,DataFrame
import pandas as pd
import time

# 시각화 라이브러리
import matplotlib.pyplot as plt
import matplotlib as mpl
import seaborn as sns
%matplotlib inline

# 머신러닝 라이브러리
import sklearn

# 소수점 세 번째 자리까지 표시
%precision 3
```

출력

```
'%.3f'
```

종합문제해답(1)

입력

```python
# 데이터 분할(훈련 데이터와 테스트 데이터로 분할)
from sklearn.model_selection import train_test_split

# 오차행렬
from sklearn.metrics import confusion_matrix

# 로지스틱회귀
from sklearn.linear_model import LogisticRegression
# SVM
from sklearn.svm import LinearSVC
# 의사결정나무
from sklearn.tree import DecisionTreeClassifier
# k-NN
from sklearn.neighbors import KNeighborsClassifier
# 랜덤 포레스트
from sklearn.ensemble import RandomForestClassifier

# 분석 대상 데이터
from sklearn.datasets import load_digits
digits = load_digits()

# 설명변수
X = digits.data
# 목표변수
```

```
Y = digits.target

# 훈련 데이터와 테스트 데이터로 분할
X_train, X_test, y_train, y_test = train_test_split(
    X, Y, random_state=0)
```

위의 코드에서는 필요한 모듈과 데이터를 읽어 들이고 훈련 데이터와 테스트 데이터로 분할합니다. 아래 코드에서는 훈련 데이터와 테스트 데이터에서 각 숫자가 몇 개인지 계산합니다. 큰 편차는 없는 것 같습니다.

입력

```
# 데이터가 불균형하게 나누어졌는지 확인
# train
print('train:',pd.DataFrame(y_train,columns=['label']).
groupby('label')['label'].count())

# test
print('test:',pd.DataFrame(y_test,columns=['label']).
groupby('label')['label'].count())
```

출력

```
train: label
0      141
1      139
2      133
3      138
4      143
5      134
6      129
7      131
8      126
9      133
Name: label, dtype: int64
test: label
0      37
1      43
2      44
3      45
4      38
5      48
6      52
7      48
8      48
9      47
Name: label, dtype: int64
```

이제 다양한 알고리즘을 이용한 모델을 구축하고 각 모델의 오차행렬표와 점수를 확인합시다.

입력

```
# 각 모델에 대해 반복적으로 실행하고 확인
for model in [LogisticRegression(solver='liblinear'),LinearSVC(),
              DecisionTreeClassifier(),
              KNeighborsClassifier(n_neighbors=3),
              RandomForestClassifier()]:

    fit_model = model.fit(X_train,y_train)
    pred_y = fit_model.predict(X_test)
    confusion_m = confusion_matrix(y_test,pred_y)
    print('confusion_matrix:')
    print(confusion_m)
    # __class__.__name__은 해당 모델의 클래스 이름
    print('train:',fit_model.__class__.__name__ ,fit_model.score(X_train,y_train))
    print('test:',fit_model.__class__.__name__ , fit_model.score(X_test,y_test))
    print('================================================\n')
```

※ 실행 결과 각 모델의 점수가 책의 내용과 약간 다를 수 있습니다.

출력

```
confusion_matrix:
[[37  0  0  0  0  0  0  0  0  0]
 [ 0 39  0  0  0  0  2  0  2  0]
 [ 0  0 41  3  0  0  0  0  0  0]
 [ 0  0  1 43  0  0  0  0  0  1]
 [ 0  0  0  0 38  0  0  0  0  0]
 [ 0  1  0  0  0 47  0  0  0  0]
 [ 0  0  0  0  0  0 52  0  0  0]
 [ 0  1  0  1  1  0  0 45  0  0]
 [ 0  3  1  0  0  0  0  0 43  1]
 [ 0  0  0  1  0  1  0  0  1 44]]
train: LogisticRegression 0.9962880475129918
test: LogisticRegression 0.9533333333333334
=================================================

confusion_matrix:
[[37  0  0  0  0  0  0  0  0  0]
 [ 0 40  0  0  0  0  2  0  0  1]
 [ 0  1 40  3  0  0  0  0  0  0]
 [ 0  0  1 43  0  0  0  0  0  1]
 [ 0  0  0  1 37  0  0  0  0  0]
 [ 0  1  0  1  0 46  0  0  0  0]
 [ 0  1  0  0  0  0 51  0  0  0]
 [ 0  1  0  1  1  0  0 45  0  0]
 [ 0  4  1  3  0  0  1  1 36  2]
 [ 0  0  0  1  1  1  0  0  0 44]]
train: LinearSVC 0.985894580549369
test: LinearSVC 0.9311111111111111
=================================================

confusion_matrix:
[[34  0  0  2  1  0  0  0  0  0]
 [ 0 37  2  1  1  0  0  0  1  1]
 [ 1  3 35  0  1  0  1  0  2  1]
 [ 0  1  4 36  0  0  0  0  2  2]
 [ 1  2  0  0 33  0  0  0  0  2]
 [ 1  0  0  2  0 42  0  1  0  2]
 [ 1  1  0  0  0  0 49  0  0  1]
 [ 1  0  1  3  2  1  0 36  0  4]
 [ 0  3  0  4  0  2  0  0 37  2]
 [ 0  2  1  3  1  1  0  0  0 39]]
train: DecisionTreeClassifier 1.0
test: DecisionTreeClassifier 0.84
=================================================

confusion_matrix:
[[37  0  0  0  0  0  0  0  0  0]
 [ 0 42  0  0  0  1  0  0  0  0]
 [ 0  0 44  0  0  0  0  0  0  0]
 [ 0  0  1 44  0  0  0  0  0  0]
 [ 0  0  0  0 37  0  0  1  0  0]
 [ 0  0  0  0  0 47  0  0  0  1]
 [ 0  0  0  0  0  0 52  0  0  0]
```

```
 [ 0  0  0  0  0  0  0 48  0  0]
 [ 0  0  0  2  0  0  0  0 46  0]
 [ 0  0  0  0  0  0  0  0  0 47]]
train: KNeighborsClassifier 0.991833704528582
test: KNeighborsClassifier 0.9866666666666667
=================================================

confusion_matrix:
[[37  0  0  0  0  0  0  0  0  0]
 [ 0 42  0  0  0  1  0  0  0  0]
 [ 1  0 41  1  0  0  0  0  1  0]
 [ 1  1  0 43  0  0  0  0  0  0]
 [ 0  0  0  0 36  0  0  2  0  0]
 [ 0  0  0  1  0 47  0  0  0  0]
 [ 0  2  0  0  0  0 50  0  0  0]
 [ 0  0  0  0  0  0  0 48  0  0]
 [ 0  4  0  2  0  1  0  0 41  0]
 [ 0  1  0  4  0  1  0  0  0 41]]
train: RandomForestClassifier 0.9985152190051967
test: RandomForestClassifier 0.9466666666666667
=================================================
```

실행 결과를 보면 테스트 데이터 점수는 K-NN이 가장 높습니다. 이번 코드에서는
각 알고리즘의 파라미터는 기본값을 사용했지만 여유가 있다면 파라미터를 조정하
고 다시 확인해 봅시다.

종합문제해답(2)

우선 데이터를 읽어 들여 어떤 데이터인지 확인합시다.

입력

```python
# 데이터 읽어 들이기
abalone_data = pd.read_csv(
    'http://archive.ics.uci.edu/ml/machine-learning-databases/abalone/abalone.data',
    header=None,
    sep=',')

# 컬럼에 레이블 설정
abalone_data.columns=['Sex','Length','Diameter','Height','Whole','Shucked','Viscera','Shell','Rings']

# 처음 다섯 행 출력
abalone_data.head()
```

출력

	Sex	Length	Diameter	Height	Whole	Shucked	Viscera	Shell	Rings
0	M	0.455	0.365	0.095	0.5140	0.2245	0.1010	0.150	15
1	M	0.350	0.265	0.090	0.2255	0.0995	0.0485	0.070	7
2	F	0.530	0.420	0.135	0.6770	0.2565	0.1415	0.210	9
3	M	0.440	0.365	0.125	0.5160	0.2155	0.1140	0.155	10
4	I	0.330	0.255	0.080	0.2050	0.0895	0.0395	0.055	7

이제부터 데이터를 탐색적으로 분석해 봅시다. 먼저 컬럼 간의 관계를 산점도로 나타냅니다. 대각선에는 히스토그램이 나타납니다.

입력

```
sns.pairplot(abalone_data)
```

출력

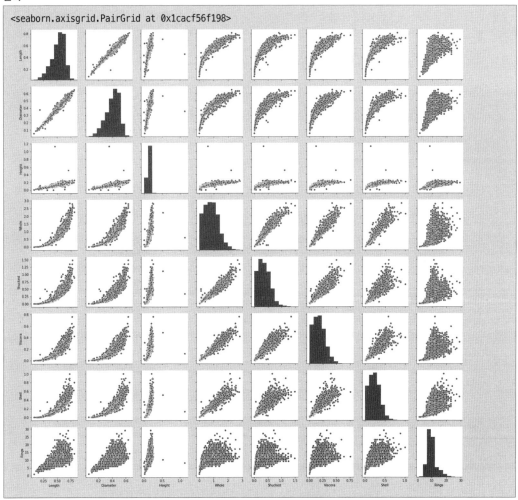

다음은 박스플롯입니다.

입력

```
# 박스플롯을 그릴 컬럼 지정
abalone_data[['Length','Diameter','Height','Whole','Shucked','Viscera','Shell']].boxplot()

# 그리드 표시
plt.grid(True)
```

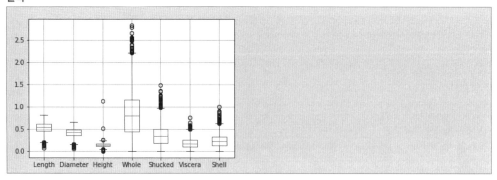

모든 값의 편차를 확인할 수 있습니다. 기본적인 통계량도 확인합시다.

입력

```
abalone_data.describe()
```

출력

	Length	Diameter	Height	Whole	Shucked	Viscera
count	4177.000000	4177.000000	4177.000000	4177.000000	4177.000000	4177.000000
mean	0.523992	0.407881	0.139516	0.828742	0.359367	0.180594
std	0.120093	0.099240	0.041827	0.490389	0.221963	0.109614
min	0.075000	0.055000	0.000000	0.002000	0.001000	0.000500
25%	0.450000	0.350000	0.115000	0.441500	0.186000	0.093500
50%	0.545000	0.425000	0.140000	0.799500	0.336000	0.171000
75%	0.615000	0.480000	0.165000	1.153000	0.502000	0.253000
max	0.815000	0.650000	1.130000	2.825500	1.488000	0.760000

Shell	Rings
4177.000000	4177.000000
0.238831	9.933684
0.139203	3.224169
0.001500	1.000000
0.130000	8.000000
0.234000	9.000000
0.329000	11.000000
1.005000	29.000000

Height 컬럼에 0도 있지만 이번에는 그대로 두고 모델을 구축합니다.

입력

```
# 선형회귀모델
from sklearn.linear_model import LinearRegression
# 의사결정나무(회귀)
from sklearn.tree import DecisionTreeRegressor
# k-NN
from sklearn.neighbors import KNeighborsRegressor
# 랜덤 포레스트
```

```
from sklearn.ensemble import RandomForestRegressor

from sklearn.model_selection import train_test_split

X = abalone_data.iloc[:,1:7]
Y = abalone_data['Rings']

X_train, X_test, y_train, y_test = train_test_split(
    X, Y, random_state=0)

# 표준화를 위한 모듈
from sklearn.preprocessing import StandardScaler

# 표준화
sc = StandardScaler()
sc.fit(X_train)
X_train_std = sc.transform(X_train)
X_test_std = sc.transform(X_test)
for model in [LinearRegression(),
             DecisionTreeRegressor(),
             KNeighborsRegressor(n_neighbors=5),
             RandomForestRegressor()]:

    fit_model = model.fit(X_train_std,y_train)

    print('train:',fit_model.__class__.__name__ ,fit_model.score(X_train_std,y_train))
    print('test:',fit_model.__class__.__name__ , fit_model.score(X_test_std,y_test))
```

출력

```
train: LinearRegression 0.5170692142555524
test: LinearRegression 0.5306021117203745
train: DecisionTreeRegressor 1.0
test: DecisionTreeRegressor 0.0777611309987446
train: KNeighborsRegressor 0.6355963757385574
test: KNeighborsRegressor 0.45965745088507864
train: RandomForestRegressor 0.9094139190239373
test: RandomForestRegressor 0.47658504651754163
```

※ 실습 후 각 모델의 점수가 책의 내용과 약간 다를 수 있습니다.

결과에서 훈련 데이터와 테스트 데이터의 점수를 비교해 보면 일부 모델(회귀나무)
에서 과적합(훈련 데이터 점수가 1, 테스트 데이터 점수가 0.07대)되었다는 것이 확
실히 드러납니다.

다음은 k-NN의 k를 변경해 검증해 봅시다. 8장 연습문제 8-8에서도 같은 방법으
로 구현했으므로, 그 부분도 참고하기 바랍니다.

입력

```
# k-NN
from sklearn.neighbors import KNeighborsRegressor
```

```
from sklearn.model_selection import train_test_split

X = abalone_data.iloc[:,1:7]
Y = abalone_data['Rings']

X_train, X_test, y_train, y_test = train_test_split(
    X, Y, random_state=0)

# 표준화를 위한 모듈
from sklearn.preprocessing import StandardScaler

# 표준화
sc = StandardScaler()
sc.fit(X_train)
X_train_std = sc.transform(X_train)
X_test_std = sc.transform(X_test)

training_accuracy = []
test_accuracy =[]

neighbors_settings = range(1,50)

for n_neighbors in neighbors_settings:
    clf = KNeighborsRegressor(n_neighbors=n_neighbors)
    clf.fit(X_train_std,y_train)

    training_accuracy.append(clf.score(X_train_std,y_train))

    test_accuracy.append(clf.score(X_test_std,y_test))

plt.plot(neighbors_settings, training_accuracy,label='training score')
plt.plot(neighbors_settings, test_accuracy,label='test score')
plt.ylabel('Accuracy')
plt.xlabel('n_neighbors')
plt.legend()
```

K가 증가할수록 모델이 개선되는 것처럼 보이지만 k = 25 근처의 점수 0.5가 한계인 것 같습니다.

출력

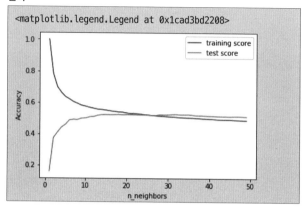

종합문제해답(3)

[예제 1]

웹에서 데이터를 수집합니다.

입력

```
import io
import zipfile
import requests

# 데이터가 있는 url 지정
zip_file_url = 'http://archive.ics.uci.edu/ml/machine-learning-databases/00222/bank.zip'
r = requests.get(zip_file_url, stream=True)
z = zipfile.ZipFile(io.BytesIO(r.content))
z.extractall()
```

데이터를 읽어 들이고 어떤 데이터인지 확인합니다.

입력

```
banking_c_data = pd.read_csv('bank-full.csv',sep=';')
banking_c_data.head()
```

출력

	age	job	marital	education	default	balance	housing	loan	contact
0	58	management	married	tertiary	no	2143	yes	no	unknown
1	44	technician	single	secondary	no	29	yes	no	unknown
2	33	entrepreneur	married	secondary	no	2	yes	yes	unknown
3	47	blue-collar	married	unknown	no	1506	yes	no	unknown
4	33	unknown	single	unknown	no	1	no	no	unknown

day	month	duration	campaign	pdays	previous	poutcome	y
5	may	261	1	-1	0	unknown	no
5	may	151	1	-1	0	unknown	no
5	may	76	1	-1	0	unknown	no
5	may	92	1	-1	0	unknown	no
5	may	198	1	-1	0	unknown	no

이어서 수치 데이터의 통계량을 산출합니다.

입력

```
banking_c_data.describe()
```

출력

	age	balance	day	duration	campaign	pdays	previous
count	45211.000000	45211.000000	45211.000000	45211.000000	45211.000000	45211.000000	45211.000000
mean	40.936210	1362.272058	15.806419	258.163080	2.763841	40.197828	0.580323
std	10.618762	3044.765829	8.322476	257.527812	3.098021	100.128746	2.303441
min	18.000000	-8019.000000	1.000000	0.000000	1.000000	-1.000000	0.000000
25%	33.000000	72.000000	8.000000	103.000000	1.000000	-1.000000	0.000000
50%	39.000000	448.000000	16.000000	180.000000	2.000000	-1.000000	0.000000
75%	48.000000	1428.000000	21.000000	319.000000	3.000000	-1.000000	0.000000
max	95.000000	102127.000000	31.000000	4918.000000	63.000000	871.000000	275.000000

[예제 2]

yes와 no의 비율을 계산합니다.

입력

```
col_name_list = ['job','marital','education','default','housing','loan']
for col_name in col_name_list:
    print('--------------- ' + col_name + ' ----------------------')
    print(banking_c_data.groupby([col_name,'y'])['y'].count().unstack() / banking_c_data.groupby(['y'])
['y'].count()*100)
```

출력

```
--------------- job ----------------------
y                   no          yes
job
admin.        11.372176    11.930422
blue-collar   22.604078    13.386273
entrepreneur   3.416662     2.325581
housemaid      2.833024     2.060881
management    20.432343    24.598223
retired        4.378538     9.756098
self-employed  3.486799     3.535640
services       9.480988     6.976744
student        1.675768     5.086028
technician    16.925505    15.882019
unemployed     2.757878     3.819247
unknown        0.636241     0.642844
--------------- marital ----------------------
y                   no          yes
marital
divorced      11.484896    11.760257
married       61.266971    52.089242
single        27.248134    36.150501
--------------- education ----------------------
y                   no          yes
education
primary       15.680577    11.174135
secondary     51.981364    46.322556
tertiary      28.317720    37.738703
unknown        4.020340     4.764606
--------------- default ----------------------
```

```
y                     no          yes
default
no             98.088773   99.016827
yes             1.911227    0.983173
--------------- housing ---------------
y                     no          yes
housing
no             41.899203   63.414634
yes            58.100797   36.585366
--------------- loan ---------------
y                     no          yes
loan
no             83.066981   90.848932
yes            16.933019    9.151068
```

[예제 3]

설명변수를 선택하고 더미변수 banking_c_data_dummy로 변환합니다. 이런 작업이 필요한 이유는 418쪽 "더미 변수와 다중공선성"을 참고하기 바랍니다.

입력

```
banking_c_data_dummy = pd.get_dummies(banking_c_data[['job','marital','education','default',
'housing','loan']])
banking_c_data_dummy.head()
```

출력

	job_admin.	job_blue-collar	job_entrepreneur	job_housemaid	job_management	job_retired
0	0	0	0	0	1	0
1	0	0	0	0	0	0
2	0	0	1	0	0	0
3	0	1	0	0	0	0
4	0	0	0	0	0	0

5 rows × 25 columns

job_self-employed	job_services	job_student	job_technician	...	education_primary	education_secondary
0	0	0	0	...	0	0
0	0	0	1	...	0	1
0	0	0	0	...	0	1
0	0	0	0	...	0	0
0	0	0	0	...	0	0

education_tertiary	education_unknown	default_no	default_yes	housing_no	housing_yes	loan_no	loan_yes
1	0	1	0	0	1	1	0
0	0	1	0	0	1	1	0
0	0	1	0	0	1	0	1
0	1	1	0	0	1	1	0
0	1	1	0	1	0	1	0

목표변수는 y인데 값이 yes 또는 no와 같은 문자형입니다. 변수로 활용하기 위해
yes가 1, no가 0인 변수 flg를 만들어 둡니다.

입력

```
# 목표변수:flg 변수를 만들어 값 변환
banking_c_data_dummy['flg'] = banking_c_data['y'].map(lambda x: 1 if x =='yes' else 0)
```

이제 모델을 구축합시다. 설명변수는 age, balance, campaign을 선택합니다.

입력

```
# 로지스틱회귀
from sklearn.linear_model import LogisticRegression
# SVM
from sklearn.svm import LinearSVC
# 의사결정나무
from sklearn.tree import DecisionTreeClassifier
# k-NN
from sklearn.neighbors import KNeighborsClassifier
# 랜덤 포레스트
from sklearn.ensemble import RandomForestClassifier

# 데이터 분할(훈련 데이터와 테스트 데이터로 분할)
from sklearn.model_selection import train_test_split

# 오차행렬과 기타 지표
from sklearn.metrics import confusion_matrix
from sklearn.metrics import precision_score,recall_score,f1_score

# 설명변수
X = pd.concat([banking_c_data_dummy.drop('flg', axis=1),banking_c_data[['age','balance','campaign']]]
             ,axis=1)
# 목표변수
Y = banking_c_data_dummy['flg']

X_train, X_test, y_train, y_test = train_test_split(
    X, Y, stratify = Y, random_state=0)

for model in [LogisticRegression(),LinearSVC(),
             DecisionTreeClassifier(),
             KNeighborsClassifier(n_neighbors=5),
             RandomForestClassifier()]:

    fit_model = model.fit(X_train,y_train)
    pred_y = fit_model.predict(X_test)
    confusion_m = confusion_matrix(y_test,pred_y)

    print('train:',fit_model.__class__.__name__ ,fit_model.score(X_train,y_train))
    print('test:',fit_model.__class__.__name__ , fit_model.score(X_test,y_test))
    print('Confution matrix:\n{}'.format(confusion_m))
    print('정밀도: %.3f' % precision_score(y_true=y_test,y_pred=pred_y))
    print('재현도: %.3f' % recall_score(y_true=y_test,y_pred=pred_y))
    print('F1값: %.3f' % f1_score(y_true=y_test,y_pred=pred_y))
```

```
train: LogisticRegression 0.8828300106169635
test: LogisticRegression 0.883128372998319
Confution matrix:
[[9981 0]
 [1321 1]]
정밀도: 1.000
재현도: 0.001
F1 값: 0.002
train: LinearSVC 0.8810015335614014
test: LinearSVC 0.8812704591701318
Confution matrix:
[[9955 26]
 [1316 6]]
정밀도:0.188
재현도:0.005
F1 값:0.009
train: DecisionTreeClassifier 0.9943966025716645
test: DecisionTreeClassifier 0.8137662567459967
Confution matrix:
[[8833 1148]
 [ 957 365]]
정밀도:0.241
재현도:0.276
F1 값:0.257
train: KNeighborsClassifier 0.8984015571546538
test: KNeighborsClassifier 0.868530478633991
Confution matrix:
[[9681 300]
 [1186 136]]
정밀도:0.312
재현도:0.103
F1 값:0.155
train: RandomForestClassifier 0.9763477645393418
test: RandomForestClassifier 0.8732194992479873
Confution matrix:
[[9633 348]
 [1085 237]]
정밀도:0.405
재현도:0.179
F1 값:0.249
```

※ 실습 후 각 모델의 점수가 책의 내용과 약간 다를 수 있습니다.

결과로부터 의사결정나무, k-NN, 랜덤 포레스트를 선택합니다.

[예제 4]

의사결정나무, k-NN, 랜덤 포레스트에 대해 ROC 곡선과 AUC를 산출합니다.

입력

```
from sklearn.metrics import roc_curve,roc_auc_score

for model in [DecisionTreeClassifier(),KNeighborsClassifier(n_neighbors=5)
```

```
                        ,RandomForestClassifier()]:

    fit_model = model.fit(X_train,y_train)
    method = fit_model.__class__.__name__
    fpr,tpr,thresholds = roc_curve(y_test,fit_model.predict_proba(X_test)[:,1])
    auc = roc_auc_score(y_test,fit_model.predict_proba(X_test)[:,1])

    plt.plot(fpr,tpr,label=method+', AUC:' + str(round(auc,3)))
    plt.legend(loc=4)
# 모델 없음(null 모델)
plt.plot([0, 1], [0, 1],color='black', lw= 0.5, linestyle='--')
```

출력

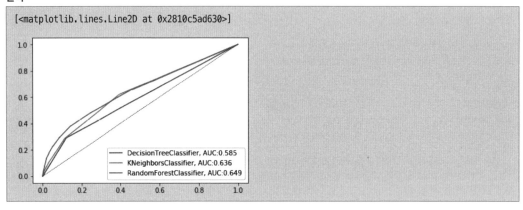

그래프 오른쪽 밑에 각 모델의 AUC가 계산되어 있습니다. 랜덤 포레스트 결과가 가
장 높습니다.

더미 변수와 다중공선성
※ 행렬계산을 잘 모르는 사람들은 건너 뛰어도 됩니다.

위의 해답에서는 더미 변수를 그대로 투입해 모델을 구축했습니다. 그런데
이렇게 해도 괜찮을까요? 8.2 "다중회귀"에서 다중공선성을 설명했는데
여기에서는 더미 변수를 다룰 때 주의할 점을 설명하겠습니다.

우선 다음 표와 같은 예를 수식으로 생각해 봅시다. k개의 범주를 갖는 변
수를 더미 변수로 변환할 때 k개 더미 변수를 그대로 이용하면 다중공선성
이 발생하는 사실을 구체적인 예를 통해 확인해 봅시다.

어떤 슈퍼마켓의 하루 평균 아이스크림 판매 수량을 y, 일 평균기온을 x_1,
날씨를 z(3개의 범주, 맑음, 흐림, 비)를 이용해 다중회귀 분석한다고 합
시다.

데이터 No	y(수량)	x_1(℃)	z
1	903	21	흐림
2	1000	27	맑음
3	1112	22	비
4	936	19	흐림
5	1021	23	맑음
...	...	...	...
N	y_n	x_n	z_n

날씨 z를 맑음 x_2, 흐림 x_3, 비 x_4로 더미 변수를 만듭니다. 이때 더미 변수 2개를 알면 나머지 하나의 더미 변수도 알 수 있기 때문에 설명변수에 더미 변수 3개를 모두 포함시킬 필요가 없습니다.

실제 $x_4 = -x_2 - x_3 + 1$의 관계가 성립합니다. 이 관계에서 x_2, x_3, x_4가 모두 다중회귀의 설명변수에 포함되면 최소제곱값을 추정하기 어렵습니다.

다중회귀식 $y = b_0 + b_1 x_1 + b_2 x_2 + b_3 x_3 + b_4 x_4$를 생각해 봅시다. 훈련 데이터를 이용해

데이터 No	y(수량)	x_1(℃)	z	x_2	x_3	x_4
1	903	21	흐림	0	1	0
2	1000	27	맑음	1	0	0
3	1112	22	비	0	0	1
4	936	19	흐림	0	1	0
5	1021	23	맑음	1	0	0
⋯	⋯	⋯	⋯	⋯	⋯	⋯
N	y_n	x_n	z_n	x_{2n}	x_{3n}	x_{3n}

$$
\boldsymbol{y} = \begin{pmatrix} y_1 \\ y_2 \\ \vdots \\ y_n \end{pmatrix}, \quad X = (\boldsymbol{1}, \boldsymbol{x}_1, \boldsymbol{x}_2, \boldsymbol{x}_3, \boldsymbol{x}_4) = \begin{pmatrix} 1 & x_{11} & x_{21} & x_{31} & x_{41} \\ \vdots & \vdots & \vdots & \vdots & \vdots \\ 1 & x_{1n} & x_{2n} & x_{3n} & x_{4n} \end{pmatrix} \tag{식 A-2-1}
$$

으로 정리하면 계수 $b_0, b_1, \cdots, b_4$의 최소제곱 추정값은

$$
\begin{pmatrix} b_0 \\ b_1 \\ \vdots \\ b_4 \end{pmatrix} = ({}^t X X)^{-1} {}^t X \boldsymbol{y} \tag{식 A-2-2}
$$

으로 표현할 수 있습니다. 그런데 $x_4 = -x_2 - x_3 + 1$ 관계에서 ${}^t X X$ 행렬식이 0이 되어 역행렬이 존재하지 않는다는 사실을 다음 식을 통해 알 수 있습니다.

$$
|{}^t X X| = \left| \begin{pmatrix} {}^t \boldsymbol{1} \\ {}^t \boldsymbol{x}_1 \\ {}^t \boldsymbol{x}_2 \\ {}^t \boldsymbol{x}_3 \\ {}^t \boldsymbol{x}_4 \end{pmatrix} X \right| = \left| \begin{matrix} {}^t \boldsymbol{1} X \\ {}^t \boldsymbol{x}_1 X \\ {}^t \boldsymbol{x}_2 X \\ {}^t \boldsymbol{x}_3 X \\ {}^t \boldsymbol{x}_4 X \end{matrix} \right| = \left| \begin{matrix} {}^t \boldsymbol{1} X \\ {}^t \boldsymbol{x}_1 X \\ {}^t \boldsymbol{x}_2 X \\ {}^t \boldsymbol{x}_3 X \\ {}^t \boldsymbol{x}_4 X + {}^t \boldsymbol{x}_2 X + {}^t \boldsymbol{x}_3 X \end{matrix} \right| = \left| \begin{matrix} {}^t \boldsymbol{1} X \\ {}^t \boldsymbol{x}_1 X \\ {}^t \boldsymbol{x}_2 X \\ {}^t \boldsymbol{x}_3 X \\ {}^t \boldsymbol{1} X \end{matrix} \right| = 0 \tag{식 A-2-3}
$$

위의 수식 3번째 등호에서 4행에 2행, 3행을 더해도 행렬식은 변하지 않는다는 성질을 이용해, 4번째 등호에서 $x_4 = -x_2 - x_3 + 1$ 관계를 이용합니다. 이처럼 행렬식이 0이 되어 최소제곱추정값은 존재하지 않습니다. 따라서 최소제곱추정값을 구하기 위해서는 더미 변수를 하나 누락시킬(예를 들어 x_4) 필요가 있습니다.

이번에는 범주가 3개로 구성되는 변수를 이용했는데 일반적으로 n개의 범주가 있는 변수에서 n개 더미 변수 모두 사용하면 마찬가지로 행렬식이 0이 됩니다. 다중회귀 분석에서는 다중공선성 문제가 발생할 수 있으므로 설명변수로 범주형 변수를 사용할 경우 주의합시다. 판다스로 더미 변수를 만들 때 이용하는 get_dummies 함수에는 drop_first 파라미터로 첫 번째 더미 변수를 제거할 수 있으므로 필요할 때 이용하기 바랍니다.

지금까지 설명한 내용은 참고문헌 A-36, B-28에서 확인하기 바랍니다.

종합문제해답(4)

다양한 접근 방식이 있는데 여기에서는 비지도학습과 지도학습을 혼합한 하이브리드 방식을 시도해 봅시다. 먼저 군집 분석을 해봅시다. 군집의 수는 5로 지정합니다.

입력

```
# 임포트
from sklearn.cluster import KMeans

# KMeans 객체 초기화
kmeans_pp = KMeans(n_clusters=5)

# 군집 중심 계산
kmeans_pp.fit(X_train_std)

# 군집 번호 예측
y_train_cl = kmeans_pp.fit_predict(X_train_std)
```

※ 실습 결과는 책의 내용과 다소 상이할 수 있습니다.

훈련 데이터로 구축한 모델을 테스트 데이터에 적용합니다.

입력

```
# 테스트 데이터로 군집 번호 예측
y_test_cl = kmeans_pp.fit_predict(X_test_std)
```

모델 구축에 이용하기 위해 군집 번호 변수로 변환합니다.

입력

```
# 훈련 데이터에서 소속된 군집 번호를 더미 변수로 변환
cl_train_data = pd.DataFrame(y_train_cl,columns=['cl_nm']).astype(str)
cl_train_data_dummy = pd.get_dummies(cl_train_data)
cl_train_data_dummy.head()
```

출력

	cl_nm_0	cl_nm_1	cl_nm_2	cl_nm_3	cl_nm_4
0	0	1	0	0	0
1	1	0	0	0	0
2	0	1	0	0	0
3	0	0	0	1	0
4	0	1	0	0	0

입력

```
# 테스트 데이터에서 소속된 군집 번호를 더미 변수로 변환
cl_test_data = pd.DataFrame(y_test_cl,columns=['cl_nm']).astype(str)
cl_test_data_dummy = pd.get_dummies(cl_test_data)
cl_test_data_dummy.head()
```

	cl_nm_0	cl_nm_1	cl_nm_2	cl_nm_3	cl_nm_4
0	1	0	0	0	0
1	0	0	1	0	0
2	0	0	1	0	0
3	1	0	0	0	0
4	0	0	1	0	0

다음은 목표변수 데이터와 설명변수 데이터를 정리합니다.

입력

```
# 훈련 데이터에 데이터 결합
merge_train_data = pd.concat([
        pd.DataFrame(X_train_std),
        cl_train_data_dummy,
        pd.DataFrame(y_train,columns=['flg'])
    ], axis=1)

# 테스트 데이터에 데이터 결합
merge_test_data = pd.concat([
        pd.DataFrame(X_test_std),
        cl_test_data_dummy,
        pd.DataFrame(y_test,columns=['flg'])
    ], axis=1)

merge_train_data.head()
```

출력

	0	1	2	3	4	5	6	7
0	−0.500746	−0.629604	−0.510598	−0.508655	−0.326770	−0.678037	−0.702917	−0.673290
1	0.948356	0.011070	0.931367	0.814498	−0.473158	0.297845	0.191520	0.649428
2	−1.005023	−0.151387	−1.005709	−0.884654	0.755356	−0.706644	−0.840513	−0.798055
3	−1.634260	0.326831	−1.551415	−1.243587	−0.159571	0.500562	0.556308	−0.699663
4	−0.254149	−0.789772	−0.314642	−0.325885	−0.801097	−0.976997	−1.115819	−1.166748

5 rows × 36 columns

8	9	...	26	27	28	29	cl_nm_0	cl_nm_1
−0.323201	−0.513532	...	−0.494471	−0.429224	−0.465020	−0.447715	0	1
−1.114571	−1.117685	...	0.387699	1.175397	0.053685	−0.302163	1	0
−1.203323	0.466252	...	−0.915127	−0.748055	−1.142683	−0.316267	0	1
1.533191	2.838587	...	1.303103	−0.546019	0.712943	3.642956	0	0
−0.648624	−0.542097	...	−1.272052	−1.350424	−0.409803	−0.009932	0	1

cl_nm_2	cl_nm_3	cl_nm_4	flg
0	0	0	1
0	0	0	0
0	0	0	1
0	1	0	1
0	0	0	1

다음은 주성분 분석을 이용해 어떤 원소수에서의 점수가 좋은지 계산합니다.

입력

```
from sklearn.metrics import confusion_matrix

model = LogisticRegression()
X_train_data = merge_train_data.drop('flg', axis=1)
X_test_data = merge_test_data.drop('flg', axis=1)

y_train_data = merge_train_data['flg']
y_test_data = merge_test_data['flg']

# 주성분 분석
from sklearn.decomposition import PCA

best_score = 0
best_num = 0

for num_com in range(8):
    pca = PCA(n_components=num_com+1)
    pca.fit(X_train_data)
    X_train_pca = pca.transform(X_train_data)
    X_test_pca = pca.transform(X_test_data)

    logistic_model = model.fit(X_train_pca,y_train_data)

    train_score = logistic_model.score(X_train_pca,y_train_data)
    test_score = logistic_model.score(X_test_pca,y_test_data)

    if best_score < test_score:
        best_score = test_score
        best_num = num_com+1

print('best score:',best_score)
print('best num componets:',best_num)
```

출력

```
best score: 0.965034965034965
best num componets: 8
```

※ best score는 다소 차이가 있습니다.

군집 분석과 주성분 분석 결과를 이용해 정확도가 96.5%로 개선되었습니다.

단순히 정확도를 높이는 목적뿐만 아니라 마케팅 분석에서도 비지도학습에 지도학습 방식을 더해 활용할 때가 있습니다. 비지도학습인 군집 분석을 사용해 각 군집의 특성을 파악한 뒤, 각 군집별로 어떤 상품의 구매자와 비구매자 비율을 예측할 경우 지도학습을 이용합니다. 이러한 접근 방식 외에도 다양한 아이디어가 있을 수 있으므로 데이터를 분석할 때 검토하기 바랍니다.

종합문제해답(5)

[예제 1]

읽어 들인 데이터에 na가 있으므로 fillna을 이용해(ffill을 파라미터로 설정), 이웃하는 직전 값으로 대체합니다.

입력

```
fx_jpusdata_full = fx_jpusdata.fillna(method='ffill')
fx_useudata_full = fx_useudata.fillna(method='ffill')
```

[예제 2]

기본 통계량을 확인합니다.

입력

```
print(fx_jpusdata_full.describe())
print(fx_useudata_full.describe())
```

출력

	DEXJPUS
count	4174.000000
mean	105.775220
std	14.612526
min	75.720000
25%	95.365000
50%	108.105000
75%	118.195000
max	134.770000

	DEXUSEU
count	4174.000000
mean	1.239633
std	0.165265
min	0.837000
25%	1.128100
50%	1.274700
75%	1.352575
max	1.601000

시계열 데이터이므로 시각화해봅시다.

입력

```
fx_jpusdata_full.plot()
fx_useudata_full.plot()
```

각 그래프에 특징이
있는 것 같습니다.

출력

<matplotlib.axes._subplots.AxesSubplot at 0x2810cc63b70>

[예제 3]

이번에는 전날 값과의 비율을 구하고 히스토그램으로 나타내 봅시다.

입력

```
fx_jpusdata_full_r = (fx_jpusdata_full - fx_jpusdata_full.shift(1)) / fx_jpusdata_full.shift(1)
fx_useudata_full_r = (fx_useudata_full - fx_useudata_full.shift(1)) / fx_useudata_full.shift(1)

fx_jpusdata_full_r.hist(bins=30)
fx_useudata_full_r.hist(bins=30)
```

출력

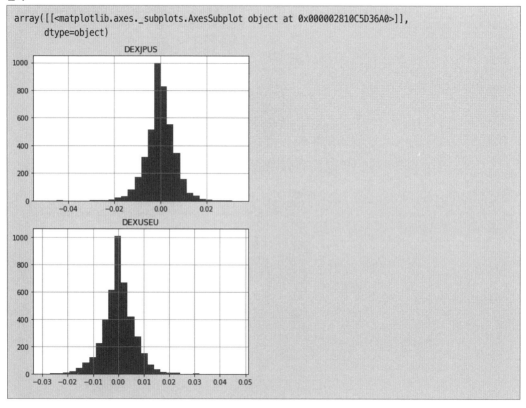

[예제 4]

전날뿐만 아니라 2일 전, 3일 전과도 비교하기 위한 데이터를 만들어 봅시다.

입력

```
merge_data_jpusdata = pd.concat([
        fx_jpusdata_full,
        fx_jpusdata_full.shift(1),
        fx_jpusdata_full.shift(2),
        fx_jpusdata_full.shift(3)
    ], axis=1)
```

```
merge_data_jpusdata.columns =['today','pre_1','pre_2','pre_3']
merge_data_jpusdata_nona = merge_data_jpusdata.dropna()
merge_data_jpusdata_nona.head()
```

출력

	today	pre_1	pre_2	pre_3
DATE				
2001-01-05	116.19	115.47	114.26	114.73
2001-01-08	115.97	116.19	115.47	114.26
2001-01-09	116.64	115.97	116.19	115.47
2001-01-10	116.26	116.64	115.97	116.19
2001-01-11	117.56	116.26	116.64	115.97

이제 모델을 구축합시다.

입력

```
from datetime import datetime, date, timedelta
from dateutil.relativedelta import relativedelta

# 모델
from sklearn import linear_model

# 모델 초기화
l_model = linear_model.LinearRegression()

pre_term = '2016-11'
pos_term = '2016-12'

for pre_list in (['pre_1'],['pre_1','pre_2'],['pre_1','pre_2','pre_3']):

    print(pre_list)
    train = merge_data_jpusdata_nona[pre_term]
    X_train = pd.DataFrame(train[pre_list])
    y_train = train['today']

    test = merge_data_jpusdata_nona[pos_term]
    X_test = pd.DataFrame(test[pre_list])
    y_test = test['today']

    # 모델 적합
    fit_model = l_model.fit(X_train,y_train)
    print('train:',fit_model.__class__.__name__ , fit_model.score(X_train,y_train))
    print('test:',fit_model.__class__.__name__ , fit_model.score(X_test,y_test))
```

출력

```
['pre_1']
train: LinearRegression 0.9493027692165822
test: LinearRegression 0.5687852242036819
['pre_1', 'pre_2']
train: LinearRegression 0.9494020654841917
test: LinearRegression 0.5627029016415758
['pre_1', 'pre_2', 'pre_3']
train: LinearRegression 0.9509299545649994
test: LinearRegression 0.5404389520765218
```

결과를 보면 훈련 데이터와 테스트 데이터 사이에 큰 차이가 있어 과적합이 발생한 것 같습니다. 그 밖에 정밀도와 재현도 등도 확인합니다. 환율 데이터와 금융 상품 가격 예측은 어렵다고 알려져 있으며, 머신러닝 이외에도 다양한 접근 방식이 연구 되고 있습니다.

종합문제해답(6)

[예제 1]

예시 코드는 데이터를 수집했다고 가정하고 해당 경로에서 규칙성 있는 파일 이름
을 찾아낸 뒤 그 데이터들을 병합합니다. glob 함수는 유닉스 셸 규칙을 사용해 파
일 이름 등의 패턴을 비교합니다. 단, 모든 데이터를 분석할 수 있는지는 PC 사양이
나 환경에 따라 다를 수 있기 때문에 1980년대 데이터만을 대상으로 합니다.

입력

```
# path 입력
path =r'데이터를 다운로드한 폴더 경로'

# 데이터 결합 작업
import glob
import pandas as pd

# 경로상에서 198부터 시작하는 임의의 csv 파일이 대상
allFiles = glob.glob(path + '/198*.csv')
data_frame = pd.DataFrame()
list_ = []
for file_ in allFiles:
    print(file_)
    df = pd.read_csv(file_,index_col=None, header=0,encoding ='ISO-8859-1' )
    list_.append(df)
frame_198 = pd.concat(list_)
```

출력

```
C:/Users/choijaewon/DataScience\airOT198710.csv
C:/Users/choijaewon/DataScience\airOT198711.csv
C:/Users/choijaewon/DataScience\airOT198712.csv
<이하 생략>
```

※ 실습 결과는 책의 내용과 다소 상이할 수 있습니다.

1000만 행 이상이고, 데이터 크기가 2-3G 정도입니다. 읽어 들인 데이터를 확인합
시다.

입력(다섯 행 출력)

```
frame_198.head()
```

출력

	YEAR	MONTH	DAY_OF_MONTH	DAY_OF_WEEK	FL_DATE	UNIQUE_CARRIER	TAIL_NUM	FL_NUM
0	1987	10	1	4	1987-10-01	AA	NaN	1
1	1987	10	2	5	1987-10-02	AA	NaN	1
2	1987	10	3	6	1987-10-03	AA	NaN	1
3	1987	10	4	7	1987-10-04	AA	NaN	1
4	1987	10	5	1	1987-10-05	AA	NaN	1

5 rows × 45 columns

ORIGIN_AIRPORT_ID	ORIGIN	...	AIR_TIME	FLIGHTS	DISTANCE	DISTANCE_GROUP	CARRIER_DELAY
12478	JFK	...	NaN	1.0	2475.0	10	NaN
12478	JFK	...	NaN	1.0	2475.0	10	NaN
12478	JFK	...	NaN	1.0	2475.0	10	NaN
12478	JFK	...	NaN	1.0	2475.0	10	NaN
12478	JFK	...	NaN	1.0	2475.0	10	NaN

WEATHER_DELAY	NAS_DELAY	SECURITY_DELAY	LATE_AIRCRAFT_DELAY	Unnamed: 44	
NaN	NaN	NaN	NaN	NaN
NaN	NaN	NaN	NaN	NaN
NaN	NaN	NaN	NaN	NaN
NaN	NaN	NaN	NaN	NaN
NaN	NaN	NaN	NaN	NaN

입력(컬럼 확인)

```
frame_198.info()
```

출력

```
<class 'pandas.core.frame.DataFrame'>
Int64Index: 11555122 entries, 0 to 429489
Data columns (total 45 columns):
 #   Column             Dtype
---  ------             -----
 0   YEAR               int64
 1   MONTH              int64
 2   DAY_OF_MONTH       int64
 3   DAY_OF_WEEK        int64
 4   FL_DATE            object
 5   UNIQUE_CARRIER     object
 6   TAIL_NUM           float64
 7   FL_NUM             int64
 8   ORIGIN_AIRPORT_ID  int64
 9   ORIGIN             object
 10  ORIGIN_STATE_ABR   object
 11  DEST_AIRPORT_ID    int64
 12  DEST               object
 13  DEST_STATE_ABR     object
 14  CRS_DEP_TIME       int64
 15  DEP_TIME           float64
 16  DEP_DELAY          float64
 17  DEP_DELAY_NEW      float64
 18  DEP_DEL15          float64
 19  DEP_DELAY_GROUP    float64
 20  TAXI_OUT           float64
 21  WHEELS_OFF         float64
 22  WHEELS_ON          float64
 23  TAXI_IN            float64
 24  CRS_ARR_TIME       int64
 25  ARR_TIME           float64
 26  ARR_DELAY          float64
 27  ARR_DELAY_NEW      float64
 28  ARR_DEL15          float64
```

```
29   ARR_DELAY_GROUP       float64
30   CANCELLED             float64
31   CANCELLATION_CODE     float64
32   DIVERTED              float64
33   CRS_ELAPSED_TIME      float64
34   ACTUAL_ELAPSED_TIME   float64
35   AIR_TIME              float64
36   FLIGHTS               float64
37   DISTANCE              float64
38   DISTANCE_GROUP        int64
39   CARRIER_DELAY         float64
40   WEATHER_DELAY         float64
41   NAS_DELAY             float64
42   SECURITY_DELAY        float64
43   LATE_AIRCRAFT_DELAY   float64
44   Unnamed: 44           float64
dtypes: float64(29), int64(10), object(6)
memory usage: 4.0+ GB
```

다음은 월별 데이터의 행 수를 확인합시다.

입력

```
frame_198.groupby('MONTH')['MONTH'].count()
```

출력

```
MONTH
1     876972
2     807755
3     880261
4     832929
5     852076
6     837592
7     858284
8     872854
9     839143
10    1327424
11    1261485
12    1308347
Name: MONTH, dtype: int64
```

출발 지연 시간은 DEP_DELAY입니다. 월별 평균은 다음과 같습니다.

입력

```
frame_198.groupby('MONTH')['DEP_DELAY'].mean()
```

출력

```
MONTH
1     9.141626
2     8.547549
3     8.410706
4     5.590123
5     6.579554
6     7.878035
7     7.567266
8     7.348758
9     5.235265
10    5.650389
```

```
11      7.261977
12      10.510423
Name: DEP_DELAY, dtype: float64
```

[예제 2]

연도별, 월별 출발 지연 시간 추이를 그래프로 확인합시다.

입력

```
year_month_avg_arrdelay = frame_198.groupby(['YEAR','MONTH'])['ARR_DELAY'].mean()

pd.DataFrame(year_month_avg_arrdelay).unstack().T.plot(figsize=(10,6))
plt.legend(loc='best')
plt.xticks([i for i in range(0,12)],[i for i in range(1,13)])
plt.grid(True)
```

출력

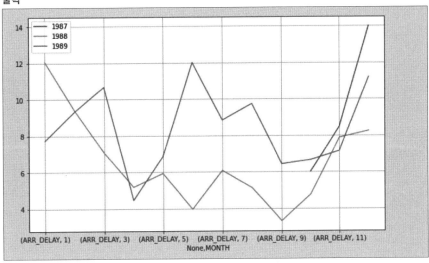

매년 12월, 1월에 가장 많이 지연됩니다. 연말연시에 지연이 많이 생기는 현상은 직관적으로 이해할 수 있습니다. 또한 6월에도 지연이 많이 발생합니다. 지연 시간은 계절과 관련있는 것 같습니다. 여기에서는 실습하지 않지만 이상값, 최댓값, 최솟값 등도 확인합시다. 최댓값이 너무 크거나 최솟값이 너무 작은 경우도 있는 것 같습니다.

[예제 3]

항공사에 따라(UNIQUE_CARRIER), ARR_DELAY(연착)에 차이가 있을까요? 확인해 봅시다.

```
frame_198.groupby(['UNIQUE_CARRIER'])['ARR_DELAY'].mean()
```

출력

```
UNIQUE_CARRIER
AA          5.185821
AS          8.130452
CO          6.306340
DL          7.812319
EA          7.485808
HP          5.519779
NW          7.315993
PA (1)      8.957254
PI         10.464421
PS          9.261881
TW          7.807424
UA          9.192974
US         10.086836
WN          5.204949
Name: ARR_DELAY, dtype: float64
```

PI 항공사의 연착 데이터가 눈에 띕니다. 다음은 출발지나 목적지별 차이입니다. 상
당히 많은 차이가 발생합니다.

입력

```
origin_avg_arrdelay = pd.DataFrame(frame_198.groupby(['ORIGIN'])['ARR_DELAY'].mean()).reset_index()
origin_avg_arrdelay.head()
```

출력

	ORIGIN	ARR_DELAY
0	ABE	7.038219
1	ABI	NaN
2	ABQ	5.801788
3	ACV	24.472067
4	ACY	7.222222

입력

```
dest_avg_arrdelay = pd.DataFrame(frame_198.groupby(['DEST'])['ARR_DELAY'].mean()).reset_index()
dest_avg_arrdelay.head()
```

출력

	DEST	ARR_DELAY
0	ABE	8.379866
1	ABQ	5.432439
2	ACV	22.814286
3	ACY	12.599061
4	AGS	7.680647

이번에는 연착 시간을 예측하기 위한 간단한 모델을 구축해 봅시다.

입력

```
analysis_data = frame_198[['DEP_DELAY','DISTANCE','ARR_DELAY']]
```

NA는 분석 대상에서 제외합니다. 6장에서 언급했지만 실무에서는 결측값을 어떻게 다룰지 확실하게 논의하고 진행해야 합니다.

입력

```
analysis_data_full = analysis_data.dropna()

X = analysis_data_full[['DEP_DELAY','DISTANCE']]
Y = analysis_data_full['ARR_DELAY']

# 데이터 분할(훈련 데이터와 테스트 데이터로 분할)
from sklearn.model_selection import train_test_split

# 모델
from sklearn import linear_model

# 모델 인스턴스
l_model = linear_model.LinearRegression()

# 훈련 데이터와 테스트 데이터로 분할
X_train, X_test, y_train, y_test = train_test_split(X, Y, test_size=0.5,random_state=0)

# 모델 적합
fit_model = l_model.fit(X_train,y_train)
print('train:',fit_model.__class__.__name__ ,fit_model.score(X_train,y_train))
print('test:',fit_model.__class__.__name__ , fit_model.score(X_test,y_test))

# 편회귀계수
print(pd.DataFrame({'Name':X.columns,
                    'Coefficients':fit_model.coef_}).sort_values(by='Coefficients') )

# 절편
print(fit_model.intercept_)
```

출력

```
train: LinearRegression 0.6828664462711073
test: LinearRegression 0.6785948960385779
       Name  Coefficients
1  DISTANCE     -0.000968
0  DEP_DELAY     0.926172
1.4425155138499806
```

부록 3 참고문헌·참고 URL

※ 번역서가 있는 경우는 번역서로 표기하고, 번역서가 없는 경우 원제를 표기했으며 일서는 이해를 돕기 위해 제목을 번역해 넣었다.

A.3.1 참고문헌

[A-1]

- 《最強のデータ分析組織 なぜ大阪ガスは成功したのか(최강의 데이터 분석 조직. 오사카 가스는 왜 성공했는가)》(日経BP社刊, ISBN: 978-4822258917)
- 《機械脳の時代———データサイエンスは戦略・組織・仕事をどう変えるのか?(인공지능의 시대: 데이터 과학은 전략·조직·업무를 어떻게 변화시키는가?)》(ダイヤモンド社刊, ISBN: 978-4478039373)
- 《アクセンチュアのプロフェッショナルが教えるデータ・アナリティクス実践講座(액센츄어 전문가가 알려주는 데이터 분석 실천 강좌)》(翔泳社刊, ISBN: 978-4798143446)
- 《会社を変える分析の力(회사를 바꾸는 분석의 힘)》(講談社刊, ISBN: 978-4062882187)
- 《빅데이터에서 천금의 기회를 캐라》(에이콘출판, 2014)
- 《データサイエンティストの秘密ノート: 35の失敗事例と克服法(데이터 과학자의 비밀노트: 35가지 실패 사례와 해결 방법)》(SB크리에이티브, ISBN: 978-4797389623)

(옮긴이) 데이터 과학으로 실제 비즈니스 문제를 해결하는 사례 위주의 책으로는 아래와 같은 책이 있습니다. 여기에서 소개한 책 외에도 '데이터 과학자' '데이터 사이언티스트'를 키워드로 더 검색해 보기 바랍니다.

- 《빅데이터 비즈니스 이해와 활용: 빅데이터 비즈니스를 알고 싶은 경영학도와 일반 독자를 위한 입문서》(위즈하임, 2018)
- 《비즈니스를 위한 데이터 과학: 빅데이터를 바라보는 데이터 마이닝과 분석적 사고》(한빛미디어, 2014)
- 《빅 데이터가 만드는 비즈니스 미래 지도: 미래 경제를 움직이는 거대한 데이터 혁명》(한스미디어, 2012)

[A-2]

- 《말로만 말고 숫자를 대봐: 빅 데이터 시대를 앞서가는 경쟁력 분석능력을 키워라》(엠지엠티북스, 2013)

- 《Commercial Data Mining: Processing, Analysis and Modeling for Predictive Analytics Projects》(David Nettleton, MK)

[A-3]

- 《머신러닝 실무 프로젝트: 실전에 필요한 머신러닝 시스템 설계, 데이터 수집, 효과 검증 노하우》(한빛미디어, 2018)

[A-4]

- 《Python Tutorial》(Guido van Rossum, Createspace Independent Publishing Platform)
- 《러닝 파이썬》(제이펍, 2018)
- 《처음 시작하는 파이썬: 파이썬 패키지를 활용한 모던 컴퓨팅 입문》(한빛미디어, 2020)

[A-5]

- 《統計学入門, 基礎統計学 I (통계학 입문, 기초통계학 I)》(도쿄대학출판사, ISBN: 978-4130420655)
- 《統計学(통계학)》(도쿄대학출판사, ISBN: 978-4130629218)
- 《統計学 改訂版(통계학 개정판)》(有斐閣刊, ISBN: 978-4641053809)

[A-6]

- 《線形代数学(新装版)(선형대수학 개정판)》(日本評論社刊, ISBN: 978-4535786547)
- 《入門線形代数(입문 선형대수)》(培風館刊, ISBN: 978-4563002169)
- 《明解演習 線形代数(명쾌한 해석 선형대수)》(共立出版刊, ISBN: 978-4320010789)
- 《明解演習 微分積分(명쾌한 해석 미적분)》(共立出版刊, ISBN: 978-4320013322)
- 《キーポイント多変数の微分積分(키 포인트 다변수 함수의 미분)》(岩波書店刊, ISBN: 978-4000078672)
- 《やさしく学べる微分方程式(쉽게 배우는 미분 방정식)》(共立出版刊, ISBN: 978-4320017504)
- (옮긴이)《수학 리부트: 프로그래머를 위한 기초 수학》(인사이트, 2020)

[A-7]

- 《프로그래머를 위한 기초 해석학: 함수와 미적분을 기초부터 응용까지!》(길벗, 2018)
- 《엔지니어를 위한 선형대수: 철저한 증명을 통해 깊고 확실하게 이해하는 선형대수학》(위키북스, 2019)

- 《技術者のための確率統計学: 大学の基礎数学を本気で学ぶ(엔지니어를 위한 확률 통계학: 대학 기초 수학을 확실하게 배우자)》(翔泳社刊, ISBN: 978-4798157863)

[A-8]

- 《파이썬 프로그래밍으로 지루한 작업 자동화하기》(스포트라잇북, 2017)

[A-9]

- 《測度・確率・ルベーグ積分 応用への最短コース(측도・확률・르베그 적분 최단기간 코스)》(講談社刊, ISBN: 978-4061565715)
- 《Measure, Integral and Probability》(Marek Capinski, Peter E. Kopp, Springer)
- 《確率論: 新しい解析学の流れ(확률 이론: 해석학의 새로운 흐름)》(共立出版刊, ISBN: 978-4320017313)

[A-10]

- 《엔지니어를 위한 파이썬: 개발 기초, 필수 라이브러리, 그리고 고속화》(제이펍, 2017)
- 《Python言語によるビジネスアナリティクス 実務家のための最適化・統計解析・機械学習(Python을 활용한 비즈니스 분석 실무자를 위한 최적화·통계 분석·머신러닝)》(近代科学社刊, ISBN: 978-4764905160)
- 《파이썬 라이브러리를 활용한 데이터 분석: 영화 평점, 이름통계, 선거 데이터 등 실사례 사용》(한빛미디어, 2019)
- 《우아한 사이파이: 수학, 과학, 엔지니어링을 위한 파이썬 데이터 분석 라이브러리 SciPy》(한빛미디어, 2018)

[A-11]

- 《岩波データサイエンス Vol.5 特集「スパースモデリングと多変量データ解析」》(이와나미 데이터 과학 Vol.5 특집 "스파스(sparse) 모델링과 다변량 데이터 분석")》(岩波書店刊, ISBN: 978-4000298551)

[A-12]

- 《欠損データの統計科学(결측 데이터의 통계 과학)》(岩波書店刊, ISBN: 978-4000298476)
- 《データ分析プロセス シリーズ: Useful R 2(데이터 분석 프로세스: Useful R 시리즈 2)》(共立出版刊, ISBN: 978-4320123656)

[A-13]

- 《入門 機械学習による異常検知: Rによる実践ガイド(입문 머신러닝을 활용한 이상 탐

지: R 실천 가이드)》(コロナ社刊, ISBN: 978-4339024913)

- 《異常検知と変化検知(이상탐지와 변화탐지)》(講談社刊, ISBN: 978-4061529083)

[A-14]

- 《極値統計学(ISMシリーズ: 進化する統計数理)(극단 통계학: ISM 진화하는 통계수학 시리즈)》(近代科学社刊, ISBN: 978-4764905153)

[A-15]

- 《19인의 데이터 과학자가 알려주는 나쁜 데이터 핸드북》(비제이퍼블릭, 2013)

[A-16]

- 《Data Visualization with Python and JavaScript: Scrape, Clean, Explore & Transform Your Data》(Kyran Dale, O'Reilly Media)
- 《Pythonユーザのための Jupyter[実践]入門(Python 사용자를 위한 Jupyter 실천 입문》(技術評論社刊, ISBN: 978-4774192239)

[A-17]

- 《入門 考える技術・書く技術: 日本人のロジカルシンキング実践法(입문 생각하는 기술·쓰기 기술: 일본인의 논리적 사고 실천법)》(ダイヤモンド社刊, ISBN: 978-4478014585)
- 《外資系コンサルのスライド作成術: 図解表現23のテクニック(외국계 컨설팅 기업의 프레젠테이션 기술: 23가지 차트 작성법)》(東洋経済新報社刊, ISBN: 978-4492557204)
- 《데이터 스토리텔링: 설득력 있는 프레젠테이션을 위한 데이터 시각화 기법》(에이콘, 2016)

[A-18]

- 《머신 러닝 부트캠프 with 파이썬: 분류, 회귀 구현 방법과 실전 예제를 통해 제대로 된 학습 방법을 배운다!》(길벗, 2018)
- 《파이썬 라이브러리를 활용한 머신러닝: 사이킷런 핵심 개발자가 쓴 머신러닝과 데이터 과학 실무서》(한빛미디어, 2019)

[A-19]

- 《비즈니스를 위한 데이터 과학: 빅데이터를 바라보는 데이터 마이닝과 분석적 사고》(한빛미디어, 2014)
- 《失敗しない データ分析・AIのビジネス導入: プロジェクト進行から組織づくりまで(실

패하지 않는 데이터 분석 · AI 사업 도입: 프로젝트 진행부터 조직 구성까지》(森北出版刊, ISBN: 978-4627854116)

[A-20]

- 《경영을 위한 데이터마이닝: 마케팅과 CRM을 중심으로》(한경사, 2018)

[A-21]

- 《단단한 강화학습: 강화학습 기본 개념을 제대로 정리한 인공지능 교과서》(제이펍, 2020)

[A-22]

- 《파이썬 라이브러리를 활용한 머신러닝: 사이킷런 핵심 개발자가 쓴 머신러닝과 데이터 과학 실무서》(한빛미디어, 2019)
- 《데이터 과학 입문: 구글, MS, 이베이 데이터과학자에게 배우다》(한빛미디어, 2014)
- 《Building Machine Learning Systems with Python 한국어판: Scikit-learn 라이브러리로 구현하는 기계 학습 시스템》(에이콘출판, 2014)
- 《Python Machine Learning: Machine Learning and Deep Learning with Python, scikit-learn, and TensorFlow 2》(Sebastian Raschka and Vahid Mirjalili, Packt)

[A-23]

- 《경영을 위한 데이터마이닝 마케팅과 CRM을 중심으로》(한경사, 2018)

[A-24]

- 《비즈니스를 위한 데이터 과학: 빅데이터를 바라보는 데이터 마이닝과 분석적 사고》(한빛미디어, 2014)

[A-25]

- 《はじめてのパターン認識(처음 하는 패턴인식)》(森北出版刊, ISBN: 978-4627849716)
- 《Python Machine Learning: Machine Learning and Deep Learning with Python, scikit-learn, and TensorFlow 2》(Sebastian Raschka and Vahid Mirjalili, Packt)
- 《핸즈온 머신러닝: 사이킷런, 케라스, 텐서플로 2를 활용한 머신러닝, 딥러닝 완벽 실무》(한빛미디어, 2020)
- 《Python for Probability, Statistics, and Machine Learning》(José Unpingco, Springer)

- 《Commercial Data Mining: Processing, Analysis and Modeling for Predictive Analytics Projects》(David Nettleton, MK)
- 《리얼월드 머신러닝: 생생한 현장의 실무 예제로 배우는》(위키북스, 2017)
- 《데이터 예측을 위한 머신 러닝: 기본 알고리즘 및 적용 예제, 사례 연구로 살펴보는》(에이콘출판, 2017)

[A-26]

- 《비즈니스를 위한 데이터 과학: 빅데이터를 바라보는 데이터 마이닝과 분석적 사고》(한빛미디어, 2014)

[A-27]

- 《밑바닥부터 시작하는 딥러닝: 파이썬으로 익히는 딥러닝 이론과 구현》(한빛미디어, 2017)
- 《機械学習スタートアップシリーズ, これならわかる深層学習入門(머신러닝 스타트업 시리즈, 알기 쉬운 딥러닝 입문)》(講談社刊, ISBN: 978-4061538283)
- 《深層学習: 機械学習プロフェッショナルシリーズ(심층학습: 딥러닝, 머신러닝 전문가 시리즈)》(講談社刊, ISBN: 978-4061529021)

[A-28]

- 《詳解 ディープラーニング: TensorFlow・Kerasによる時系列データ処理~(자세하게 설명하는 딥러닝: TensorFlow・Keras를 이용한 시계열 데이터 처리)》(マイナビ出版刊, ISBN: 978-4839962517)
- 《케라스 창시자에게 배우는 딥러닝》(길벗, 2018)
- 《핸즈온 머신러닝: 사이킷런, 케라스, 텐서플로 2를 활용한 머신러닝, 딥러닝 완벽 실무》(한빛미디어, 2020)
- 《심층 학습》(제이펍, 2018)

[A-29]

- 《고성능 파이썬: 파이썬 성능 잠재력을 끌어내는 실용적인 개발 전략서》(한빛미디어, 2016)
- 《엔지니어를 위한 파이썬: 개발 기초, 필수 라이브러리, 그리고 고속화》(제이펍, 2017)
- 《Expert Python Programming: Become a master in Python by learning coding best practices and advanced programming concepts in Python 3.7》(Michal Jaworski, Tarek Ziade, Packt)

[A-30]

- 《Cython：A Guide for Python Programmers》(Kurt W. Smith, O'Reilly Media)

[A-31]

- 《Python言語によるビジネスアナリティクス 実務家のための最適化・統計解析・機械学習(Python을 활용한 비즈니스 분석 실무자를 위한 최적화·통계 분석·머신러닝)》(近代科学社刊, ISBN: 978-4764905160)

[A-32]

- 《러닝 스파크: 번개같이 빠른 데이터 분석》(제이펍, 2015)
- 《入門 PySpark: PythonとJupyterで活用するSpark 2エコシステム(입문 PySpark: Python과 Jupyter에서 활용하는 Spark 2 에코 시스템)》(오라일리 재팬, ISBN: 978-4873118185)
- 《Spark와 머신 러닝: 빅데이터 분석과 예측 모델 트레이닝을 위한》(에이콘출판, 2016)

[A-33]

- 《파이썬 데이터 사이언스 핸드북: IPython, Jupyter, NumPy, pandas, Matplotlib, Scikit-Learn 라이브라이브러리를 활용한 데이터 과학과 머신러닝》(위키북스, 2017)
- 《IPythonデータサイエンスクックブック —対話型コンピューティングと可視化のためのレシピ集(IPython 데이터 사이언스 쿡북 - 인터랙티브 컴퓨팅과 시각화를 위해)》(오라일리 재팬, ISBN: 978-4873118543)
- 《The Elements of Statistical Learning: Data Mining, Inference, and Prediction》(Trevor Hastie, Robert Tibshirani, Jerome Friedman, Springer)
- 《패턴 인식과 머신 러닝: 패턴 인식 계열의 바이블》(제이펍, 2018)
- 《프로그래머를 위한 베이지안 with 파이썬: 파이썬과 PyMC로 구현하며 익히는 베이지안 방법론》(길벗, 2017)
- 《Bayesian Analysis with Python: Introduction to statistical modeling and probabilistic programming using PyMC3 and ArviZ》(Osvaldo Martin, packt)
- 《機械学習スタートアップシリーズ ベイズ推論による機械学習入門(머신 러닝 스타트업 시리즈 베이지안 추론을 이용한 머신러닝 입문)》(講談社刊, ISBN: 978-4061538320)

[A-34]

- 《데이터는 언제나 옳다: 유스케이스별 빅데이터 및 NoSQL 기술 가이드 ㅣ 대규

모 데이터 처리와 분석 실무》(위키북스, 2014)

- 《FPGAの原理と構成(FPGA 원리와 구성)》(オーム社刊, ISBN: 978-4274218644)

[A-35]

- 《イシューからはじめよ: 知的生産のシンプルな本質(이슈에서 시작해보자: 지적 생산의 단순한 본질)》(英治出版刊行, ISBN: 978-4862760852)

[A-36]

- 《Statistics in a Nutshell: A Desktop Quick Reference》(Sarah Boslaugh, O'Reilly Media)

A.3.2 참고 URL

※ (옮긴이)참고 페이지의 경우 일본어를 모르는 독자를 위해 일본 원서에서 제공한 페이지와 유사한 페이지가 있으면 가급적 영문이나 한글 페이지로 바꿔 넣었다.

[B-1]

- Python 공식 사이트: *https://www.python.org*
- Dive Into Python 3 한국어 번역: *https://juehan.github.io/DiveIntoPython3_Korean_Translation*

[B-2]

- 《파이썬 프로그래밍으로 지루한 작업 자동화하기》(스포트라잇북, 2017) 의 영어 원서 《Automate the Boring Stuff with Python》 웹 페이지: *https://automatetheboringstuff.com/*

[B-3]

- Jupyter Notebook 공식 사이트의 Markdown 사용방법: *https://jupyter-notebook.readthedocs.io/en/latest/examples/Notebook/Working%20With%20Markdown%20Cells.html*
- (옮긴이) Jupyter Notebook 활용해 보기 *https://copycoding.tistory.com/72*

[B-4]

- PEP: 8(Python 코드 스타일 가이드): *https://www.python.org/dev/peps/pep-0008/* (한글 번역본은 *https://kongdols-room.tistory.com/18*)

[B-5]

- Matplotlib: *http://matplotlib.org/*

- seaborn: statistical data visualization: *http://seaborn.pydata.org/*

[B-6]

- 통계학의 시간: *https://bellcurve.jp/statistics/course/#step1*
- (옮긴이) 통계학 기초 *https://m.blog.naver.com/PostList.nhn?blogId=aporia25&categoryNo=19&logCode=0*

[B-7]

- NumPy: *https://www.numpy.org/devdocs/user/quickstart.html*

[B-8]

- SciPy: *https://www.scipy.org*

[B-9]

- SciPy 보간법 계산: *https://docs.scipy.org/doc/scipy/reference/tutorial/interpolate.html*

[B-10]

- Statistical Learning with Sparsity The Lasso and Generalizations: *https://web.stanford.edu/~hastie/StatLearnSparsity_files/SLS.pdf*

[B-11]

- SciPy 행렬계산: *https://docs.scipy.org/doc/scipy/reference/tutorial/linalg.html*

[B-12]

- 파이썬과 로렌츠 방정식: *http://org-technology.com/posts/ordinary-differential-equations.html*
- (옮긴이) *https://ipywidgets.readthedocs.io/en/stable/examples/Lorenz%20Differential%20Equations.html*

[B-13]

- SciPy 적분과 미분방정식 계산: *https://docs.scipy.org/doc/scipy/reference/tutorial/integrate.html*

[B-14]

- SciPy Lecture Notes: *https://scipy-lectures.org*

[B-15]

- 이상 현상 탐지 기술 비즈니스에 활용: *https://www.slideshare.net/shoheihido/*

fit2012

- (옮긴이) *https://intothedata.com/02.scholar_category/anomaly_detection/*

[B-16]

- 《파이썬 데이터 사이언스 핸드북: IPython, Jupyter, NumPy, pandas, Matplotlib, Scikit-Learn 라이브라이브러리를 활용한 데이터 과학과 머신러닝》(위키북스, 2017)의 영어 원서 《Python Data Science Handbook》의 깃허브: *https://github.com/jakevdp/PythonDataScienceHandbook*

[B-17]

- OpenAI: *https://gym.openai.com*

[B-18]

- scikit-learn: *http://scikit-learn.org/stable/index.html*

[B-19]

- Python Data Science Handbook(A-22 영어 원문): *https://github.com/jakevdp/*
- PythonDataScienceHandbook

[B-20]

- 주성분 분석 원리: *https://logics-of-blue.com/principal-components-analysis/*
- (옮긴이) *https://excelsior-cjh.tistory.com/167*

[B-21]

- plot_partial_dependence 관련 정보: *http://scikit-learn.org/stable/modules/ensemble.html*

[B-22]

- A-28 《심층 학습》(제이펍, 2018) 영어 원서 사이트: *http://www.deeplearningbook.org/*

[B-23]

- Blaze: *http://blaze.pydata.org/*

[B-24]

- GitHub: *https://github.com/wilsonfreitas/awesome-quant*

[B-25]

- Quantopian: *https://www.quantopian.com/home*

[B-26]

- 전복 나이 예측: *https://www.slideshare.net/hyperak/predicting-the-age-of-abalone*

- Predicting Age of Abalone Using Linear Regression: *http://citeseerx.ist.psu.edu/viewdoc/download;jsessionid=1B4590990A8445EBC80996A092445868?doi=10.1.1.135.705&rep=rep1&type=pdf*

[B-27]

- (옮긴이) *https://ai-times.tistory.com/268*

[B-28]

- Data Science for Environment and Quality 환경과 품질을 위한 데이터 과학: *http://data-science.tokyo/e-index.html*

마치며

이후의 학습에 대해

이상으로 모든 내용을 마칩니다. 대단히 수고 많았습니다. 지금까지 많은 내용을 배웠습니다. 초보자들은 마지막 내용까지 따라오기 쉽지 않았을 것입니다. 그래도 책에서 소개한 내용을 확실히 익혀두었다면 데이터 과학 입문 수준으로는 충분합니다. 물론 앞으로도 배워야 할 것들이 많습니다. 필자 역시 새로운 기술을 따라가기 위해 매일 공부하고 있습니다. 비즈니스 현장에서 데이터 과학을 가치있게 활용하기 위해서는 다양한 기술이 필요한데 그중에서도 특히 창의력이 중요합니다. 수학적 원리를 배우고 프로그래밍으로 구현하는 것만으로는 새로운 가치를 창출하기 어렵습니다. 갑자기 창의력을 기르기란 쉽지 않고 이런 말을 하는 필자도 어렵다고 느낍니다. 어느 정도 기초 지식을 갖추었다면 이제부터는 현장에서 데이터를 실제로 만지고 다루면서 고민하기 바랍니다. 그렇게 간단하게 해결될 문제는 아니지만 그런 점이 데이터 과학의 매력이라고 생각합니다.

처음 시작할 때도 이야기했지만 에러가 발생하거나 모르는 것이 나오면 책이나 인터넷에서 스스로 찾아보고 해결할 수 있는 능력이 대단히 중요합니다. 물론 인풋이 없으면 아웃풋도 없기 때문에 이후의 학습을 위해 필요한 자료나 교재를 소개합니다. 무료로 구할 수 있는 자료(주로 영어된 자료이지만)도 많으므로 앞으로의 학습에 활용하기 바랍니다. 단 어떤 책이나 콘텐츠에도 오류가 있을 수 있으니 그런 점을 유념하기 바랍니다.

데이터와 데이터 분석 대회

데이터가 없으면 데이터를 분석할 수 없습니다. 소개하는 사이트에는 데이터 분석을 학습하기 위한 공개 데이터가 풍부합니다. 특히 캐글(Kaggle) 데이터 과학 대회는 상위에 오르면 상금도 받을 수 있어 시간이 있다면 등록하고 꼭 도전해보기 바랍니다. 다양한 참가자들이 자신들의 코드를 공개하기 때문에 꽤 도움됩니다. 대회에서 구현된 방식이 일반적인 비즈니스에서는 활용하지 못한다는 지적도 있기 때문에 초보자들은 모델의 정확도에 너무 신경쓰지 말고 다양한 접근 방식을 참고하는 용도로 활용해도 좋습니다. 캐글 이외에도 다른 데이터 분석 대회가 많기 때문에 관심 있는 사람들은 찾아보기 바랍니다.

- Kaggle: *https://www.kaggle.com*
- UCI DATA: *http://archive.ics.uci.edu/ml/*

데이터 분석 방법과 개발 방법 등의 정보 수집

아래에 소개하는 사이트에는 데이터 분석에 관한 다양한 코드가 공개되어 있습니다. 흥미를 끄는 코드를 보는 것만으로도 공부가 됩니다. 또한 Github나 Gitlab 등을 사용하면 팀 프로젝트로 개발할 때 편리합니다.

- GitHub: *https://github.com*

데이터 분석 온라인 강좌

다음 사이트는 데이터 과학 온라인 강좌입니다. 책뿐만 아니라 실시간으로 강의를 듣고 싶은 사람들에게 추천합니다. 무료 강좌도 많습니다.

- edx: *https://www.edx.org/search*
- coursera: *https://www.coursera.org*

무료 데이터 분석 교재

다음 페이지는 영어지만 무료 데이터 과학 교재를 많이 소개하고 있습니다. 영어로 공부하고 싶은 사람들에게 추천합니다. 유명한 교재도 있습니다.

- free data science 100 books +: *https://www.learndatasci.com/free-data-science-books/*

기타 데이터 분석에 도움되는 교재

다음은 부록 2에서 소개하지 않은 책 중에서 데이터 분석에 관한 교재입니다. 비교적 시작하기 쉽고, 초보자를 위한 다양한 도구를 폭넓게 다루고 있는 책을 소개합니다. 데이터 과학자 양성 독본 시리즈는 여러 곳에서 소개되었고 이 책을 구입한 사람이면 알고 있을지도 모르겠습니다.

- 《データサイエンティスト養成読本 登竜門編(데이터 과학자 양성 독본 등용문 편)》(技術評論社刊, ISBN: 978-4774188775)
- 《改訂2版 データサイエンティスト養成読本(개정 2 판 데이터 과학자 양성 독본)》(技術評論社刊, ISBN: 978-4774183602)
- 《データサイエンティスト養成読本 機械学習入門編(데이터 과학자 양성 독본 머신러닝 입문편)》(技術評論社刊, ISBN: 978-4774176314)
- 《データサイエンティスト養成読本 R活用編(데이터 과학자 양성 독본 R 활용편)》(技術評論社刊, ISBN: 978-4774170572)
- 《データサイエンティスト養成読本 ビジネス活用編(데이터 과학자 양성 독본 비즈니스 활용편)》(技術評論社刊, ISBN: 978-4297101084)

데이터 분석은 전처리 단계에서 프로젝트 전체 시간의 80~90%가 소요된다고 합니다. 전처리에 관한 책도 있으니 참고하기 바랍니다.

- 《데이터 전처리 대전: 데이터 분석을 위한 파이썬, SQL, R 실천 기술》(한빛미디어, 2019)

다음 책은 조금 어려운데 마케팅 업계에서 데이터 과학(또는 AI)을 활용하는 방법을 자세하게 설명하고 있어 마케팅 분야에서 일하는 사람에게 추천합니다. 단, 코드로 구현하는 내용은 아니므로 모델을 구축하는 아이디어를 배울 수 있는 책은 아닙니다.

- 《알고리즘 마케팅: 인공지능을 활용한 마케팅 자동화》(에이콘출판, 2019)

데이터 과학에 관한 다양한 책과 강좌가 존재하고 "들어가며"에서 말한 것처럼 머신러닝, 인공지능, 딥러닝 관련 책들이 매달 아주 많이 출간됩니다. 의욕만 있다면 학습 환경은 매우 좋습니다. 꾸준히 최신 정보를 찾아가면서 데이터 분석 기술을 향상시키고 분석의 목적을 생각하면서 업무에 활용하기 바랍니다.

찾아보기